涨停盘口

深度解密涨停分时盘口的运行规律

麻道明　周　松◎著

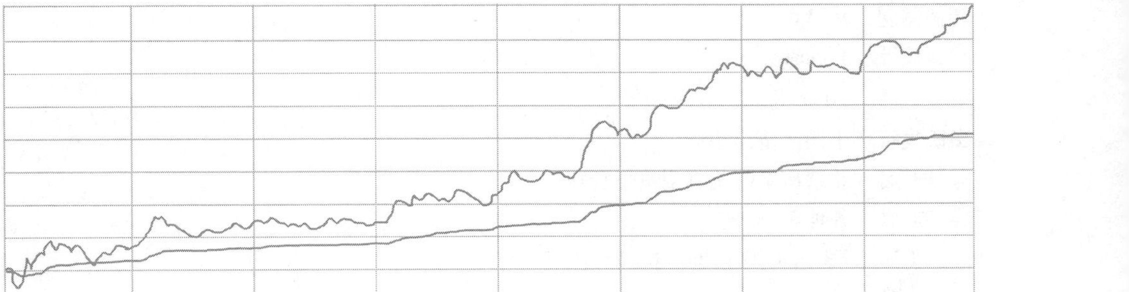

中国经济出版社
CHINA ECONOMIC PUBLISHING HOUSE
北　京

图书在版编目（CIP）数据

涨停盘口：深度解密涨停分时盘口的运行规律／麻道明，周松著．--北京：中国经济出版社，2023.6
ISBN 978-7-5136-7326-6

Ⅰ．①涨…　Ⅱ．①麻…　②周…　Ⅲ．①股票交易-基本知识　Ⅳ．①F830.91

中国国家版本馆 CIP 数据核字（2023）第 091404 号

责任编辑　叶亲忠
责任印制　马小宾
封面设计　久品轩

出版发行　中国经济出版社
印 刷 者　北京富泰印刷有限责任公司
经 销 者　各地新华书店
开　　本　710mm×1000mm　1/16
印　　张　21.25
字　　数　350 千字
版　　次　2023 年 6 月第 1 版
印　　次　2023 年 6 月第 1 次
定　　价　68.00 元
广告经营许可证　京西工商广字第 8179 号

中国经济出版社　**网址** www.economyph.com　**社址** 北京市东城区安定门外大街 58 号　**邮编** 100011
本版图书如存在印装质量问题，请与本社销售中心联系调换（联系电话：010-57512564）

前言

PREFACE

股市如战场，生死决斗，浴血奋战。这里虽然没有狼烟战鼓、枪林弹雨的场面，但是战斗非常激烈，可以感受到其所带来的人仰马翻、片甲不留的残酷场面。一旦失策，轻者弃甲保命，重者尸横遍野。战场中，一批人倒下，一批人又冲上去，继续奋战。

股市如江湖，赢者王，败者寇。这里虽然没有恩怨情仇、刀光剑影的场景，但是险恶无处不在，可以领略到里面的血雨腥风、明争暗斗、残暴无情。稍不小心，就以刮肉吃面，或缺肢断腿，或遍体鳞伤收场。就这样，一批人退隐江湖，一批人又混迹江湖，绵延不断。

无论是股市战场，还是股市江湖，涨停分时盘口就是多空双方战斗厮杀的现场，它是主力背后行为最直接的体现，主力的一切操作计划都体现在分时盘口之中，而分时盘口又反映主力的操作意图。换句话说，就是所有的K线、形态、趋势、波浪等，都通过分时盘口表现出来，同时分时盘口反映K线、形态、趋势、波浪的内在本质。投资者置身于股市，只有透过分时走势这扇窗口，才能够洞察主力背后的运作逻辑和操作意图。所以，投资者对涨停分时盘口的分析尤为重要，要从分时盘口入手，去领略主力意图。

为了帮助广大投资者准确掌握涨停分时盘口技术，从分时盘口中捕捉市场机会和回避风险，笔者根据多年的实盘经验和市场规律，总结了这本《涨停盘口——深度解密涨停分时盘口的运行规律》，以便为投资者提供一些有益的帮助。

全书共七章：第一章为涨停盘口精解，讲述集合竞价盘口的核心问题，分析盘口挂单、密度、速度的意义，看懂盘口背后的主力真实用意；第二章为分时波形分析，掌握分时盘口的基本波形、经典波形和形态，常见的分时实战图谱，切实提高投资者实盘操作技能；第三章为经典分时形态，重点讲述首板、接力板、烂板、出货板、天地板的分时形态，以便读懂各种板形的主力操作意图；第四章为分时买卖技巧，掌握 T+0 交易方法，分时买卖技巧，灵活运用分时操作技术；第五章为分时冲刺波，掌握冲刺波实盘意义，选择短线最佳买卖机会；第六章为涨停失败盘口，了解股价为什么不涨停或涨停失败，掌握其背后的逻辑和主力意图，成功回避市场风险；第七章为机构股盘口，熟练掌握机构抱团股的盘口特征，机构股上龙虎榜的条件，对机构股的买卖技巧等做深入讲解。本书内容新颖，逻辑缜密，图例新鲜，分析透彻，是投资者“众里寻他千百度”，“得来全不费功夫”的一本炒股指南书。

本书从涨停分时盘口入手，为你解开一个个技术谜团，让你在投资路上多一分安全，少一点风险；多一份收益，少一点亏损。如果你是刚入市不久的新股民，它将成为你提升实盘技术的领路人；如果你是久经沙场的老股民，它将助力你快速奔向财富自由。如果你还在黑暗中摸索，它就是一盏指路灯；如果你已经看到一线光明，它就是一个起飞的助推器。不管你在股市中遇到何种失败挫折、迷茫困惑、伤感辛酸，本书将成为你不离不弃的伴侣，一路陪伴你走向成功。

全书注重实盘分析，突出操作技巧，力求引导投资者，提高投资者的实盘操作能力，巩固和掌握捕捉涨停的操盘技法。投资之路有曲折，希望本书助你跨越每一道坎儿。

麻道明
2023 年 5 月于中国・深圳联合广场

目录

CONTENTS

第一章

涨停盘口精解 >>>>

第一节 涨停盘口概述

盘口就是在股市交易过程中，观察交易动向的窗口。概括起来主要有 3 个方面：盘口数据、分时盘口、K 线盘口，它们是分析判断股价未来变动趋势和走势强弱的重要依据。

分时图就是以时间分、时为横轴，以股价波动为纵轴的二维平面图。分时图对超短线、做 T+0 而言，有着极其重要的意义。涨停盘口是从涨停板角度去研究分析分时走势的基本规律，从而确定买卖行为。

（1）盘口数据。包含集合竞价、盘口挂单和撤单、盘口压单和托单、成交密度和速度等，盘口数据变化所产生的信息，都能反映背后主力的操作意图，以及未来股价的运行趋势，所以投资者需要认真分析。

（2）分时盘口。包括分时气势、分时买卖点、量价结构、分时波形等，这是研究的重点。分时盘口是股价走势的直接体现，也是股价最初始的信息。对分时盘口进行深入透彻的分析，有助于在乱象中梳理出清晰的走势逻辑。

（3）K 线盘口。包括标志性 K 线、K 线组合形态、K 线持续形态、K 线整理形态等。K 线是所有技术分析的基础，如果离开 K 线，那么其他任何技术分析将无从入手。K 线简单易懂，而又博大精深，读懂 K 线语言，对于研究主力后市动向十分重要。

人们常说，生活中的人际关系很复杂，而股市涨停盘口中的盘口数据、分时盘口、K 线盘口三者之间的关系更是错综复杂，有着千丝万缕的联系。这对缺乏实盘经验的朋友来说，更看不清理还乱，不知道从哪里入手。三者之间，有时候相互一致，密不可分；有时候走势背离，相互矛盾；有时候头绪纷繁，条理凌乱。比如，同样的盘口数据，在不同的分时和 K 线中，产生的结果是不一样的；同样的分时盘口，在不同环境下的 K 线中，结果也是不一样的；相同的 K 线形态，背后的数据和分时走势，也有天壤之别。

由此可见，单凭分时图决定买卖，容易犯因小失大的错误。反之亦然，单看日 K 线也不行，忽略细节，容易犯大错。顾此失彼，都是片面性的。对于一个成功的投资者来说，一定要深入研究分析涨停盘口的意义。

图 1-1（a）为网达软件（603189）在 2023 年 2 月 24 日的分时走势图，股价小幅高开后单波拉涨停，盘口气势强盛。这种盘口如果不出现在弱势反弹中，那么次日溢价的概率就高。

（b）图是南华期货（603903）在同一天的分时走势图，开盘后股价稳健走高，午后成功封涨停。很直观，两只股票的分时走势不一样，后市走势也会有明显的差异，需要结合日 K 线综合分析。

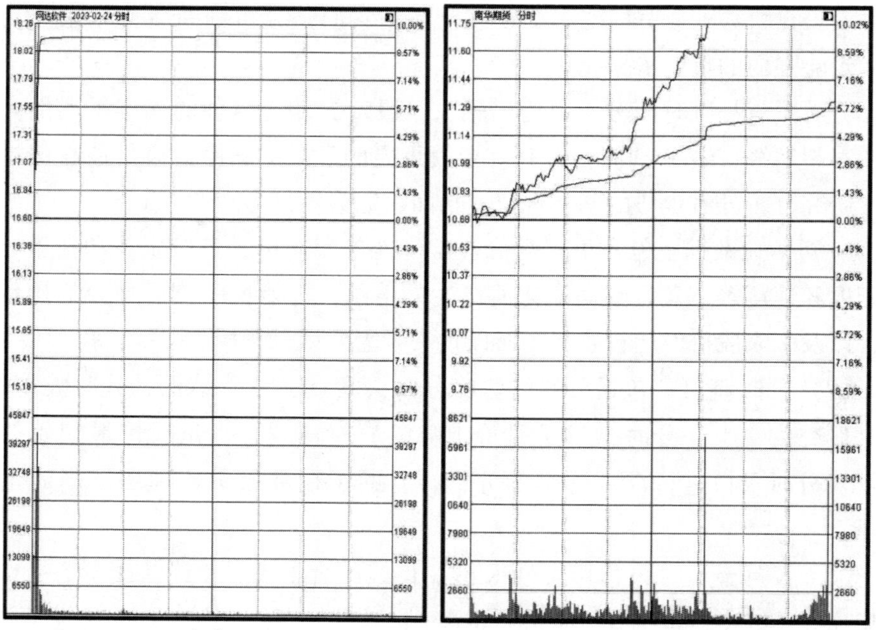

（a）　　　　（b）

图 1-1　网达软件（603189）和南华期货（603903）分时走势图

如果不看这两只股票的分时走势图，那都是一根涨停大阳线，没有什么明显的区别。但是，如果看了两股的分时图后，所反映出来的技术含义就完全不一样。（a）图快速单波涨停，看起来盘口十分强势，但盘中换手不充分。

这种盘口如果发生在加速阶段，那么仍有进一步拉高的动力，短线有溢价机会；如果出现在盘区或反弹行情中，那么短线不应该有太高的期望。（b）图虽然走势缓慢，看起来缺乏上攻力度，但表明主力控盘程度高。这种盘口如果发生在盘升行情中，意味着后市有走趋势性行情的可能，适合中线操作；如果出现在盘区当中，短线的溢价不会太高，因为是慢节奏的。

上面两个实例虽然 K 线相同（都是涨停大阳线），但分时走势完全不一样，后市往往就有不同的走势。股市中即使是两幅走势十分接近的分时图，也很难走出相同的结果，所以具体个股需要具体分析。

图 1-2（a）是江苏华辰（603097）在 2023 年 2 月 24 日的分时走势图，开盘后股价一直维持震荡整理，午后两波拉涨停。结合 K 线分析，属于修复性的涨停，后市持续不强，追涨宜谨慎。

（b）图是美利云（000815）在 2022 年 10 月 28 日的分时走势图，也是午后两波拉涨停。分析 K 线形态，属于突破性的涨停，后市有爆发性，股价出现 6 连板。

这两个实例虽然分时走势十分接近，但 K 线所处的位置和属性是不同的，所以不能一概而论。

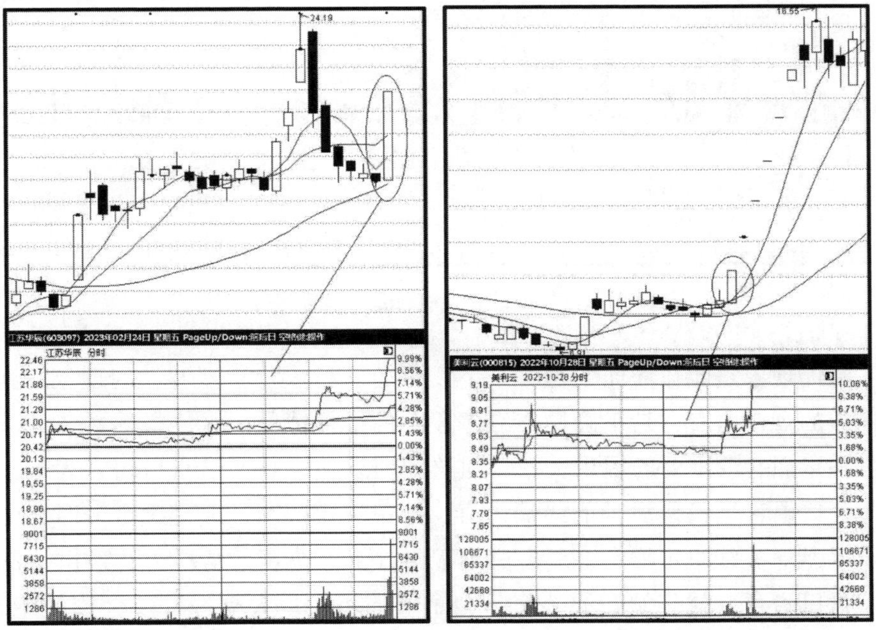

（a）　　　　　　　　　　　　（b）

图 1-2　江苏华辰（603097）和美利云（000815）日 K 线和分时走势图

在实盘操作中，日K线分析要参考分时的走势，而分时研判也要看日K线的形态、结构，以及趋势、盘面强弱、所处位置等，这些因素往往决定着后市股价的运行力度、强弱和方向。

图1-3，牧高笛（603908）：在2022年10月到2023年1月的行情中，先后出现了5个涨停板。可以清晰地看到，同样的涨停大阳线，在不同的时段所产生的技术意义是不同的。所以，要研究涨停背后的逻辑、涨停分时盘口，通过盘口细节进一步洞察主力的操作意图，这样才能制定出科学的操作策略，否则容易导致交易失误。

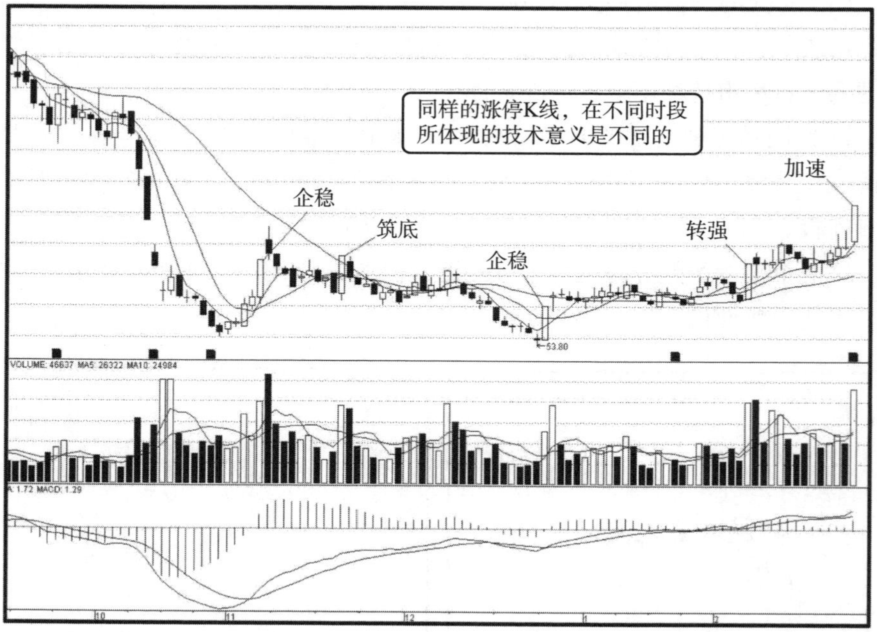

图1-3　牧高笛（603908）日K线图

涨停现象是能在任何大盘背景下发生的一种股价激烈波动的现象，读懂涨停板的盘口语言，是正确操作涨停股票的最佳捷径。涨停板固然与其基本面、消息面有着重要的因果关系，但这种因果关系是通过盘口语言表现出来的。盘口语言是股票波动的终端语言，挂单决定成交，成交决定分时，分时决定K线，K线决定形态，形态决定浪形，浪形决定趋势……正确解读涨停板的盘口语言，就是站在股票交易金字塔的塔尖，大有一种“会当凌绝顶，一览众山小”的豪情和自信。经常抓住涨停板的股票，会使自己的投资生涯快乐无比、成就喜人。

第二节　集合竞价盘口

一、看懂集合竞价

股价涨停是一种市场买力极强、多头占据绝对优势的交易行为。它的意义主要有三种：吸筹、拉升和出货，其中拉升的意义最常见。大家一旦掌握了捕捉涨停板的技巧，投资收益将会快速增长，而掌握涨停板的最好方法，就是读懂它的盘口语言。盘口语言应该从集合竞价开始。

1. 集合竞价的概念

集合竞价看似平常却隐藏着很多技巧，不少散户对集合竞价的理解还是不够的，不知道如何利用集合竞价买卖股票。在当天还没有成交价的时候，可以根据前一天的收盘价和对当日股价的预测来确定股票价格，而在这段时间里申报的所有价格都是平等的，不需要按照时间优先和价格优先的原则交易，而是按最大成交量的原则来确定股票的价位，这个价位就被称为集合竞价的价位，而这个过程被称为集合竞价。

集合竞价最大成交量原则，即以此价格成交能够得到最大成交量。它包括 3 个基本原则：高于集合竞价产生的买入申报全部成交；低于集合竞价产生的卖出申报全部成交；等于集合竞价产生的买入或卖出申报，根据买入申报量和卖出申报量的多少，按少的一方申报量成交。

2. 3 个重要时间段

集合竞价分 3 个时间段：9:15~9:20、9:20~9:25、9:25~9:30。每个时间段交易规则以及作用都是不一样的。了解集合竞价的规则，有利于琢磨主力的意图。

（1）9:15~9:20。这 5 分钟可以委托买卖，也可以撤销委托的单子，所以在这个时间段看到的匹配成交量可能是虚假的。很多主力在这个时间段里，大单买进股票以制造强势假象，诱导投资者买入，然后，主力在 9:19:59 之前撤单。因此，在这个时间段要多关注最后几秒钟主力撤单情况。

（2）9:20~9:25。这 5 分钟可以委托买卖，但不能撤销委托的单子，了解这个时间段的竞价才有意义。所以，投资者这 5 分钟一定要看准后再委托单子。

（3）9:25~9:30。这5分钟不叫集合竞价时间，但是电脑在这5分钟接收买卖委托，也可接收撤单，但不做处理。对于高手而言，可以在这5分钟换股票，比如集合竞价卖出股票后，资金在9:25就可利用，可在9:26买进另一只股票。

3. 开盘价如何产生

集合竞价以最大成交量优先，也就是说，开盘前买卖双方都在挂单，比如挂10元买卖的人有100手，挂9.9元买卖的人有1000手，那么，开盘价就是9.9元。此时，高于9.9元的买入委托全部成交，低于9.9元的卖出委托全部成交。与成交价相同的买卖双方中，数量最小的一方委托全部成交。

二、竞价选股方法

1. 做好捕捉涨停板的准备

集合竞价阶段隐含着主力当日资金运作意图。投资者应认真、细致地分析集合竞价情况，可以及早进入状态，熟悉最新的交易信息，敏锐发现并抓住集合竞价中出现的某些稍纵即逝的机会，果断出击，提高涨停板的捕捉概率。

一般情况下，如果某只股票前一天是上涨走势，收盘时没有成交的买单量很大，当天集合竞价时又跳空高走，并且买单量也很大，那么这只股票出现涨停的可能性就很大。投资者可以通过K线组合、均线系统等情况进行综合分析，在确认该股具备涨停的一些特征之后，果断挂单，参与竞价买入。也可以依据当天集合竞价即时排行榜进行选择，以期捕捉到最具潜力的股票，获得比较满意的投资收益。

投资者对自己重点关注的个股，在分析研究集合竞价时，务必要结合该股前一天收盘时所滞留的买单量，特别是对第一买单所聚集的量的分析。这对当天捕捉涨停板能够起到积极的作用。

2. 集合竞价选强势股的思路

（1）9:25集合竞价结束，选择量比排序前30名的个股。多空力量积累和转化的力度，往往反映到盘面上就是市场资金的进场意愿，进场意愿越强，其量比也会越大。

（2）选择涨幅为2%~4%的个股，量比越大越好。在选择量比的同时，也要注意市场的风险情况。如果开盘价涨幅已经很大，一方面说明利好已经得到了体现；另一方面由于是T+1的交易规则，开盘涨幅过大的股票，如果盘中出现系统性暴跌，买入后就有可能导致当天亏损。

（3）配合热点概念，板块个股利好消息，MACD、K线形态必须是做多形态，均线多头，流通盘较小。这样的股票往往主力介入意愿更强，散户买入也会更安全。

（4）关注第一单的多空力量和开盘后的3笔成交是否持续出现超大多单。第一单是买入还是卖出，反映的是主力在开盘阶段买入意愿的强度；而是否持续出现超大单买入，则反映的是主力的介入意愿是持续，还是以高开拉出出货空间。

（5）选择涨幅不大的个股，防止主力拉高出货，最近有涨停板的更佳。涨停板是主力进场和甩开成本区间的盘面表现，近期有过涨停板的，往往意味着主力阶段性布局已完成。

（6）抓住放量过前高、跳空过平台，连续下跌突然放大量高开的个股。

（7）分时均价线跟着股价一起上涨的，可以追涨入场，否则等回调低吸。

需要注意的是：第一，由于A股实行的是T+1交易规则，以上开盘追击涨停板的方法，仓位一定要控制在三成甚至更低，以免大盘出现日内暴跌导致深套。第二，如果当日盘面走势没有符合预期，一定要设好止损价，做好止损离场的思想准备，一旦触发离场信号，不要盲目补仓，千万不要恋战。

3. 集合竞价抓涨停的诀窍

集合竞价是指对一段时间内接收的买卖申报一次性集中撮合的竞价方式。一些投资者喜欢在集合竞价时进行股票买卖，希望抓个涨停板。抓涨停的技巧如下：

（1）选择属于市场热点的个股，或者出现重大利好消息的个股，这些个股与其他股票相比较，更容易吸引投资者的眼球，其涨停的概率更大。

（2）选择流通盘较小的个股。小盘股更容易被主力控制盘面、拉升股价，即主力在集合竞价期间，只需要委托一部分单子就能拉升股价至涨停。

（3）选择股性较活跃、基本面较好的个股。比如，一些业绩较好的个股，在业绩的推动下，股价可能会持续上涨，在集合竞价期间更容易吸引投资者买入。

（4）选择比较强势的庄股。强势的庄家与弱势的庄家相比较，其实力更加雄厚，拉升股价更加容易。

同时，投资者在集合竞价期间，应仔细观察其委托单的变化，以防被主力对倒欺骗而被套牢。

4. 集合竞价买入要做到快、准、狠

集合竞价抓涨停，在9:25~9:30时间段下单买入，要做到快、准、狠。

快：就是利用9:15~9:25这10分钟做准备，9:25开始利用1~3分钟时间看两市涨幅榜，从涨幅量比下手，翻看排在前面的个股K线形态。将形态符合判断的个股作为标的，必须在9:30之前下单，才能抢得先机。

准：判断分析只有二三分钟时间，这种功力不是一两天就能练就，需要在实盘中不断摸索和总结。

狠：毫不犹豫，看中的个股下单要狠，不要按照当前价格下单，否则，那种强势股根本买不上，买入价格要高几个价位，才能确保交易成功。当然，这个狠是建立在快速判断和准确分析后进行的，是自信的表现，而不是盲目的买入。

5. 集合竞价抓涨停的操作策略

（1）大盘处于牛市环境中，参与仓位可以在八成以上；大盘处于熊市或牛市2浪调整环境中，参与仓位严格控制在三成以下。

（2）对符合涨停板战法的个股，在资金使用上要合理分配。个股形态好的多分配资金，形态不好的少分配，切忌孤注一掷。因为，股市变幻莫测，涨停板战法是短线行为，系统环境及突发事件往往会改变个股的短线走势，主力会根据环境的改变而采取不同的策略，集合竞价选涨停法只能保证总体的成功概率，无法保证某一只股一定会涨停。

（3）集合竞价选涨停要求在9:25~9:30这短短5分钟内立即选出符合模式的个股。这对看盘时间要求比较高，其中高开、流通盘的标准可以在软件“功能—选股器—定制选股”上进行设置并保存，早盘在9:25可立即选出高开的个股，随后用多股同列选出形态较好的个股。

（4）开盘前买进时单子要打高几分，一般开盘都会快速拉高，不打高几分就难以成交。没有成交时，一般不要追高买入，除非形态特佳，有连续大量买单成交，否则观望为宜。

（5）竞价5分钟抓住涨停时间比较紧张，可以在前一天收盘后先选出一些形态好的，各项技术指标也都呈现攻击形态，成交量放大的股票。在9:25竞价出来时，这些股票里有符合条件的效果就更好。

三、竞价抓板技巧

1. 运用竞价量比指标

竞价阶段运用量比指标抓涨停。量比是一个衡量相对成交量的指标，它是开盘后每分钟的平均成交量与过去 5 个交易日每分钟平均成交量之比。当量比大于 1 时，说明当日每分钟的平均成交量大于过去 5 日的平均数值，交易比过去 5 日火爆；而当量比小于 1 时，说明现在的成交比不上过去 5 日的平均水平，说明盘面处于沉闷状态，当天涨停的可能性不大。

具体条件：涨幅大于 3%，通常涨幅较大的（4%以上）开盘后很容易涨停，只是当天风险较大，利润也较小，但第二天出现连续涨停的机会也较大。量比大于 1，越大越好。这两项是涨停的核心要件，想要开盘抓涨停就要特别关注。此外，注意配合 MACD、DMI、KDJ 等技术指标以及 K 线组合形态。业绩亏损的垃圾股不选为好。

通过这一方法选出的个股，当天涨停概率比较高，至少也不会大跌，但这是纯技术选股，可以说是超短线，不能 T+0 操作是有风险的，第二天原则上应该见好就收。这一操作必须在每天 9:25 竞价出现后到 9:30 之前这 5 分钟内完成。

需要说明的是，集合竞价抓涨停技术虽简单，但经验很重要，大家可以多做实盘并总结经验，不要轻易买卖。股市始终有风险，抓涨停仓位不要太重。而且，这是纯技术超短线选股，原则上第二天开盘要出掉，除非第二天高开高走，或者第二天也符合抓涨停要求。这些股票一般在开盘前买入，如果开盘以后冲高回落在 2%以内，即恢复回升，只要还红盘就可以低买，一旦翻绿就不要买了。

量比虽然是越大越好，但是超过 70 的时候未必是好事，要防止大换手率高位出货，第二天大幅低开，进去不见得会有收获。

在弱势市场里，很多时候今天抓到涨停了，说不定明天就低开。这时形态很重要、资金流向很重要。如果一只形态良好、资金流入的股票涨停以后，第二天出现低开走弱往往只是洗盘，之后大多会展开连续的拉升。总的来说，符合涨停条件的股票即使第二天走得不好，之后走强的概率还是很高的。但是，无论如何这只是短线纯技术操作，止损很重要。

再简单的技术，也不可能谁都能轻易地掌握，竞价抓涨停技术是最简单和容易掌握的，只需要一些实盘操作经验。对普通投资者来说，股市分析包括大盘分析和选股技巧都不是简单的、单一的，要想有高的成功率，需要具有综合素质和大量的实盘经验。

2. 反转跳高竞价买入法

反转跳空集合竞价买入法，是一个非常稳健、成功率也高的超短线套利模式。结合大盘、K线形态、板块热点等成功率更高。

买入条件：前一天跌幅超过4%，当日开盘价跳高开盘3%以上。集合竞价期间量增价升更佳，第一手巨量成交优先。

买入方法：集合竞价期间反复快速翻看涨幅3%以上的个股（对2%~4%的做弹性处理，越接近3%越好），看前一天的跌幅，如果跌幅在4%以上（越大越好），马上盯住，快速下单。然后，在9:24:30左右确认买入（以防最后时刻开盘价下杀，不符合反转跳空模式）。这是一个非常好的超短线套利手段，投资者应多加关注、实验，关键是第一时间要买入，以免追高。必须集合竞价期间买入。

图1-4，百龙创园（605016）：股价经过一波拉高后，主力开始洗盘整理，2021年5月20日股价下跌7.66%，并以最低价收盘，一根光脚大阴线，给人的感觉很不好。但是，第二天竞价时高开6.22%后，盘中快速拉板，股价成功连板。这就是典型的反转跳高竞价买入法，在实盘中应多加关注。

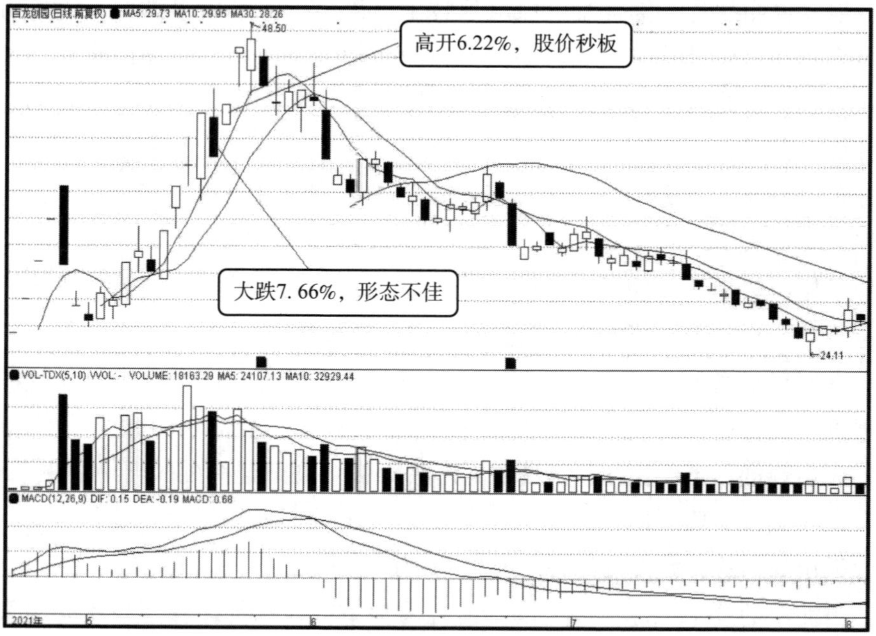

图1-4　百龙创园（605016）日K线图

四、竞价抓板核心

集合竞价需要观察什么？主要关注成交量、高开幅度和竞价分时，观察盘中量能是否放大、分时形态以及市场承接力。这里竞价分为以下情况予以考虑：

1. 成交量

集合竞价的成交量必须放大，达到和首板涨停的爆量相同为最佳，如果放大到 2/3 也可以，最差也要放量到一半。如果出现缩量情况，就没有参与价值。成交量的大小，就是看涨停瞬间分时成交量柱的高矮。

2. 高开幅度

高开幅度为 3%~5%和 7%~9%有一定价值。如果竞价高开在 6%左右是鸡肋，既不如高开 7%~9%证明强势，也不如高开 3%~5%位置相对安全。

（1）高开 3%~5%。一个涨停的溢价高开到这个区间并不出奇，说明人气一般。成交量至少要放到首板当天涨停爆量的一半，否则没有参与价值，竞价承接力太低，容易开板被砸。

这种竞价分时盘口，一般有两种情形：

第一种，重心逐渐下移，不佳。

第二种，重心平稳，最佳。

（2）高开 7%~9%。高开到这个区间，说明市场承接力好，资金认可度高。开到这个区间需要放量，必须放到首板当天涨停爆量的 2/3 以上，放大到 1 倍以上最好。

3. 竞价分时

这种竞价分时盘口，一般也有两种情形：

第一种临近竞价结束时小幅下砸，最佳。

第二种临近竞价结束，资金抢筹，偏中性。

（1）第一种分时现象要注意最后 1 秒钟下砸幅度，振幅不要超过 3%。如果最后一笔导致股价从涨停到 6%，就不太好了。

（2）第二种分时主要从市场强弱以及板块是否存在分歧判断。在市场强势中，这种抢筹手法当天很容易涨停；如果市场偏弱，也很容易被砸下跌。

如果首板存在分歧，龙头股次日竞价抢筹容易将板块从分歧带到一致，这是好事。但如果首板当天板块已经足够强势，说明分歧较小，那次日最佳竞价分时应该是在第一种涨停附近开盘，但如果是第二种，就说明市场认可度不高了，那参与价值也不大。这是个反证法。

4. 核心归纳

2 板集合竞价，高开幅度越大，成功率越高。主要观察成交量、高开幅度和竞价分时。

（1）当股价高开 3%~5%。竞价成交量放大首板爆量一半以上，分时重心平稳，容易实现 2 连板，一定要选中龙头操作。由于这时确定性更强，竞价可以用一定仓位来观察确认，出现 2 板可以加仓，失败则放弃。

（2）当股价高开 7%~9%。如果临近竞价结束下砸，成交量放大到首板爆量 1 倍以上最佳，分时跳水不宜超过 3%。

如果临近竞价结束资金抢筹，成交量放大到首板爆量半数以上最佳，还需要看市场强弱。逆情绪抢筹拉升最佳，从分歧到一致，当天封板问题不大，从一致到一致，容易炸板。由于这时开盘很容易秒板，扫板通常来不及，竞价就可以考虑介入，适当控制仓位，高风险高收益。

第三节　挂单、密度、速度

分时涨停盘口要素包括大单挂单、成交密度和上涨速度这三方面。大单挂单的出现，是主力向涨停发起进攻的信号；成交密度的大小，则反映出主力发动攻击后，市场的响应程度；而上涨速度的快慢，则提示该股的涨停属于什么性质（吸筹、拉升或出货）的涨停。

一、大单挂单与成交

所谓的大单是相对的，因个股的股本结构大小而不同。一般大盘股在 2000 手以上，中盘股在 800 手以上，小盘股在 200 手以上。当个股在分时盘口上，突然出现了连续的或断续的大单挂单时，就要引起注意了，一旦这些大单开始成交，表明主力有可能要拉升了。

大单可分为 4 种情形：压盘式挂单、托盘式挂单、夹板式挂单和连续式挂单。

1. 压盘式挂单

这种挂单方式在委卖档中，如果连续出现三档以上的大卖单，其目的是想让市场知道该股上方抛压很大，让盘中散户选择抛出，这是主力在拉升前进行最后的试盘。

压盘式挂单有 3 种方式：递增式压盘挂单、递减式压盘挂单和混合式压盘挂单。

（1）递增式压盘挂单。在委卖档中，出现三档以上的递增式大卖单，即第二档的挂单比第一档的大，第三档的挂单比第二档的大。这种盘口的目的是想告诉市场：上方的卖压越来越大，股价难以上涨，如果不趁早抛出自己手中的筹码，那么后面会越来越困难。见图 1–5。

委比	-25.50% 委差	-1587
卖五	8.88	1797
卖四	8.87	359
卖三	8.86	858
卖二	8.85	840
卖一	8.84	51
买一	8.83	1436
买二	8.82	147
买三	8.81	377
买四	8.80	306
买五	8.79	52

（a）大盘股

委比	-48.67% 委差	-237
卖五	169.50	314
卖四	169.49	19
卖三	169.40	15
卖二	169.31	5
卖一	169.30	9
买一	169.02	79
买二	169.00	40
买三	168.99	2
买四	168.60	2
买五	168.36	2

（b）小盘股

图 1–5　递增式压盘挂单

（2）递减式压盘挂单。在委卖档中，出现三档以上的递减式大卖单，即第一档的挂单最大，后面两档依次减少。这种盘口的目的是想告诉市场：只要吃掉第一档的挂单，后面的卖压就越来越小，主力一旦吃掉第一档大单，往往市场就会立刻出现跟风盘，后面的挂单会在很短时间内被一扫而光，股价会快速上涨。见图 1–6。

委比	-15.86% 委差	-7069
卖五	12.54	928
卖四	12.53	1186
卖三	12.52	3353
卖二	12.51	4655
卖一	12.50	15701
买一	12.49	11066
买二	12.48	2933
买三	12.47	837
买四	12.46	676
买五	12.45	3242

（a）大盘股

委比	3.83% 委差	11
卖五	22.46	7
卖四	22.45	5
卖三	22.44	6
卖二	22.43	20
卖一	22.42	100
买一	22.41	104
买二	22.35	5
买三	22.32	15
买四	22.31	2
买五	22.30	23

（b）小盘股

图 1–6　递减式压盘挂单

（3）混合式压盘挂单。在委托卖出栏中，出现上述两种情形之外的压单方式，如前大后小、前小后大或穿插性的压单，实盘中这种现象最为普遍。通常，不时出现大卖单压盘，当挂出的大卖单被大买单吃掉时，股价向上拉升，说明买盘积极，向涨停板冲击。

2. 托盘式挂单

这种挂单方式在委买档中，连续出现几档非常明显的大买单，其目的在于告诉市场下方接盘力量强大，不用担心股价出现下跌，可以放心买入该股。当上方的卖单被吃掉后，盘口又会出现类似的大买单，其重心会不断上移，反复多次，直至涨停。

托盘式挂单有 3 种方式：递减式托盘挂单、递增式托盘挂单和混合式托盘挂单。

（1）递减式托盘挂单（单一式）。在委买档中，出现一档明显的大买单，阻止股价的下跌，给人以安全感，产生一种“一夫当关，万夫莫开”的视觉冲击力，这种挂单通常在被抛盘打掉以后，还能反复出现。通常大盘股在10000 手以上，中盘股在 3000 手以上，小盘股在 500 手以上，这些托单可以出现在任一价位，但在整数价位上出现的可能性较大。见图 1-7。

委比	24.34% 委差	14549
卖五	2.35	3690
卖四	2.34	4891
卖三	2.33	2885
卖二	2.32	8960
卖一	2.31	2185
买一	2.30	12020
买二	2.29	11537
买三	2.28	7190
买四	2.27	3605
买五	2.26	2808

（a）大盘股

委比	60.27% 委差	264
卖五	228.32	1
卖四	228.31	13
卖三	228.30	34
卖二	228.29	20
卖一	228.28	19
买一	228.27	330
买二	228.26	12
买三	228.25	4
买四	228.22	4
买五	228.21	1

（b）小盘股

图 1-7 递减式托盘挂单

（2）递增式托盘挂单。在委买档中，出现三档以上的大买单，第二档买单比第一档的大，第三档买单比第二档的大，给人一种金字塔式的稳定感。有时候这种挂单也出现某种递减式排列，其意在于显示主力实力雄厚，号召市场与主力一起参战。见图 1-8。

（3）混合式托盘挂单。在委托买入栏中，出现上述两种情形之外的托单

委比	-15.68% 委差	-12087
卖五	4.63	3806
卖四	4.62	4418
卖三	4.61	4423
卖二	4.60	23356
卖一	4.59	8580
买一	4.58	888
买二	4.57	1565
买三	4.56	6642
买四	4.55	11395
买五	4.54	12006

（a）大盘股

委比	70.75% 委差	832
卖五	109.21	3
卖四	109.20	18
卖三	109.19	19
卖二	109.18	11
卖一	109.10	121
买一	109.04	27
买二	109.03	87
买三	109.02	83
买四	109.01	260
买五	109.00	547

（b）小盘股

图 1–8　递增式托盘挂单

方式，如前大后小、前小后大或穿插性的托单，实盘中这种现象最为普遍。通常，不时出现大买单托盘，又不时出现大卖单压盘，当上方挂出的大卖单被大买单吃掉时，股价向上拉升，说明买盘积极，向涨停板冲击。

3. 夹板式挂单

这种挂单方式是指主力在委买、委卖两档中，分别在某一个价位挂出大单，使买卖盘口上显示出一种上有压力、下有支撑的夹板式盘面格局，让市场在某一段时间里始终在一个“夹板”限定的空间成交（有单层和多层两种挂单法）。夹板一旦撤离，或是被大单打掉，就是主力向涨停发起最后进攻的信号，此时要不惜一切代价追涨买入。见图 1–9。

委比	-21.83% 委差	-897
卖五	8.76	321
卖四	8.75	260
卖三	8.74	260
卖二	8.73	299
卖一	8.72	1363
买一	8.71	46
买二	8.70	282
买三	8.69	1190
买四	8.68	73
买五	8.67	15

（a）单层夹板

委比	7.33% 委差	687
卖五	6.71	1909
卖四	6.70	766
卖三	6.69	394
卖二	6.68	1264
卖一	6.67	7
买一	6.66	1052
买二	6.65	2494
买三	6.64	581
买四	6.63	756
买五	6.62	144

（b）多层夹板

图 1–9　夹板式挂单

4. 连续式挂单

这种挂单方式是指在委买、委卖两档中，密集挂出连续的委买和委卖大单，显示出市场参与者的筹码特别充足，买卖气氛十分热烈的一种盘面。这种盘口告诉大家，如果是大盘股，说明各路资金云集于此，多空双方分歧明显，欲想攻击涨停，多头必须付出极大的努力；如果是中、小盘股，则透露出主力不想单独拉升，欲借市场集体力量去推进股价上涨。

连续式挂单有两种方式：对称性连续式挂单、非对称性连续式挂单。

（1）对称性连续式挂单。在委买和委卖档中，除了价位的连续性这个特征外，还有一个特征就是挂出的大单基本对称，比如买盘是五档四位数，那么卖盘也往往是五档四位数。这种盘口的挂单通常在五档买卖档全部挂满，如同“蜂窝”一样，一个连着一个，给人一种水泼不进、风刮不进的感觉，大有一种不能插足、难以参与的感觉。见图 1-10。

委比	2.63% 委差	6910
卖五	3.42	22061
卖四	3.41	23241
卖三	3.40	28289
卖二	3.39	27452
卖一	3.38	27048
买一	3.37	13294
买二	3.36	59168
买三	3.35	29866
买四	3.34	18204
买五	3.33	14469

（a）大盘股

委比	-27.17% 委差	-823
卖五	5.91	141
卖四	5.90	472
卖三	5.89	293
卖二	5.88	840
卖一	5.87	180
买一	5.86	432
买二	5.85	131
买三	5.84	218
买四	5.83	156
买五	5.82	166

（b）小盘股

图 1-10 对称性连续式挂单

（2）非对称性连续式挂单。在委卖盘上出现连续式挂单，在委买盘上则是市场的自然接盘挂单；或者，在委买盘上出现连续式挂单，在委卖盘上是市场自然盘挂单。

这里盘口透露出两种相反的信息：卖盘力量极大或买盘力量极大。据实盘经验，委卖档上的连续式挂单一旦开始被吃掉，涨停的概率远远高于委买式连续挂单。原因是前者是主力的对倒盘，属于主力主动性攻击行为；而后者则是在主力诱导下的市场力量的买盘，上涨的力度自然不如前者。因此，当卖档连续式挂单一旦被主力吃掉，涨停就一触即发，如果发现主力攻击，就要第一时间抢进。见图 1-11。

委比	-63.40% 委差	-5502
卖五	6.18	1098
卖四	6.17	1687
卖三	6.16	1072
卖二	6.15	1652
卖一	6.14	1581
买一	6.13	577
买二	6.12	184
买三	6.11	168
买四	6.10	524
买五	6.09	135

（a）上连续式挂单

委比	91.96% 委差	13293
卖五	14.59	29
卖四	14.58	146
卖三	14.57	211
卖二	14.56	190
卖一	14.55	5
买一	14.54	5518
买二	14.53	1266
买三	14.52	1045
买四	14.51	1284
买五	14.50	4761

（b）下连续式挂单

图 1-11　非对称性连续式挂单

5. 大单挂单特别提示

（1）以上 4 种大单挂单形式经常交错出现，不一定是单一形式，这是主力的操盘习惯和个性使然。

（2）大单挂单的成交应该也是被大单吃掉，如果是小单去啃掉这些大单，则该股涨停的概率会大大降低，因为这不代表主力行为，即使涨停也没有连续上升的动力。

（3）如果委卖盘是散户的挂单，主力在下方托盘护着，主力意图就是等散户来拉动，减轻压力，僵持时间长，一旦从容地被吃掉，就有可能进行拉升。一般在最后半小时突破，一旦出现，就有可能拉涨停。

二、成交密度与涨停

成交密度是指股价拉升中所出现的成交频率，在 1 分钟的单位时间里成交的紧密程度。它是一个单位时间概念，这个密度的大小与该股能否涨停以及涨停后的走势都有直接的关系。一般而言，成交密度越大，说明参与者越多，成交越活跃，涨停的概率就越大；反之，涨停概率越小。

成交密度有两种因素：挂单密度与成交密度、挂单密度与成交手数。

1. 挂单密度与成交密度

一般而言，挂单的密度越大则成交的密度也越大。从目前沪、深两市的电脑主机自动撮合成交的间隔度看，1 分钟里的成交密度最大可以达到 20 笔，即每 1 分钟显示 20 次成交记录。成交显示越接近 20 笔，其成交密度就越大，涨停的概率就越大；反之，成交密度小，交易稀疏，涨停的概率就越小。

图 1-12，上海雅仕（603329）：这是该股 2020 年 6 月 19 日的分时走势，开盘后没做任何调整，直接出现两波式拉涨停。在分时成交中，成交密度大，1 分钟（9:40）达到 20 笔，成交量明显放大，股价快速涨停。

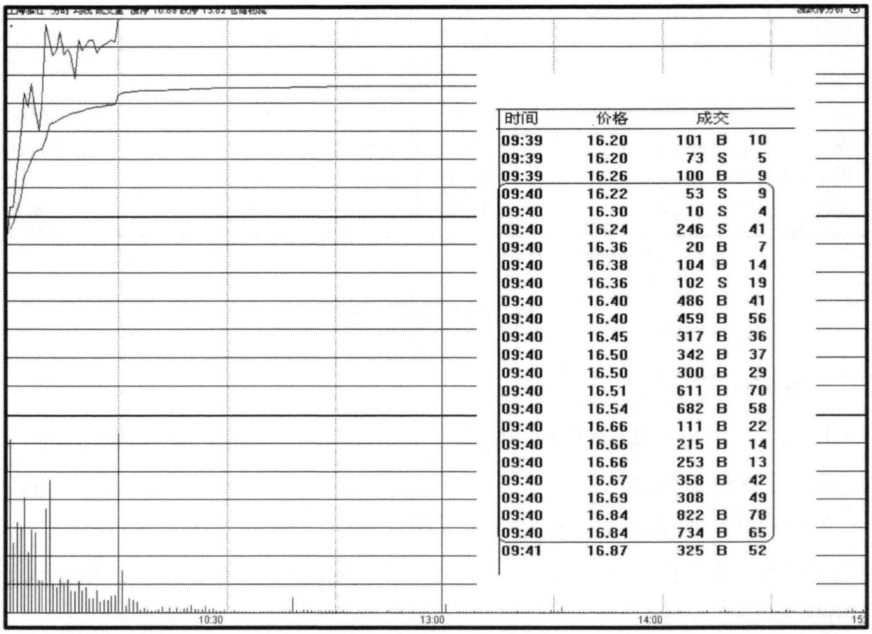

图 1-12　上海雅士（603329）分时走势图

2. 挂单密度与成交手数

有时候，挂单的密度不大，但成交的密度却不小，分时图走势也是一条光滑的曲线，但这往往是一种假密度表现，属于蚂蚁啃骨头式的成交。这种成交是由密集的小单组成的，这种小单在大部分情况下是散户交易行为，并不是主力的主动性买盘所致，所以其涨停的概率就小。

图 1-13，金陵体育（300651）：该股在 2020 年 6 月 19 日的分时走势中，1 分钟成交密度只有 4 笔，股价也出现小幅拉高，但挂单密度不大，成交量很小，大多是 10 手以内的小单子，而股价也上蹿下跳。说明主力并没有真正拉动股价，所以持续走高的可能性不大，除非在大盘或板块十分强势的情况下，才有可能尾盘跟风涨停。

三、上涨速度与涨停

上涨速度是指股票在其攻击涨停过程中的快与慢。一般而言，股价上涨

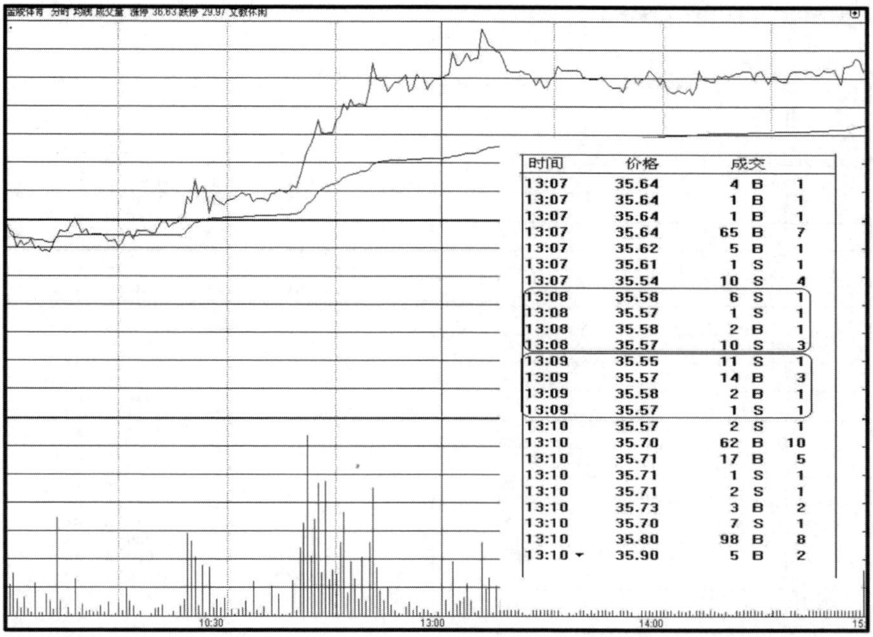

图 1-13　金陵体育（300651）分时走势图

的速度越快，其涨停的概率就越大；反之，则越小。这是因为上涨速度反映出主力向上攻击的决心，速度越快，盘面气势越强，表明主力决心越大，尤其是拉升阶段中的涨停，主力已经吸足筹码，想通过快速上涨摆脱成本区。同时，也是稳定市场其他筹码的一种好方法。

上涨速度有两种走势：跳跃式上涨、斜坡式上涨。

1. 跳跃式上涨

跳跃式上涨是指股价在经过一段盘整之后，突然摆脱盘整区域而快速上涨。这种“跳跃”往往是用一两笔大单快速敲开挂在上方的大卖单，然后一路扫货而上，股价呈现出跳跃性的上涨。分时图呈现出一条接近 90 度的上冲线直至涨停，经常形成分时“跳空”现象。有时候也会上冲到某一价位时继续盘整一段时间，然后再次“跳跃”直至涨停，呈现波段式拉升走势。

图 1-14，新力金融（600318）：这是该股 2020 年 6 月 19 日的分时走势，经过一段推升走势后，从 9:51 开始加速拉涨停，出现跳跃式拉升，几乎接近 90 度上行，分时走势出现多个“跳空”缺口，盘面非常强势，短期新高可期。

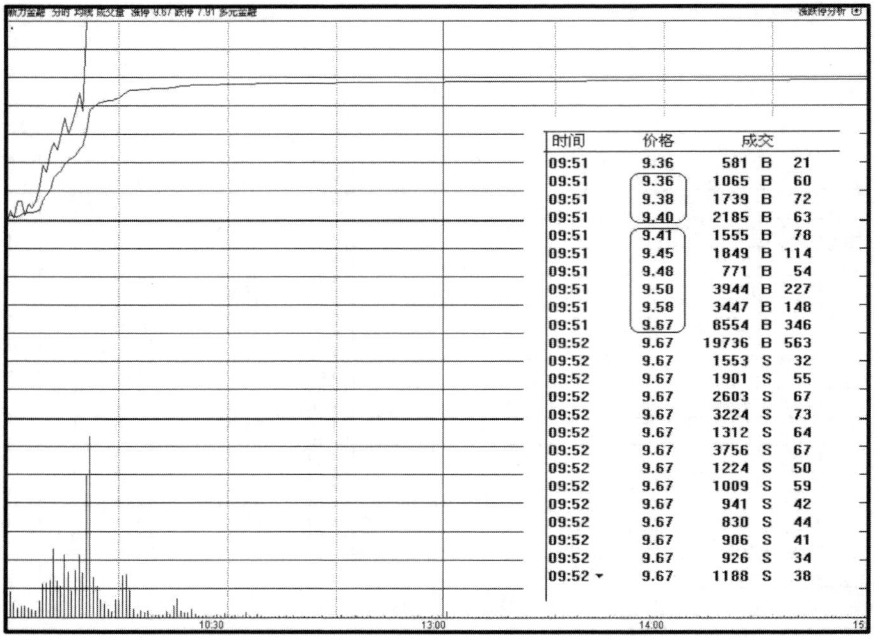

图 1-14　新力金融（600318）分时走势图

2. 斜坡式上涨

斜坡式上涨是指股价从某一个价位起涨后，中间没有明显的停顿，沿着一定的角度推升。这种上涨看似没有跳跃性上涨的速度快，但由于其上涨途中没有明显的盘整平台，所以总体的上涨速度也很快。

它与跳跃式上涨的区别是：跳跃式上涨好比撑竿跳，斜坡式上涨如同爬楼梯。前者底气充足，一气呵成；后者运筹帷幄，步步为营。

图 1-15，英科医疗（300677）：这是该股 2020 年 4 月 9 日的分时走势，股价平开后沿 45 度角稳步推升而上，分时中没有明显的回调走势，也没有跳跃式分时“缺口”，即使偶尔出现跳空也很快被回补，盘面走势十分稳健，尾盘封于涨停，这是一个稳健的涨势信号。

需要说明的是，大单挂单、成交密度和上涨速度三者之间是一种相互关联、相互渗透的关系。在大多数情况下是同时出现或交替出现的，但在特殊条件下，只要一两个要素出现，也可以使股价涨停：

（1）小盘股在上市一段时间后，往往可以不用大单成交就能使股价有效涨停。

（2）小盘高价股在被主力控盘后，通常能在成交密度很低、上涨速度很

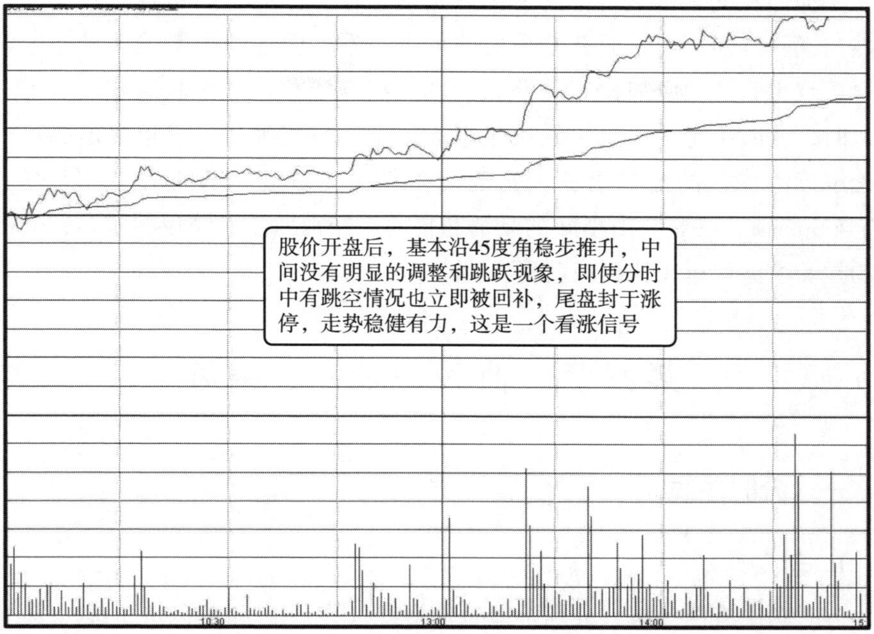

图 1-15 英科医疗（300677）分时走势图

慢的情况下攻击涨停，因此可以忽略成交密度。

（3）超级大盘股通常成交密度很大，但上涨速度不快，往往很难有效冲击涨停，因此也可以忽略成交密度。

四、涨停链接操作法

涨停链接操作法是指当已经拥有一档涨停板的股票时，在涨停的当天抛出，然后再买入一档有机会也能在当天涨停的股票，这就要用涨停时间错位法的技巧，进行准确的买卖操作。通常可以用以下几种错位法进行涨停板的链接：

（1）卖出一波式脉冲型涨停股票，买入两波式涨停或阶梯型涨停股票。

（2）卖出小斜坡型涨停股票，买入大斜坡型涨停或震荡型涨停股票。

（3）卖出阶梯型涨停板股票，买入震荡型涨停板股票。

（4）混合型卖出（脉冲型、小斜坡型、阶梯型），混合型买入（大斜坡型、震荡型、阶梯型、后市脉冲型）。

涨停板盘口语言总体提示：

涨停板现象是可以在任何大盘背景下发生的一种股价激烈波动的现象，

读懂了涨停板的盘口语言，就掌握了正确操作涨停股票的最佳捷径。涨停板固然与其基本面、消息面有着重要的因果关系，但这种因果关系是通过盘口语言表现出来的。盘口语言是股票波动的终端语言，挂单决定成交，成交决定分时，分时决定K线，K线决定形态，形态决定浪形，浪形决定趋势……正确解读涨停板的盘口语言，就是站在股票交易金字塔的塔尖，大有一种“会当凌绝顶，一览众山小”的豪情和自信。经常抓住涨停板的股票，会使自己的投资生涯快乐无比、成就喜人。

第四节　曲线、量峰、偏离

一、分时曲线

1. 含义

分时图中有两条线，分别是即时价格线（白线）和黄色均价线（黄线）。白线是由股价瞬间波动形成的，上下波动非常明显，可以反映当天主力的意图，是做多还是做空，或者震荡还是选择对倒，但必须结合K线盘口进行分析。黄线是根据每笔成交量按照移动加权计算的价格反映，体现的是当日平均成本，上下波动平缓。

分时曲线与K线均线的道理一样，白线向上脱离黄线较高时，通常会向下回档，又向黄线靠近；而白线向下跌离黄线较远时，通常会向上反弹，又向黄线靠拢。有的散户追涨当日被套基本属于第一种情况，就是在白线向上脱离黄线太远时追涨买入，结果买入后当日股价下跌回调。如果这个时候，该股在日K线图上股价位置又向上远高于5日均线，那么短线被套的可能性较大。一般分时图的走势都是这样，只有在涨停或者接近涨停、跌停或者接近跌停这些比较极端的行情中，可以不受曲线的影响。

2. 强弱

将白线和黄线组合在一起，根据两条线的不同位置，可以观察分时盘口的强弱。

白线始终在黄线上方，则为强势盘口，当白线回落到黄线附近，往往出现弹升走势，偶尔向下跌破黄线，短时间内重新拉回黄线之上为强势，说明黄线对白线构成支撑，这也是超短线投资者要寻找的个股。

白线始终在黄线下方，则为弱势盘口，当白线回升到黄线附近，往往受阻回落，偶尔会上穿黄线，短时间内重新回到黄线以下，黄线对白线构成压力，这些股票也是需要极力回避的个股。

白线和黄线同时向上运行时为强势盘口，反之，两线同时向下运行时为弱势盘口。

3. 纠缠

白线和黄线经常纠缠运行，白线一会儿在黄线上方，一会儿在黄线下方，这是大多数股票的分时图走势。就像遛狗，狗儿一会儿在主人前方，一会儿在主人后方。这时反映出多空双方力量基本处于平衡状态，以观望为主。

在常态行情特别是盘整中的个股，小阴小阳夹杂的走势，可以在分时图中采取这种做法，那就是在白线掉在黄线下方较远的位置买入，在次日白线在黄线以上较高的位置抛出。这是短线实盘能力较强的投资者在盘整中博短差的简单做法，比较适合做短差，但对实盘经验不丰富的散户可能不太适合。

4. 穿越

白线和黄线经常出现穿越现象，也即交叉走势。当黄线处于向上倾斜运行时，白线向上交叉黄线为强势信号，白线向下交叉黄线为回档信号；当黄线处于向下倾斜运行时，白线向下交叉黄线为弱势信号，白线向上交叉黄线为回抽强势信号；当黄线接近水平运行时，交叉信号方向性不强，为纠缠状态，盘口处于震荡。

二、成交量峰

1. 技术含义

量峰是指在股价交易过程中，由密集性持续不间断成交所产生的成交量而形成的纵向或横向排列的量柱。攻击量峰是指主力在股价交易过程中，不间断地持续投入大笔资金，积极买进或大单卖出所造成的股价在特定时间段发生剧烈波动的现象。攻击所产生的持续力较强，股价瞬间波动幅度较大，呈现不间断的特点。由股价在特定时间段持续攻击时所产生的成交现量，就是攻击量峰。

2. 盘口特点

攻击量峰由于持续买进或卖出的驱动力，因而其量峰结构表现为以下三大特征：

（1）瞬间爆发。量峰形成之前会产生温和放量的过程，属于突发性瞬间爆发形式。

（2）纵向放大。量峰形成时，呈纵向放大特征，没有横向的延续性。

（3）大单成交。量峰形成时的现量结构通常由多笔密集的大单或特大单即时成交而组成。

3. 主力意图

根据实盘操盘，主力发动攻击量峰的目的有3个：一是拉升的需要，二是洗盘的需要，三是出货的需要。

（1）拉升。当股价经过一段时间的低迷之后，主力顺利完成建仓计划，然后开始主动性攻击拉升，以脱离持仓成本区。此时表现在盘口中，就会出现股价上涨时的攻击量峰结构，说明主力主动不间断持续投入大资金积极买进。

股价处在向上突破后的拉升阶段，尤其是在经过由大底部区域向上突破过程中，主力必须果断地进行主动性拉升，以脱离持仓成本区，因而较易出现攻击量峰。

（2）洗盘。股价经过一轮初步拉升，刚刚脱离持仓成本区，在进行大幅拉升之前往往在盘中通过“对敲”手法进行打压。这种对敲打压的行为，就是常说的“洗盘”。主力利用洗盘手段来清洗不稳定的筹码，此时也会出现攻击量峰。

（3）出货。股价处在阶段性整理平台或波段性高位，尤其经过一轮大牛市之后的历史性高价值区域，主力会想尽一切办法达到出货的目的，因而会疯狂地采用攻击性出货手段抛售，此时较易出现攻击型量峰，这是一种快速出货的手段。经过攻击性出货动作的股价趋势会迅速出现破位下跌的形态，股价从此向熊市转变。

4. 买卖时机

（1）跟踪买进机会。当攻击量峰出现时，如果股价处于刚刚向上突破或上升通道之中，说明主力已经在积极地投入资金操盘。此时应根据股价的其他相关技术系统，迅速做出买入决策，迎接股价上升趋势。

（2）波段卖出机会。当攻击量峰出现时，如果股价已经过一个大波段行情或一轮大牛市级别的拉升行情并处在历史性高价区域，说明主力已经在大规模出货，此时投资者应及时卖出，以避免陷入弱市大调整趋势。

三、偏离幅度

什么叫偏离幅度？目前还没有具体的概念。根据经验总结，就是白线与黄线的偏离差距，或者叫乖离程度。通常情况，白线在没有摆脱黄线之前（大涨或大跌），黄线对白线走势有牵制作用。也就是说，当白线距离黄线太远时，有向黄线回归的要求。可以参考以下4种情况：

（1）白线与黄线的偏离幅度很大，股价似乎马上垂直飙升，但是却没有量能的配合或量能稀松。这样的分时盘口出现回落的概率是很大的，大家最好不要追买进场。

（2）白线与黄线虽然出现偏离现象，但是量能配合完美，每一次拉升都有量能的堆积，每一次回落也有一定的幅度。但是，如果白线每一次回落都凌驾于黄线上方，说明黄线已经形成一个有力的支撑。这是强势股的表现，有时候也是开始启动的信号。

（3）白线与黄线没有出现明显的偏离，价格的每次波动都在黄线附近，一旦脱离黄线或有抬头之势，可作为短线启动的一种信号。同时，也要注意黄线的变化，如果出现有效跌破，应迅速卖出。

（4）白线在黄线上下宽幅波动，时而上时而下，日K线多收于小阴小阳，说明处于盘局状态，操作意义不大。

■ 第二章

分时波形分析 >>>>

第一节　分时基本波形

一、波形结构

在解读涨停分时盘口时，必须对拉升的基本波形有所了解，否则盘口分析将无法入手。股价拉升中的分时波形有很多种，有直线流畅的，有上蹿下跳的，有平坦呆板的。有代表性的是圆角波、尖角波和锯齿波这 3 种基本类型，其他各种各样的分时走势都是这 3 种基本波形的变异。见图 2-1。

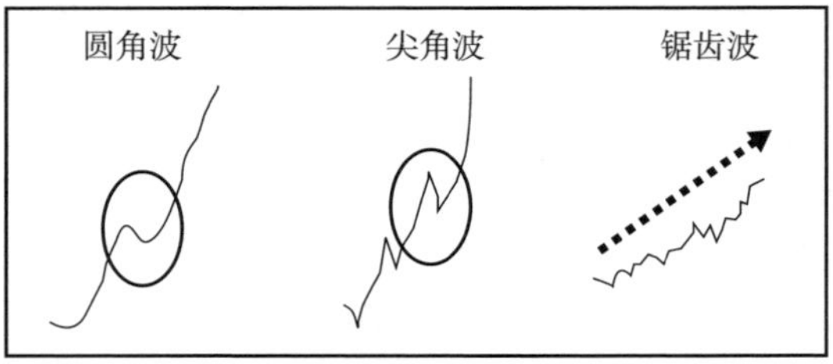

图 2-1　3 种基本分时波形示意图

二、圆角波

这种波形攻击性强，但持续性一般，大多为市场行为。通常出现在洗盘后拉升或持续拉升阶段，往往换手充分，主力控盘良好，股价处于良好的强势上涨阶段。

圆角波的特征是在每一波的上涨或下跌中，都会出现一个“圆角”。这种圆角是买卖双方的力量从不平衡逐渐到平衡的过渡。

圆角波的出现多为市场自然成交的结果，无论是上升还是下跌，买卖双方的力量都有一个不平衡—平衡—不平衡的过程，其间的价格过渡相对平滑，一般为股价的单边上升或单边下跌的分时语言。圆角波还会延伸出圆角短波、圆角脉冲波和圆角长波 3 种波形。

1. 圆角短波

圆角短波是一种以市场力量为主的吃货或跟风图形。当上方有卖盘压单时，主力会先行吃掉一些卖盘，但又不完全吃掉，目的是让市场看到主力的动作以吸引市场跟风盘介入。圆角短波在高位出现时，就有主力出货嫌疑，在低位出现时则可以适当关注和跟风。

2. 圆角脉冲波

圆角脉冲波是主力和市场共同大力买入的一种行为。当上方压单很厚时，主力仍然采取先行买入的策略以吸引跟风盘的介入，当卖压挂单被越来越快地吃掉时，就会产生一种向上冲高的巨大惯性，于是就产生“脉冲”走势。这种脉冲当然是主力资金在快速跳跃式地吃掉上方的层层挂单，在分时图上就出现了一段接近 90 度直线拉升的脉冲波形，这就是圆角脉冲波。圆角脉冲波是主力集中力量通过把股价迅速拉高来脱离成本区的“吃货+拉升”行为。

3. 圆角长波

圆角长波则是介于圆角短波和圆角脉冲波之间的一种波形。它在实盘中比较常见，往往在整理形态的颈线位置出现，具有吃货、洗盘和拉升的共同性质，是一种主力与市场共同作用的行为。

值得注意的是，在相对高位所形成的圆角波，往往有主力出货的痕迹，所以圆角波出现后股价就离下跌不远了。

三、尖角波

这种波形攻击性强，且持续性好，大多为主力行为。通常出现在拉升过程中，在小盘股、热门股中较为多见，股价处于持续上涨阶段。

尖角波的特征是在每一波上涨或下跌中，都会出现一个尖锐的锐角，这种尖角波是大买单或大卖单突然成交的结果，其间没有任何过渡。尖角波可分为尖角短波、尖角长波和尖角脉冲波 3 种。

1. 尖角短波

在分时运行中，经常出现主力吃货的尖角波，大多发生在相对低位，称为“尖角短波”。这种波形一般较短，第一个尖角波与第二个尖角波之间会有一个时间间隔，这是因为主力把上方的卖单吃掉后，还要等待新的卖单挂出后才能吃第二口。同样，下跌中出现的尖角波通常是主力出货的迹象，其运动特征与上涨时一样，只是方向相反。

2. 尖角长波

在主力拉升过程中，经常出现一种“尖角长波”。这种波形一般较长，第一个尖角波与第二个尖角波之间的时间间隔很短，这是因为主力急于把股价拉上去，不给市场有从容吃货的机会。同样，在下跌中出现的尖角长波大多是主力出货所为，有时候也是市场恐慌盘打出的结果，只不过方向相反而已。

3. 尖角脉冲波

尖角脉冲波是所有上升波形中最强的一种波形。尖角长波是一种仅次于尖角脉冲波的拉升波形，它所出现的频率要远高于尖角脉冲波。尖角长波形成的涨停板或大阳线也往往意味着后市继续看涨。但是，如果之后出现了以圆角长波拉升的大阳线或涨停板，就预示着市场有资金介入。那为什么低位没有市场资金介入呢？这是因为当一只股票在刚刚启动时还没有引起市场资金的关注，只有该股走高一截后才会引起市场的关注，这时才会有跟风盘的出现，于是圆角波便形成了。

值得注意的是，在股价上涨途中通常尖角波的上涨具有持续性，如果一只股票先出现了尖角波的阳线，往往意味着后市还能继续上涨。而之后如果出现了圆角波的阳线，则可能预示着股价很快就会转入下跌，这是因为尖角波是一种主力行为，而圆角波则带有市场行为，其买力自然不如主力强。

四、锯齿波

1. 市场含义

锯齿波是分时中最常见的一种走势，这种波形攻击性弱，但持续性好。多为机构股的盘口语言，在盘升行情中较多见，经常出现在大盘股、冷门股之中，表明主力处于吸筹、洗盘、推升阶段。

锯齿波指无论是在上涨还是下跌的分时图上，都呈现出一种类似锯齿状态的走势，也就是说股价在微幅波动中的单边上涨、单边下跌或横盘走势。

锯齿波有以下市场含义：

（1）主力在吸筹阶段，特别是主力基本控盘后，通常会将股价控制在一个很小的区间。每天盘口五档买卖盘都挂有很大的买卖单，卖出的筹码主力有多少接多少，股价长期在一个狭小的区间里波动，这期间多数散户无法忍受这种折磨而坚持持股，所以吸筹阶段的锯齿波目的就是以时间赚筹码。

（2）出现锯齿波走势的股票，通常处于吸筹阶段，但是少数洗盘末期的个股也经常出现锯齿波。所以，当一只股票调整之后，分时图出现锯齿波走势就是告诉大家，盘面已经调整充分将要开始上涨了。

（3）出现锯齿波的股票往往都看起来无精打采，死气沉沉。而此时主力正悄悄地耐心建仓或洗盘，对于中长线投资者来说，这时是抓黑马的最好时机。当然，必须要等待一段时间，一只股票如果前期有过一段时间的横盘整理，通常在 3 个月内会有一波拉升动作。

（4）很多时候，多数股票都是以锯齿波的走势运行的，所以某一天如果发现分时图走势不再出现锯齿波，那么就说明行情已开始变化，即将进入下一个阶段。当然，有些股票会马上进入主升浪，也有一些股票会小涨一下反复洗盘，总之行情的性质已经转变。所以，只有认真体会，才能对盘面保持敏感。

2. 形成原因

这种走势的出现通常为市场在主力诱导下的成交痕迹。其特征是无论上涨还是下跌，股价都沿着一个方向斜行，斜行中的波动幅度非常小，如同锯齿一般颤抖着运行。

为什么说锯齿波是在主力“诱导”下形成的呢？这是因为主力挂单所致。比如主力在某个价位买单和卖单，形成一个“夹板式挂单”模式，结果市场在吃掉了一部分卖单后，有人一看只有少量压单，于是就选择买入。反之也是一样的道理。

锯齿波也有 3 种延伸：锯齿斜波、锯齿横波、大锯齿波（也叫鱼刺波，即波动幅度较大的锯齿波）。锯齿波的形成原因有两种：

（1）主力在力不从心时，诱导市场来“帮忙”完成任务。所以即使锯齿波把股价推向涨停时，通常在第二天股价也会有一个回落过程。反之，由锯齿波导致股价的下跌，往往也会在后面出现一定幅度的反弹。所以，一旦股票出现锯齿波时就要注意了，后面很可能有一个相反的走势即将出现。

（2）主力刻意而为。特别是主力想在一个极小的空间里给市场自然换手，就会在买卖价位上各自挂出大买单和大卖单，形成一种“夹板式挂单”，使市场的成交价在“夹板”中进行，在分时图上就出现了锯齿波形态的横盘走势。通常，锯齿波是一种诱导市场在某一价位进行自行换手的盘口语言。

注意，这种横盘的锯齿波如果在分时图的相对高位出现缩量走势，是一种典型的洗盘行为，洗盘结束后还有向上一冲的动作。如果是放量横盘，则可能是主力出货行为，要引起高度警惕。如果在上涨过程中出现了锯齿波，特别是中小盘股中由非锯齿波上涨（尖角波、圆角波）到锯齿波上涨时，就要注意了。这说明买力严重不足，股价即将出现下跌。

还有一点也是非常明确的，就是当一只股票在相对的高位先出现一根大阳线，之后便是缩量下跌状态的锯齿波时，那肯定是主力在出货。

五、特别提示

圆角波、尖角波和锯齿波这 3 种分时图形，在大多数情况下不是单一出现的，它们往往在一天的走势中交替出现，但以其中一种波形为主，其他走势为辅。需要注意的是，当一种波形被另一种波形所替换时，就意味着股价即将出现变盘行为。抓住这种变盘的瞬间信号，会对实盘操作有一个正确的提示作用。

在这 3 种基本盘口语言中，往往有一种语言是当时最重要的语言，比如有时候是挂单语言，当盘口频繁地出现“挂而不交”的现象时，说明主力自己不想交易，想让市场来替主力买卖；当盘口出现“不挂而交”的现象时，则往往是主力自己在埋头交易，不想市场参与买卖的盘口语言。有时候从一二笔重要的成交语言中，就能大致判断出主力对该股的真实意图，而分时图的转折性走势也会给大家以恍然大悟的提示。

所以，3 种基本盘口语言不能单独运用，要综合分析。但需要注意的是，3 种盘口语言在不同时段以其中一种语言最有价值，那么只要抓住这种最有价值的语言，来判断当天的走势就可以。当某一天的盘口突然出现了最关键的一种盘口语言提示后，其可以作为我们在今后一段时间的操作上的标志性的判断依据。

第二节　分时主要波形

在实盘技术分析中，分时走势盯盘、观察是投资者分析盘面变化的必要手段。分时线中出现的形态、异动、波形、量峰等变化，是投资者判断主力操盘痕迹最直接的信号。同时，分时线的异动也将左右一个股票未来的运行轨迹。

大家知道，K 线中有双底、双顶、头肩底、头肩顶、V 形反转、三角形、旗形、楔形等整理K线组合形态，这些形态在分时走势中同样会出现，不同阶段出现的形态都同样具有重要的市场意义。

市场瞬息万变，研判分时波形的特征、了解波形的变化、洞悉波形的意义有助于投资者了解当前股价的运行轨迹，把握异动脉搏有助于投资者更准确、更及时地抓住市场投资机会和规避市场中出现的各种风险。

分时图中常见的波形有：攻击波、试盘波、杀跌波、跳水波、回头波、震仓波、假升波、脉冲波等8种经典形态。

一、攻击波

攻击波是指当日股价在盘中拉升过程中，出现密集性尖角波持续向上攻击的波动形态。由这一波动特征而形成的即时波形就是攻击波。

攻击波有两种形式：一种是脉冲性攻击波，另一种是冲击性攻击波。两者的根本区别：后者强势上涨目的是吸引场外资金跟风助推上涨，而前者的出现表明主力高度控盘，已完全达到掌控股价涨跌的程度。这两种分时走势均是主力在盘中建仓过程中，持续投入大资金或者用对敲操盘手法拉抬股价而在分时图中出现的攻击性即时走势，更是主力直接操纵股价走势的结果。

1. 攻击波的成因

它是由主力吸筹行为引起的量价异动波形。在分时走势中，由大资金直接攻击股价而留下的尖角状态的走势图形。它通常出现在股价当日盘中上涨过程中，这是因为主力在盘中建仓时，投入资金量较大而产生积极买入的结果。一旦盘中出现攻击波，就表明主力正在用大资金直接参与行动，后市上涨空间巨大。

攻击波出现在股价上升初期（早盘）、中期和盘头初期最具有操作价值，如果在拉升末期或盘头中后期则风险较大。这里特别要提到的是末期，当股价经过前期持续上涨处于高价位盘整阶段时，这类股票通常会在某日临近收盘半个小时内出现强势上涨攻击波，这时操作风险最大，投资者需要特别注意。

主力利用资金猛烈攻击，根据时间规律和介入资金量大小，有步骤、有节奏地滚动操作推动股价，此时股价根据进二退一、进三退二的节奏不断创出新高，成交量也有序放大，这种攻击走势有力，对股价趋势的促动力极强。

2. 量价结构与表现形式

（1）脉冲式攻击波。其是主力高度控盘的结果，波形呈呆滞状的脉冲走势，坡度较小，曲线结构不平整，这是主力利用小资金缓慢推升股价而产生的股价形态。这种波形一般会出现在中长线主力高度控盘的品种之中。

（2）拉升阶段的冲击式攻击波与建仓阶段的本质区别在于，拉升阶段时主力的主要目的不是吸筹，而是利用资金滚动式操盘，不断冲击新高，因而形成冲击波形态。这种波形主要是为了吸引盘中跟风资金来积极推进，共同创造价升量增的完美技术形态，为后市继续拉高出货打下良好的市场基础。

（3）冲击式攻击波在形状上与脉冲式攻击波的不同点在于，冲击式攻击波因资金快速冲击的特点而在盘口上留下尖角形的波形结构，坡度陡峭而急促，波长较短，量峰值较大，量峰具有明显的波浪形态，股价攻击放量的规律性和时间节奏均把握极好。而脉冲式攻击波则没有明显的尖角形，坡度比较平缓，波形较长，节奏呆滞不流畅，量峰结构较单一，较少出现具有波浪形的量峰。

图 2-2，易瑞生物（300942）：2022 年 11 月 30 日的分时走势图，图中前一个圆圈中出现的是脉冲式攻击波，后一个圆圈中出现的是冲击式攻击波。

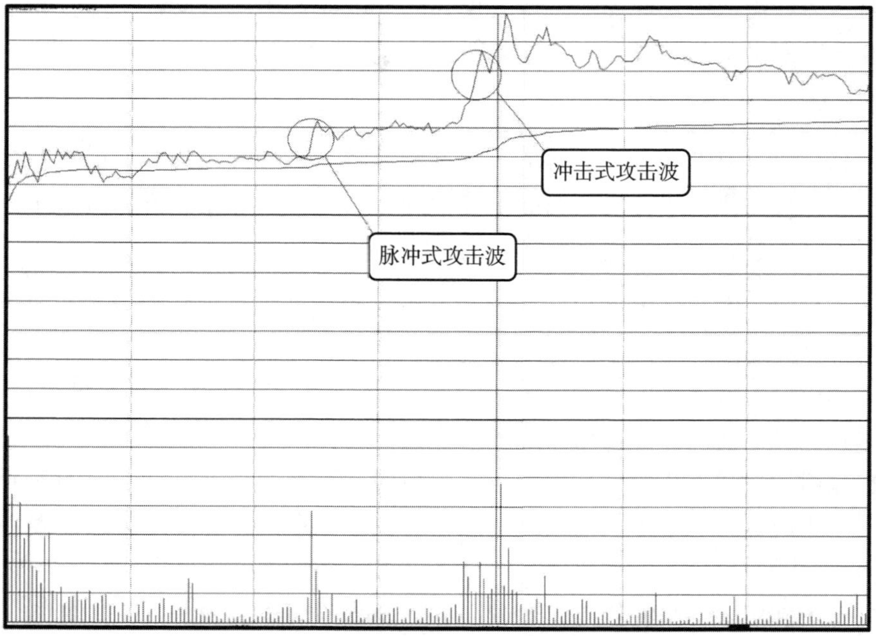

图 2-2　易瑞生物（300942）分时走势图

（4）攻击波对应的量峰形态分析。脉冲式攻击波。量峰具有纵向高和横向短的特征；大单成交密度较小，有间歇性持续放量的现象；量峰结构单一，较少出现多个波浪形量峰。冲击式攻击波。量峰具有纵向高和横向长的特征；大单和特大单成交密度较大，出现持续密集的波段性放量现象；量峰大多由大波浪形峰值组成，波动特征明显。

3. 主力操盘行为分析

（1）如果攻击波出现在股价突破30日均线的拉升阶段的初、中期，通常是主力投入大资金或利用对敲手法主动攻击推高股价的结果。主力意图是快速拉抬股价，脱离持仓成本区。这种波形将可能出现一轮主升浪行情，投资者可以逢低择机介入。

（2）如果攻击波出现在股价大幅拉升之后，弱市涨幅30%以上，强市涨幅80%以上，通常是主力通过对敲手段拉抬的结果。主力意图是暗中波段性出货，形成高换手率，市场即将出现波段性调整行情。

（3）如果攻击波出现在高位盘头阶段初期，股价在30日均线之上震荡整理，通常是主力利用少量资金继续滚动操作的结果，并有继续创新高的可能。这时投资者可以减仓后，小仓位参与，享受创新高的收获。

（4）如果攻击波出现在大涨之后的高位平台整理阶段的末端，通常是主力利用对敲操盘手法形成攻击波来吸引市场投资者接盘，这是典型的拉高诱多出货手法。这种走势通常在出现攻击波后的次日有可能再次出现涨停，然后就是一轮深幅度的暴跌，投资者这时应果断离场。

4. 对当日股价走势的影响

攻击波对当日股价的牵引力和促动力极强。由于攻击波大多出现在上涨趋势和反弹行情之中，因而对股价当日走势影响较大。

（1）脉冲式攻击波。当日在盘中脉冲式攻击波拉抬方式出现后，股价以中阳K线收盘的概率较大。

（2）冲击式攻击波。当日在盘中冲击式攻击波拉抬方式出现后，股价以中阳线或大阳K线收盘的概率较大。

5. 操盘机会与风险回避

（1）操盘机会。当攻击波出现在拉升阶段的初、中期时，可在每一段攻击波的低点买进。也就是说，每一波创新高之后的回调低点是最佳买点，这种波形出现时，短中线机会较大。

当攻击波出现在高位盘头阶段的初期时，主力利用大量资金继续滚动操作，并有继续创新高的动能，这时可以短线轻仓参与主力最后拉高出货的攻击行情。但操作速度一定要快，期望值不宜太高，一旦股价出现下跌迹象，应及时出局。

（2）风险回避。当攻击波出现在拉升阶段的末期时，则以观望为主，主力利用这种走势有推高出货的嫌疑，股价即将见顶。一般情况下，主力利用早盘攻击波拉高股价，午盘则采用回头波出货，形成见顶特征，因此短中线风险极大。

当攻击波出现在高位盘头阶段的中后期和下跌阶段时，这是主力诱多出货的主要特征，后市仍将继续大幅下跌，应以观望为主，短中线风险巨大。

二、试盘波

试盘波就是股价在分时图中上下震荡的平衡状态下，突然出现向上或向下的剧烈波动，并迅速恢复平静维持原有的上下震荡走势。试盘波主要目的是测试盘中筹码的稳定度，以便在后续采取相应的操作策略。

试盘波大多出现在阶段性底部或历史性底部区域，在拉升阶段初期也会出现试盘波，而在其他阶段出现的同类股价特征均不是试盘波。通常情况下，主力采用试盘波的手法无外乎有两种。

（1）向上试盘。主力做出放量上攻的架势，让投资者明显感觉到有资金进场操作，这时股价快速上升后在重要压力位遇阻回落。表现在日K线图中就是一根较长上影线的阳（阴）K线。场内筹码见股价反弹失败，导致大部分筹码出现松动，而主力则照单全收。

（2）向下试盘。主力故意在K线图上做出横盘的姿态，高低点之间的空间幅度越来越窄，某日股价突然破位下跌，成交量放大，盘中散户以为破位大跌，于是纷纷斩仓。主力则在低位照单全收，并于当天收盘时将股价拉回至开盘价附近，在K线图上收出一根较长下影线的阴（阳）K线。

1. 试盘波的成因

当主力选择目标股入驻时，先要测试盘中筹码的稳定度，以计算建仓时间和建仓成本以及拉升操盘成本，并测试重要的阻力位和支撑位的作用大小。同时，观察盘中有无其他主力进驻。如有强势主力进驻其中，则要考虑如何与对方达成协调操作的问题。多数主力不希望一只股票中有两个以上主力存在，因为这种操盘方式风险极大。

股价经过放量下跌见底后，逐渐进入缩量整理阶段，盘面气氛沉寂，交易清淡，场内投资者对该股逐渐失去兴趣。震荡整理时间越长，投资者持仓成本就越高，失望情绪越来越大。当成交量萎缩到极致时，股价即将面临异动。在这种情况下，主力悄悄建仓，时间被拉长，虽然成本降低，但也很难继续吸纳更多的低价筹码，因此主力采用试盘的操盘手法来测试盘中筹码的稳定度。

2. 量价结构与分时形式

（1）瞬间拉升式试盘波。股价在盘中突然出现快速拉升，之后又迅速归于平静。在瞬间拉升过程中，成交量迅速放大，并由单笔大买单或数笔大买单组成。这种试盘波当日 K 线以长上影阳线或十字星收盘的概率较大。

图 2-3，西安饮食（000721）：2022 年 9 月 30 日的分时走势图，低开 1.94%后出现一波快速拉升行情，股价上拉到 7%以上，随后出现震荡整理，以十字星收盘。试盘后，经过短期的整理，开启一波强势拉升行情。

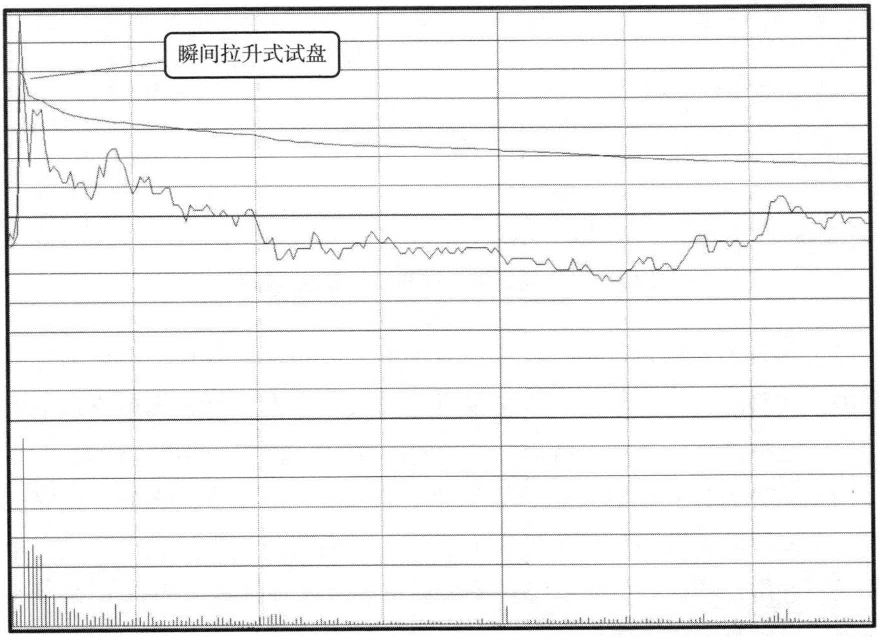

图 2-3　西安饮食（000721）分时走势图

（2）震荡拉升式试盘波。股价在盘中突然出现震荡拉升态势，在完成一个或几个波段拉升后，股价迅速见顶回落。在震荡拉升过程中，成交量迅速放大，并由持续密集型多笔大单组成。这种试盘波当日 K 线以小阳线或十字星收盘的概率较大。

图 2-4，南网能源（003035）：2023 年 2 月 2 日的分时走势图，股价平开后缓缓推高，出现两波震荡拉升式试盘波。股价拉升到 5%左右，出现震荡盘

落走势，收出长上影 K 线。试盘后，经过几个交易日的休整后，出现一波拉升行情。该股此前在 1 月 11 日和 12 日也出现过类似的分时形态。

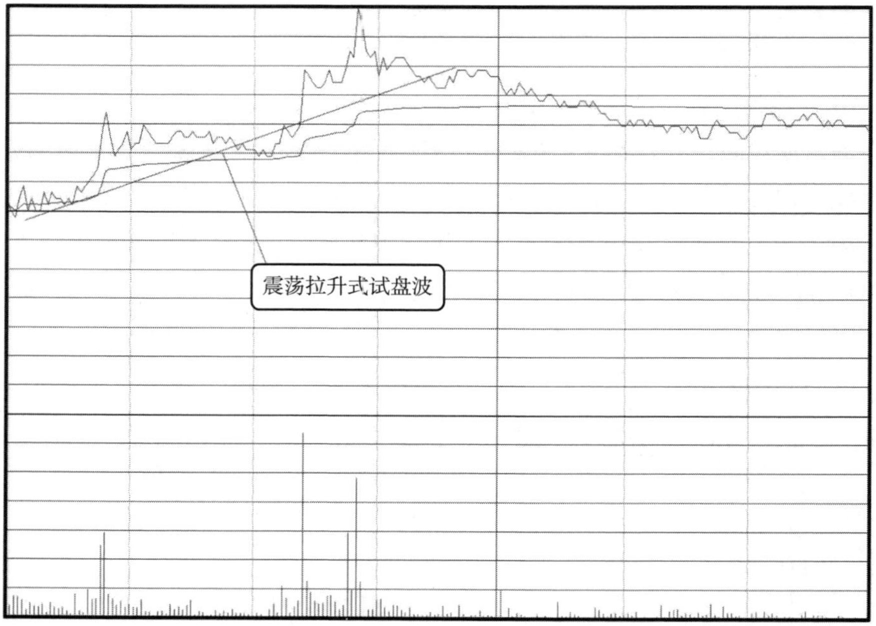

图 2-4　南网能源（003035）分时走势图

（3）瞬间打压式试盘波。股价在盘中突然出现快速打压，之后又迅速归于平静。在瞬间打压过程中，成交量迅速放大，并由单笔大卖单或多笔大卖单组成。这种试盘波当日 K 线以长下影阴线或十字星收盘的概率较大。

（4）震荡打压式试盘波。股价在盘中突然出现震荡杀跌态势，在完成一个或几个波段的杀跌后，股价迅速见底回升。在震荡杀跌过程中，成交量迅速放大，并由持续密集型大单或多笔大单组成。这种试盘波当日 K 线以小阴线或十字星收盘的概率较大。

3. 主力操盘行为分析

试盘波是主力直接操纵股价波动趋势的结果，其操盘意图可从以下 3 个方面进行分析：

（1）测试筹码稳定度。这是主力为即将展开建仓计划做准备。如盘中稳定度较好，则主力可能将通过诱多或诱空性操盘手法使盘中筹码松动，以完成建仓计划。

（2）测试阻力位。这是主力为即将展开的拉升计划做准备。如在重要价格区间，盘中抛压较大，则说明这一价格区间的阻力较大，主力可能以诱空式手法使筹码在低价区域松动，以消化上档价格区间的抛压阻力。

（3）测试支撑位。这是主力为即将展开的建仓计划做准备。如盘中支撑较强，则主力可能将通过进一步诱空性操盘手法击穿支撑位引发筹码松动，达到顺利建仓的目的。

4. 对当日股价走势的影响

通常情况下，试盘波只出现在阶段性底部或经历一轮大调整之后的历史性底部区域，在拉升阶段初期，也会出现试盘波，而在其他阶段出现的同类波形均不是试盘波。在分时走势中，试盘波可以出现在任何一个时间段，也就是说，早盘、中盘、尾盘均有可能出现试盘波。

试盘波对当日股价走势的影响：

（1）在阶段性底部或历史大底区域，试盘波的出现是主力直接建仓的表现。

（2）在拉升阶段初期，股价突破 30 日均线，试盘波的出现是主力测试上档阻力大小的表现。

5. 操盘机会与风险规避

（1）操盘机会。在阶段性底部或历史大底区域，出现试盘波后，为中长线建仓的机会；在拉升阶段初期，股价突破 30 日均线，试盘波出现后，为短、中线波段建仓机会。

（2）操盘风险。在经过一轮大幅拉升之后，弱市涨幅在 30%以上，强市涨幅在 80%以上，出现类似试盘波特征，为股价见顶现象，应及时规避；在大波段之后的阶段性头部或历史价格高位，出现类似试盘波特征，为主力出货现象，应果断规避。

三、杀跌波

杀跌波是指在当日盘中出现放量攻击性震荡下跌的波动特征。其波形较短、坡度较为平缓，明显的多波浪结构，基本呈 45 度震荡斜角下跌。量峰值呈纵向和横向放大特征，量能结构紧密。

杀跌波有 3 种形式：早盘杀跌波、中盘杀跌波和尾盘杀跌波。通常情况下，主力采用高开低走、平开低走和低开低走的操盘手法，不断下行，股价持续盘跌，涨升无力，以致收盘几乎以最低价收盘。这种走势一经出现，股价连续下跌趋势难以逆转。杀跌波从性质上看，有出货杀跌波和洗盘杀跌波两种。

1. 杀跌波的成因

杀跌波是主力在盘中通过持续大卖单或特大卖单引发股价出现攻击性下跌的结果，其波形特征一般是震荡盘跌走势。由于股价跌势较缓，给人产生一种跌不下去又随时反弹的心理暗示。其实，是主力在盘中暗暗派发，吸引不明就里的跟风资金即时买入。而盘中持仓散户因抱有对股价未来反弹预期的幻想也不会轻易减仓，这就使得主力可以在盘中从容出货。主力为吸引更多的跟风资金进场，有时会在盘中制造假升的反弹迹象，而股价很快又回归盘跌现状，使得跟风资金无论在盘中以任何价格买入均难逃当天被套牢的悲惨命运。

杀跌波往往会越盘越低，收盘大多在当天最低价附近，次日走势往往在早盘或中盘做出一波弱势反弹的姿态调节超卖的指标，随后又继续维持前一日的杀跌走势。在杀跌过程中，股价每天均能保持在2%以上的换手率，这说明主力在盘中成功减持。股价阴跌不止，等所有投资者醒悟过来时，已是大江东去，跌了一大截。

图2-5，恒银科技（603106）：2022年11月22日分时走势图，高开5.26%后出现震荡走低态势，分时波形较短，坡度较为平缓，形成多波下跌

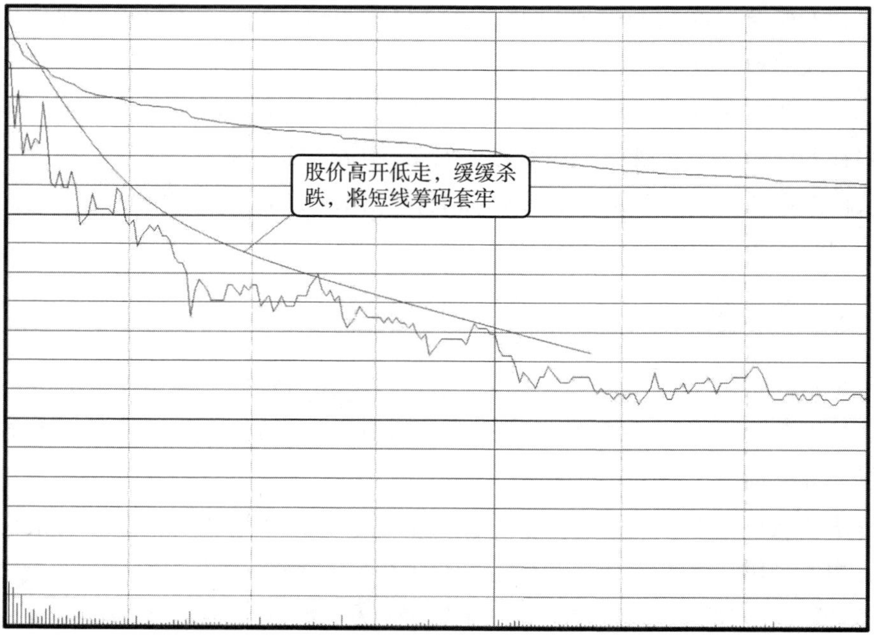

图2-5 恒银科技（603106）分时走势图

结构，基本以 45 度斜角下跌。看起来跌不动，但反弹也无力，盘面非常沉闷，当日收跌 5.10%，次日继续以同样的手法杀跌。经过短线的洗盘换手后，股价开始向上走强。

2. 量价结构与表现形式

（1）波形特征。波形长度一般呈中性，单一波形跌幅通常超过 3%；波形平缓，坡度呈 45 度或 60 度斜角下行；波形十分流畅平滑，并在下跌过程中，常见尖角状突起；波形结构一般在 3~5 个波段以内，最常见以 3 个波段为主。

（2）量价结构。均价线与股价走势曲线，乖离较大；五档卖单出现大单，或特大单委托现象；盘口即时成交量会持续密集出现单笔大单或多笔大单；量峰值呈纵向和横向放大特征，量能结构紧凑。

图 2-6，思进智能（003025）：2022 年 8 月 19 日的分时走势图，早盘略做向上冲高后拐头向下，随后出现长时间的杀跌波，股价与均价线乖离较大，盘中抛单不断，量峰呈纵高横长的特征，量能结构紧凑，直到尾盘也没有企稳反弹。

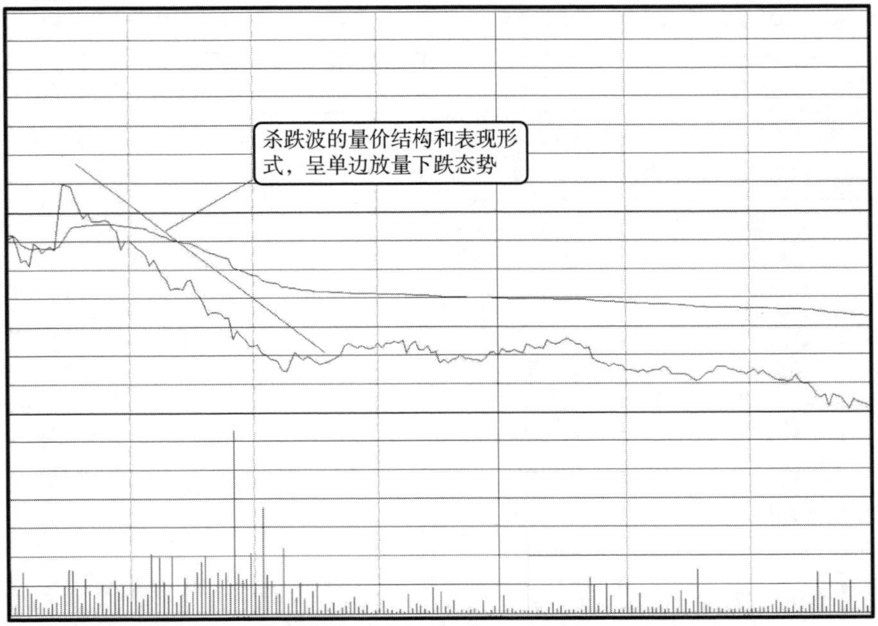

图 2-6　思进智能（003025）分时走势图

3. 对当日股价走势的影响

（1）如果出现在拉升阶段的末期，主力在盘中打压出货，表明当前的股价已经到了顶部，投资者应该抛售出局，回避风险。

（2）如果出现在连续上涨后的高位盘整阶段的中、后期，表示主力在盘中反复震荡出货。后市股价将跌破这个整理平台，出现深幅下跌，投资者应该及时回避这类股票。如果在高位平台整理买入的投资者，必须果断止损。

（3）如果出现在股价破位下跌阶段的初、中期，表示为主力在盘中最后疯狂出货的表现。表明下跌动能将继续扩大，下跌幅度将继续延伸。投资者不能在没有形成上涨趋势时盲目抄底。

（4）如果出现在拉升阶段的初、中期，为主力进行洗盘和调整的表现。如果在多头行情的尾盘出现杀跌波，第二天又强势拉起时，通常是主力对敲所致，目的是震荡洗盘，为后期主升浪奠定基础。投资者可以在杀跌波之后几个交易日的“窄幅震荡”中大胆介入。

图 2-7，格尔软件（603232）：2022 年 11 月 18 日的分时走势图，股价小幅高开后，一路震荡走低，呈 45 度角下跌。结合日 K 线分析，股价处于短期上涨的高点，这样的杀跌波意味着股价出现顶部，投资者应及时离场。

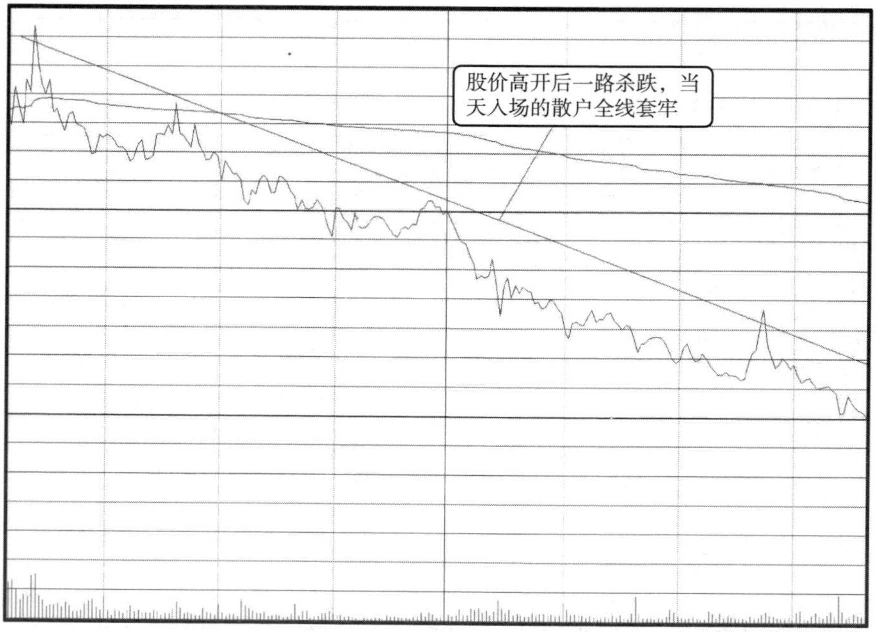

图 2-7　格尔软件（603232）分时走势图

4. 操盘机会与风险回避

（1）当杀跌波出现在拉升阶段的末期，主力在盘中打压出货，股价已经见顶。短中线风险极大，宜持币观望。

（2）当杀跌波出现在盘头阶段中后期，主力通过杀跌波打压出货，后市仍将继续大幅下跌，以观望为主，短中线风险巨大。

（3）当杀跌波出现在下跌阶段初中期，主力通过杀跌波持续打压出货，后市仍将继续大幅下跌，以观望为主，短中线风险巨大。

四、跳水波

跳水波是指在当日股价交易过程中，出现几乎垂直式放量攻击性下跌的波动特征。跳水波有 3 种形式：早盘跳水波、中盘跳水波、尾盘跳水波。

古人诗云：飞流直下三千尺，疑是银河落九天。可以这样说，跳水波是主力疯狂出货的典型操盘手法。经此之后，个股基本上已经元气大伤，犹如长江之水东流去，难以逆转。有时候也是主力打压建仓或向下试盘的一种操作手法。

1. 跳水波的成因

跳水波是主力在盘中通过持续大卖单或特大卖单所引发的股价攻击性下跌的结果。早盘跳水波是主力在集合竞价时将股价高开，然后在盘中不断抛压，致使股价如跳水般飞流直下，甚至出现无量空跌的状态。中盘跳水波是股价在震荡整理过程中，突然出现向下急跌特征。尾盘跳水波则是主力在尾盘交易 1 小时内突然放手打压，致使股价飞泻而下。

跳水波的形态特征，如同高山飞流而下的瀑布，一泻千里，势不可挡。波形流畅狭长，单波跌幅一般在 3%以上，波形中间很少有反弹间歇。一波下泻之后，股价稍作整理，低位仍较少放量，说明下档接盘力度薄弱，整体走势基本呈现继续盘跌态势。出货猛烈的主力，会出现第二波、第三波跳水走势，并再接再厉，将股价直逼跌停板位置。

2. 量价结构与表现形式

（1）波形特征。波形长度较长，单一波形跌幅通常超过 3%或 5%；波形陡峭，坡度呈 80 度或接近直角下跌；波形十分流畅平滑，速度较快；波形结构一般在 3 个波段以内，最常见以 2 个波段为主。

（2）量价结构。均价线与股价走势曲线乖离较大；五档卖单出现大单或特大单委托现象；盘口即时成交量会持续密集出现单笔大单或多笔大单；量峰值呈纵向和横向放大特征，量能结构紧凑。

图 2-8，地铁设计（003013）：2022 年 10 月 24 日的分时走势图，小幅高开后出现一波震荡杀跌走势，之后长时间形成横盘整理。午后出现跳水杀跌

走势，呈现3个波段跳水结构，量能放大，量峰呈纵高横长的特征，量能密集紧凑。

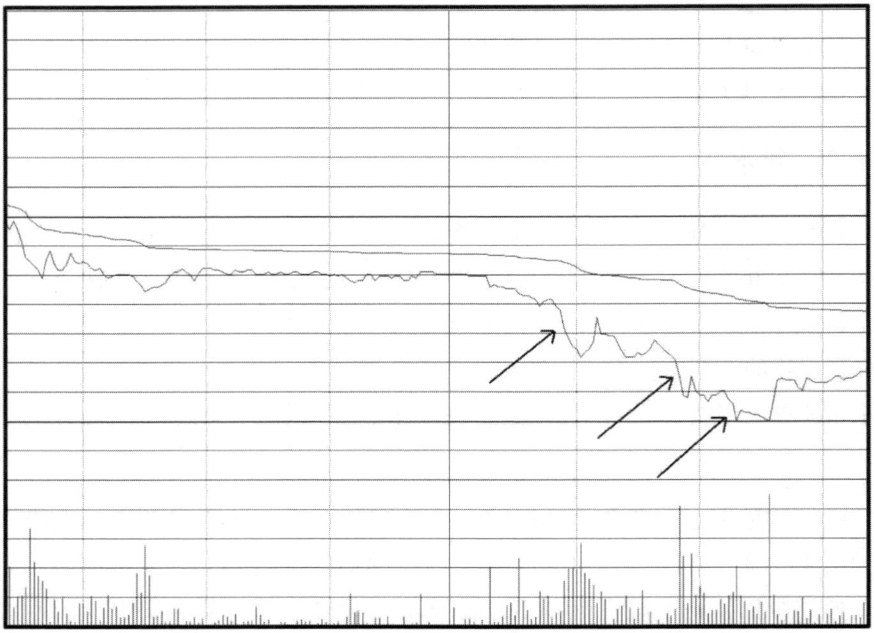

图 2-8　地铁设计（003013）分时走势图

3. 量峰形态分析

第一，早盘跳水波。

（1）开盘时容易出现特大单高开成交现象。

（2）开盘10分钟内，五档卖单出现大卖单或特大卖单委托现象。开盘30分钟后，成交开始减弱。

（3）盘口即时成交量会出现单笔大卖单或多笔大卖单。

（4）量峰峰值呈纵向和横向放大特征。随着时间推移，量峰逐步开始萎缩。

第二，中盘跳水波。

（1）股价下跌前出现拉升无力、反弹滞涨的现象。

（2）当股价下跌时，五档卖盘逐步出现大卖单或特大卖单委托现象。

（3）盘口即时成交量迅速持续出现大卖单和特大卖单。

（4）量峰峰值迅速呈纵向和横向放大特征，然后出现明显的波浪结构特点。

第三，尾盘跳水波。

（1）股价在下午收盘前 1 小时突然出现放量下跌。

（2）在下杀过程中，五档卖单逐步出现大卖单或特大卖单委托现象。

（3）盘口即时成交量迅速出现大量大卖单和特大卖单。

（4）量峰峰值迅速呈现纵向和横向放大特征，浪峰呈单一波浪特点。

4. 主力操盘行为分析

跳水波出现后，当日对股价产生极强的牵引力和促动力。由于跳水波出现在股价上涨趋势的后期，对股价后期走势影响力较大，对当日分时走势影响更大。

（1）早盘跳水波。股价经过较大的上涨后，当天早盘股价高开，然后直接向下打压，主力通过高开打压，疯狂出货，这是股价波段性见顶的重要特征。主力在盘中通过跳水波以迅雷不及掩耳之势展开下跌，以套牢跟风买进的投资者，从而达到阶段性出货的目的。说明股价已经阶段性见顶，投资者短中线风险极大，宜持币观望。当日以中阴或大阴 K 线收盘的概率极大。

图 2-9，银轮股份（002126）：2022 年 8 月 24 日的分时走势图，早盘高开 1.71%后，出现小幅的上冲动作，5 分钟后股价展开跳水走势，成交量持续

图 2-9　银轮股份（002126）分时走势图

放大，单波跌幅超过 6%。一大早就出现这么大的跳水波，挫伤了投资者的做多热情，接着又是持续的杀跌波，使其一天的情绪非常消沉，股价几度触及跌停价位置，当日一根大阴线如同“断头铡”，切断了 5 日、10 日、30 日均线。这种盘面表明主力出货非常坚决，后市股价看跌，投资者应果断回避。

（2）中盘跳水波。股价经过较大幅度的拉升之后，形成平台整理，当天盘中出现反复震荡整理，突然股价出现向下暴跌。中盘的跳水波是在盘头阶段持续疯狂出货的重要特征，预示后市股价仍将继续大幅下跌。此时以观望为主，短中线风险巨大。当日以中阴或大阴 K 线收盘的概率极大。

图 2-10，华润双鹤（600062）：2022 年 7 月 15 日的分时走势图，小幅高开后股价瞬间回落到前一天的收盘价下方维持弱势震荡，午后先来一个诱多动作，转而出现急速放量跳水走势，当天以跌停收盘。说明主力出货坚决，阶段性头部出现，投资者应离场观望。

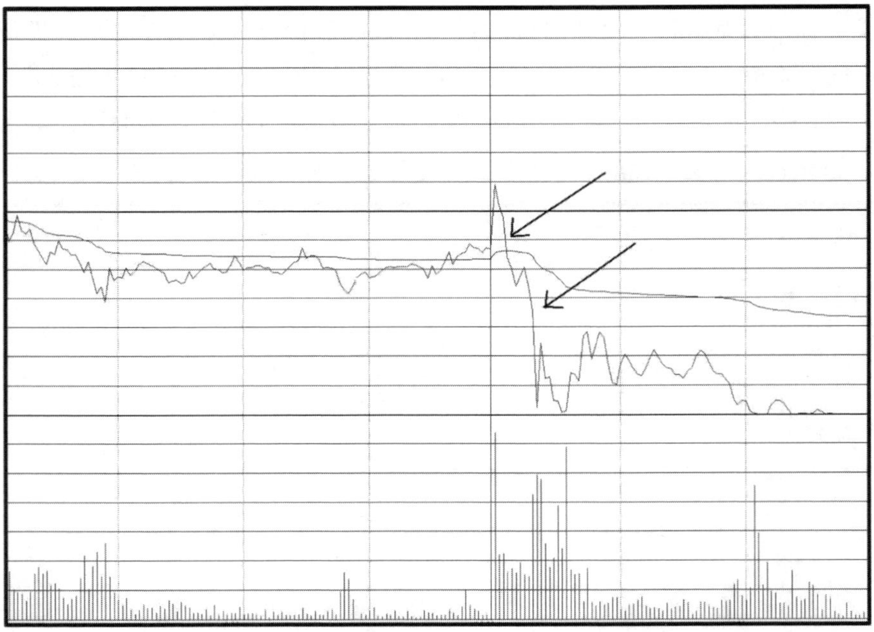

图 2-10　华润双鹤（600062）分时走势图

（3）尾盘跳水波。在股价大型平台整理的后期，当天盘中反复震荡整理后，股价至临近收盘前 1 个小时突然出现向下暴跌，并一举击穿重要支撑位。主力在尾盘通过快速跳水波套牢或加大投资者的亏损，从而达到最后出货的目的。预示后市股价仍将继续大幅下跌，此时以观望为主，短中线风险巨大。

当日以中阴K线收盘的概率极大。

图2-11，竞业达（003005）：2022年11月15日的分时走势图，该股低开后稳步向上盘高，盘面走势稳健，并无异常现象，很难想象到尾盘出现大的波动。可是，在14:21突然放量跳水，股价从上涨1.51%位置瞬间被打压到跌停板位置，且无任何反弹动作。结合日K线分析，表明股价已经见顶，主力出货意图暴露，投资者应及时退出。

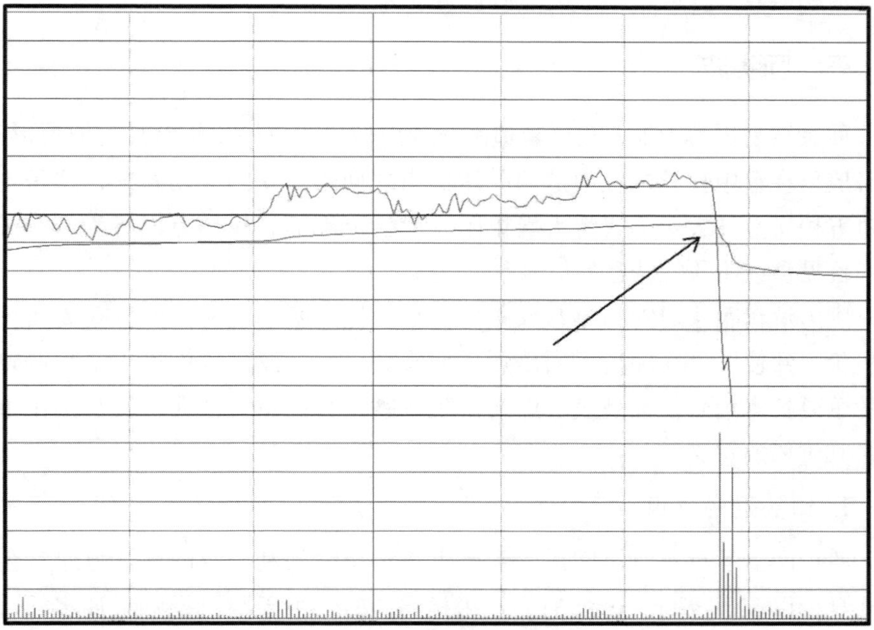

图2-11　竞业达（003005）分时走势图

5. 对股价趋势的影响

（1）如果尾盘跳水波出现在股价拉升阶段末期，是主力在盘中阶段性疯狂出货的表现。

（2）如果尾盘跳水波出现在大涨之后的横盘整理阶段，是主力在盘中反复震荡出货的表现。

（3）如果尾盘跳水波出现在股价破位下跌阶段初期，是主力在盘中最后疯狂出货的表现。

6. 跳水波与杀跌波的区别

（1）波形结构。杀跌波基本以震荡盘跌形态出现，波形较短，时间较长，且有冲击波的尖角状特征；跳水波以垂直跳水式形态出现，波形较长，角度较陡，时间较短，没有尖角状突起。

（2）坡度特征。杀跌波的坡度较为平缓，基本呈 45 度或 60 度斜角下跌；跳水波的坡度十分陡峭，大多呈 80 度或接近直角的方式下跌。

（3）波段结构。杀跌波基本会保持 3~5 个波段下跌结构；跳水波一般在 3 个波段以内，经常以 2 个大波段形态出现。

（4）量峰结构。杀跌波的量峰值较大，有明显的多波浪结构；跳水波的量峰值相对较大，但以单一浪峰形态居多。

五、回头波

回头波是主力为扼杀投资者追涨行为而做出的一种比较常见的波形形态。当日股价在盘中拉升过程中遭遇打压而出现回落下跌的波动特征，这是主力通过五档卖盘挂大卖单或特大卖单阻止股价上涨而打压的盘面行为，回头波是股价见顶或阶段性洗盘的信号。

主力洗盘手法通常为早盘放量冲高后，挂大卖单或特大卖单在委卖价打压股价，致使股价在冲高后回落形成回头波。回头波是股价进入洗盘调整状况的重要技术信号，也是股价即将出现下跌走势的重要征兆，实盘操作中具有极其重要的意义。

1. 回头波的成因

股价向上运行一段时间后，会产生一定幅度的利润空间，主力通常会进行洗盘，以调节过高或过低的技术指标。同时，由于跟风投资者过多，造成后续拉升时遇到较大阻力。为保证操盘计划的顺利实施，主力往往在当天早盘冲高之后，在盘中挂出大单打压价格，从而使其掉头向下，形成回头波走势。这种波形的出现，预示阶段性调整趋势已经展开。回头波是进入洗盘调整状态的重要技术信号，也是股价即将展开盘跌走势的重要征兆，因此具有重大的实盘操盘价值。

回头波具备两大明显的技术特征：

（1）波形属于先拉后放结构，即股价先攻击冲高，然后慢慢回调并击穿均价线。

（2）波形攻击冲高时有成交量的配合，回调下跌时成交量明显缩小。

2. 主力操盘行为

（1）股价处于阶段性底部位置时，如果出现回头波走势，说明主力已经进入建仓阶段，是直接向上攻击性试盘的重要表现。

（2）股价在突破重要阻力位后，如果盘中出现回头波，说明主力打压诱空，利用回头波洗盘。但是，有时候上方确实遇到真正的压力，主力不得不向下走回头波，这种情况下产生的回头波就要讲究操盘艺术了。很显然，如果这时的回头波下跌速度太快，必然会引起盘中其他筹码的松动，一旦主力对盘面把控不好，容易加剧下跌走势，演变为杀跌波或跳水波，所以温和的回头波下跌更能达到主力意图。

（3）股价出现一轮较大升幅后，如果盘中出现回头波，说明个股回落调整，主力向上做假性攻击诱多，阶段性头部出现，股价还会再次下跌。

（4）股价在拉升阶段中期，盘中出现回头波，观察盘中放量情况。缩量打压表示主力控盘态势稳定，调整幅度不会太深；放量则说明盘中筹码松动，有深幅调整的可能。

（5）经过一轮大幅拉升后，弱市涨幅约 30%、强市 80%，盘中出现回头波，则是股价重要的见顶信号。缩量表示主力暗中出逃，创新高的可能性消失。

（6）在股价大涨后，阶段性高价区域横盘整理，盘中出现回头波，这是主力震荡出货的特征，后市大幅下跌无法逆转。缩量是缓慢出货，放量是大规模出货。

（7）回头波一般出现在早盘开盘后 30 分钟内，11:00 和 13:30 前后出现的概率也较大。拉高是回头波过程的第一部分，还需要打压的过程，盘中须有足够的时间才能完成。因此早盘开盘后就放量拉升，然后打压回落，是主力操盘最好的时间段。

图 2-12，诚迈科技（300598）：2022 年 10 月 31 日的分时走势图，两波拉高后都出现回头波，但第二波拉高后回头波幅度较深，时间更长，这样就影响了第三波拉高幅度，导致没能创出新高，午后重心下移。结合日 K 线分析，这里的回头波有主力出货嫌疑，应以卖出为主。

3. 实盘操作要点

回头波出现后，对当日股价产生极强的牵引力和促动力，由于回头波经常出现在上涨趋势和反弹行情之中，因而对股价当日的走势影响较大。

（1）如果股价前期已经持续上涨一定幅度，在高位盘整阶段的某个交易日出现回头波，则是见顶信号，破位下跌即将来临，投资者应该及时离场规避风险。看盘时注意回头波打压阶段成交量变化，如果是放量打压，股价后期下挫力度越大。

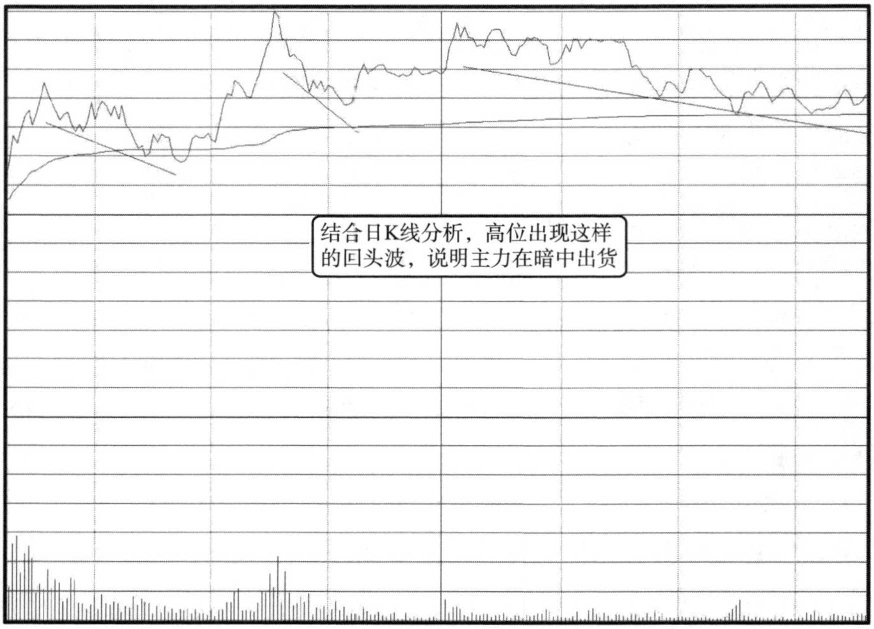

图 2-12　诚迈科技（300598）分时走势图

（2）如果在上涨初始阶段出现回头波。重点关注回头波打压阶段的成交量变化，这是看盘的重点。缩量打压，说明主力控盘筹码稳定，调整幅度的可能性不大；反之，如果放量打压，导致筹码松动，则必须考虑主力是否在较大幅度滚动操作，这时候的下跌幅度往往较大，应引起警惕。

（3）如果股价连续暴跌，下跌时间超过 3 个月，且当前股价已经处在历史低位区域，这时出现回头波，应重点考虑主力是否刻意制造空头陷阱，以达到压低吸筹目的，这时反弹一触即发。投资者可以用 20%的仓位参与，等待上涨趋势真正形成时再加仓守候。

图 2-13，海创医药（688302）：2022 年 11 月 11 日的分时走势图，从分时看第一波拉升结束后出现的回头波，回落下滑幅度较大，几乎回到了股价起涨点附近，这样就会限制后面股价再次上涨的力度，从而导致尾盘出现向下跳水。从日 K 线图看，股价处在相当高位，回头波为主力出货行为。

4. 最佳狙击时机

（1）短线投资。股价突破重要阻力位的当天，如盘中出现回头波，则是主力正式启动行情，股价次日回调时，这是较好的狙击时机。

（2）中线投资。股价在阶段性底部，成交量萎缩至阶段性地量结构时，

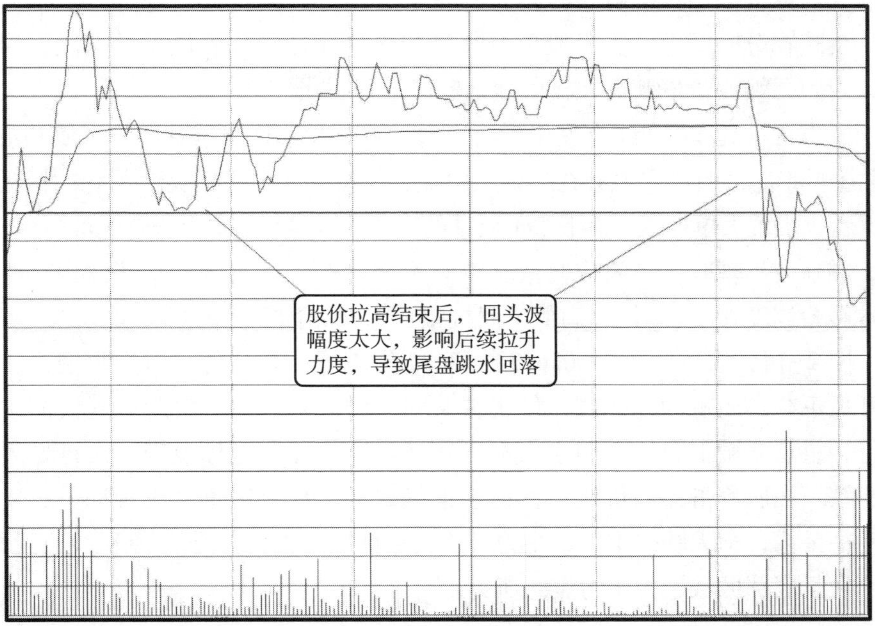

图 2-13　海创医药（688302）分时走势图

如盘中出现回头波，则是主力已经在盘中开始试探性建仓，应选择重要支撑位附近逢低吸纳。

（3）中长线投资。股价经历大幅下跌，或者股价在阶段性大平台横盘整理达 3 个月以上，成交量萎缩至阶段性地量结构时，如盘中出现回头波，则是主力已经实施攻击性试盘，应及时介入建仓。

六、震仓波

震仓波是指当日股价在盘中震荡盘升过程中，突然出现向下打压的波动特征。其与回头波不同的是，震仓波虽然也是一种洗盘手段，但震仓波出现后不会导致股价进入阶段性调整，反而仍然按照上涨趋势持续盘升。震仓波出现的当天，不会出现大跌，而是有涨有跌，反复震荡整理。震仓波出现之后数日，股价仍会持续盘升。

1. 震仓波的原因

震仓波是主力在盘中通过对敲手法调控股价操盘节奏的表现。通常情况下，震仓波是主力在盘中骗线洗盘，并调节短期技术指标的行为。

股价在盘中快速运行时，主力为了调节短线分时技术指标及赶走跟风盘的需要，就会采用盘中震仓的操盘手法。

反映在分时图中，当天股价会突然莫名低开低走，股价无量下跌，导致跟风者因恐惧股价下跌而在盘中抛出筹码进行止损。

主力在早盘和中盘震仓完毕后，通常会在收盘前逐步拉升股价，使其再次恢复上升形态。有时主力会在早盘、中盘、午盘或尾盘采用突然震仓的操盘手法，盘口出现大单打压，而下跌不放量的现象，这些都是主力震仓的重要特征。

震仓波出现时，当天成交量基本为萎缩状态，量比值在 1 倍以内，股价基本震仓幅度在 5%以内，高低空间振幅在 10%以内。

图 2-14，双成药业（002693）：2022 年 10 月 10 日的分时走势图，小幅低开后不久，股价冲高翻红，但很快又回落跌破均价线，之后呈现横向震荡运行，重点略微上移，说明主力在震荡洗盘。为什么这样说呢？一是如果真正下跌，在股价击穿均价线后往往会继续走弱，加之尾盘又出现回升，K 线收十字星线，全天跌幅不大，主力出货的可能性不大；二是从日 K 线位置看，股价处于底部区域，为主力震仓所为。

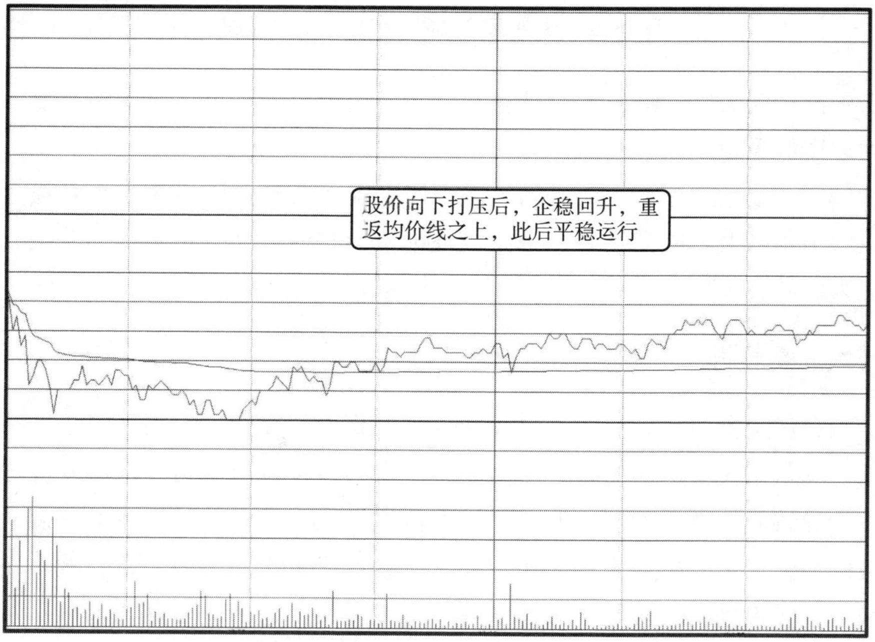

图 2-14　双成药业（002693）分时走势图

2. 量价结构与表现形式

主力采用震仓操盘手法时，个股通常有以下 6 种表现形式：

（1）早盘高开高走，涨幅在5%以内，然后在盘口突然莫名下跌，并击穿均价线，股价在今日开盘价、昨日收盘价处短暂止跌后，缩量回升至均价线附近，然后再缩量盘跌。尾盘时，股价突然放量攻击，并拉升至当日开盘价之上收盘。

（2）早盘高开低走，跌幅在5%以内，量比值在1倍以内，股价在下跌过程中反复形成数个低点，并在早盘、中盘围绕均价线展开震荡走势，午盘后股价逐渐回升，成交量温和放大，并收盘于当日次高价位。

（3）早盘平开高走，略升1%~2%，然后快速下跌击穿前一天的收盘价，在中盘反复创出当日新低后，股价逐渐回升至均价线之上。午盘后，股价回升至前一天收盘之上，午盘至尾盘间再度反复震荡，至收盘时以次高价收盘。

（4）早盘平开低走，跌幅在5%以内，并创出当日新低后，明显在低位有放量接盘现象。此时，股价逐渐回升至均价线之上，并在中盘即将结束时，股价快速拉升创出当日新高，午盘至尾盘维持高位震荡态势直至收盘。

（5）早盘低开低走，跌幅在5%以内，在早盘尾段创出当日新低后，全天围绕均价线展开震荡走势，尾盘30分钟股价突然放量拉升创出当日新高，直到以最高价收盘。

（6）早盘低开高走，低开3%~5%，拉高时不突破前一天的收盘价，股价反复围绕均价线展开震荡走势。午盘后，股价逐步企稳放量攻击，并收盘于当日次高价位。

3. 量峰形态分析

（1）早盘震仓波。五档卖盘委托队列位置会出现多笔大单挂出；盘中会出现单笔大单或多笔大单间歇性成交；量峰结构不明显。

（2）盘中震仓波。五档卖盘委托队列位置会出现多笔大单挂出；在向下打压过程中，五档买盘位置容易出现阻截式大买单；盘中会出现多笔大单间歇性成交；量峰呈纵向放大结构，缺乏横向延伸性，结构较单薄。

（3）尾盘震仓波。五档卖盘委托队列位置会出现多笔大单挂出；盘中偶尔出现多笔大单或特大单间歇性成交；量峰结构不明显。

4. 主力操盘行为分析

震仓波出现时，其所表达的盘口语言反映了主力操盘行为的各种意图，可以从以下几个方面来进行分析。

（1）在拉升阶段初、中期，盘中出现震仓波形，应观察股价在盘中震仓打压时的放量情况。若缩量打压，则表明主力控盘态势稳定，调整幅度不会太大；若放量打压，则表示主力有阶段性滚动操作嫌疑，盘中筹码松动，股价下挫力度较大，次日还会产生调整行情。

（2）当股价有了一轮较大幅度的拉升之后，弱市涨幅 30%以上，强市 80%以上，盘中出现震仓波，则是见顶信号。关注盘中震仓打压时的放量信号，若缩量打压，则表明主力盘中出货量不大，调整幅度不会太深，后市股价还有高点可期；若放量打压，则表示主力在大规模出货以套牢跟风盘，股价下挫力度较大，再创新高能力已经完全消失。

（3）在大涨之后的阶段性高价区盘整末期，盘中出现震仓波，这是主力震荡出货的重要信号。可观察在回头打压时的放量情况，若缩量打压，则表明主力缓缓出货；若放量打压，则表示主力大规模出货，股价下挫力度较大，后市下跌趋势将无法逆转。

图 2-15，以岭药业（002603）：2022 年 10 月 20 日的分时走势图，开盘后出现拉高走势，但股价在回头波中向下击穿了均价线，在随后长时间的震荡过程中始终没有返回到均价线上方，但也没有明显的下跌，表明主力震仓洗盘的概率较大。午后，股价放量拉起，说明上午洗盘换手非常成功，而且日线处于低位，可以密切关注。

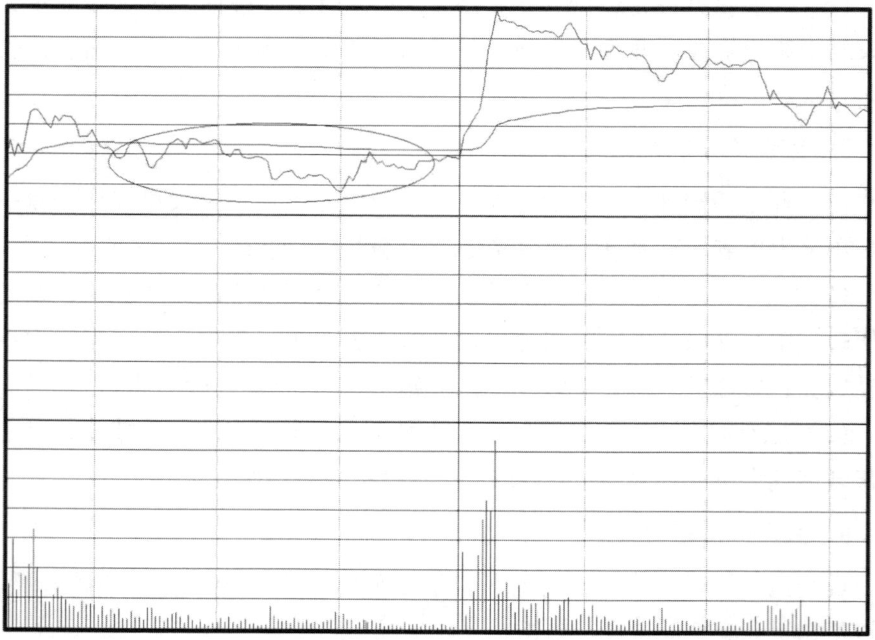

图 2-15　以岭药业（002603）分时走势图

5. 对当日股价走势的影响

震仓波对当日股价也会产生较强的牵引力和促动力。由于震仓波经常出现在上涨趋势行情之中，因而通常对股价当日的走势产生较大的影响。

（1）早盘高开或低开出现震仓波。当日股价以带长下影线中阳或小阳 K 线收盘的概率较大。

（2）盘中出现震仓波。当日股价以略带上下影线的中阳或小阳 K 线收盘的概率较大。

（3）尾盘出现震仓波。当日股价以略带上影线的中阴或小阴 K 线收盘的概率较大。

6. 操盘机会与风险回避

（1）操盘机会。当震仓波出现在股价拉升阶段的初、中期，应在回调到盘中低点时买进。这种波形出现时，短线抄底的机会较大。

（2）风险回避。当震仓波形出现在股价拉升阶段的末期，表明主力在盘中打压出货，股价已经见顶，因此短中线风险极大，宜持币观望。

（3）当震仓波出现在股价盘头阶段的中、后期，表明主力通过反复震仓疯狂出货，后市仍将继续大幅下跌，应以观望为主，短中线风险巨大。

七、假升波

假升波是指股价在盘中拉升过程中，持续性地无量拉升所产生的波形。假升波掩盖主力出货的真实目的，是股价下跌前的障眼法，投资者必须规避这种常见的波形。

假升波有两种表现形式：一种是早盘的假升波；一种是中盘的假升波。因其出现在不同的股价位置，所代表的主力的含义也不同。

1. 假升波的成因

假升波也是一种攻击性波动特性。它与攻击波不同的是，假升波并没有主力大资金入场，而完全是主力通过对敲手法拉抬股价的行为，在拉升时明显缺乏成交量的有效配合，所以这也是判断股价是否假升的重要依据。

假升波在早盘这一时间段较为常见，该走势一般多发生在股价见顶阶段、盘头阶段和下跌初期这 3 个阶段。

图 2-16，澜起科技（688008）：2022 年 12 月 9 日的分时走势图，股价小幅高开后向下震荡走低，10:04 企稳回升，穿过分时均价线后，产生冲击性攻击波，但股价并没有持续上涨。原因就是无量上涨，主力诱多，属于假升波。

午后的一波拉升也是假升波，股价回升到均价线附近受阻回落，根本原因也是成交量没有放大。这两种拉升均没有主力大资金介入，股价很难持续走强，所以尾盘继续走弱。

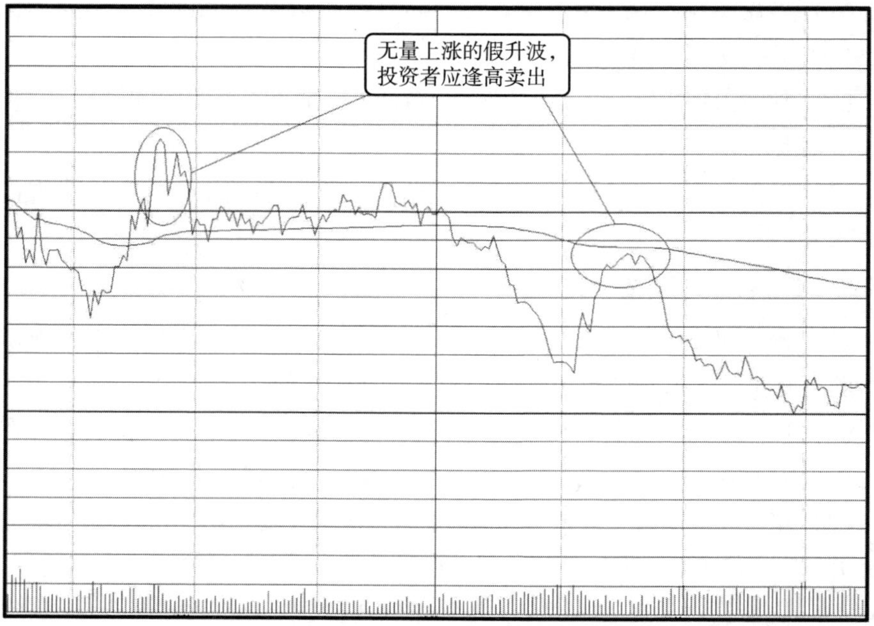

图 2-16　澜起科技（688008）分时走势图

2. 量价结构与表现形式

（1）波形特征。波形长度一般比较小，单一波形涨幅不会超过 3%；波形陡峭，坡度呈 45 度或 60 度斜角；波形比较流畅顺滑；波形结构一般在 3 个波段以内，最常见的是以 2 个波段为主。

（2）量价结构。均价线与股价走势曲线乖离比较大；五档买卖盘口较少出现大单或特大单委托现象；盘口即时成交量出现单笔大单或多笔大单；量峰值呈横向放大特征，纵向高度较小，量能呈现稀疏不紧凑的特点。

3. 量峰形态分析

（1）早盘假升波。开盘时容易出现单笔大单和特大单成交现象。开盘 10 分钟内，五档买卖盘口出现大单和特大单委托现象。开盘 15 分钟后，分时开始减弱。盘口即时成交量出现单笔大单或多笔大单。量峰值呈横向放大特征，纵向高度较小，上涨缺乏力度。

图 2-17，时代电气（688187）：2022 年 12 月 9 日的分时走势图，开盘不

久出现小量拉升，在拉升时盘口并不活跃，缺乏主力关照。10 分钟后量能减弱，股价重心下行，量能稀疏不紧凑，上攻气势减弱。

图 2-17　时代电气（688187）分时走势图

（2）盘中假升波。股价拉升前没有出现温和放量现象；五档买卖盘口较少出现大单或特大单委托现象；盘口即时成交量会出现单笔大单或多笔大单；量峰值初始呈横向放大特征，然后迅速萎缩，纵向高度较小，量能呈现稀疏不紧凑的特点。

图 2-18，青达环保（688501）：2022 年 12 月 9 日的分时走势图，早盘横向盘整，分时方向不明朗。盘中出现一波明显拉升，但没有温和放量，股价重回起涨点，且回落时有大单出现，量能稀疏不紧凑，为假升波表现。股价重心不断下移，尾盘跌幅扩大。

4. 主力操盘行为分析

（1）早盘假升波。一般发生在股价有过较大波段的拉升之后，当天早盘开盘后股价借势向上冲高，主力通过对敲手法拉抬股价，当升幅达到 3%左右时，见顶回落，盘中持续震荡盘跌。因此，早盘的假升波是股价波段的重要特征。主力在盘中通过假升波之后，利用投资者对股价未来的良好预期，而达到阶段性减仓的目的。

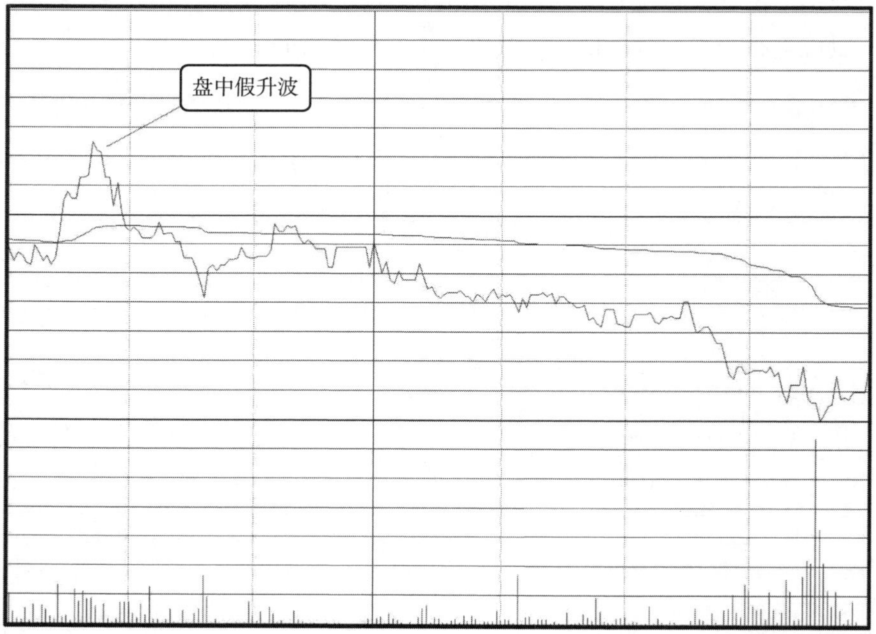

图 2-18 青达环保（688501）分时走势图

（2）盘中假升波。一般发生在股价经过一轮较大幅度拉升之后的平台整理期。当天盘中反复震荡整理后，股价突然出现向上暴涨式拉升。主力通过对敲拉抬股价，当升幅达到 3%~8%时，见顶回落，盘中持续震荡盘跌，股价再度恢复正常状态。因此，盘中的假升波是股价盘头出货的重要特征。主力在盘中通过假升波之后，利用投资者对股价未来良好的预期心理，在盘中追涨而达到阶段性出货的目的。

5. 对当日股价走势的影响

假升波出现后，对股价会产生一定的牵引力和促动力。由于假升波出现的趋势阶段非常特殊，当日盘中对股价的影响较小，但对股价后期趋势的影响力较大。

（1）早盘假升波出现时，当日股价震荡盘跌，以中阴或小阴 K 线收盘的概率极大。

（2）盘中假升波出现时，当日股价震荡盘升，以中阳或小阳 K 线收盘的概率极大。

（3）横盘窄幅整理时出现假升波，当日股价上下震荡，以小阳或小阴 K 线收盘的概率极大。

6. 操盘机会与风险回避

（1）当假升波出现在拉升阶段的末期时，表示主力诱多出货，股价出现见顶信号。因此，短中线风险极大，宜持币观望。

（2）当假升波出现在盘头阶段的中、后期时，表示主力通过假升波拉升出货，后市仍将继续大幅下跌，以观望为主，短中线风险巨大。

（3）当假升波出现在下跌阶段初、中期时，表示主力通过技术性反弹假升出货，后市仍将继续大幅下跌，以观望为主，短中线风险巨大。

八、脉冲波

脉冲波（也叫井喷波）是指股价在一个平静的区间运行一段时间后，突然出现急促的放量拉升走势，股价接近 90 度拉涨停，这是主力试盘或突破拉升的重要信号。脉冲波涨停有横盘形脉冲和缺口形脉冲两大形态：

1. 横盘形脉冲

横盘形脉冲波走势是指股价在一个相对的低位进行横盘整理，成交量很小，振幅也很小，分时走势显得非常沉闷，好像主力睡着了一样，除非大盘有大幅波动，股价才跟着反应，否则仍旧是有气无力的稀疏交易。其实这是一种“假寐”状态，主力是想在拉升前放手让市场自由成交，以最后检验市场的抛压到底有多大。经过 1~3 个小时的“检验”后，当主力确认市场浮筹很少时，便会突然进行“脉冲”式拉升，目的是不想让其他人在这个低位吃到低价筹码，以迅速脱离主力成本区。

分时盘口语言中的脉冲涨停分为两种：一波式横盘脉冲涨停和两波（或多波）式横盘脉冲涨停。

（1）一波式横盘脉冲涨停。是指股价经过一段时间的横盘后，突然直接冲向涨停板，中间没有任何停顿，其成交量随着股价的飞升而放大，到达涨停板以后再逐渐缩小，与两波式脉冲的成交量分布差不多。

一波式横盘脉冲涨停的成交量多为空中成交，但是这种空中成交并不完全是主力的对倒盘，其中有一部分是市场的自然挂单。一部分想碰运气的套牢者或获利者，往往会事先在高位挂好单子，但其挂单不是太高，通常比横盘价位高出 2%~3%，挂得太高怕卖不出去。

当脉冲吃掉这些隐蔽性挂单后，股价早已冲向涨停。隐蔽性挂单是指卖单高挂于 5 个价位以上，委买栏上不能显示的挂单（少数软件可以看到十档的挂单）。在股价封住了涨停板后，其他筹码一般不会在涨停板处抛盘，这时成交开始大幅缩量。

图 2-19，庄园牧场（002910）：2022 年 12 月 9 日的分时走势图，这是典型的一波式横盘脉冲形涨停。该股在长达 2 个多小时的横盘中，基本上处于一种散户的自然交易状态，成交量在总体缩量的框架下，出现时大时小的不规则交易。分时走势中，有时候为锯齿形，有时候为尖角短波形。午后主力突然用了一个大型圆角脉冲波（即圆角长波的延长波），然后就是一波式脉冲涨停，股价在几秒钟之内拉上涨停板。

这种近乎 90 度的脉冲波，往往是一波式涨停板的主流波形，主力用大买单一直往上拉，除了自己的对倒筹码之外，上方任何市场的挂单都被尽收囊中，不给跟风盘任何从容买进的机会。

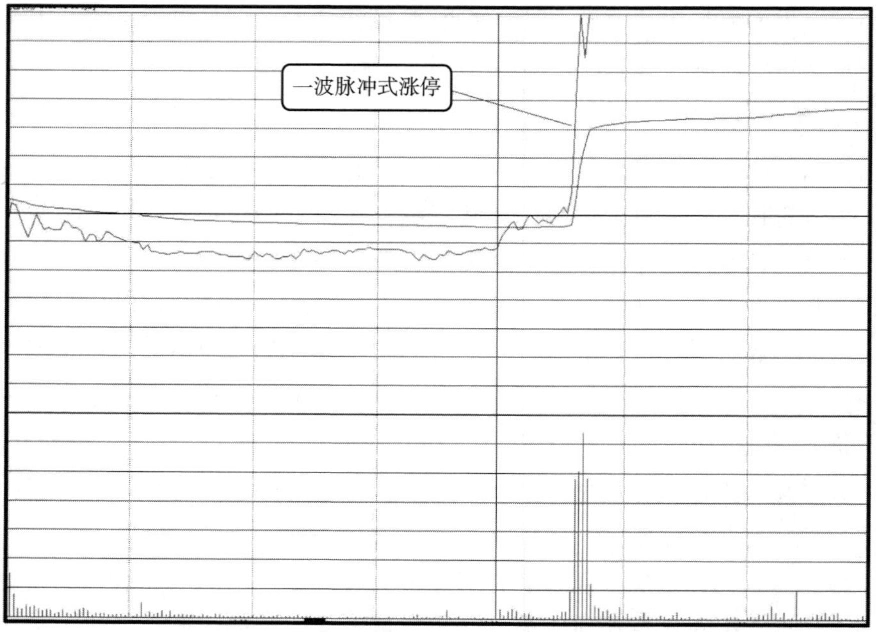

图 2-19　庄园牧场（002910）分时走势图

一波横盘脉冲涨停的买点是个高难度的技术，主要是脉冲的速度太快，时间太短，来不及挂单买进。主要有两种解决的办法：

第一种，高位埋单。将买单输高盘整价的 4%～5%，一旦出现脉冲走势，必然要冲到这个价位并成交，否则就是假脉冲。既然要脉冲，就一定会冲到很高的位置并涨停，如果只冲 2%的幅度就没有意义，就属于假脉冲。

这种方法看似买到了高点，但是保险系数要比博傻法大了许多。试想，既然主力敢于突然把股价拉升到比盘整区高 4%的高度，就说明攻击涨停板的行动开始了。如果主力不想去攻击涨停板，就没有必要拉升到这么高的价位去白白浪费消耗实力。

第二种，次日集合竞价买入。通常来讲，这种脉冲型涨停多属于初升型涨停，往往后面还会有一两根大阳线，第二天买入仍然能吃到一大截利润。

（2）两波式横盘脉冲涨停。是指股价经过一段时间的横盘后，开始以脉冲形式向上冲击，中间略有停顿，形成一个N形的快速下探后，又以脉冲形式直奔涨停板。有时候会形成一个N形下探后再次上涨，产生两波以上的脉冲走势。

在大单挂单方面，当第一波脉冲形成短暂停顿时，会看到拦截式大单悬在半空，但会很快被汹涌的买盘迅速吃掉，之后基本看不到大单的挂出，但成交量仍然很大，这是主力的空中成交所为。所以脉冲型涨停的买点一定要"高攀"，难以低吸。

图2-20，汉王科技（002362）：2022年12月9日的分时走势图，这是两波式脉冲涨停走势的典型。开盘后一直在水下小幅横盘震荡，午后14:00左右股价突然被连续的大单拉起，从水下3%下方直奔3%上方，然后略有回荡形成N形后，又一波脉冲直奔涨停板。

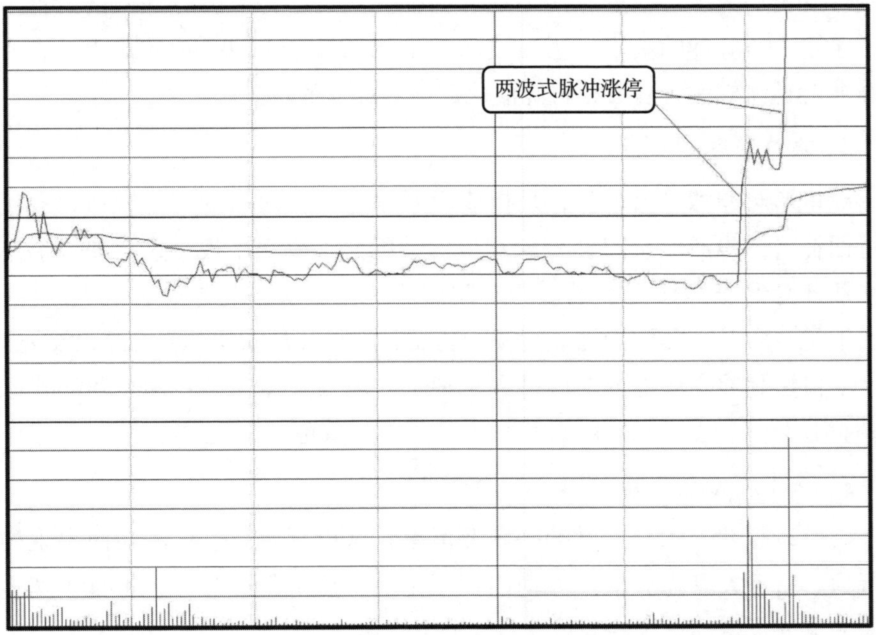

图2-20　汉王科技（002362）分时走势图

在成交量方面，可以清楚地看到横盘期间和脉冲期间的两极分化：横盘时的成交量极其微小，在拉升前成交手数多为个位数，几乎没有大单出现，成交密度每分钟只有 4~5 笔。在脉冲发生时，其成交量就发生了天壤之别，其中瞬间的成交手数大的在四位数、三位数，小的也多在 50 手以上，成交密度高达每分钟 10~13 笔。

令人惊讶的是，该股在脉冲涨停之后，成交量快速萎缩下来。为什么会这样呢？这是主力为了稳定市场的抛盘冲动，在涨停板上动用巨额买盘把涨停板牢牢封住，对于一只流通盘只有 2.07 亿的小盘股来说，这么大的巨额封单足以震慑市场，几乎所有的持股者都不会产生卖出的冲动。

这就是脉冲形涨停的特色之一，它用闪电般的拉升和钢铁般的封单告知市场：主力实力极为雄厚，后市将继续上涨。这是一种最明确的盘口语言，是主力做盘的强悍手法。

对于这种脉冲形涨停走势，其买点有两个：一个是在横盘震荡时起跳的一瞬间买入；另一个是在脉冲波回落的一瞬间买入，也就是在 N 形中买入。

有时候，这种脉冲波不止两个，可能出现两个以上，属于多波式脉冲。但不管在上攻中有几波脉冲，其基本盘口含义是相同的，但是其“确认”涨停的难度也加大了。这里有一个最低标准，就是第二波的脉冲回荡的低点不能低于第一波脉冲的高点，第三波脉冲不能低于第二波脉冲的高点，否则这种脉冲就是无效的，后面很可能演化成冲高回落的走势。

2. 缺口形脉冲

缺口形脉冲涨停板走势，是指该股开盘有一个向上的跳空缺口，股价不进行回补（或没有完全回补）就直接发动脉冲直奔涨停板。这种缺口形脉冲往往从开盘到涨停只用了很短的时间就完成，中间少有停顿，成交量巨大，基本上是空中成交（因为涨速太快，还没有来得及显示挂单就已经成交）。

缺口形脉冲走势也分为两种：一种是一波式涨停；另一种是两波式涨停（有时为两波以上，但其性质相同），其买入难点也是一波式涨停。

3. 脉冲波特别提示

（1）对于没有大单的脉冲一定要慎重，这很可能是散户冲动而出现的抢盘行为。由于大盘强势散户冲动出现了抢盘，这个是假脉冲，不宜入场，第二天大盘一旦震荡，这些假脉冲就会原形毕露。

（2）对于脉冲形涨停走势来说，有时候其与阶梯形走势相似，区别在于阶梯形在横盘时有较高的成交量，这是在主力诱导下的高位换手造成的，而脉冲形涨停的横盘往往是无量的，是市场的自然成交，主力一旦拉起，股价便会一气呵成，少有停顿，以快速摆脱主力成本区。因为，在脉冲以前主力是不露面的，是市场自然的换手，所以就形成了非常惨淡的成交。当然，主力并非完全放任市场大幅波动而不管，当股价跌到横盘下方时，主力就用少量单子托起；当股价冲到横盘上方时，就用小单下压。这些细节散户一般看不出来，看盘高明之处就在于此。

（3）要想抓到脉冲形涨停，必须有一种敢于追涨的勇气和技巧，最好的办法就是高位埋单法。操作这一类型的股票，不要计较当天的盈利，意在第二天的溢价。通常情况下，脉冲型涨停之后，大多有不错的溢价空间。

第三节　分时特殊形态

一、凹形与凸形

1. 凹形涨停

凹形涨停是指股价在快速封住涨停以后，盘中被打开一段时间又重新封板的走势，其分时图如同一个“凹”字，故称凹形涨停。简单过程就是“涨停—打开—再封涨停”。

为什么会出现这样的走势呢？原因有三：一是部分获利盘或套牢盘趁涨停时出局；二是主力故意撤掉涨停封单或用自己的筹码砸开涨停，待洗盘任务完成后又重新封上；三是如果出现在涨幅较大的高位，这是主力利用涨停出货的一种手法。

（1）建仓性凹形涨停。通常出现在大幅杀跌后，在量能极度萎缩的情况下，由于市场过于超跌导致惜售，庄家很难吸筹，只能采用涨停手法建仓。这种就是涨停后反复打开，让一部分散户解套交出筹码，涨停后短期很少出现持续上涨，因为主力后面可能还要进行整理或试盘，最后才是快速拉升。

图 2-21，新华制药（000756）：经过充分调整后股价渐渐见底企稳，2022 年 11 月 8 日放量拉升，三波式拉涨停，然后“开闸放水”洗盘，很快又重新封单至收盘。封盘后成交量快速萎缩，筹码立即锁定，形成凹形涨停。

这种盘面现象，只要股价不是处在高位的话，后市一般还能创出新高，具有中短线投资价值。只要股价不破涨停的起涨点，就可以一路持有到主力出货为止。之后，股价回落到这根涨停大阳线的中部位置附近，获得有力的支撑后，展开主升浪行情。

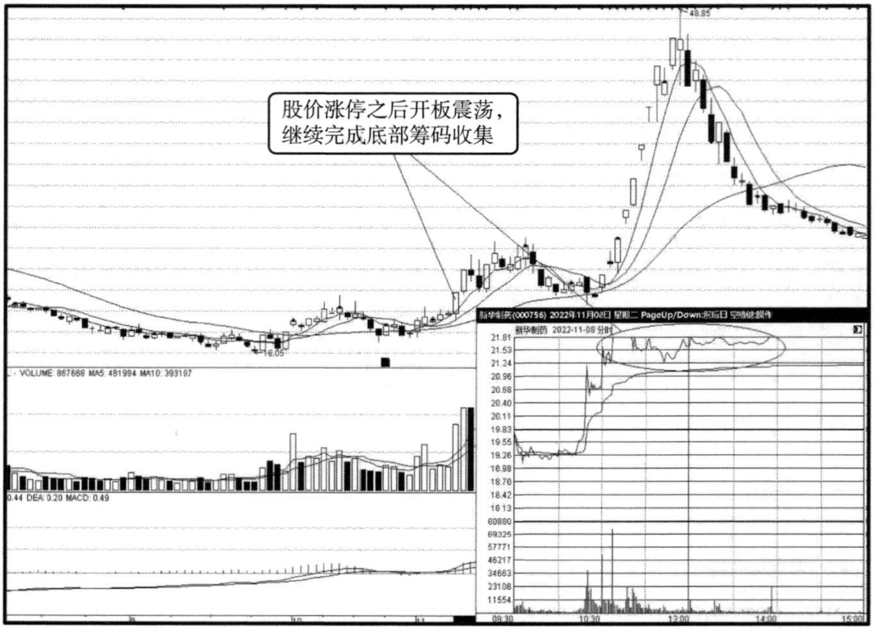

图 2-21　新华制药（000756）日 K 线和分时走势图

很多时候，凹形涨停在分时走势图上，由于受突发性利好或主力急于拉高影响而形成一个向上跳空缺口，这是因为主力急于抢筹上攻所致。但往往由于攻得太急，反而导致空头逢高减磅的欲望，所以涨停会被打开，当空头筹码抛盘已尽，多头重新向涨停攻击时，就是最后的买点。注意，重新封上涨停后是放量还是缩量，是区分庄家出货还是洗盘的重要标志。

（2）洗盘性凹形涨停。大多出现在上涨初期，股价涨幅并不大，盘中一旦打开涨停，一般很快会重新封上涨停，即使当天没有封盘，通常也会在 3 天内创出反弹新高，给涨停位置买入的散户解套，以达到洗盘目的。在分时图中，涨停打开的成交量，不能超过封涨停的成交量，即涨停量大，打开量小，这一点很重要。

图 2-22，湘财股份（600095）：经过充分的震荡整理后，2023 年 1 月 13 日放量涨停，股价突破前方小高点，说明主力开启新的上涨攻势。在分时走势中，股价封涨停 5 分钟后开板洗盘，股价回落到当日均价线附近企稳，尾盘再次封涨停，封盘后立即缩量，形成凹字涨停图形。结合日 K 线图形分析，

股价位置不高，均线系统多头发散，属于洗盘性凹形涨停，可在当日或次日逢低介入。

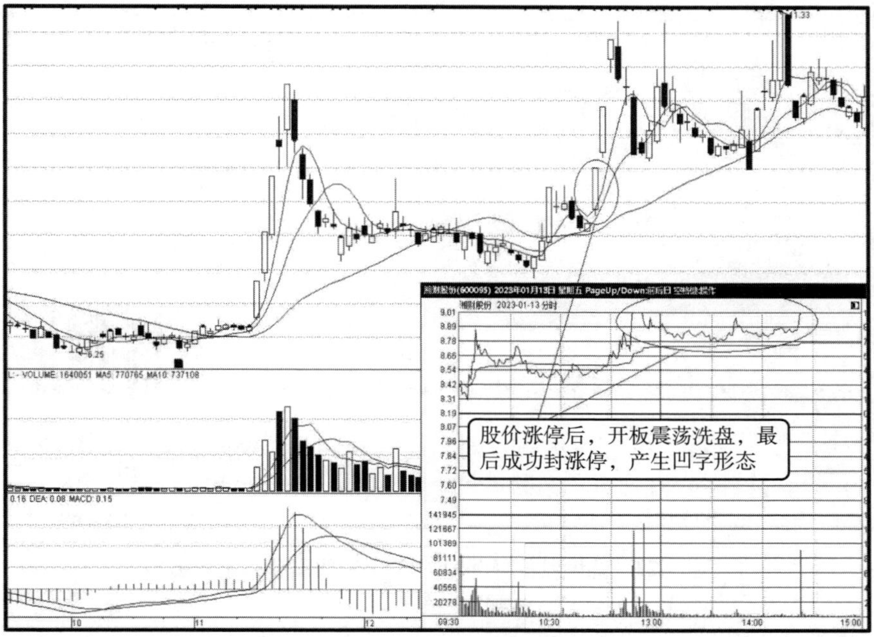

图 2-22　湘财股份（600095）日 K 线和分时走势图

（3）出货性凹形涨停。股价经过大幅上涨或快速拉升后，在高位继续拉出涨停，但获利筹码兑现加大，盘中被迫打开封盘，虽然尾盘重新封涨停，形成凹字涨停形态，但主力出货意图已初露端倪，因此这种涨停属于出货性凹形涨停。

图 2-23，鸿博股份（002229）：该股放量突破后形成主升浪行情，股价短线累计涨幅巨大，主力获利非常丰厚，在高位震荡中不断地悄悄派发筹码。2023 年 2 月 22 日，开盘后强势拉高，成功封于涨停，封板后一直比较稳定，没有出现异常现象。可是，尾盘突然开板，瞬间大量抛盘涌出，说明主力快速出货。但主力为了稳定市场情绪，保持完整的 K 线图形，尾盘还是勉强封于涨停。其实，这只是主力的诱多手法而已。次日，股价冲高回落走低，收出一根下跌大阴线，随后股价渐渐走弱。

2. 凸形涨停

凸形涨停是指股价开盘后向上拉至涨停，并封盘一段时间，然后封盘被打开，直至收盘也没有重新封上涨停的一种走势，其分时图如同一个“凸”

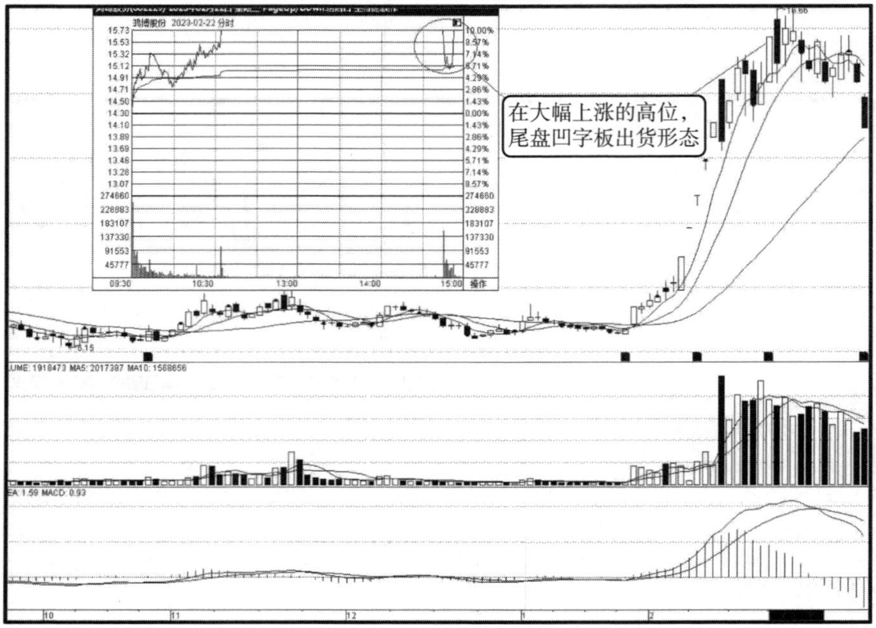

图 2-23　鸿博股份（002229）日 K 线和分时走势图

字，故称凸形涨停。简单过程就是“拉升—涨停—开板不回封”。

为什么会出现这样的走势呢？也有 3 个原因：一是部分获利盘或套牢盘趁涨停时出局；二是主力故意打开涨停进行建仓或洗盘；三是如果出现在涨幅较大的高位，大多为出货性涨停。

（1）建仓性凸形涨停。在长期下跌的底部区域，主力为了加快建仓进度，经常采用凸形涨停方式建仓，让部分胆小的散户获利或解套离场。因为，如果涨停后一直封盘不动的话，那么散户一般是不会选择离场的，认为封盘很安全。所以只有打开涨停，形成盘面震荡，散户才能被震荡出去，主力才能拿到低价筹码，因此涨停打开后不封盘，形成凸字涨停形态。

图 2-24，西安旅游（000610）：股价调整结束后企稳回升，2022 年 11 月 29 日低开后稳步走高，午后几度冲击涨停，均遭到巨大的抛单而没有成功涨停，尾盘股价选择回落，形成凸形涨停走势。在 K 线上形成一根带上影线的 K 线，短线散户看到涨停没有封住，担心股价涨不起来，一般会选择离场，这样主力便如愿吸纳低价筹码。

（2）试盘性凸形涨停。在主力完成建仓的试盘过程中，也经常出现凸形涨停走势，目的是测试市场跟风和抛压情况，以决定是否拉升。

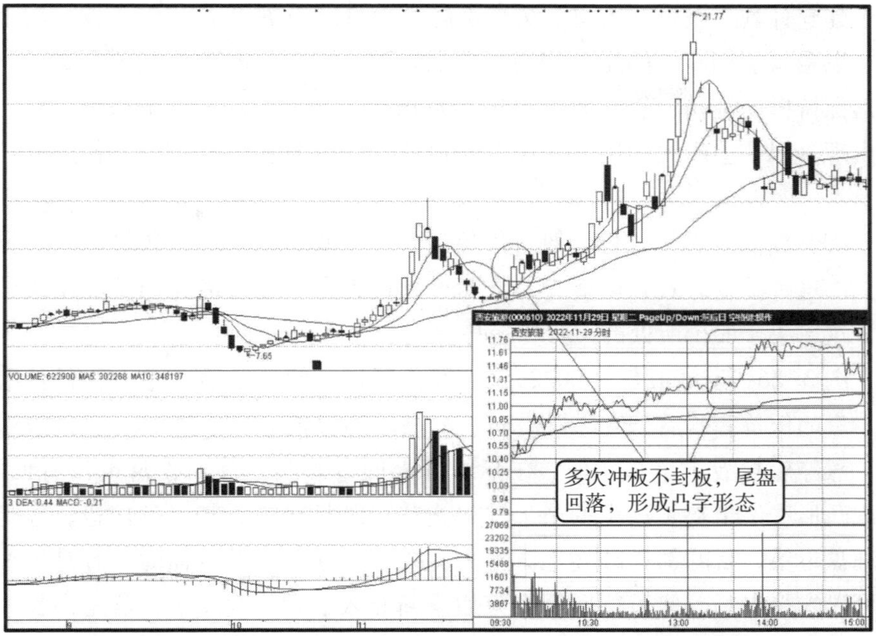

图 2-24　西安旅游（000610）日 K 线和分时走势图

图 2-25，金龙羽（002882）：在股价长时间的调整过程中，主力顺利完

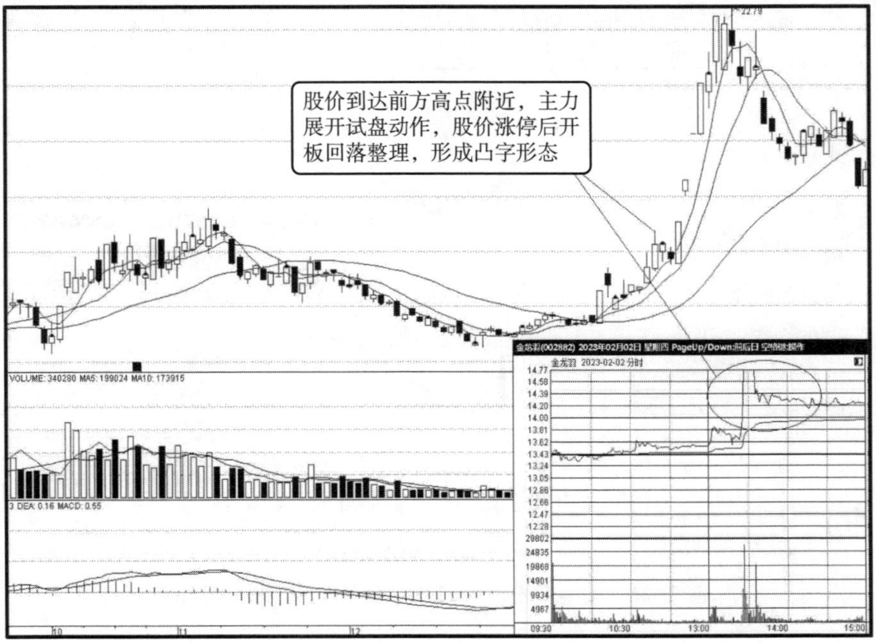

图 2-25　金龙羽（002882）日 K 线和分时走势图

成了建仓计划，股价开始向上缓缓走高。2023 年 2 月 2 日，午盘放量向上试盘，以测试前期高点的压力和市场跟风情况，但封盘时间不到 8 分钟，开板回落保持横向震荡，直到收盘也未能重新封于涨停，形成凸形涨停走势。当日出现一根带上影线的阳线，此后经过两个交易日蓄势整理，股价展开拉升行情。

（3）洗盘性凸形涨停。股价涨停后打开封盘是洗盘效果较好的一种操盘方式。这种洗盘方式，可能充当洗盘开始的信号，也可能充当洗盘结束的信号，这取决于股价所处的位置和趋势。

图 2-26，安妮股份（002235）：股价经过大幅下跌后，主力在低位吸纳了大量的低价筹码后，底部慢慢向上抬高。2022 年 12 月 23 日，股价放量走强，涨停后封板 1 个多小时。午后，开板回落震荡，直到收盘也没有回封，形成凸形涨停走势。这里的凸形涨停走势，既是对前方高点的试盘，也是主力洗盘走势，目的都是减轻上方压力。投资者遇到这种盘面时，若是短线高手可以先行出局，然后待回调结束后重新介入，做一次差价；若是中长线投资者大可不必理会短暂的洗盘调整，坚定地与庄共舞到底。

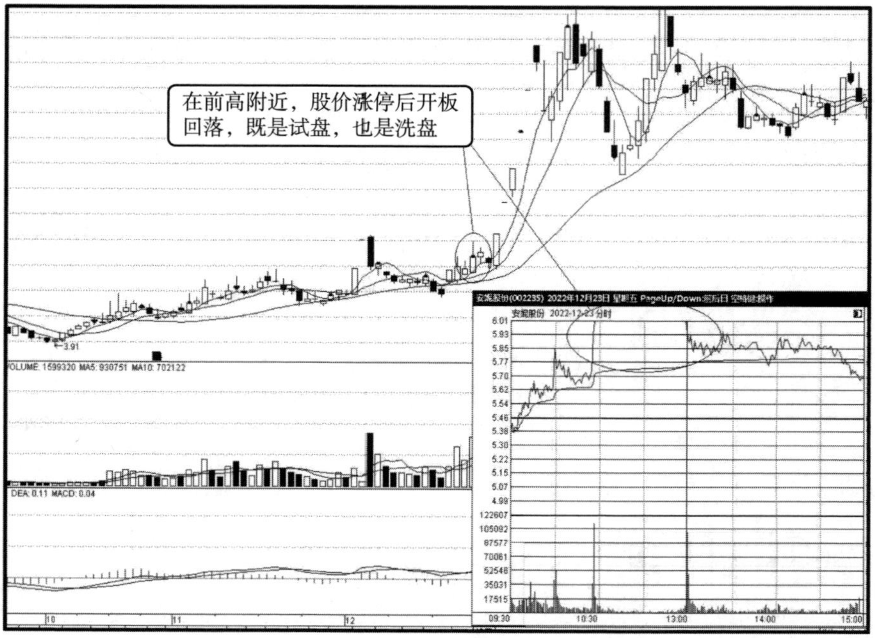

图 2-26　安妮股份（002235）日 K 线和分时走势图

（4）出货性凸形涨停。一般而言，凸形涨停走势属于失败的涨停，之所以失败，主要是由于主力无法控制盘面，被空头打开涨停，后市如果大盘不好就会出现滞涨或下跌。因此，如果已经持有该股，在确认形成凸形涨停走势后，原则上应该进行卖出操作。特别是股价有了较大幅度的上涨后，出现这种盘面走势时，大多属于出货性凸形涨停走势。

图 2-27，高斯贝尔（002848）：该股连拉 3 个涨停后，2023 年 1 月 31 日低开高走，午后股价涨停，但封盘后很快开板震荡，收盘前没有回封，形成凸形涨停走势。在第四板位置出现这种盘口现象，说明主力通过拉涨停吸引人气，欺骗散户入场接单，然后打开封盘，将追涨散户全线套牢。次日，股价低开低走。可以确定凸形涨停走势就是一个不折不扣的出货性涨停，投资者应逢高离场。

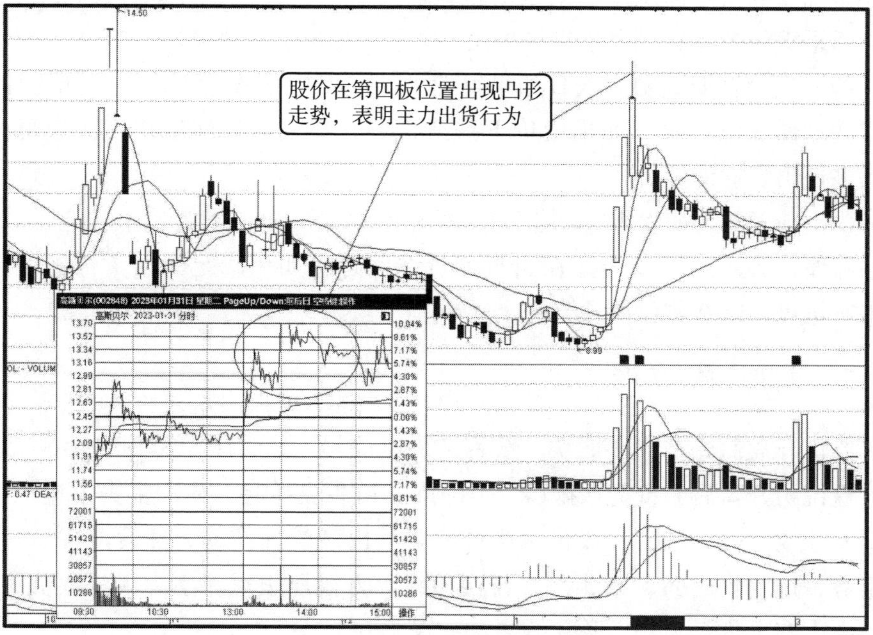

图 2-27　高斯贝尔（002848）日 K 线和分时走势图

3. 凹形与凸形的操作技巧

无论凹形还是凸形，在分析方法上非常接近，主要应掌握以下技术要点：

（1）判断股价位置。在长期下跌后的低位出现凹形涨停，大多为建仓性涨停；在小幅上涨后的上升趋势中出现的凹形涨停，通常为洗盘性涨停；在大幅上涨后的高位出现的凹形涨停，一般为出货性涨停；下降趋势中出现的凹形涨停，也是自救性出货涨停。

（2）均线系统向上，最好是刚刚形成多头排列，或者是第二次多头发散（洗盘结束）。在均线系统大幅扩散时，小心出货性凹形涨停。

在上涨趋势中出现的凹形涨停，其可靠性高；在下跌或震荡趋势中产生的凹形涨停，其可靠性低。

（3）成交量放大，但不是异常放大，以涨停前5日均量的3倍以下为宜。

（4）技术指标向好，MACD、RSI等指标刚刚形成金叉或已经金叉，BOLL指标穿过中轨线。

（5）涨停当天如果伴有向上跳空缺口，则看涨意义更强，但前提必须属于突破性缺口或持续性缺口，而不是衰竭性缺口。

（6）关注成交量变化。重新封住涨停后是放量还是缩量，是区分主力出货还是洗盘的重要标志。如果重新封盘后缩量的，大多是建仓性或洗盘性涨停；如果重新封盘后成交量仍然很大，则大多是出货性涨停。

（7）观察次日走势。次日如果继续上涨或保持强势盘面，大多属于建仓性或洗盘性涨停；次日如果股价下跌或走弱，甚至吃掉涨停幅度的大部分，则大多是出货性涨停。

（8）上述现象产生技术共振时，可靠性更大。如果确定属于建仓性或洗盘性涨停，买入点可以选择在当日均价线附近；如果确定为出货性涨停时，卖出时机可以放在收盘前几分钟。

二、V形与倒V形

股价开盘后先是快速下跌，然后又快速拉起，分时图上呈现一个V形走势。这说明开盘后股价遭遇抛压，但随即又被买盘托起，显示多头力量强大，当日看涨或走强。或者，股价在高位开盘后出现快速拉升，然后出现急转下跌走势，这就形成倒V形走势，说明短线上方抛压很重，主力无法攻克，也表示主力有出货行为。V形有小V和大V两种形态。

这里介绍高开和低开的V形和倒V形出货走势，其他形态参考N形走势，V形和N形意义相同，只是V形比N形少一次回抽走势。股价高开后直接下跌，然后向上回抽到开盘价附近，此后股价缓缓走低，形成倒V形出货形态。同样，股价低开后继续低走，然后快速上冲到缺口附近再次回落，没能回补缺口，形成一个倒V形出货走势。

这两种情形下其成交量往往呈现极度萎缩或极度放大的极端之势，内盘是外盘的1倍以上，这种开盘全天看跌。

在高开低走的盘口中，开盘后直接往下打压，之后稍有反抽又迅速回头下行，形成一个 V 形出货走势。

图 2-28，安路科技（688107）：是该股 2022 年 11 月 18 日的分时走势图。股价小幅高开 1.30%后，盘中出现快速滑落，然后快速回抽，形成 V 形走势。当股价回升到开盘价附近时遇阻回落，此后股价一路震荡走低，以全天最低点收盘，V 形没有产生预期的上涨行情。原因就是：成交量没有进一步放大，在股价回升时没有站稳于开盘价之上，表明做多意愿不强烈，这时应引起高度警惕。

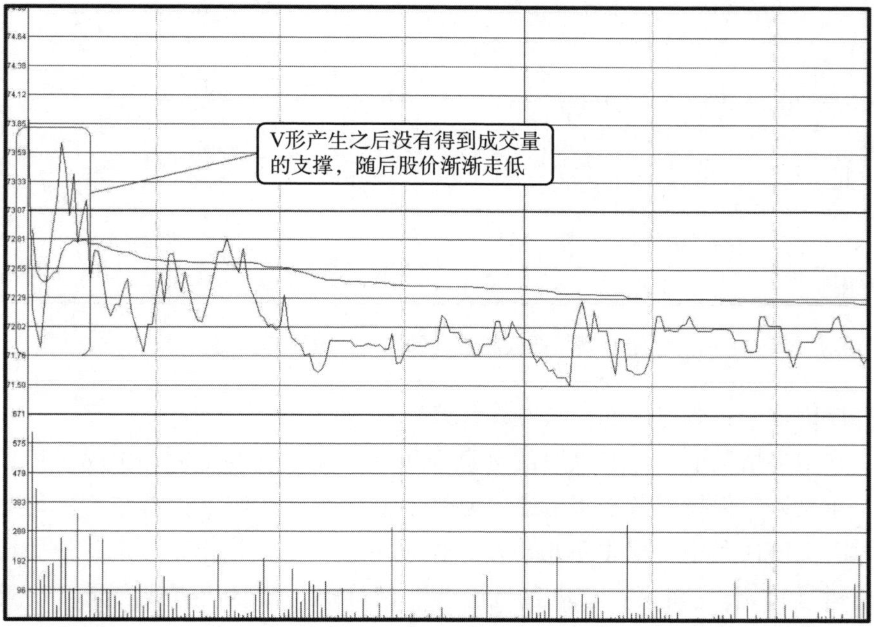

图 2-28 安路科技（688107）分时走势图

在低开形态中，股价低开后马上反弹，但是反弹的高度未能填补缺口就掉头向下，形成一个倒 V 形走势。

图 2-29，西安旅游（000610）：是该股 2022 年 11 月 18 日的分时走势图。股价低开 2.50%后出现一波快速拉升动作，但很快放量反转下跌，没有回补当日向下跳空缺口，股价很快回到原处，形成倒 V 形走势，说明多头力量不强，全天股价弱势走低收盘。很明显，股价回升时没有回补缺口的能力，这就预示着该股全天走弱。果然，即使盘中有反弹，也没有超过当天的分时均价线，波形多为尖角短波，最后以全日次低点收盘。

为什么这两种盘口往往会出现成交量的两极分化呢？这是由以下两个原因造成的：

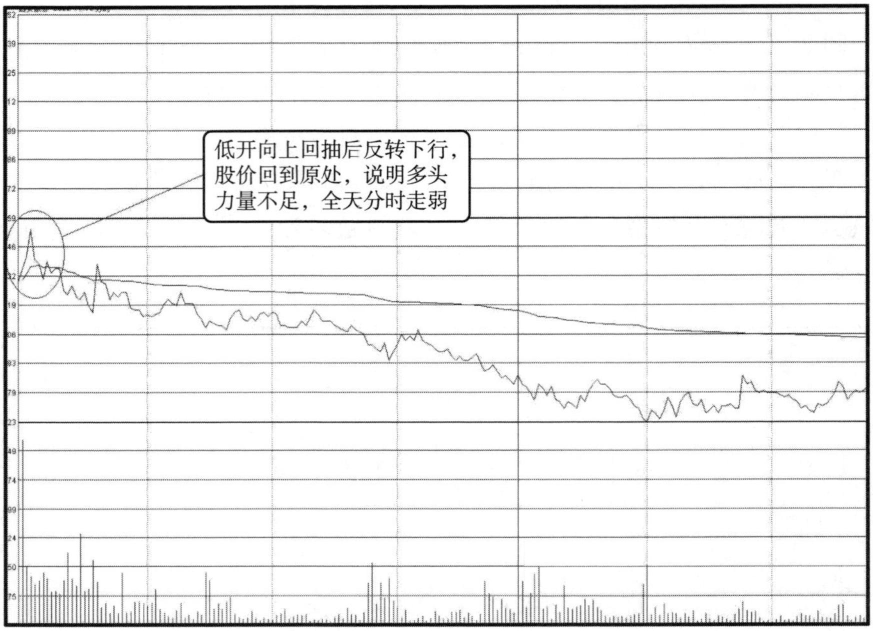

图 2-29 西安旅游（000610）分时走势图

原因之一：散户出逃，主力放弃护盘。

在很多情况下，比如该股的消息面出现了突发性利空，并引起了市场恐慌，于是第二天投资者争相出逃，但是主力却没有动作（也许主力觉得此消息没有实质性利空，根本不想出局，但也不想护盘，就作壁上观，任凭市场自由运行），于是在只有散户参与的低开盘口中，自然没有成交量，而且往往是比平时正常的成交量还要低。因为大部分散户是不参与集合竞价和开盘初期交易的，大多是想等一等，看一看，犹豫不决是大部分散户的共同心理特征。

参与开盘价交投的往往是散户里的“快枪手”，属于短线投资者。他们在股市里早已养成了快进快出的操作习惯，有什么风吹草动总是在第一时间做出反应，而这批人是非常少的，于是就出现了成交量极度萎缩的现象。

原因之二：主力和市场共同在出逃。

在大盘或个股出现了某种突发性利空，主力也觉得情况不好，决定弃庄而逃时便参与了集合竞价，低开后大量出货，这就产生了成交量极度放大的现象。

在很多情况下，该股并没有什么利空消息，而是主力原本就计划当天出局，成交量也会放大。不过虽然成交量有所放大，但是没有极度放大，因为这种放大并没有恐慌的成分，只是主力的计划出货，具有一定的控盘性和节制性。分时图上，经常会有一些上蹿下跳的震荡，一般不会出现大幅度的单边下跌。

当然，在有跳空缺口的开盘中，开盘后有没有立刻回补缺口的动作以及该动作的力度大小，是决定全天走势方向是否明朗的重要标志。如果跳空开盘后没有任何回补动作，那么全天的股价走势必然会沿着跳空的方向强力运行。

三、N 形与倒 N 形

涨停板次日高开后的分时 N 形波上攻走势和倒 N 形波出货走势分析，对于短线操作而言非常重要。在高开的股票中，判断股价全天看涨还是看跌，关键要看股价回探时有没有完全回补缺口。真正的强势股是不会回补高开缺口的，从而形成一个高于前一天收盘价的 N 形或 W 形走势；而拉高出货的股票则是在高开后就快速回补缺口（有时候会有一个上冲的假动作），从而形成一个低于前一天收盘价的倒 N 形或 M 形走势。

1. N 形上攻走势

就是开盘后股价先是快速上冲，然后又快速回落，随即又快速拉升，分时图上呈现一个 N 形走势。说明开盘后股价遭遇抛压，但随即又被买盘托起，显示多头力量强大，当日看涨或走强。N 形有小型 N 形走势和大型 N 形走势两种。

这是一种多头力量在开盘后的一小段时间里先抑后扬的走势，其目的是在高开之后迅速来一个短暂洗盘，把昨天的短线获利盘快速洗出来。所以在整个 N 形交投过程中，成交量也是呈现出一种下跌量小、上升量大的现象。

图 2-30，通宝能源（600780）：该股 2021 年 9 月 30 日的走势，属于典型的开盘 N 形上攻走势。当天高开 2. 12%后没有回补跳空缺口，连续两个 N 形上攻，盘面节奏分明，张弛有序，量价合理，当日看涨。果然，10:45 高位攻击波强势涨停，直至收盘没有开板。

实盘中经常出现 N 形的变体，即 W 形走势，它与 N 形走势相比，仅多了一次探底而已，这是二次探底的分时形态，所以在分时形态上形成一个 W 形走势。

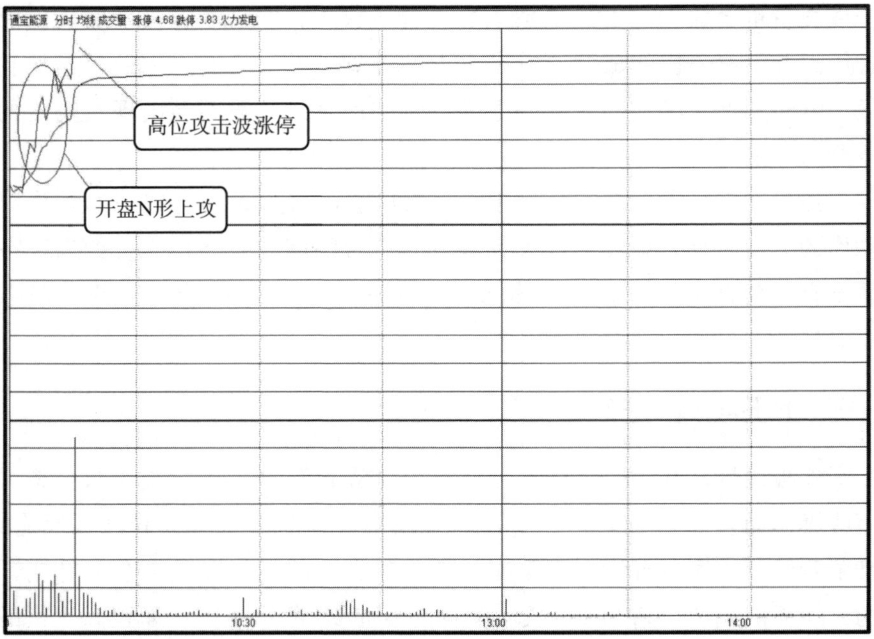

图 2-30 通宝能源（600780）分时走势图

图 2-31，国光连锁（605188）：是该股 2022 年 12 月 12 日的分时走势图。

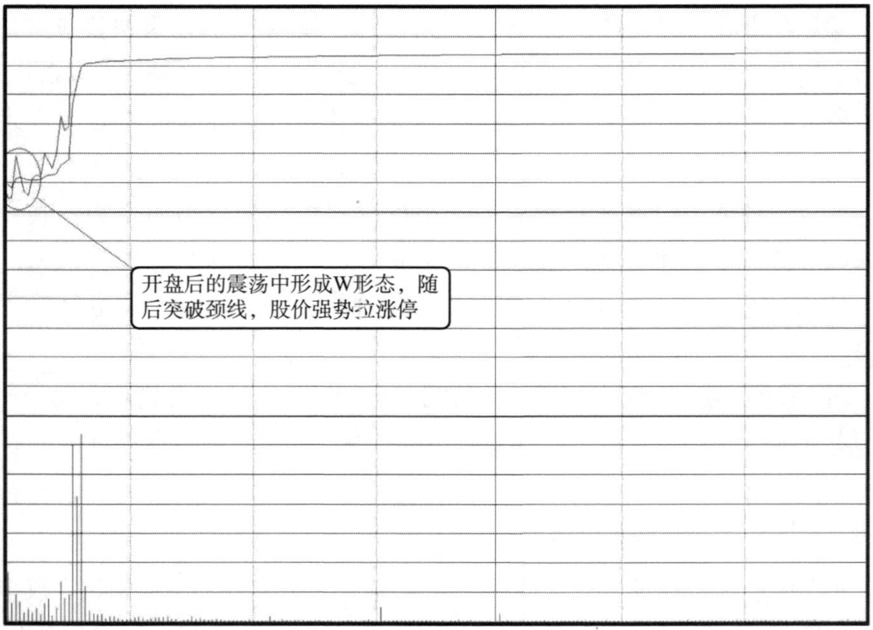

图 2-31 国光连锁（605188）分时走势图

在开盘后不久，出现了明显的 W 形走势，其意义与 N 形走势相同，但是成交量却比 N 形要小。这是因为在相同空头能量下，N 形只下探了一次就消化了空头能量，而 W 形则要在两次探底中消化空头能量。如果空头能量的总量是相同的，那么 W 形由于多了一个底，成交的时间也就相对较长，所以能量被摊薄了。这样似乎觉得成交量没有 N 形的大，但实际上它们的总量是基本相同的，都消化了空头能量，只是在时间上有所不同，否则就不会有后面的稳健上涨了。

尽管 N 形和 W 形这两种形态在时间上有所不同，但是在空间上则基本相同，不管是 N 形还是 W 形，其震荡空间一般不会超过正负 2%，这是主力在有意控盘的结果——可以忍受时间上的差异，但是很难利用这个波动空间来做短差。根据实盘经验，短线投资者要想做 T+0，一般没有 3%以上的波动是很难做出来的。主力把空间控制在 2%左右，既能起到洗盘的作用，又能阻止短线投资者做 T+0 操作，是一种张弛有度的操盘手法。

N 形和 W 形也出现在高开和低开盘口中，低开是指股价以低于前一日收盘价若干价位的开盘，在当日分时图上形成了一个向下的跳空缺口。这种开盘有两种意义：一是洗盘上攻；二是强行出货。高开的盘口也有两种意义：一是强势上攻；二是拉高出货。

这里讲讲低开洗盘上攻走势。股价低开后快速上冲到缺口附近，稍有回落后又快速上攻以回补缺口，在分时图上也呈现一个 N 形或 W 形走势。这说明低开是为了吓出获利盘和套牢盘，当抛盘被买盘消化后股价就开始回到红盘区，显示多头力道强大，当日自然看涨。

图 2-32，维科技术（600152）：是该股 2022 年 12 月 2 日的分时走势图。从图中可见，股价小幅低开后迅速翻红，然后再次回落到开盘附近，企稳后放量再次拉升，穿过前面的高点后持续走高。在完成第一波拉升后的震荡整理中，股价没有明显回落，成功构筑一个 W 形态，之后股价强势涨停。

低开洗盘的盘口特征主要是看其有没有迅速向上回补低开的缺口。在回补缺口的途中或形成一个 N 形，或形成一个 W 形。在成交量上并没有放大迹象，这说明低开后抛盘的不是主力而是散户。

在高开的股票中，判断股价全天看涨还是看跌，关键要看股价回探时有没有完全回补缺口。真正的强势股是不会回补高开缺口的，从而形成一个高于前一天收盘价的 N 形或 W 形走势。在拉高出货的股票中，高开后就快速向下回补缺口，尽管有时候会有一个上冲的假动作，但最后还是走低。所以，判断高开股票是上涨还是下跌，关键看其是否回补了缺口。

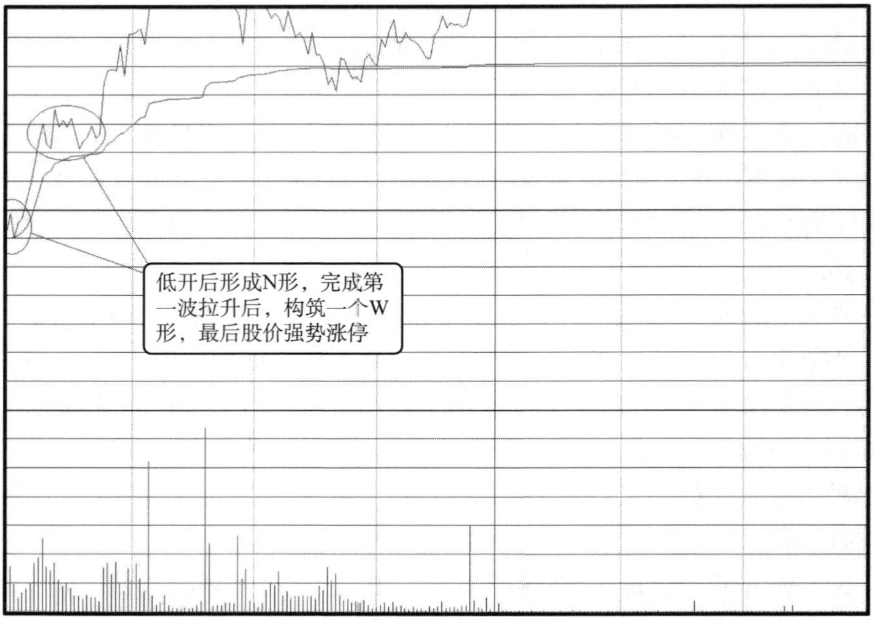

图 2-32　维科技术（600152）分时走势图

可见，低开的 N 形、W 形与高开的 N 形、W 形在外形上是一模一样的，但是其功能相反——高开的 N 形、W 形不能回补高开的缺口，而低开的 N 形、W 形则必须回补低开的缺口。这两种分时走势的盘口语言，都预示着全天看涨。反之，就要谨慎。

当然，这种“全天看涨”是一种在正常的大盘环境下的看涨，如果大盘因突发性利空而出现大幅暴跌，则也有可能改变当天的走势，主力可能会被迫放弃当天的上涨操作计划而来一个“顺势而为”的下跌调整。但是，这并不能改变主力的初衷，一旦大盘恢复平静，股价还会按照主力原有的计划上涨。

2. 倒 N 形出货走势

倒 N 形正好相反，在开盘后股价稍有上冲后就快速回落，随即又有上冲动作，但上冲的高度超不过开盘价就出现回落，形成一个倒 N 形走势。这说明主力高开是为了吸引跟风盘进行出货，显示空头力道强大，当日看跌或走弱。

一般而言，在倒 N 形的走势中有以下 4 个盘口特征：

（1）开盘后股价直接回落。有时候出现一个假的上冲动作，然后快速回落，主力虚晃一枪，这对市场更具有欺骗性。

（2）如果有冲高，一般不会超过 1 分钟就迅速掉头向下。

（3）在向下的过程中有一次反抽，但是其反抽的高度极其有限，一般不会超过开始下跌长度的 1/2 就会迅速回落，从而形成了一个倒 N 形走势。

（4）成交量的由大到小，特别是集合竞价的成交量巨大，而量大又不涨，就是主力出货的表现，所以该股全天看跌。

图 2–33，江苏吴忠（600200）：2021 年 7 月 22 日，属于典型的开盘倒 N 形下跌走势。当天开盘后出现快速回落，下跌时反弹无力，没有超过前高而再次回落，呈现倒 N 形下跌走势，之后形成出货波形中的“下水道”出货形态，此后股价渐渐走弱。该股开盘后不久，就出现倒 N 形走势，表明主力出货坚决。成交量从大到小萎缩的特点，显示出主力在集合竞价中就已经卖出了一部分筹码，开盘之后继续出货。

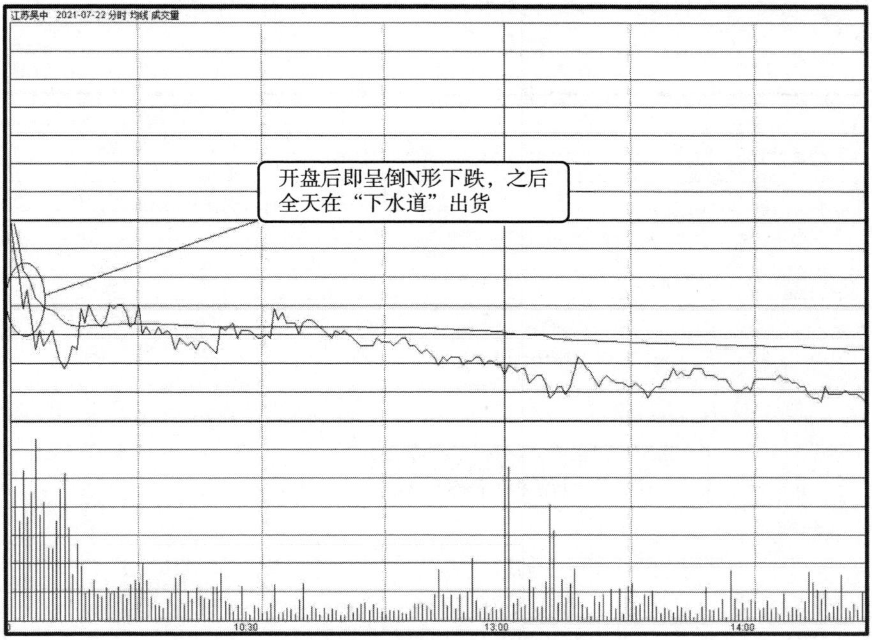

图 2–33 江苏吴忠（600200）分时走势图

四、U 形与倒 U 形

1. U 形洗盘分时图

U 形洗盘是指股价全天展开一种高开—低走—再高收的分时走势。盘口特征多为大单打穿关键价位，小单进行非密集成交。同时，大单出现挂而不交的盘口景象，其目的是制造分时 K 线的阴线、长上影线或十字星的效果来恐吓市场。

这种 U 形洗盘，是所有洗盘中出现频率相对较高的一种洗盘形态。U 形洗盘有两个显著的条件：一是股价在相对的低位；二是在 U 形中的底部要缩量。

U 形洗盘有两种经典的表现形式：一种是开盘后先回落，然后拉起呈 U 形；另一种是开盘后先冲高，然后回落，再次拉起，也呈 U 形。

图 2-34，世嘉科技（002796）：2022 年 7 月 13 日的分时走势图，盘口语言告诉我们，这是一种高位 U 形洗盘走势。该股大幅高开 6.86%，之后股价慢慢向下回落，在 10:24 之前出现若干个低点，但是随后几个低点的成交量都比较小，这是一种小单成交的结果。而在挂单栏中，大单却压在卖盘上，给散户一种泰山压顶的感觉，见此情形散户纷纷出逃，就造成了小单频繁成交。

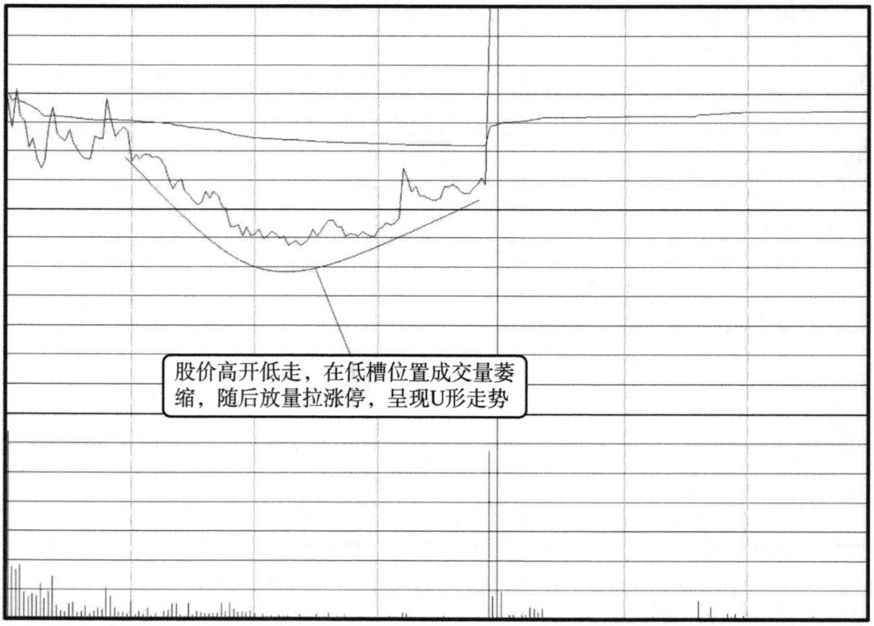

图 2-34　世嘉科技（002796）分时走势图

此时，K 线形态也呈高开低走的光头大阴线之势。如果前一个交易日没有时间看盘的投资者，这个时候看到这根大阴线的话，一定会被吓一跳，止损或止盈会成为他们操作的第一选择，这就是庄家想要达到的目的。其实，应该继续观察接下来的走势是怎样演绎的。11:05 开始向上拉了一小波，然后整理 20 分钟，在上午收盘前直线拉涨停，使早盘的“大阴线”变成了一个锤头线，从而完成了一次漂亮的 U 形洗盘。洗盘之后，该股实现 6 连板行情。

图 2-35，粤宏远 A（000573）：2022 年 9 月 5 日的分时走势图，也是 U 形洗盘形态。该股走势与世嘉科技稍有区别，开盘后股价先往上震荡走高，然后回落整理，最后股价又成功拉涨停。在盘中回调的当时，K 线图中出现一根长上影线，有短期见顶的味道，让部分散户离场后股价拉涨停，之后实现 5 连板行情。

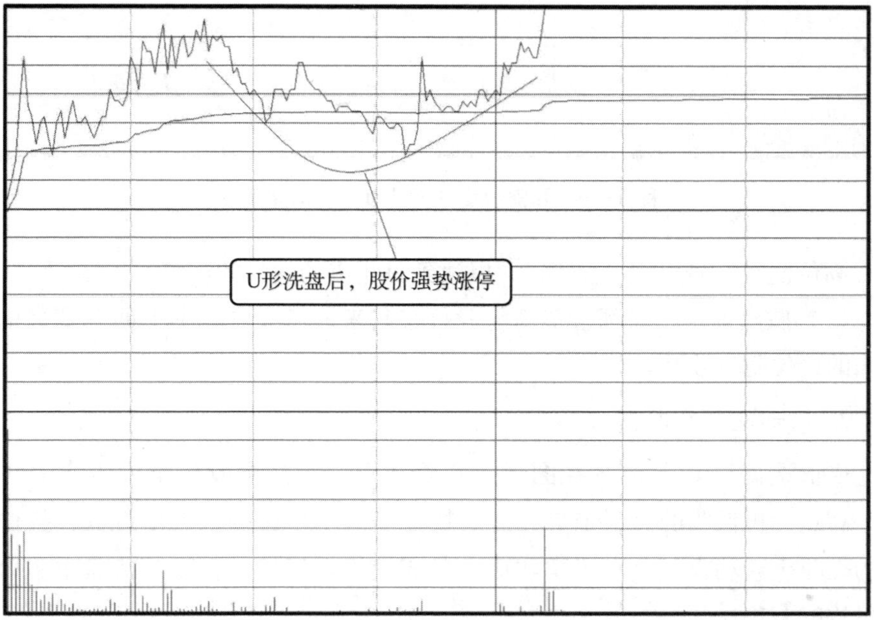

图 2-35　粤宏远 A（000573）分时走势图

图 2-36，西安饮食（000721）：2022 年 11 月 3 日的分时走势图，也是 U 形洗盘形态。该股与粤宏远的走势相似，开盘后先冲高，然后回落呈缩量整理，抛盘消退后放量拉涨停，之后股价轻松连板上涨。

从以上实例中，可以总结出 U 形洗盘有 3 个特点：

（1）洗盘多在 K 线形态的颈线处，因为颈线是一个可上可下的地方，具有不可测的两重性，此处洗盘可以起到四两拨千斤的作用。

（2）洗盘时都是先高开或拉高后再打下来，在分时 K 线上造成一个可怕

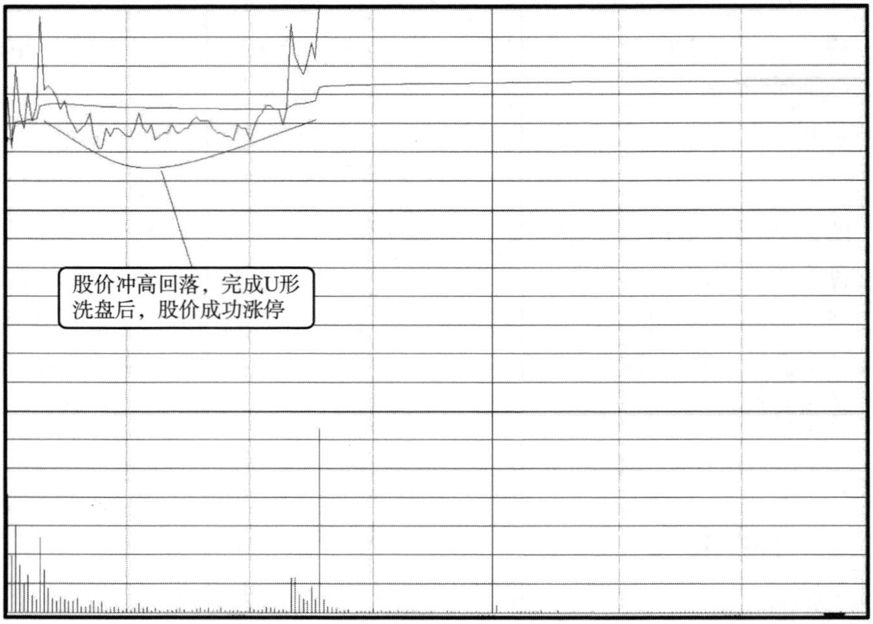

图 2-36　西安饮食（000721）分时走势图

的“高位阴线”或“长上影线”，以达到恐吓市场的目的。

（3）收盘前半小时都会重新将股价拉起来，使股价基本上回升到之前打下来的价位附近收盘。

2. 拱形洗盘分时图

拱形洗盘与 U 形洗盘在图形上正好相反，它是指股价全天走出一种低开—高走—再低收的分时走势。盘口特征多为小单拉高、大单打低，打低的目的是吓出获利盘，上下买卖均成小单成交的盘口特征，以制造盘中主力拉高出货的假象。

图 2-37，榕基软件（002474）：是该股 2022 年 10 月 13 日的分时走势图。该股开盘后开始震荡走高，股价重心上移，这个时候的 K 线呈现的是上涨小阳线，此时持有该股的投资者持股心态比较稳定。但不久股价滞涨回落，重心渐渐下移，不但收回了前期的涨幅，还回落到开盘价之下收盘，K 线形成光脚阴线，这在分时图上就形成了“拱形”走势。

从图 2-37 中可以看出，原来这次洗盘是在一个涨停板之后的位置，这种洗盘是最容易洗出获利盘的，因为前一天的涨停板大家都是获利的，只要第二天盘中稍有风吹草动就会涌出获利盘。主力就是利用市场的这种“有赚就走”的心理进行了洗盘。结果，经过几天的整理之后，股价开始强势上涨，被洗出局的投资者后悔不已。

分析大众投资者的心理，当上午 K 线为小阳线的时候，大家是安心持股的，尤其是早上开盘没有卖出的投资者正在暗暗庆幸自己的坚持是多么的英明，可是到了下午股价缓缓走低时就感到不安了，尤其是股价以最低点收盘便不免感到害怕，顿时心里慌乱起来。看到这种走势时，有的投资者选择了卖出，可是随后几日股价并没有下跌多少，完美地完成拱形洗盘。

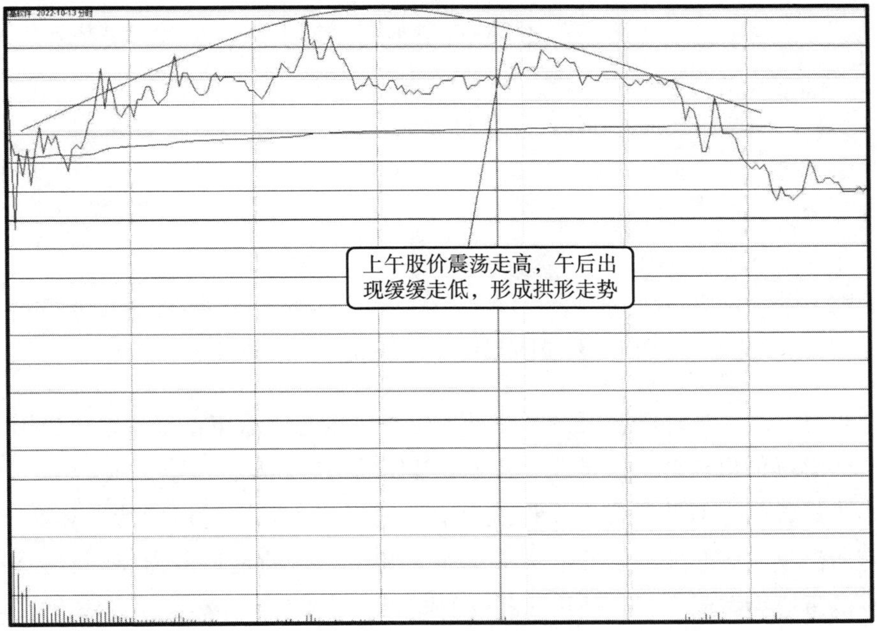

图 2-37　榕基软件（002474）分时走势图

图 2-38，国光电器（002045）：2022 年 8 月 17 日的分时走势图，该股与榕基软件有所不同。前者高开拉高整理，而后者低开拉高整理。该股低开后震荡走高，然后在高位震荡整理，午后渐渐向下回落，股价收在开盘价附近，K 线产生一根十字星，且这个十字星出现在当时的高位。

该股在拉高时渐渐缩量（中间冲高时放了短暂的量），说明入场资金不明显，到了最后半小时由于主力突然打压才放出量，这里的“量”不是主力的而是市场的。主力只是在打压时放出一股量来引导下跌，散户在看到主力放量出货后，会慌不择路地跟随抛掉自己手中的筹码，而且大部分筹码已经获利，一看盘面出现震荡就会产生离场的想法。主力洗盘完成后，第二天股价强势拉涨停，连拉 3 个板。

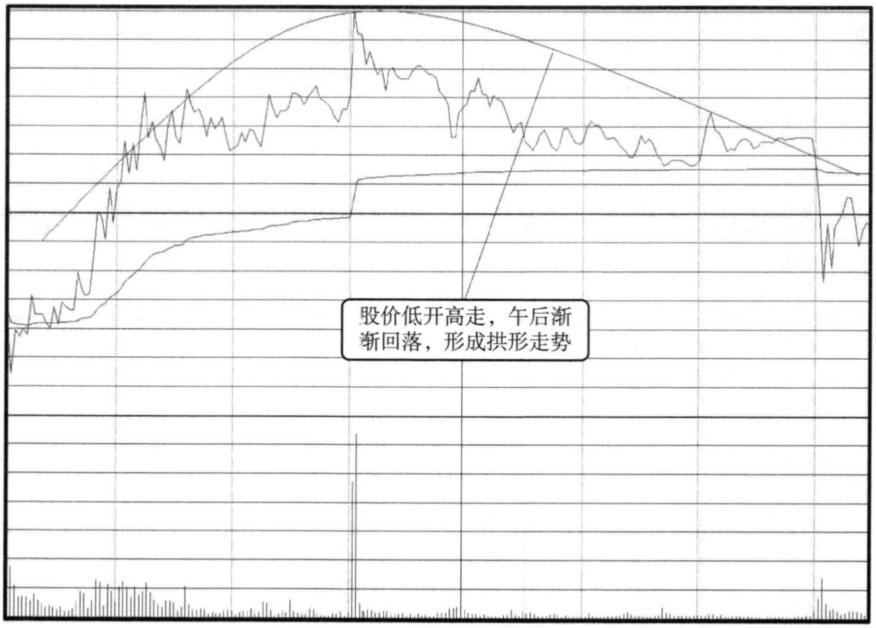

图 2-38　国光电器（002045）分时走势图

可见，强势拱形洗盘是一个“仙人指路”走势，后市不仅反包了上影线，而且还继续创出新高。这是近年来主力常用的一种新型的洗盘方式。

当然，由于 U 形洗盘和拱形洗盘的分时形态不同，它们的特点和功效也就有所侧重。U 形洗盘的重心大多向下，其主要目的是想洗出获利盘；拱形洗盘的重心大多向上，在洗出获利盘的同时，主要目的还想洗出套牢盘。

两者在 K 线组合的区别是：拱形洗盘往往在 K 线形态的颈线处进行（如前高、盘区附近），由于此处的套牢盘最多，所以成交量放得较大；而 U 形洗盘则多在上升通道中进行，没有什么套牢盘，主要是获利盘，所以成交量不是很大。

3. “U 形+拱形” 结合

“U 形洗盘+拱形洗盘”是一种复合式洗盘方式，可将两种洗盘基本形态结合起来运用，可以是先 U 形、后拱形洗盘，也可以是先拱形、后 U 形洗盘。有时候在一天的分时中，可能会出现多个 U 形或拱形的盘口现象，而且 U 形与拱形有重叠情形，也就是说 U 形的一半与拱形的一半是重叠的。

复合形结构的盘口特征与单纯 U 形洗盘和单纯的拱形洗盘相似，只不过是在不同的时间段里以一种洗盘方式为主，但这种复合型洗盘的盘口往往多了一个特征，即大单挂而不交或交而不挂（隐形成交）的现象增多。

图 2-39，榕基软件（002474）：2022 年 10 月 31 日的分时走势图，形态比较复杂，分别由两个 U 形和 1 个拱形构成。如果你是一位没有经验的投资者，一定会被该股的走势把你的情绪从希望带到失望。该股在开盘后冲高回落，形成 1 个拱形形态，之后震荡走高，形态从拱形到 U 形。午后再次回落，出现拱形，尾盘再次回升，又从拱形到 U 形。

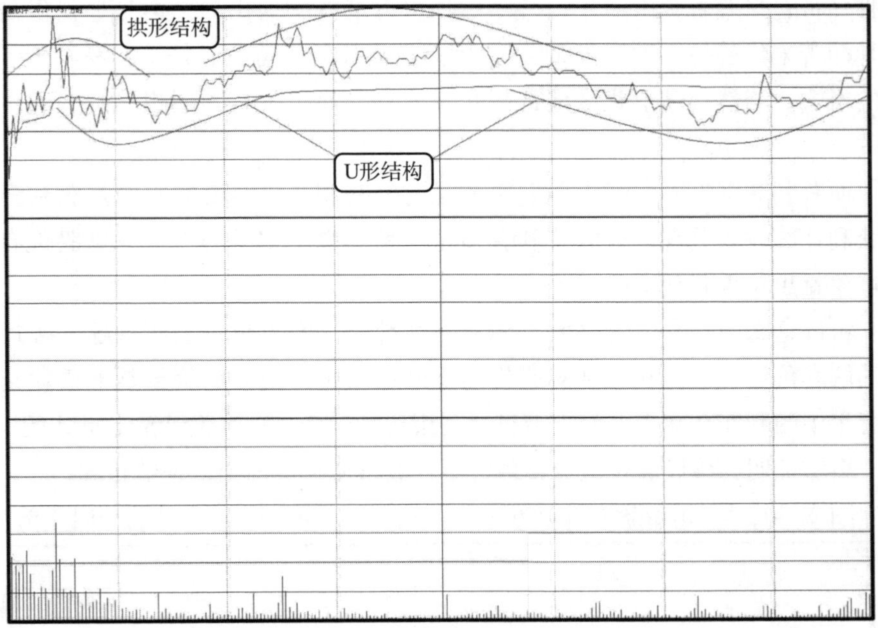

图 2-39　榕基软件（002474）分时走势图

在图 2-39 中可以发现，不少投资者在上午以为主力快要进攻了，但是这种想法很快就被股价重心下移所打消。随着下午股价的继续回落，短线投资者失望情绪也在增加。如果这时已经获利的投资者，就有可能卖出手中的股票，以免不能把到手的利润进行兑现，或者是把好不容易等到的解套机会给错过了。这就是“拱形+U 形”这种复合型洗盘的功效。

在全天的走势中，成交量只是早盘小幅放大，然后一直呈缩量状态。如果仔细分析的话，下午 U 形洗盘时下跌有量、上拉无量。为什么会出现这种相反的成交量结构呢？其奥秘就是上午和下午主力洗盘的用意不同所致：

上午的拱形洗盘主力主要是想洗出套牢盘，一旦把股价拉到接近套牢区附近时就有人抛，而抛出来的筹码都被主力接去，这就出现了“放量”。

下午主力是在进行 U 形洗盘，其目的是把获利盘洗出来，所以向下打压造成一种恐慌气氛，迫使获利盘涌出来。但毕竟获利盘的总量比套牢盘要小很多，所以成交量就比上午的套牢盘小很多。当获利盘跑得差不多时，主力轻轻一拉股价就上去了，自然不需放量。

看到这里大家可能要问，你怎么知道得这么清楚？其实很简单，这是一种常态的投资心理。当一个投资者被长期套牢后，好不容易到了解套的一天，其第一反应是解套出局。已经被长期套牢的痛苦折磨得疲惫不堪，要想解除这种痛苦，只有解套出局才行（当然还可以选择割肉出局，但是那仅仅是以一种痛苦来代替另一种痛苦而已），因此在漫长的等待后，好不容易看到了解套的机会，当然会毫不犹豫地选择卖出股票，而极少有人还想等到获利再出局的。

而获利者则不同，因为他们目前是已经获利了，主要的问题是获利多少和获利什么时候兑现。这时获利者多是一种焦虑不安的心态，一见股价有回落迹象就想兑现获利筹码。

可以这么说，套牢者对股价的上涨最敏感，因为越是上涨就越是接近他们的解套价位，而获利者则对股价的下跌最敏感，因为股价越是下跌就越意味着手中的利润在减少，而主力正是利用这种投资心理来设计洗盘形式的。

事实证明，该股经过洗盘整理之后，股价便掉头向上，强势拉起。

图 2-40，中国医药（600056）：是该股 2022 年 11 月 11 日的分时走势图。

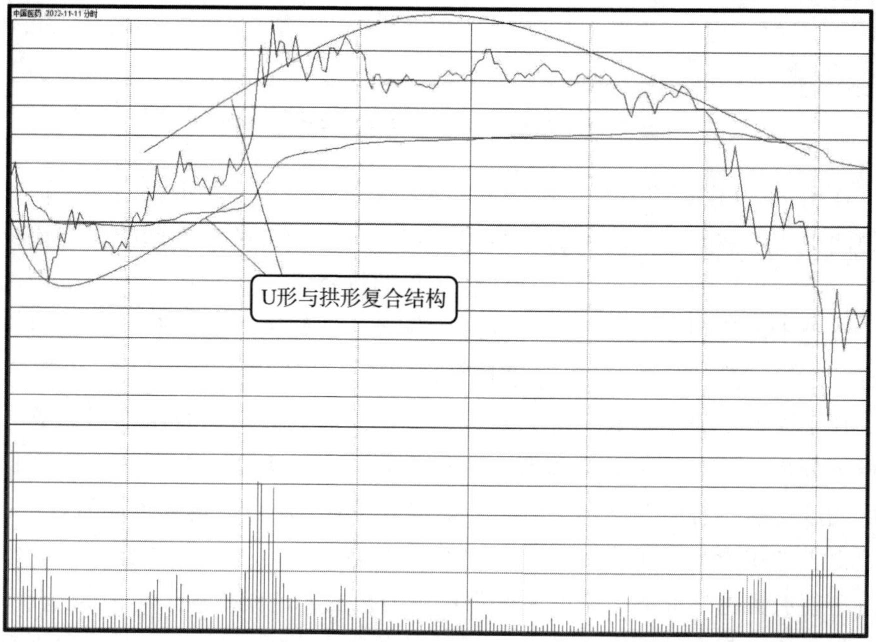

图 2-40　中国医药（600056）分时走势图

该股分时与榕基软件的走势有所不同，是一种先U形、后拱形的复合型洗盘手法，其成交量分布也与先拱形、后U形的分布相反，而其后的走势效果却是一样的，都出现了强势上涨。

这种复合型洗盘形态，其目的是要把获利盘和解套盘同时洗出来，这与单纯的U形主要洗出获利盘和单纯的拱形主要洗出套牢盘的盘口有所不同，其大单成交要相对多一些，上下压盘也要频繁一些。在一些个股的复合型洗盘走势中，有时会用“两个U形+一个拱形”来完成一天的洗盘任务，或者产生相反的分时走势。

从复合型洗盘的特征来看，它们都有一个共同规律，就是洗盘的时间比较长，短则一周，长则十天半个月，而单纯的U形洗盘和拱形洗盘的时间相对短得多，一般长的不会超过三天，短的则只有一天。总体而言，复合型洗盘一般多为中长线主力所为，而U形洗盘和拱形洗盘则多为短线主力所为。

特别提示：在所有五花八门的洗盘手法中，其基本形态就是U形和拱形两大类，其他的洗盘方式都是从这两种基本洗盘形态中演化出来的。比如，从U形中演化出来V形和W形，从拱形中演化出来的“门”形和M形，但这些形状一般比较少见，其盘口意义可以归纳到两种基本的洗盘形态之中。

五、旗杆与倒旗杆

1. 旗杆形态

旗杆形态通常是指主力在开盘（包括午后开盘）后的15分钟内迅速拉高股价，然后全天横盘震荡或小幅回落整理，让当日的换手成本比前一日高出一截。这种形态往往在股价上升时伴有大的成交量，是主力自买自卖的对敲所致。出现这种形态时，要结合日K线分析，在盘区或弱势中，大多属于冲高动作，难以持续拉升或维持高位运行，有回调要求，适合高抛。在强势市场中，如果成交量显著放大，可以迅速跟进，这种形态的个股有可能出现涨停。

这种形态还要根据股价所处的位置进行分析。如果出现在大幅上涨的高位，说明有主力出货行为；如果在底部盘区中，有主力建仓、试盘、洗盘的意图，可以高抛低吸。

图2-41，宏昌科技（301008）：2023年3月17日，股价小幅高开后，一

直处于盘整态势，盘口并不强势。午后开盘不久，股价放量直线拉起，一口气拉了6个多点，然后到收盘前维持震荡走势。结合日K线分析，股价处于底部盘局之中，属于筑底性质，股价短线难以持续上涨，仍将以震荡整理为主，适合短线高抛低吸做差价。

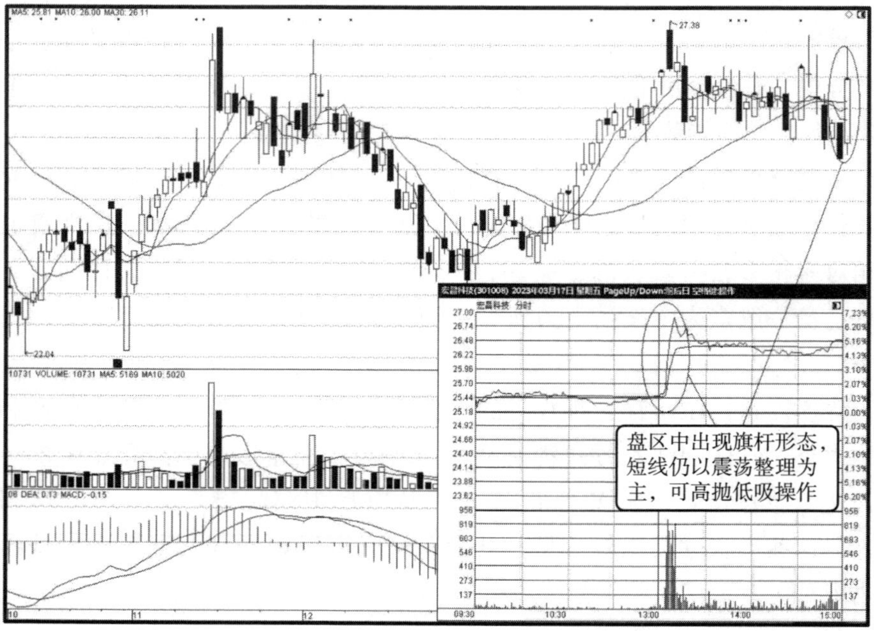

图 2-41　宏昌科技（301008）分时走势图

2. 倒旗杆形态

与旗杆形态相对应的就是倒旗杆形态。股价开盘后直线下行，一泻千里，此后盘中也没有出现有力的反弹走势，这是非跌停情形下出现的典型弱势盘口形态。这种形态出现后，通常股价仍有一定幅度的惯性下跌空间，至少不会出现强势回升，短线以观望为主。

当然，有时候可能出现先抑后扬走势，这属于上升趋势中的震仓洗盘行为。在对是否属于震仓或者回调走势把握不准时，这种分时图形态不碰为好。

图2-42，恒银科技（603106）：2023年2月8日，股价开盘后大幅下行，此后趴窝不起，直到收盘也没有明显的回升走势，说明盘口非常弱势，随后几日股价以震荡盘整为主。

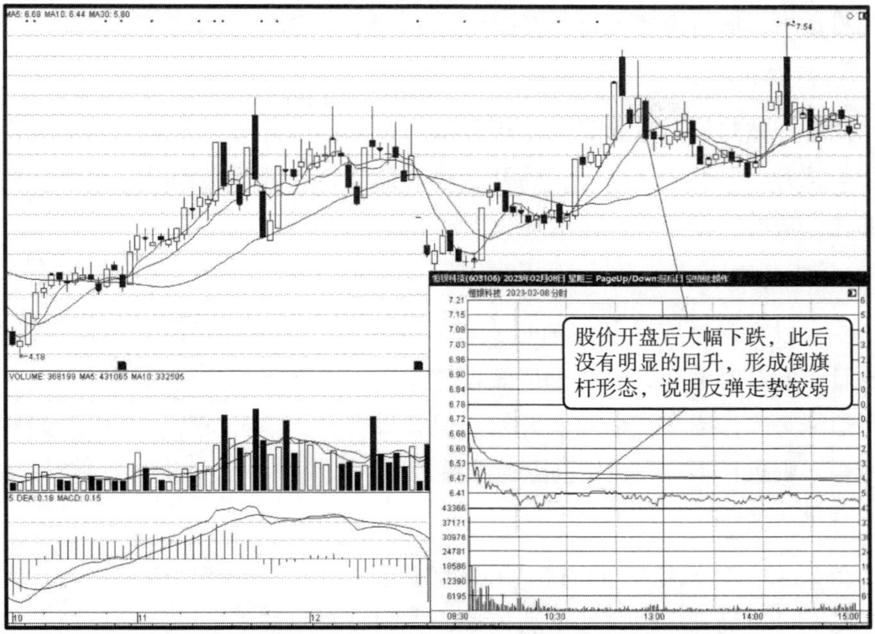

图 2-42　恒银科技（603106）分时走势图

第四节　14 种涨停分时图谱

在分析涨停板市场含义时，从技术角度出发，一要看 K 线形态、量能变化；二要看分时形态。有的时候，K 线形态、量能变化很重要；而有的时候，分时形态更重要，这既取决于每个人的交易理念，也取决于市场环境。如果从事超短线交易，那么涨停分时图形态无疑是最重要的；如果从事中短线交易，K 线形态、量能变化，则相对更重要一些。

通常而言，超短线与短线并没有明确的解析，股价走势飘忽不定、出人意料，因而实盘中需要综合各种技术手段。为了突出涨停形态的特征，方便投资者在实盘中对比借鉴，这里将从短线打板技巧的角度，对 14 种涨停分时形态实盘图谱进行解析，帮助投资者了解哪些涨停分时图形预示着短线上攻走势，以及时把握买入信号。

一、高开一波封板

1. 图形特征

高开一波封板形态是指个股当日开盘时，股价高开 3%以上，盘中在大买单的推动下，股价急速上行，直接冲至涨停板并牢牢封板至收盘。

2. 涨停玄机

高开一波封板是除无量一字板外最为强势的涨停分时形态，是主力短期内强势拉升个股的明确信号，高开所形成的缺口一般不会回补，个股随后出现加速上攻的概率极大，预示着一波飙升行情有望展开。

3. 买点提示

若个股有题材或是利好消息支撑，高开后冲击涨停板时，可抢板入场；若当日未能及时买入，只要个股短期涨幅不大，在利好性题材支撑下，次日仍可追涨买入，毕竟行情才刚开始。但如果个股无题材支撑，且中短期有一定涨幅，则次日不宜在盘中高点追涨买入。

4. 实例解析

图 2-43，氯碱化工（600618）：2021 年 9 月 7 日的分时走势。当日大幅高开 6.44%，高开后快速冲击涨停板，直到收盘封板不动。这种异动正好符合当时的市场热点：氟概念，而且该股之前处于缓慢的上升通道中，当日的跳空突破是一个明确的加速上涨信号，个股冲击涨停板的真实性强，抢板买入的风险并不大。

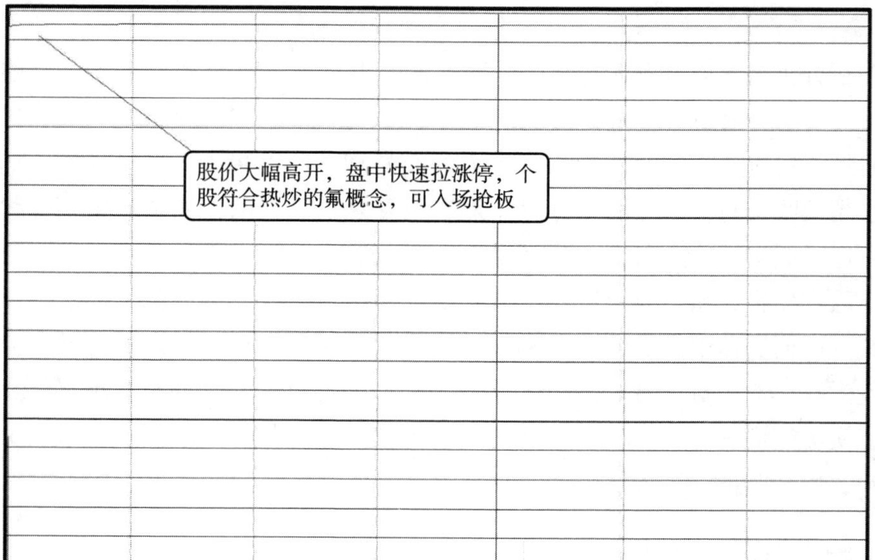

图 2-43　氯碱化工（600618）分时走势图

高开迅速涨停，有 3 个特点：第一，大幅高开；第二，迅速涨停；第三，热炒概念。三者同时具备，缺一不可。

高开迅速涨停的个股，通常在以下几种情况中出现，这一点必须提前了解。

（1）受消息面影响。比如公司获得了重大技术突破、业绩大幅预增、政府大幅补贴，或者国家突然出台了某项政策对公司造成直接利好影响。这些消息一旦收盘公布，必然在第二天集合竞价中得到反映，造成股价大幅高开，之后迅速涨停。

（2）主升浪期间。一只个股走主升浪时，表现在盘面就是以大阳线收盘，但由于市场买盘力量过于强大，市场供不应求，就会造成股价在集合竞价期间大幅高开，之后迅速涨停。

（3）股票复牌后。一只个股由于某种原因停牌后，在停牌期间市场出现一波不错的上涨，或者个股带着自身利好消息复牌，在这种情况下股价复牌后有可能补涨或上涨，出现大幅高开迅速涨停也是正常现象。

二、高开缓冲封板

1. 图形特征

高开缓冲封板形态是指个股当日高开幅度较大，在 4%以上。开盘后，股价在开盘价附近横向运行一段时间，没有明显回落，也没有明显拉升，即在盘中高点横盘运行。随后，股价快速拉升、冲击涨停板，并成功封板。

2. 涨停玄机

较大幅度的高开会使多空分歧加剧，股价能够维持在盘中高点横向运行，说明有主力积极承接，这也可以视作正式拉升前的一次短暂洗盘行为。随后的快速拉升、封板，则表明了主力的强烈拉升意愿。从短线角度来看，这类涨停板有较强的冲击力，是追涨买入的信号。

3. 买点提示

高开缓冲板的第一买点出现在高开之后的横向运行中，此时可以结合个股的消息面、日 K 线图的突破形态低吸，并预判其涨停板的可能性；第二买点出现在个股快速拉升、即将封板的一瞬间，抢板买入。

4. 实例解析

图 2-44，意华股份（002897）：2021 年 8 月 24 日的分时走势。从日 K 线图来看，股价回落到 30 日均线附近得到有力支撑而出现回升，当日股价大幅高开正好处于前期整理区域，在分时中维持半个多小时的横盘整理，目的是消化前期盘区的压力。因此，可将这个高开缓冲板视作主力震仓完毕、有意

强势拉升的信号，可以跟风买入。

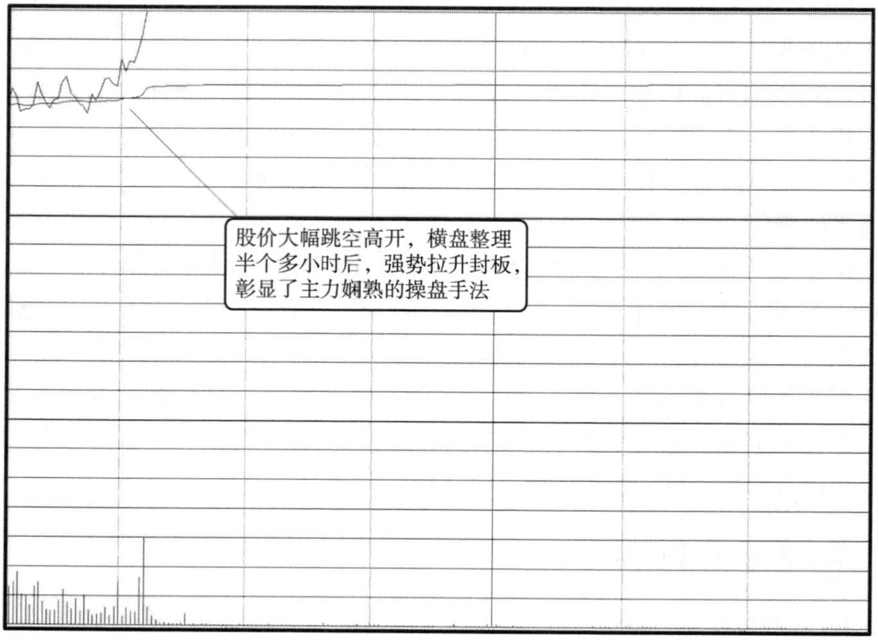

图 2-44　意华股份（002897）分时走势图

三、强势站稳后一波封板

1. 图形特征

强势站稳后一波封板也被称为“游弋于均价线之上的一波封板”，开盘后就出现一波强势拉高，随后股价一直游弋于均价线上方而不回落。经过一段时间的休整之后，股价再度出现了一波流畅的拉升，并封于涨停板。

2. 涨停玄机

开盘后强势拉高说明有主力资金从中积极运作，能够稳站于均价线上方则说明市场抛压相对较轻，主力没有在拉高中出货。以均价线为支撑上冲封板，这是主力当日做多行为前后连贯的体现，也说明了主力做多意愿强烈，做多行为坚决。

如果个股此时的日 K 线走势良好，短期内仍有上升空间，这种分时形态的涨停板往往就是其短期飙升走势将展开的信号。在实盘操作中，不应错过短线买入机会。

3. 买点提示

这种分时形态的出现大多与主力蓄意拉升个股的操盘意图相关，在实盘操作中，应结合个股早盘的上涨幅度给予关注，并把握好买入机会。

（1）若开盘时的一波上涨，幅度较大，使得股价随后横向整理运行时离涨停板较近，则应实时关注它。因为这类个股随后一旦开始冲击涨停板，就极有可能一波上冲就牢牢封板，不再给投资者买入的时机。对于这类情形，最好的策略就是在股价即将封盘时抢板买入。

（2）若开盘时的一波上涨，幅度相对较小，使得股价随后横向整理运行时离涨停板相对较远，则个股以均价线为踏板，一波上冲即能封牢涨停板的概率相对较小。

（3）实盘操作中，为了避免追涨买入那些仅仅是冲击涨停板，但不封板的个股，投资者应多观察分析，看看个股在冲板之后是否有明显的回落。如果有，则不宜当日追涨买进，因为即使个股随后能封板，则这种涨停板也是很弱势的，次日极有可能出现较大幅度的回调，使短线操作陷入被动。如果个股在冲板后仅仅是微幅回调（只裂开了一个小口），则个股随后回封的概率是极大的，此时抢涨停板买入，胜算较大。

4. 实例解析

图 2-45，鼎龙文化（002502）：2021 年 9 月 9 日的分时走势图。日 K 线图上拉高后构筑平台整理，当日开盘后第一波上冲使个股呈突破形态，随后

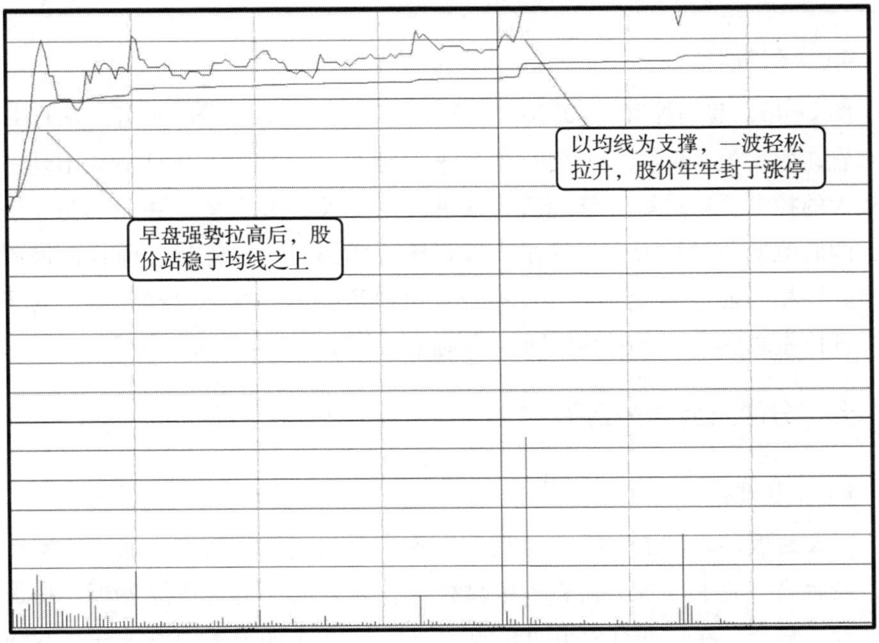

图 2-45　鼎龙文化（002502）分时走势图

站稳于均价线上方并经一波流畅上扬牢牢封住涨停板。这种涨停形态彰显了主力的强控盘能力及做多意愿，在实盘操作中，应追涨买入。

四、分时两波强势封板

1. 图形特征

两波封板形态是指股价在盘中离涨停相对较远的位置快速拉升，分时出现了两波极为流畅的冲击形态，且早盘不久就能够牢牢地封住涨停板。

2. 涨停玄机

两波封板是较为强势的封板形态，快速流畅地拉升且能牢牢封板，表明了主力资金的强烈做多意愿与较强的控盘能力，个股短期内将有较强的上冲动力，在日K线图配合的情况下，可以适当追涨买入。

3. 买点提示

两波封板的第一买点出现在个股冲击涨停板时，此时要结合日K线图来预判个股是否能够牢牢封板，从而决定是否抢板入场；第二买点出现在次日盘中，由于两波封板并不是最为强势的封板形态，因而，次日惯性高开的幅度有限，且在盘中或将有回落，此时逢盘中低点入场，也是一个不错的选择。

4. 实例解析

图2-46，蓝焰控股（000963）：2021年8月23日的分时走势。从日K线图来看，股价处于低位缓升之后的加速突破点。分时中，开盘不久出现一波比较大的拉升，经过短暂整理后再次展开第二波拉升走势，并成功封于涨停板，两波流畅的封板形态。这是个股近阶段的第一个涨停板，而且两波封板又是一种相对强势的启动信号，短线可以追涨买入。在实盘操作中，为了规避当日抢板之后出现开板甚至回落的风险，也可以选择次日入场。

五、分时三波强势封板

1. 图形特征

三波封板形态是指个股在开盘后出现了两波类似于爬坡、涨速较慢的拉高，最后第三波上攻较为流畅、幅度极大，并且成功地封住涨停板。从形态上来看，整个上涨过程有两个明显的“波峰”，3个明显的上涨波段，封板时间为早盘阶段。

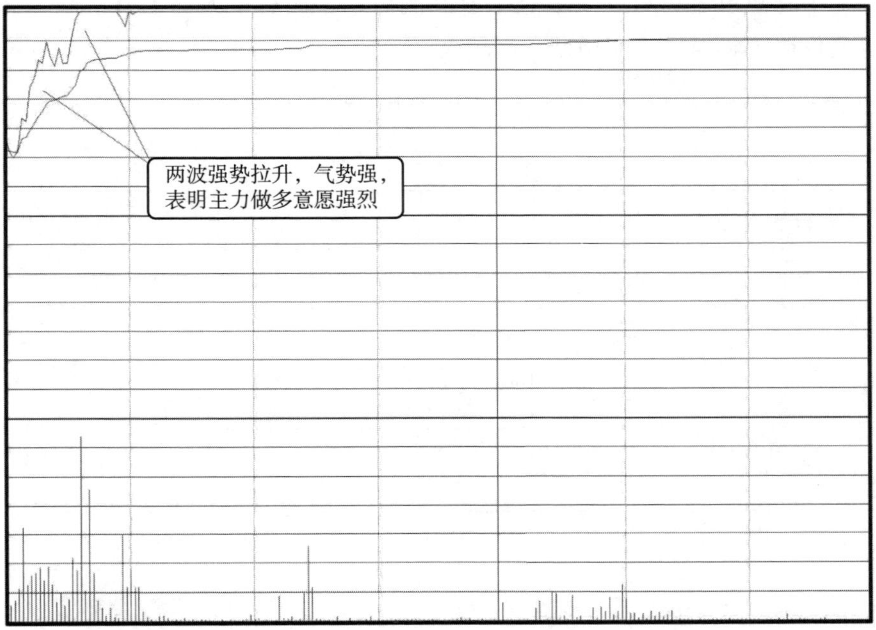

图 2-46 蓝焰控股（000963）分时走势图

2. 涨停玄机

三波封板是一种相对稳健的涨停方式，波形节奏分明，它的出现与主力的运作有关。从个股后期走势来看，三波封板多是主力有“预谋”的操作，这样的主力在之前的走势中往往已吸筹较多，而三波封板当日就是其拉升的信号。

3. 买点提示

第一买点出现在第三波冲击涨停而未涨停时，此时可抢板买入。第二买点出现在随后几日的盘中震荡阶段中。一般来说，个股之前的日 K 线走势为整理蓄势型，则可抢板入场；若是下跌后的急转型，可再观察几日，如果股价维持强势整理不回落，则可以买入。

4. 实例解析

图 2-47，六国化工（600470）：2021 年 9 月 13 日的分时走势。开盘之后，出现两波缓慢的拉高走势，第三波强势拉升，成功封涨停。这是典型的三波封板形态，是主力从中积极运作的标志。

由于个股的日 K 线形态优异，当日的涨停板完全打开了个股的上升空间。操作中，能够在当日及时预判个股的涨停并抢入是最佳策略，若出手晚了，次日盘中介入也是可行的。毕竟个股刚刚启动，还有很大的上升空间，此时追涨操作风险相对较小而预期利润较大。

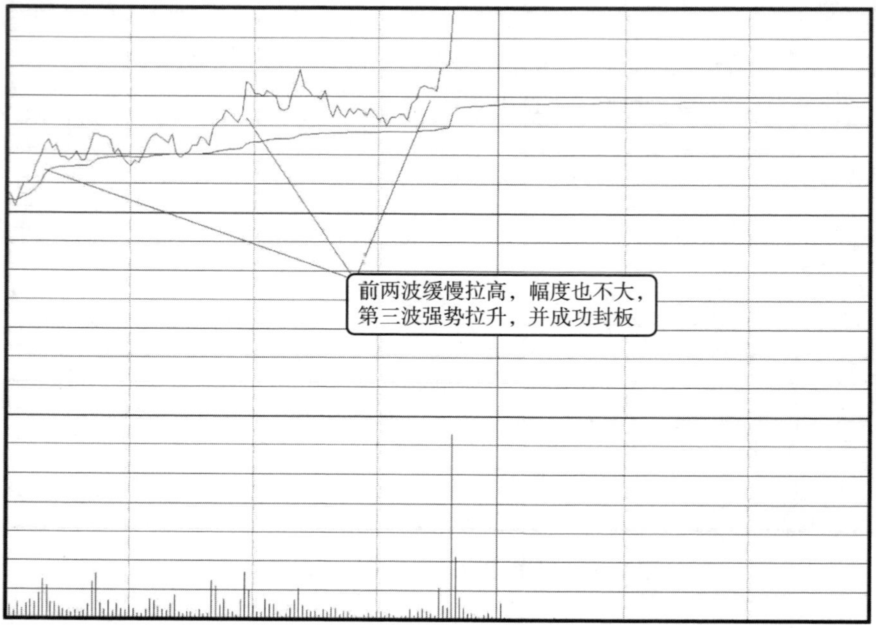

图 2-47　六国化工（600470）分时走势图

六、冲板后短暂裂口

1. 图形特征

冲板后瞬间裂口形态是指个股在快速、流畅上冲至涨停板后，并没有立即封牢涨停板，而是先出现了一个极为短暂、回落幅度很小的裂口，随后才正式封牢涨停板至收盘。

2. 涨停玄机

冲板时的裂口是大买单跟进不及时的信号，同时也说明有短线抛售的现象，但不能说明在封板时遇到巨单打压，主力有着较强的控盘能力，这是看涨信号。结合个股的实际表现来看，出现这种分时图的个股，其短线走势往往都很强劲，后市有连续涨停的潜力。

3. 买点提示

第一买点出现在冲板后的裂口中，虽然个股上冲涨停板时已扫掉了上方的所有压单，但由于没有立刻封板，因而会有相对较多的短线压单再度挂出。

此时，这些压单仅仅是挂在涨停价位上，并没有低价打压，这时只要再度出现大单扫盘，就可以快速预判出随后封板，进而立刻以涨停抢板买入。第二买点出现在次日的开盘时，只要个股的日 K 线图尚可，中短期涨幅不大，次日小幅高开后仍可积极追涨买入。

4. 实例解析

图 2-48，恒润股份（603985）：2021 年 9 月 13 日的分时走势。三波涨停后不久开板，出现短暂裂口的涨停形态。这是一种较为强势的分时图，是主力有意拉升股价的信号。日 K 线图表明，个股当日正处于上升途中整理之后的突破点，这个涨停板使得突破态势明朗，预示着新一轮突破上涨行情的展开。在实盘操作中，可以在当日抢板买入，也可以在次日逢盘中低点介入。

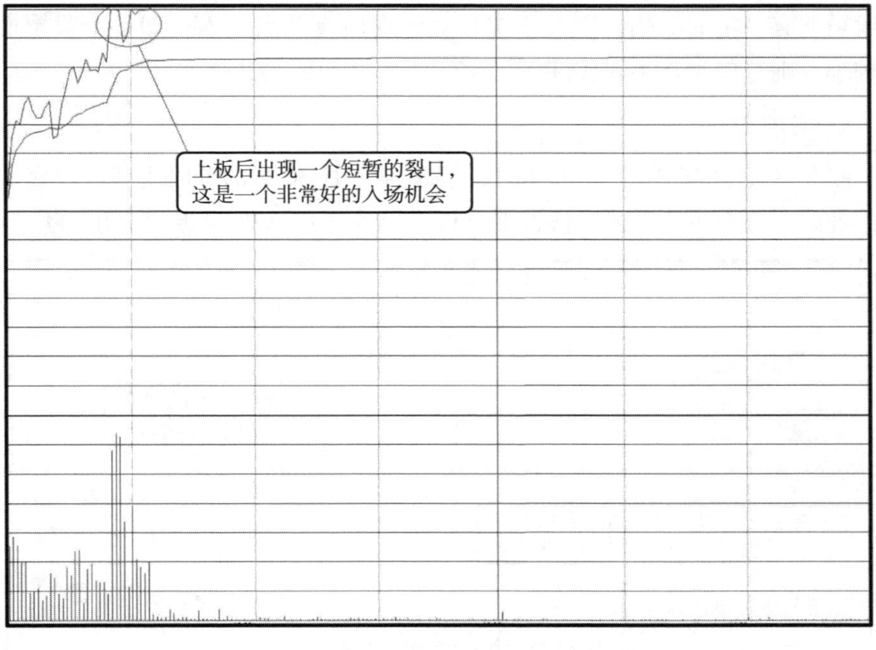

图 2-48　恒润股份（603985）分时走势图

七、稳步攀升游弋涨停板

1. 图形特征

稳步攀升游弋涨停板是指个股开盘较为平静，未出现大幅度波动，随后在盘中稳步攀升，午盘前后上冲涨停板，但并未封死涨停板，股价游弋于涨停板附近。“稳步攀升”主要有两种表现形态：一种是持续地、缓缓地上行，呈45度角推高状；另一种是在较长的时间段内出现了几波流畅拉高，使得个股盘中涨幅较大。

2. 涨停玄机

这种盘口形态常常出现在刚刚突破的位置点，此时的主力有意拉升股价，但持筹数量有限。通过这种稳步攀升走势，主力可以边推升股价边吸筹。当股价游弋于涨停板附近时，多空分歧会进一步加剧，有的散户看到股价封板不坚决而抛出筹码，这时主力则借机进一步吸筹。可以说，这是主力吸筹行为下的一种涨停盘口形态。

3. 买点提示

对于这种涨停分时形态，投资者应结合个股短期走势来把握买点。如果个股短期有一定的涨幅，则可于次日盘中逢回调低点买入；如果个股短期涨幅较小，则涨停当日买入较好。

4. 实例解析

图2-49，超华科技（002288）：2020年7月30日的分时走势。早盘股价缓慢推高，几个小波上冲后接近涨停板，但并未一次性封板，股价持续游弋

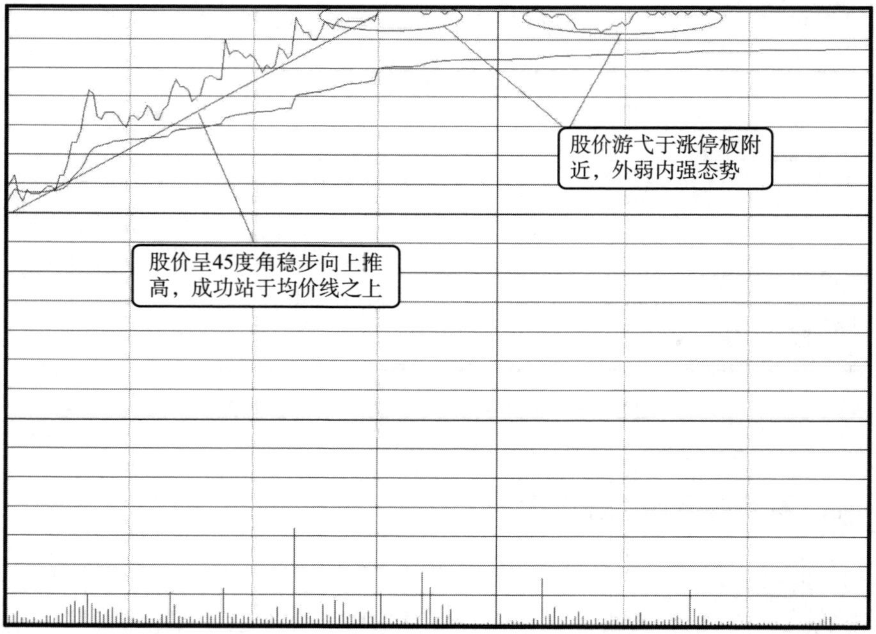

图2-49 超华科技（002288）分时走势图

于涨停板附近。在日K线图中，短线涨幅不大，股价有蓄势突破之势，成交量放大。在实盘操作中，可以当日打板入场，也可次日逢盘中回落低点买入。

由于这种涨停形态代表着主力的吸筹行为，因此次日不会明显出现高开或低开，盘中跌幅也不会太大，这是投资者利用此涨停形态做多的关键。

八、旱地拔葱直线封板

1. 图形特征

旱地拔葱直线封板是指个股的盘中走势十分平静，涨跌幅度都很小。突然，股价拔地而起，上涨速度快、角度陡峭，仅仅经历了一波上涨（或者上涨过程中稍有停顿），股价就封住了涨停板。

2. 涨停玄机

旱地拔葱直线封板出现在盘中，多与一些场外利好因素有关。这些利好因素成为个股上涨的催化剂，若个股之前没有被炒作过的痕迹，则主力有可能借利好而开始拉升个股。

3. 买点提示

这种涨停形态的买点，要结合其封板情况来把握。如果个股一波封牢，不再开板，则短线冲击力较强。如果当日没能及时买入，次日高开幅度又较小，仍可追涨买入；如果个股在涨停板之后，不久没能封牢涨停板，则可多观察几日，看个股能否保护住涨停板当日的拉升成果，再决定是否买入。

4. 实例解析

图2-50，新疆交建（002941）：2021年3月26日的分时走势。开盘之后股价窄幅运行，看不出异常动作。午后，股价出现了旱地拔葱的直线封板走势，涨停板之后虽然有开板现象，但依然涨停收盘。在日K线图中，当日的这个涨停板使得其突破了低位整理区，短期上升空间已完全打开。在实盘操作中，可积极看多、做多，不惜追涨买入。

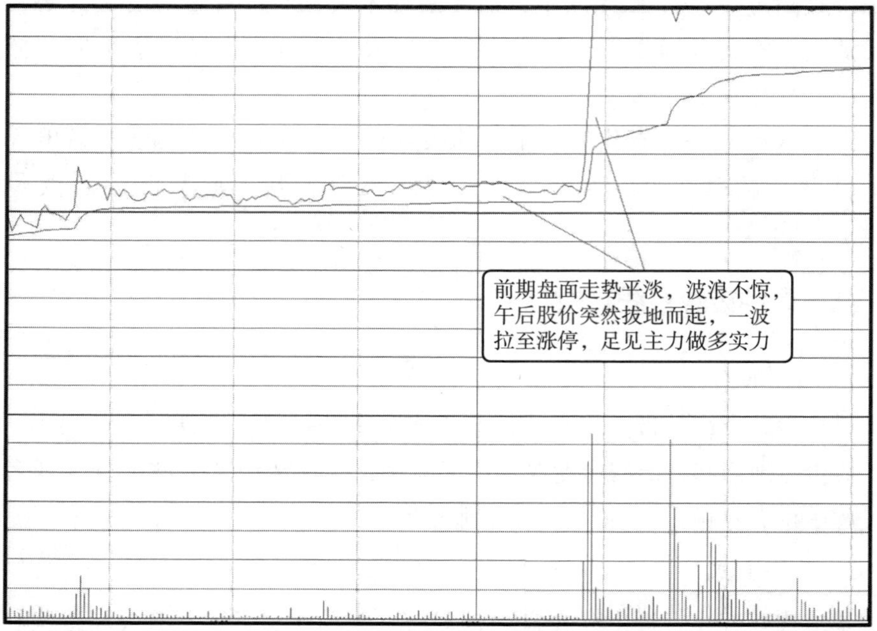

图 2-50 新疆交建（002941）分时走势图

九、0 轴启动横游封板

1. 图形特征

从 0 轴启动横游封板是指个股以接近上一日收盘的价位开盘。早盘阶段，个股从这一价位附近向上快速运行，经几波上涨之后，股价触及涨停板，却并没有封板，随后股价长时间停留于盘中高位、横向运行，之后股价封住涨停板。

2. 涨停玄机

早盘冲击涨停板，但没有封板，这是主力在测试高点抛压。午盘之后能够成功封板，说明主力控盘能力强，市场抛压相对较轻，浮动筹码得消化。因此，这类个股只要日 K 线有突破上涨空间（或者是反弹空间），则有一定的中短线冲击力，这是一个上涨信号。

3. 买点提示

这种涨停形态蕴藏了两个买点：第一买点出现在午盘之后回封涨停板时，投资者要紧盯个股，一旦发现有超级大单向上扫盘，就意味着个股将封板，可以抢板买入；第二买点出现在次日盘中，个股的股价往往能回调到前一天涨停价附近，这时可以买入。

4. 实例解析

图 2-51，卓翼科技（002369）：2021 年 8 月 19 日的分时走势。日 K 线刚刚形成强势，均线渐渐呈现多头排列。分时中平价开盘，股价从 0 轴启动，三波拉至涨停位置，但在涨停板附近横游，并没有直接封板，而是到了下午才封涨停。这是反弹或上涨行情即将展开的信号，可以短线追涨买入，积极做多。

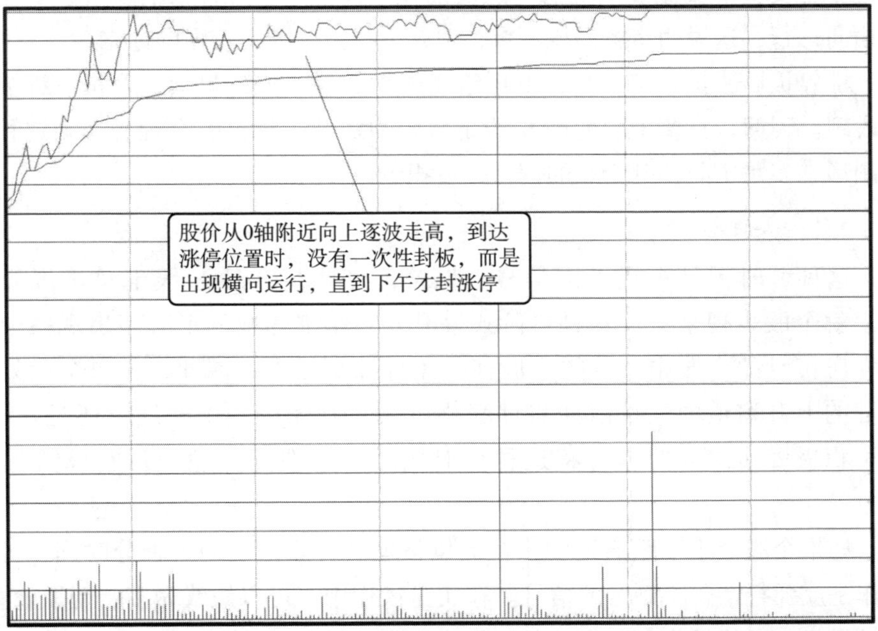

图 2-51　卓翼科技（002369）分时走势图

十、阶梯式封板

1. 图形特征

所谓台阶式攀升是指个股经一波流畅上行后，股价达到了盘中高点，然后是横向运行一段时间，而股价没有出现明显回落，这称为上一个“台阶”；接着，个股又经一波流畅上行达到盘中新高，再横向运行，这是再上一个“台阶”。盘面有以下特征：

（1）开盘时几乎平开，随后的盘中走势则是节节攀升。

（2）在攀升过程中，股价一个台阶一个台阶地上行。

（3）股价逐级攀升之后，最终顺势封于涨停板，且封板后不再开板，牢牢封住涨停板。

（4）封板时间要在午盘之后，最好在收盘前的一小时左右。这样，个股之前的“台阶”式攀升过程才能较为清晰，也才能体现出这种分时图独有的市场含义。

2. 涨停玄机

在台阶式上升过程中，连续大买单入场扫盘，推动股价再上一个台阶，这是主力资金积极做多的标志。随后的盘中高点，个股并没有明显回调，而是横向运行，这说明市场抛压不重，也是主力控盘能力较强的标志。

涨停板后股价牢牢封死，不再给场外投资者买入的机会，这是一种强势的表现。因此，只要个股前期 K 线走势较为稳健，量价配合理想，则这种分时图形态多是主力拉升个股的信号，可积极做多。

3. 买点提示

这种分时图是短线上涨信号，但是，也要结合日 K 线走势来展开操作。就个股表现来看，这种台阶式攀升并封牢涨停板的形态多出现在中长线强庄控盘的个股中，这类个股往往累计涨幅极大。因此，如果个股处于稳健的上升通道中，且前期累计涨幅不大，则无论是中长线，还是短线，都可积极做多。此时，可将这种分时图看作个股新一轮上涨行情开始的信号。

如果个股处于下跌通道中，在低位整理平台后出现的这种分时图，可以看作是反弹行情仍将延续的信号。在实盘操作中，可以短线做多、博取收益，中长线仍应顺势操作，不宜长久持股待涨，以免利润回吐。

4. 实例解析

图 2-52，海源复材（002529）：2021 年 6 月 29 日的分时走势。该股在盘中经历了 3 个台阶式的上扬之后，最终成功封板。每一次的台阶式上行都有着显著的特征：先是一波快速上冲，随后股价于上冲之后的高点横向运行。这种台阶式封板，是中长线主力做多的标志。而且，日 K 线图上股价也处于低位，30 日均线保持上行状态。在实盘操作中，可以积极参与中短线做多。

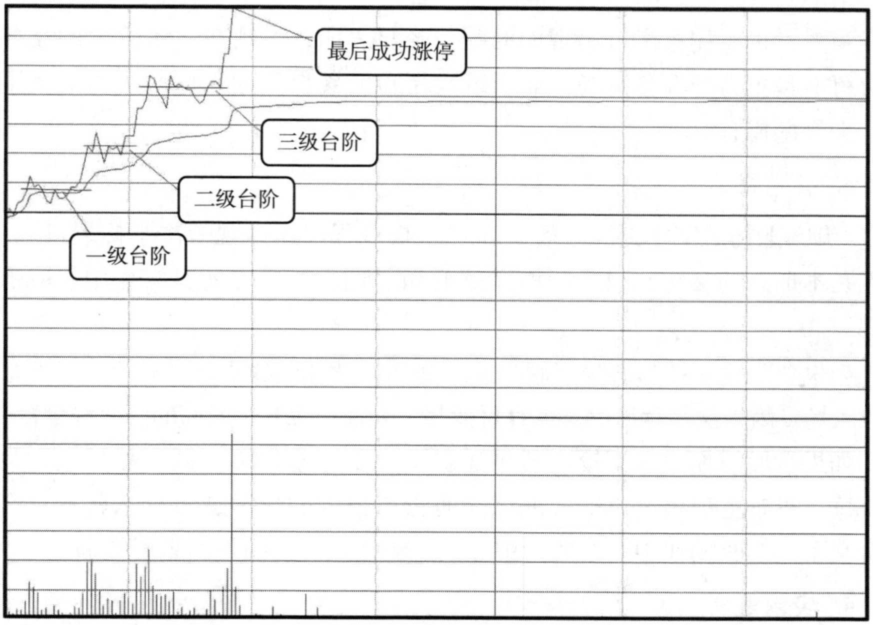

图 2-52　海源复材（002529）分时走势图

十一、单一裂口卸压

1. 图形特征

单一裂口卸压是指个股在早盘阶段即牢牢封死涨停板。在封板过程中，由于受大盘、板块下跌拖累或主力因素影响，于中盘时间段出现了一个 V 形小裂口，持续时间较短，回落幅度较浅，V 形裂口之后，股价再度牢牢封住涨停板，且全天再无开板现象。

2. 涨停玄机

V 形裂口可以是主力出货所致，也可能是主力拉升个股过程中的一次“卸压”行为。至于它究竟蕴含了哪种信息，可以从个股的日 K 线走势和 V 形裂口出现的次数来判定。

一般来说，在封板过程中仅出现一次 V 形裂口，更有可能是主力的洗盘行为。特别是在当日走势不好的情况下，主力极有可能借大盘回落之际，顺势小幅开板，从而达到洗盘的目的。

在实际操盘中，只要个股的日 K 线走势予以配合，完全可以把这个小裂口当成上涨信号。但是，如果盘中多次裂口，则更有可能是主力出货所致，这种情形当日不宜追涨买入，应注意风险。

当然，也要注意裂口出现的时间。经验表明，出现在中盘阶段的裂口才更有可能是主力的洗盘行为，而出现在尾盘的裂口则很可能与主力见大事不妙、大量抛售有关。

3. 买点提示

“流畅上扬后牢牢封涨停板”和“封板过程中仅出现一次小幅裂口”，这两点是本形态的关键，也是投资者据此做多的标志。在实盘操作中，应加以辨识。

如果个股日K线形态呈突破状，且前期累计涨幅较小，可以于当日或次日买股入场。因为这种盘口形态极有可能是主力强势拉升个股前的一次洗盘行为。

如果个股短期内涨幅较大，通常连续拉升超过20%（两个板以上，包括20CM），盘升上涨超过30%，那么这时盘口出现的这种裂口形态就不具有看涨含义了。实盘操作中，个股的中短期走势是投资者操作的重要依据。

4. 实例解析

图2-53，爱康科技（002610）：2021年8月20日的分时走势。开盘后两波流畅式拉升，股价成功封于涨停。但由于当天大盘逐波下跌，渐行渐弱，

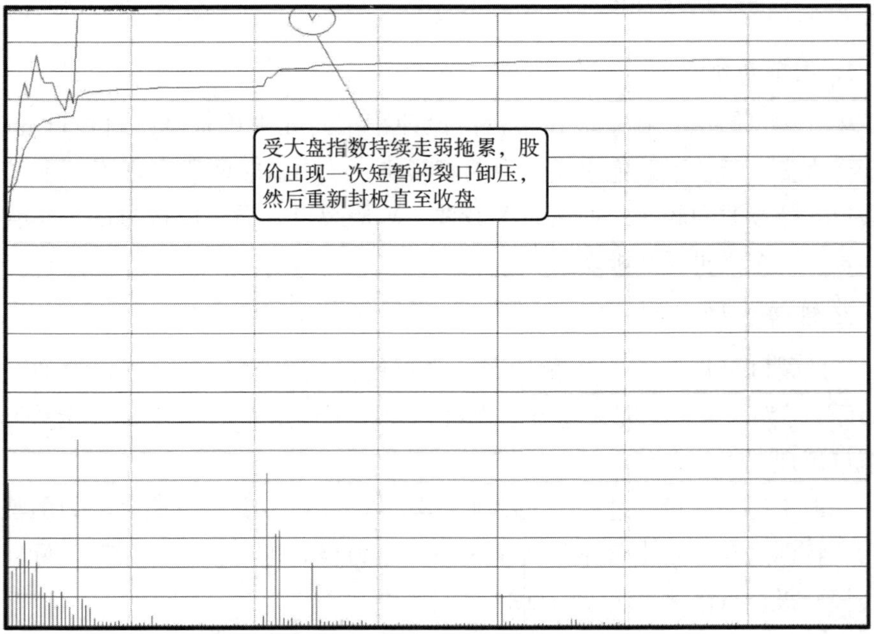

图2-53　爱康科技（002610）分时走势图

严重拖累市场人气。受此影响，该股 10:43 出现一次裂口卸压，但股价回落幅度不大，持续时间只有 2 分钟，在 10:45 就再次回封。结合个股的日 K 线图来看，股价短线涨幅不大，可以将这种单一的裂口卸压看作是主力的一次洗盘行为。操作中，当日或次日是短线买入时机。

十二、首尾上冲封板

1. 图形特征

首尾上冲封板是指个股的开盘较为平静，但开盘之后立刻快速上冲，上涨幅度在 5%左右。股价基本处于涨停价与开盘价中间的位置，维持一段时间的横向运行，然后股价再次出现一波拉升并成功封板。这里的“首”好理解，就是开盘不久先出现一波拉升；但这里的“尾”不专指尾盘拉升上板，也包括午后再度一波封板。

2. 涨停玄机

首尾上冲封板是主力资金刻意运作早盘及尾盘的结果，表明主力有意拉升个股，而且，个股全天盘中运行十分平稳，这也印证了主力的控盘实力。在实盘操作中，只要个股的日 K 线图较好，则可以积极买股做多。

3. 买点提示

首尾上冲形态的短线最佳买点出现在次日盘中，无论个股次日是小幅高开还是平开，因昨日尾盘的快速拉升，势必会形成一定的短线获利抛压，可以逢个股当日盘中回落之际买入为佳。

次日买入的另一个好处是，可以进一步验证主力做多的可能性。一般来说，如果首尾冲板不代表主力的做多行为，那么次日股价极有可能低开低走，若出现这种情况，则可以成功避开短线被套的风险。

4. 实例解析

图 2-54，远兴能源（000683）：2021 年 2 月 19 日的分时走势。早盘和午后均出现了明显的拉升，这两波上扬的幅度大、分时线形流畅，全天的盘中运行呈较为强势的横向整理，这就是首尾上冲封板形态。结合日 K 线分析，股价正处于盘整后的突破点，当日这个分时走势预示着行情的启动，在实盘操作中，可以短线追涨买入。

这种形态有时出现首尾涨停，其与首尾上冲的技术形态、涨停原理、分析方法、入场机会是一样的。

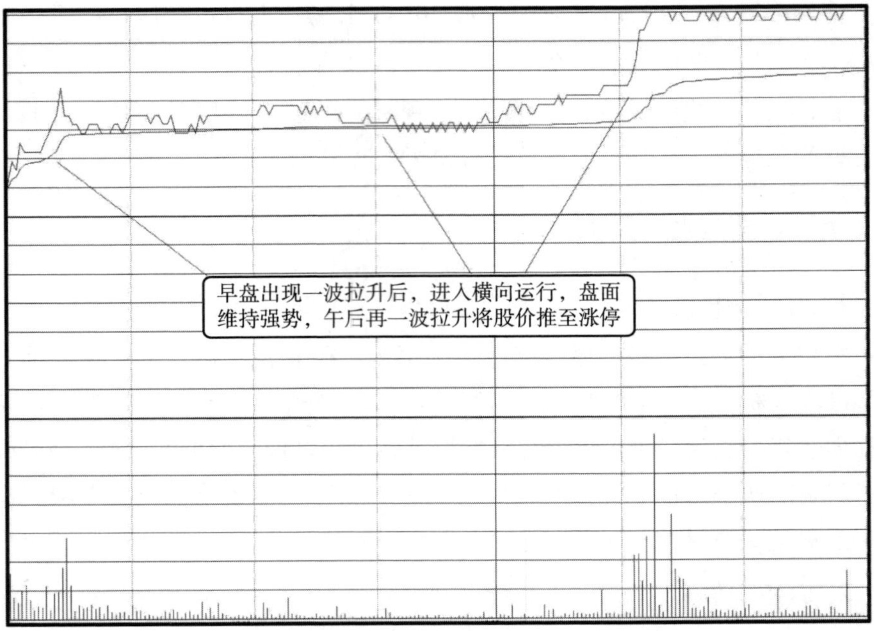

图 2-54 远兴能源（000683）分时走势图

图 2-55，氯碱化工（600618）：2021 年 9 月 6 日的分时走势。开盘后一

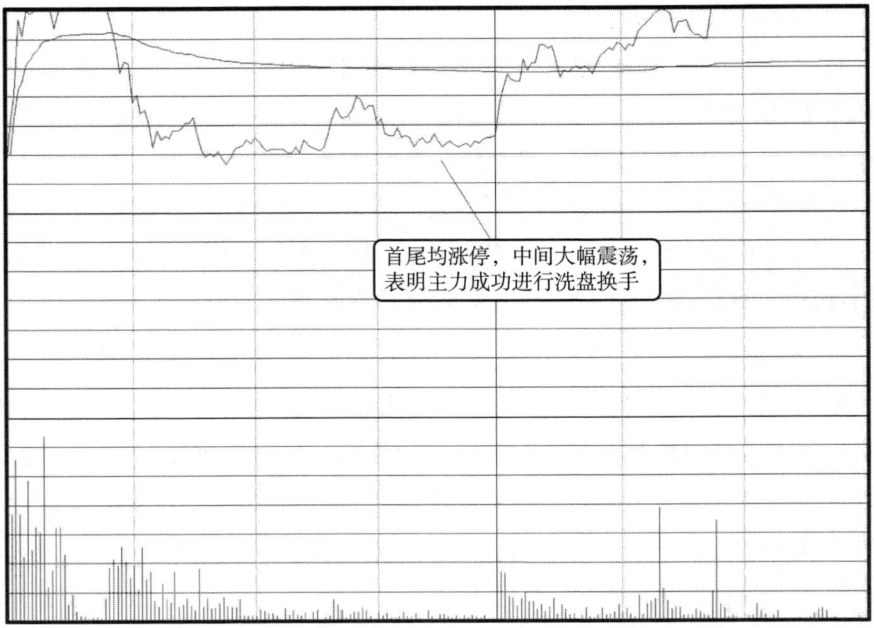

图 2-55 氯碱化工（600618）分时走势图

波拉涨停，封盘不久开板震荡，股价大幅回落。此时，市场多数人认为，股价回封上板无望。但是，午后股价强势拉升，再次封于涨停。

十三、整理后流畅尾盘板

1. 图形特征

流畅尾盘板（盘整区）形态。首先，从日 K 线图来看，个股持续地横向震荡整理，上下震荡幅度不大。其次，持续整理后的某个交易日，出现了尾盘封板的分时走势。

当日尾盘的封板过程是股价离涨停板较远，在连续大单扫盘的推动下，出现了极为流畅的拉升，快速上板封涨停，并且是一次性封板（或者是短暂停留，随后牢牢封板）。

2. 涨停玄机

一般来说，尾盘板的次日并不会出现明显的高开，但这并不意味着尾盘板不会成为个股短期行情启动的信号。如果尾盘板很流畅并能够一次性封板，而个股的日 K 线走势又十分优异，则尾盘板同样有较强的上涨倾向。对于窄幅盘整区的流畅尾盘板，如果个股此前累计涨幅不大，可以将其看成是主力拉升的信号，预示着突破上涨行情的来临。在实盘操作中，可以积极追涨买入。

3. 买点提示

尾盘板的流畅拉升、强势封板、个股的日 K 线走势图，是把握这种形态的关键，也是实施操作的依据。

当个股在尾盘阶段强势封上涨停板时，很难判断它是否能一次性地牢牢封板，当日不宜追涨买入。可以等待个股成功封板后，于次日开盘后介入。因为若无明显利好消息助推，个股次日一般不会大幅高开。

4. 实例解析

图 2-56，云维股份（600725）：2021 年 9 月 6 日的分时走势。从日 K 线图来看，股价小幅拉高后出现震荡整理，位置相对低位，这是一个典型的尾盘流畅板，个股在封涨停板时是一次性封板的。结合个股的日 K 线图、当日涨停分时走势，可以将其看作是主力拉升股价的信号，预示着突破后加速上涨。在实盘操作中，尾盘板次日开盘后，就是中短线介入的最佳时机。

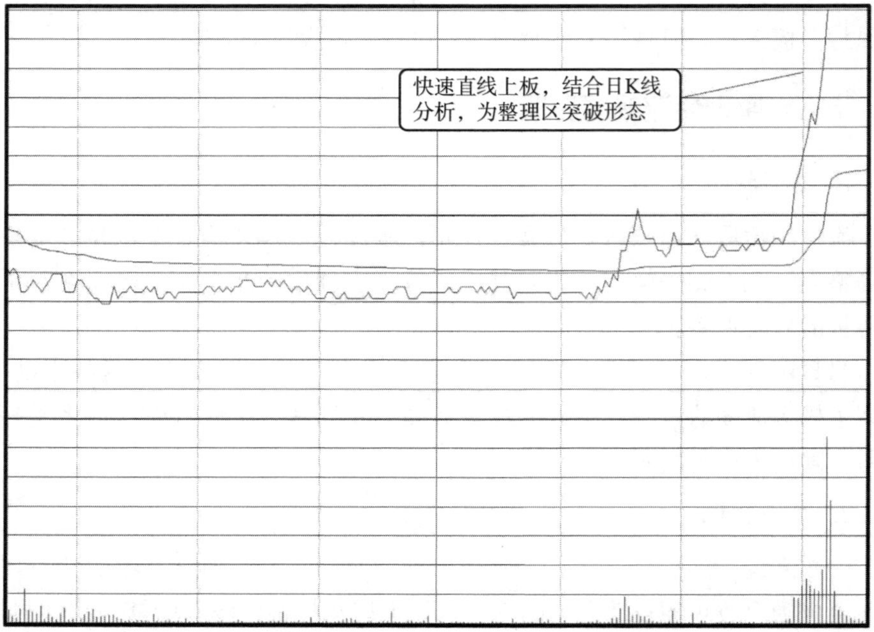

图 2-56　云维股份（600725）分时走势图

十四、挖坑后流畅直线板

1. 图形特征

从日 K 线图来看，个股持续地横向震荡整理，随后向下略微跌破整理区，在相对低点以小阴、小阳线窄幅整理，从而构筑了一个“坑形”区域。在坑形区域，出现了流畅的直线封板分时走势。

2. 涨停玄机

主力控盘手法多种多样，有些主力在拉升个股前喜欢采用“欲扬先抑”的手法，平台窄幅整理后的“挖坑”走势就是一个典型的代表。但挖坑走势并不必然对应主力随后的拉升行为，很多个股在挖坑之后甚至会破位下行，此时坑形区域的涨停板就是把握主力动向的关键所在。

流畅拉升、直接封盘的拉升板，正是主力开始强力拉升、个股启动的信号，也验证了个股之前的挖坑走势是主力有意为之的一种操盘手段。

3. 买点提示

先挖坑再直线流畅涨停板这种组合形态，预示短线机会来临，在实盘操作中应注意把握。如果个股的前期累计涨幅不大，此前的窄幅盘整形态也较为理想，则坑形区域的这种直线涨停板往往就是个股将强势启动的信号。在实盘操作中，应在第一时间内追涨买入。如果当日未能及时追涨买入，那么次日逢盘中低点介入也是一种不错的选择。

4. 实例解析

图 2-57，粤传媒（002181）：2022 年 5 月 26 日的分时走势图，当日尾盘阶段，个股流畅上扬，直接封住涨停板，而且这一波上涨的幅度极大，是一个典型的尾盘流畅封板，也是上涨倾向最强的一种尾盘板。结合个股的日 K 线走势图来看，当日的这个涨停板使得个股开始突破坑形区域。通过上面的讲解可知，这正是主力“欲扬先抑”操作手法的体现，预示着主力将有所行动，新一轮突破行情呼之欲出。在实盘操作中，应及时入场买股。

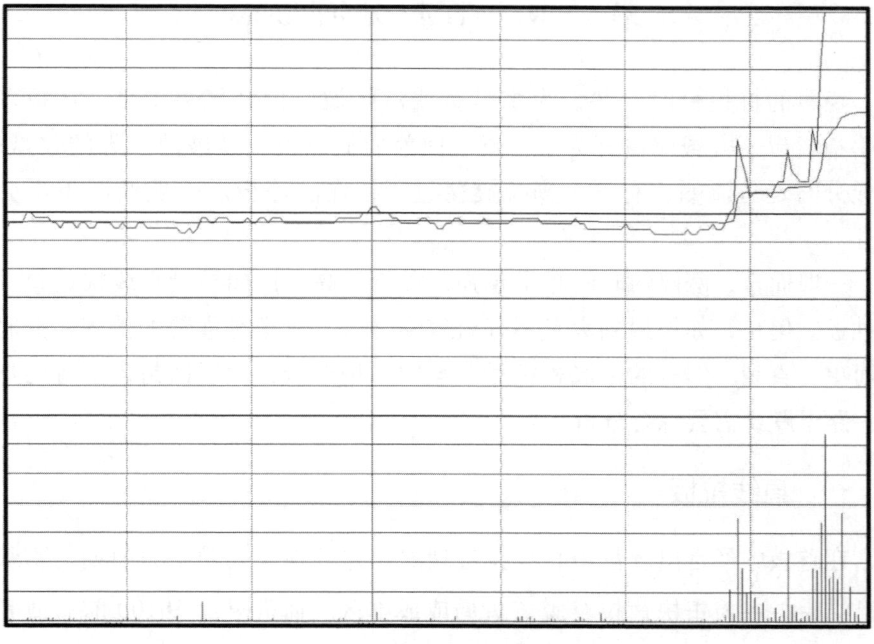

图 2-57　粤传媒（002181）分时走势图

第三章

经典分时形态 >>>>

第一节　首板分时形态

经典的首板分时走势，大多是直线流畅波，拉升气势十足。首板多为换手板，以平开或略高开为主，首板回落的低点很少跌破前一天的收盘价。首板分时走势流畅，有一个高位震荡过程，住涨停板后一般情况下不会再打开。

一般而言，涨停的时间越早越强，溢价越高，比如早盘直线快速拉涨停的秒板。但是，如果遇到大盘不好就容易炸板。秒板是强势的体现，分时图形简单、直观。但有的个股秒板后，盘中出现烂板，然后回封，而有的炸板后一路下跌，需要综合分析。

一、直线拉板

在首板中经常出现盘中直线拉板现象，这种现象表明主力前期的蓄势整理已结束，主力正快速拉升脱离盘局或成本区。通常早盘 10:00 前后或者在 14:00 前后拉板最为理想，其他时间段相对差一些。比如尾盘拉板，就存在偷袭的嫌疑，需要结合盘面综合分析。

图 3-1，（a）是中岩大地（003001）的日 K 线和分时图。2021 年 3 月 30 日，开盘整理 20 分钟后，直线拉板，然后在板上换手，最后稳健封板，随后股价走出 7 连板。

（b）图是杭州解百（600814）的日 K 线和分时图。2021 年 4 月 12 日，开盘后保持弱势整理，13:51 直线拉板，收盘封板不动，随后股价出现 4 连板。

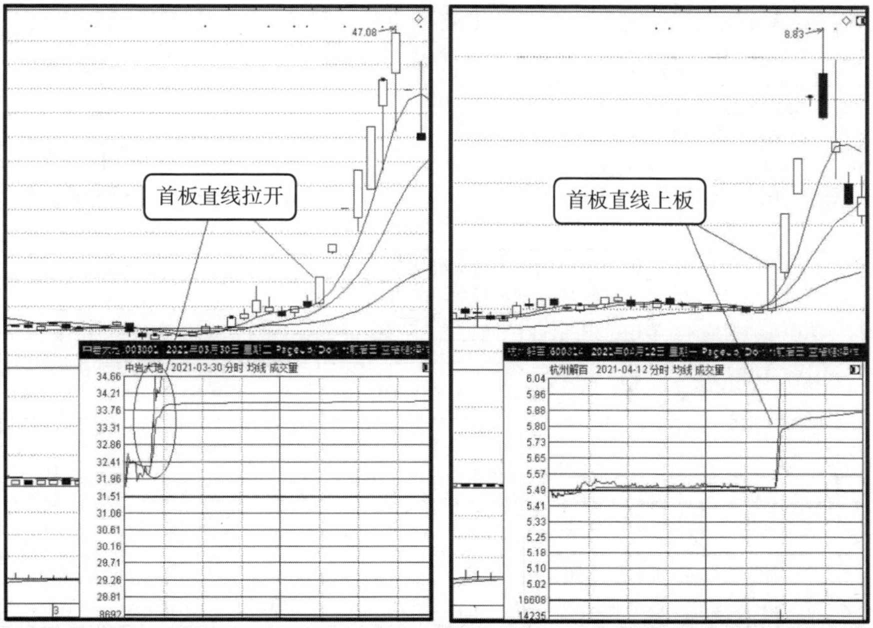

（a）　　　　（b）

图 3-1　中岩大地（003001）和杭州解百（600814）日 K 线和分时走势图

二、分时模型

首板分时中有一种经典走势，当天开盘后先是维持整理（时间长短不一），然后出现一波明显的拉高动作，拉升幅度在 5%以上为佳（根据拉升起点位置高低，弹性处理拉升幅度）。接着出现盘中换手，股价基本维持横盘整理，没有明显的回落（回撤不能超过上涨幅度的 1/3）。最后，第二波放量拉至涨停，封板收盘。

这种分时走势必须具备以下 3 个技术要点：

（1）第一波拉高结束后，小幅回落（回撤不能超过上涨幅度的 1/3），分时基本维持在高位横盘整理，震荡幅度不大，最好不要出现明显的尖顶走势。

（2）盘整时间在半小时左右，时间过长通常不会有第二波拉升行情。

（3）第二波放量上拉，要求必须拉板封盘。如果第二波拉升不能封盘，则基本可以认为当日不再封板了，此时切莫入场。

图 3-2，京泉华（002885）：2021 年 4 月 22 日的分时走势。开盘后先是短暂的盘整，然后出现一波强势拉升。经过 30 分钟左右的横盘整理后，第二波放量拉板。该股的分时走势符合上述 3 个技术要点，投资者可以在第二波放量拉高时追进或打板买入。

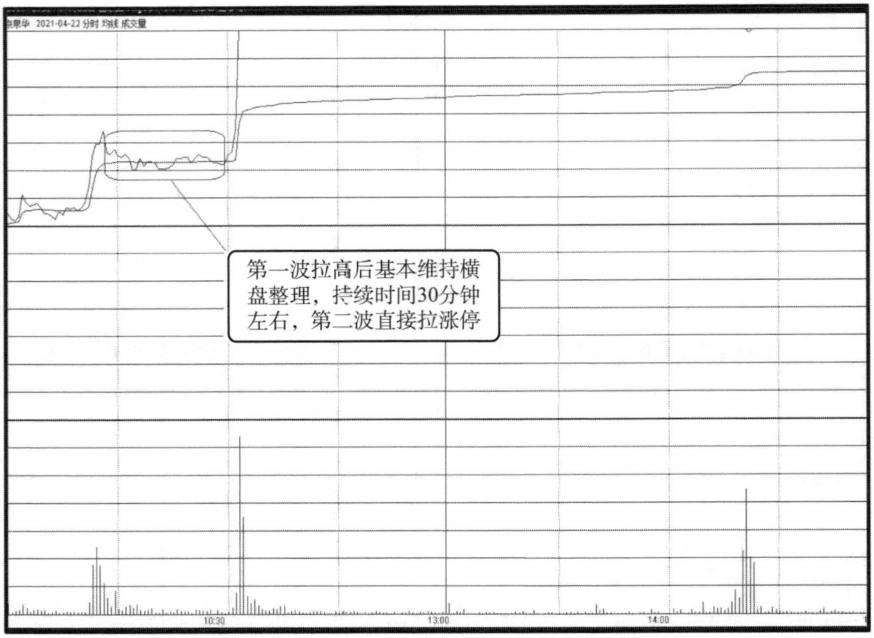

图 3-2 京泉华（002885）分时走势图

图 3-3，重庆水务（601158）：2021 年 3 月 30 日的分时走势。开盘后一

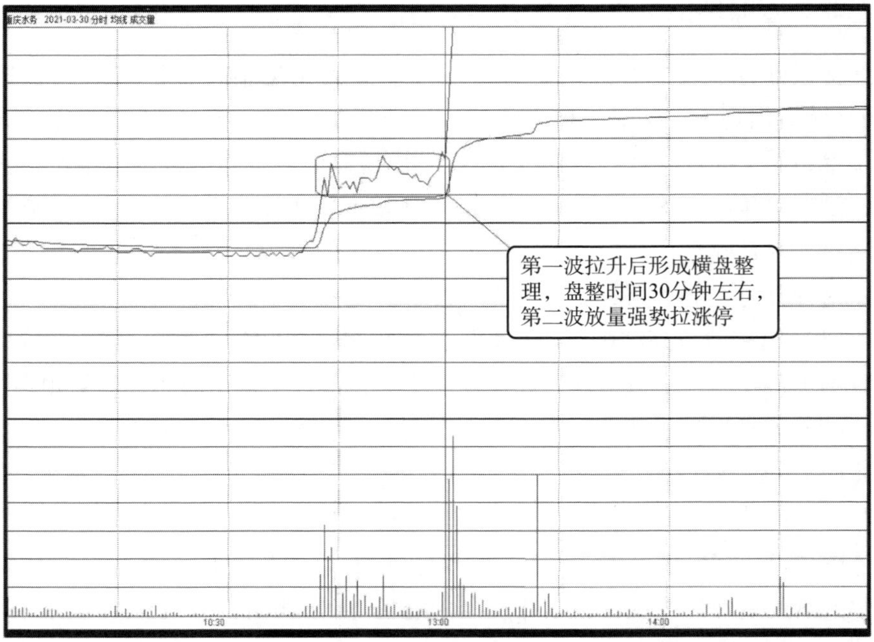

图 3-3 重庆水务（601158）分时走势图

直处于水下弱势盘整，临近 11:00 出现一波强势拉升。经过 30 分钟左右的横盘整理后，午后复牌时第二波放量拉板。该股的分时走势符合上述 3 个技术要点，投资者可以在第二波放量拉高时追进或打板买入。类似的实例比较多，如 2021 年 4 月 2 日的通用电梯（300931）和 2021 年 3 月 11 日的焦作万方（000612）等，就是如此走势。

不能成功涨停的实例，可以参考中化岩土（002542）2021 年 4 月 9 日的走势，对照上述 3 个技术要点，可以找出午后为什么不能封板的原因。还有丽人丽妆（605136）2021 年 4 月 20 日的走势，大家可以自行分析总结。

三、次日经典分时

不同的板有不同的优缺点，首板不确定性最高，2 板性价比最好，3 板靠情绪博弈，4 板、5 板才会酝酿出妖股。但妖股不是任何时候都有，市场赚钱效应差时，3 板、4 板经常就是天花板。综合考虑，2 板实盘操作灵活性强，进可望 4 板、5 板，有获利空间，退仍有首板垫底，可以防守。2 板可以用固定的打板模式操作。

首板产生后，次日 2 板有两种经典分时图：一是直线冲高型；二是震荡冲高型。

1. 直线冲高型

条件：竞价平开或小幅高开（低于 3%），开盘后迅速冲高，5~10 分钟股价上涨 7%左右，10:00 之前上板最佳，最好不要晚于 10:30。这种分时图整体是震荡攀升格局。

对于高开幅度，只要其不特别夸张就行，比如高开 7%或低开 3%就很尴尬。任何市场都有意外，这个条件只是参考。关键还是要揣摩形态背后的情绪，找情绪切换点。

图 3-4，合兴股份（605005）：2021 年 3 月 15 日的分时走势。市场环境：当时操作主线是汽车电子，逻辑是股权集中，市场正由弱转强，赚钱效应逐渐走好。

板块表现：当时次新表现一般，该股虽然是龙头，但盘中突然直线拉涨停，而且还是个烂板，资金并不全然看好。

走势总结：首板烂板放量，这是分歧。次日小幅高开后直线冲高，最终涨停，这是一致。整个过程情绪从分歧到一致。

图 3-5，汉钟精机（002158）：2020 年 2 月 25 日首板尾盘炸板，2 板转一

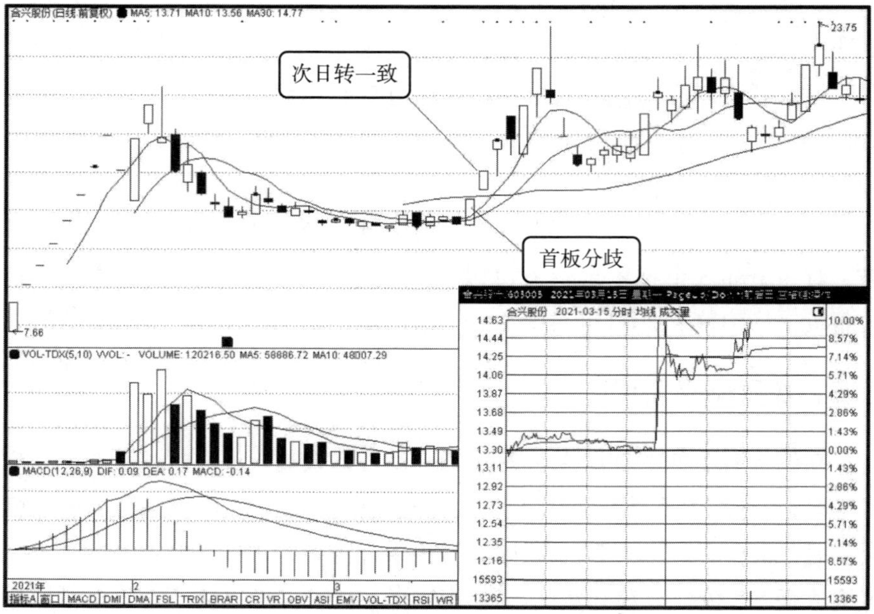

图 3-4　合兴股份（605005）日 K 线和分时走势图

致，分歧爆量承接，3 板加速。市场环境：市场正由弱转强，赚钱效应好，主线净利 2.47 亿元，真空泵业务，受益大基建。

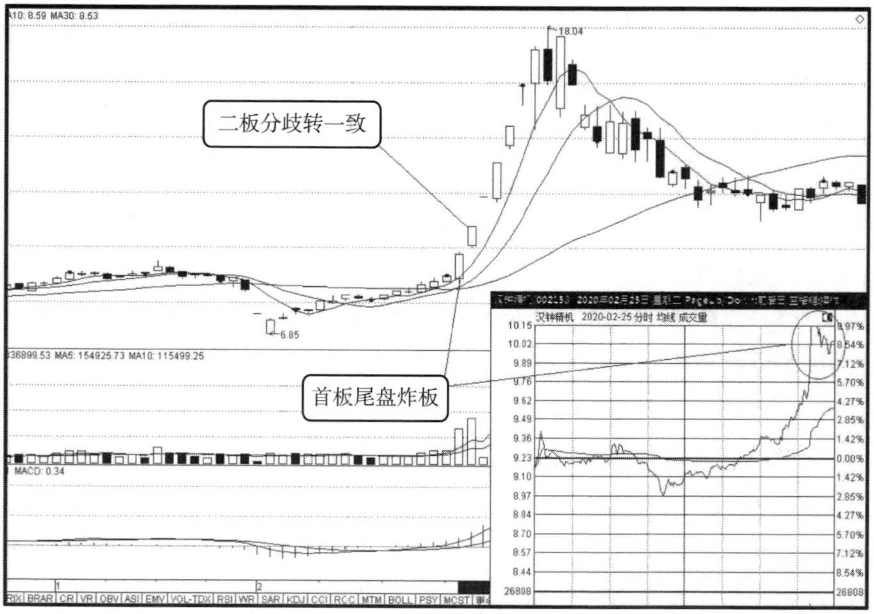

图 3-5　汉钟精机（002158）日 K 线和分时走势图

走势总结：该股和合兴股份近似，首板炸板，分歧放量。次日小幅高开后直线冲高上板，情绪就从分歧到一致。

类似这种分时还有一些变体，比如首板硬板，2板迅速冲高震荡，最终转一字涨停，过程也都很完美。核心道理差不多，都是捕捉首板到2板之间的分歧到一致的机会。但要注意的是，首板进2板时不能出现“从分歧到一致后再到分歧”的现象。也就是说，2板封盘后不能出现炸板，不然容易导致打板没有溢价。比如，创新医疗（002173）2020年11月11日的股价走势，2板快速冲板后，封盘没多久就炸板，直到尾盘也没能回封，就是一个失败实例。

2. 震荡冲高型

条件：竞价平开或小幅高开（最好低于4%），开盘后呈现震荡运行，震荡时间2小时左右，调整后冲击涨停。这种分时走势，对何时涨停没有限制。

图3-6，宝光股份（600379）：2021年1月13日的分时走势。小幅高开2.71%，经过盘中震荡换手后，转为一致，股价直线拉涨停。

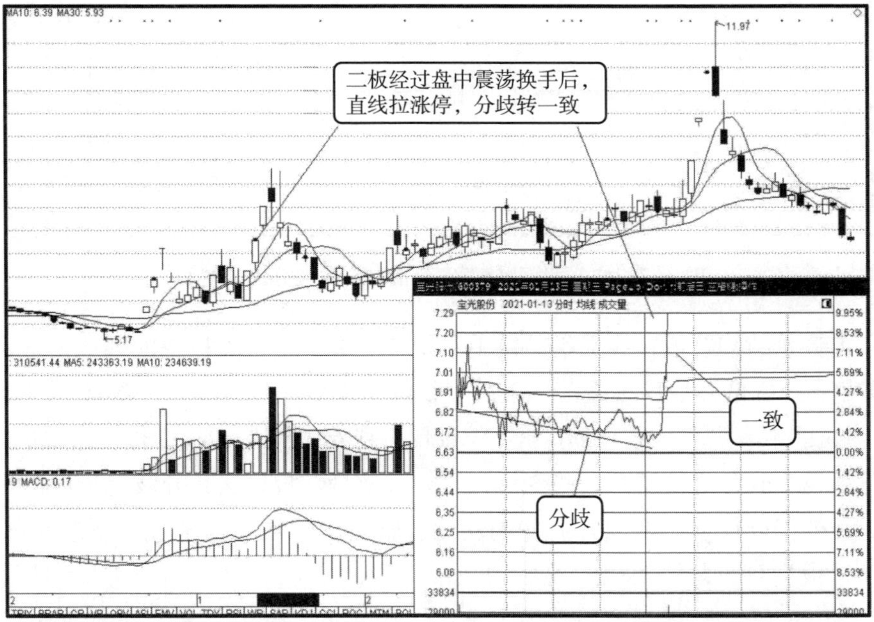

图3-6　宝光股份（600379）日K线和分时走势图

市场环境：当时市场流行炒妖股，赚钱效应非常好。市场炒作主线是氢能源，该股适逢其时。

走势总结：首板缩量，换手欠积极，所以资金普遍不看好。2板当天，早盘小幅高开，而后震荡，午后冲击涨停。

该股从首板到 2 板，次日换手震荡，然后拉涨停。情绪是从一致到分歧再到一致，捕捉的就是分歧到一致这个机遇。

图 3-7，杭州解百（600814）：2021 年 4 月 13 日的分时走势。市场环境：当时市场炒作主线是医美概念，该股有潜在题材。

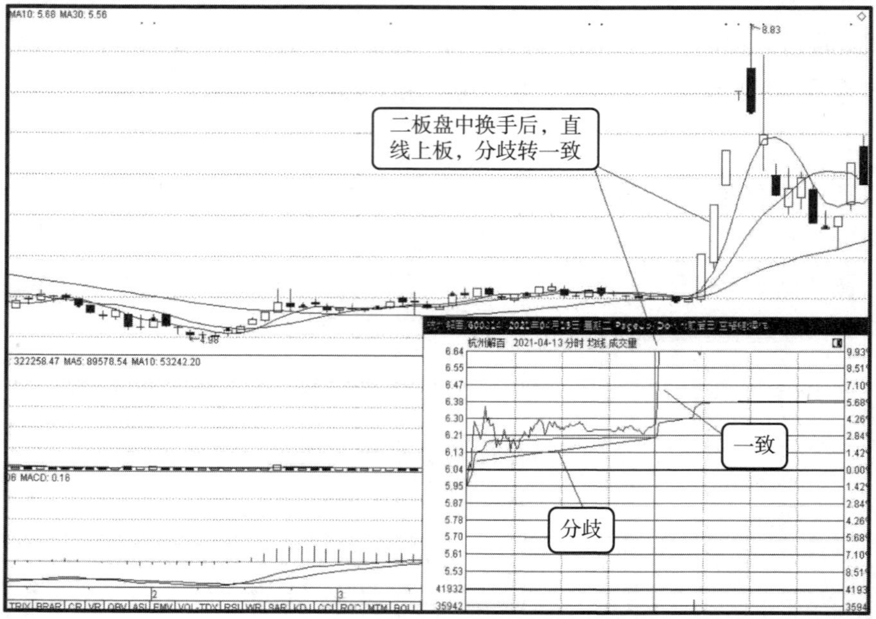

图 3-7　杭州解百（600814）日 K 线和分时走势图

走势总结：首板直线上板，换手不积极。由于是医美板块的跟风，2 板当天爆量，小幅低开后持续震荡。午后直线冲击涨停，盘中炸过一次板，资金认可度一般。情绪是从分歧（炸过板，偏分歧）到分歧再到一致，3 板、4 板加速。

这类个股分时也还有一些变体，比如首板是烂板，这是分歧走势。2 板当天低开也符合预期，但低开后冲高震荡，临近中午或尾盘涨停。情绪是从分歧（首板）到分歧（震荡）最后到一致（2 板），比如 2021 年 3 月 25 日的重庆燃气（600917）就是这种走势。或者，开盘幅度较大，涨停开板或冲高震荡，位置也远高于平盘，盘面没有明显回落，但核心都是一致的。次日高开，震荡或开板，最后涨停。情绪也是一样，从首板一致，到 2 板盘中分歧，最后涨停一致，比如 2020 年 12 月 15 日的豫能控股（001896）就是这种走势。

当然，也有失败形态，常见的是首板放量，2 板高开或冲高，然后回落震荡，午后冲击涨停，但最终炸板不封盘。失败的原因是情绪之外的，更多的是题材和个股的原因，比如题材预期不高，个股调整不充分，股本偏大，价格过高，成交额过大或大盘（板块）跳水等因素。这些因素就靠自己平时的经验积累，无法统一解释。

第二节　接力板分时形态

一、分歧转一致

放量分歧转一致的接力板，连板数量要求比较低，选择 1 个板以上的个股都可以。最好的接力板分时就是放量震荡到午盘，然后一条直线拉板，参与分歧转一致的接力板，安全性大大高于加速板接力。

通常游资想出货的话，一般早上就已经出了，因为早上流动性最好，所以对于早上砸不死，分时走势反而很稳定的个股，应当重点关注。

图 3-8，珠江股份（600684）：2021 年 4 月 30 日的 3 板分时走势，开盘后上下震荡，重心有所下沉。9:44 直线拉涨停，说明有大资金锁仓。这时有人出手拉升的话，锁仓大资金基本是不会砸盘的。这类震荡整理拉板，就是

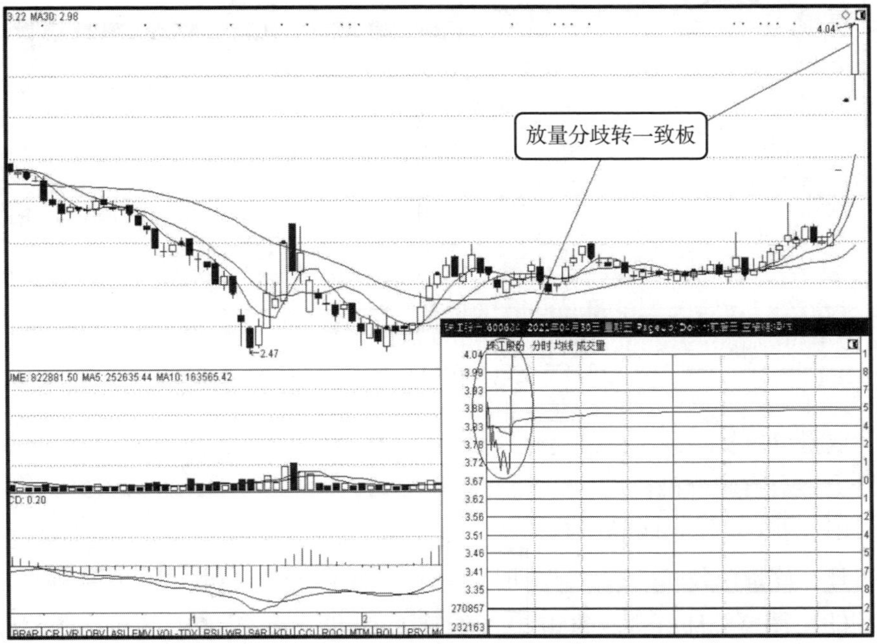

图 3-8　珠江股份（600684）日 K 线和分时走势图

一个不错的放量分歧转一致板，理解力强的人可以选择在股价上穿均价线时介入，追求稳定的人可以选择打板入场。

图 3-9，双良节能（600481）：2020 年 9 月 22 日，一字板后出现放量分歧，但是市场承接充分，分时走势一致稳定。尾盘点火拉升封板就是一个介入点，安全性很高，这就是一个放量分歧转一致板的经典模式。

次日又是一个加速秒板，安全性也很高。为什么？因为前一日已经经历了一个放量分歧。在 5 板介入的是些什么人，大多是做超短线追求暴利的，次日只要出现秒板基本不会走人。也就是说，妖股只要经历放量，次日加速，筹码都会非常稳定。所以 9 月 23 日介入的人，对市场理解力很深，做事很有勇气。尽管次日没有继续涨停，但也给了足够的溢价离场机会。

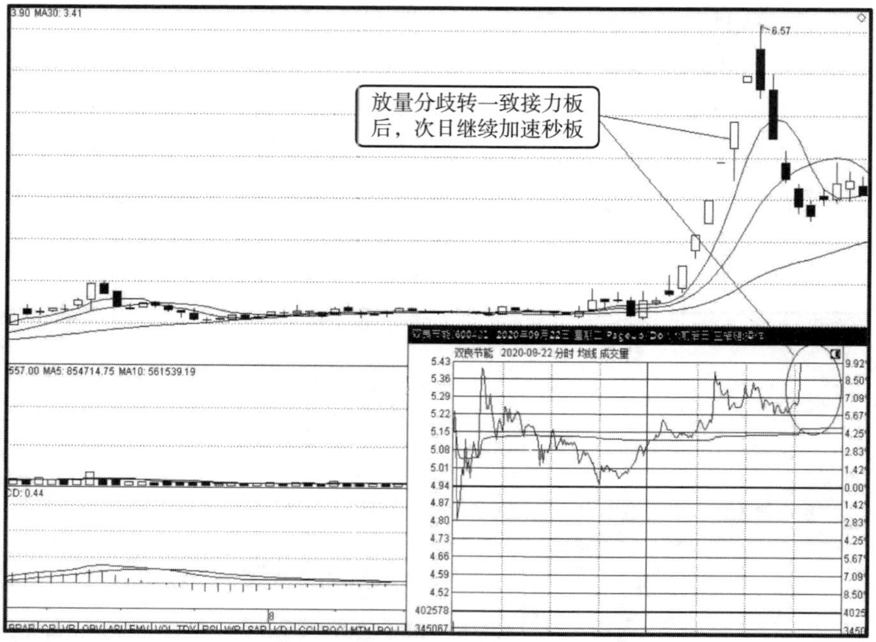

图 3-9　双良节能（600481）日 K 线和分时走势图

放量分歧转一致，特别是一字板后出现的放量分歧，只要筹码承接充分，次日大多会有溢价机会。

图 3-10，（a）图是中化岩土（003001）的日 K 线和分时图。2021 年 4 月 2 日，放量分歧转一致，在分时图中上穿均线或打板入场，次日涨停。

（b）图是经纬辉开（300120）的日 K 线和分时图。2020 年 7 月 31 日，放量分歧转一致，在涨停价介入，随后股价出现 5 连板。

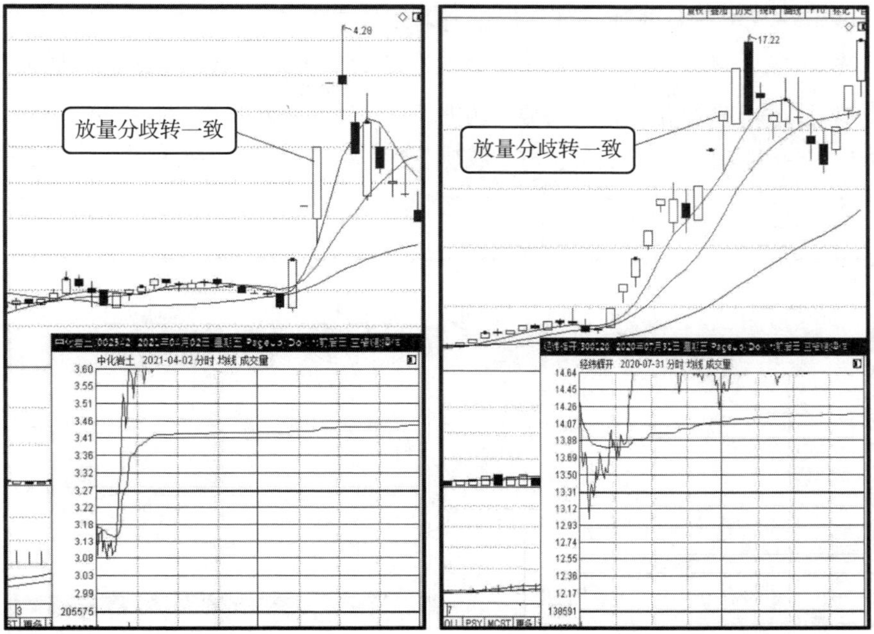

（a）　　　　（b）

图 3-10　中化岩土（003001）和经纬辉开（300120）日 K 线和分时走势图

在实盘操作中，放量分歧转一致接力板，应掌握以下技术要点：

（1）股性好的个股，上板可以不讲逻辑。但股性一般的个股，一定要有逻辑，否则不要接力。

（2）地天板为日内龙的时候，可以打板操作，次日溢价概率较高。但其为跟风的时候，一定不要入场，次日可能出现低开。

（3）市场毫无热点之时，直线板可以触发做多情绪。市场热点太多之时，要远离直线板，因为这时是市场跟风高峰期。

（4）只有龙头，才能无视筹码断层，享受市场给予的超额溢价。非龙头筹码断层，一定不要早上去接力。在由放量分歧转一致板的时候，才可以考虑接力。

（5）消息套利板，只做第一个上板的龙头，龙二、龙三一定要放弃。

二、接力板的形式

1. 分时换手的含义

分时换手也叫日内换手，通过分时盘面震荡完成换手接力，让盘中短线筹码离场，又让场内新资金进入，当日完成换手后，当日就上板。具体来说，就是在分时上出现大幅震荡走势，但在日 K 线上依然保持连板状态。这种换手短线上攻气势比日线换手强，但没有日线换手充分。

图 3-11，宜宾纸业（600793）：2021 年 1 月 6 日，收出低位首板。次日，股价小幅高开后向下回落，进行弱势震荡整理。午后，接近 14:00 时直线拉涨停，完成了日内分时换手，当日股价 1 进 2 成功。1 月 8 日，股价加速涨停，第二天同样是日内分时换手，当日股价晋级 4 板。之后，股价加速上涨，形成 10 连板行情。

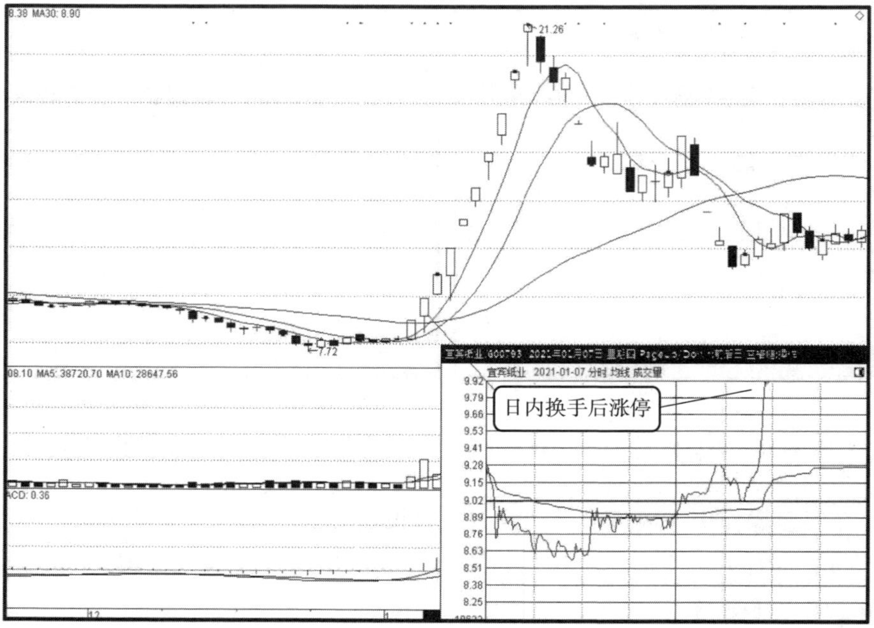

图 3-11　宜宾纸业（600793）日 K 线图

实盘中有的个股既有日线换手，又有日内换手，换手形式属于混合结构。由于换手非常充分，股价仍有走高的动力。

图 3-12，菲达环保（600526）：2021 年 3 月 15 日出现首板后，接着连续 2 个一字板。3 月 18 日，股价出现日内分时换手涨停，K 线形成 4 连板。3 月 19 日，低开 5. 25%后，股价冲高震荡，当日没有涨停，涨停断板，成为日线换手。3 月 22 日，又是分时换手，之后股价出现 3 连板。该股换手结构是：分时换手—日线换手—分时换手。

2. 分时换手的形式

一般情况下，日内换手分为两种形式：一是板上换手；二是震荡换手。

（1）板上换手。这种换手是指主力将股价拉升至涨停后，反复开板震荡，故意不封板，直到尾盘才封盘，就是平常所说的烂板。

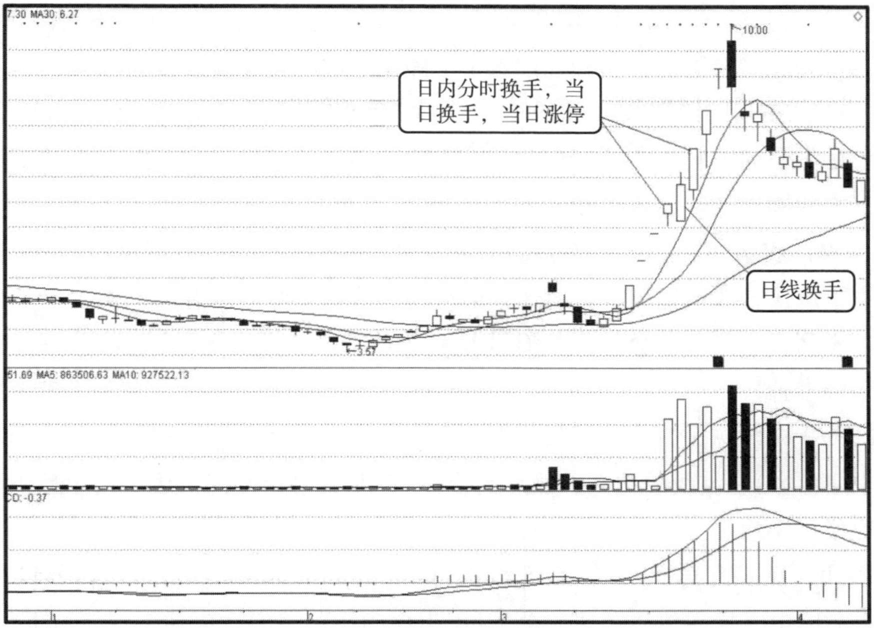

图 3-12　菲达环保（600526）日 K 线图

图 3-13，（a）图是顺控发展（003039）的日 K 线和分时图。2021 年 3

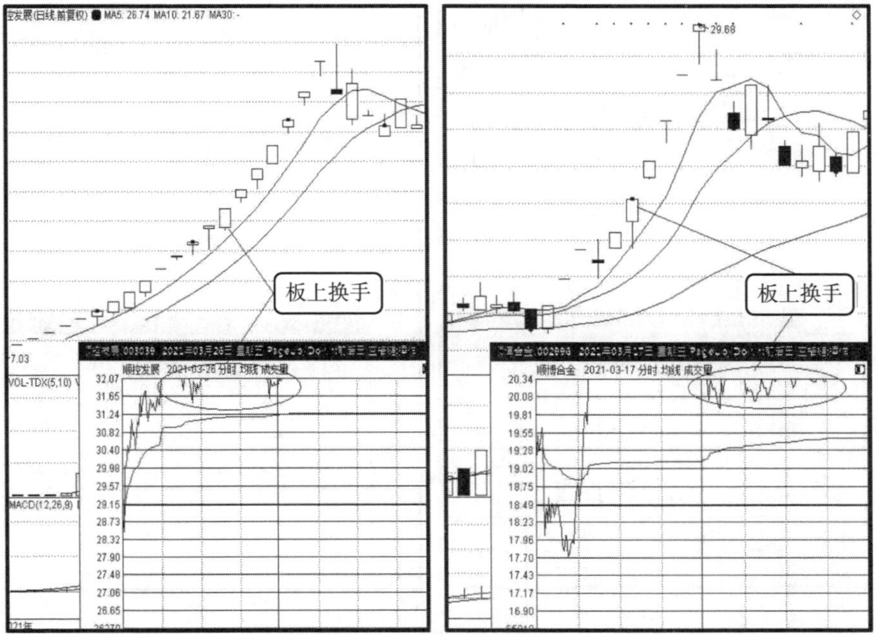

（a）　　　　　　　　　　　　（b）

图 3-13　顺控发展（003039）和顺博合金（002996）日 K 线和分时走势图

月 26 日，开盘后股价向上拉升至涨停，然后在涨停位置多次开板震荡。盘中筹码得到成功换手后，股价轻松封于涨停，之后股价继续连板上涨。

（b）图是顺博合金（002996）的日 K 线和分时图。2021 年 3 月 17 日，开盘后先是向下打压换手，然后直线拉板，午后反复开板换手，尾盘成功封板，之后股价加速连板上涨。

（2）震荡换手。这种换手是指主力并没有将股价直接拉涨停，而是在盘中上下震荡，或者逐波推高股价，最后将股价封于涨停状态。

震荡换手又可以分为：推升式换手、波段式换手、平台式换手、打压式换手等多种换手形式。

图 3-14，（a）图是长源电力（000966）的日 K 线和分时图。2021 年 3 月 19 日，第一波快速拉高，然后股价在 7%左右平台震荡，成功换手后上板，之后股价 4 连板。

（b）图是宜宾纸业（600793）的日 K 线和分时图。2021 年 1 月 11 日，开盘后闪电下探，然后快速拉至 7%附近横向震荡，午后成功封板，留下一根长下影线的 K 线，之后股价连板上涨。震荡换手形式很多，这里不一一举例分析，投资者可结合实盘总结。

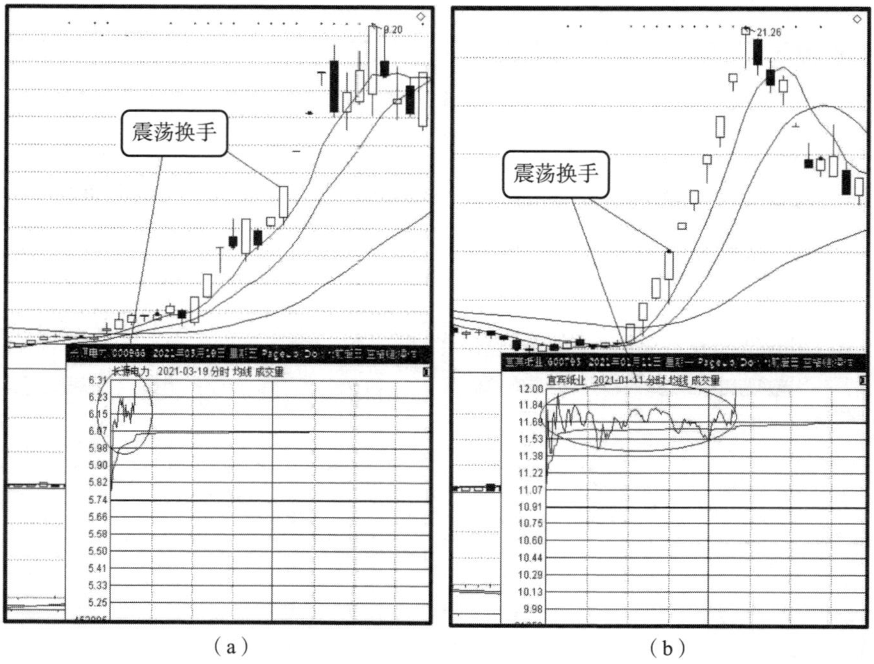

图 3-14　长源电力（000966）和宜宾纸业（600793）日 K 线和分时走势图

三、回封板的逻辑

A 股市场中，有些主力专门选择热门涨停品种作为操作目标，选择那些超短线游资介入程度不深的个股，待其涨停冲高回落，主力资金出得差不多后快速介入。这类主力也是超短线游资，他们选择同行已炒热的个股作为攻击目标，在同行炒热冲高获利退出后进行接力，之后继续往上做多。

这是一种较特别的选股思维，是实盘中行之有效的一种操作方法。正是存在这么一些主力，所以经常看到一些短线涨停或者连续涨停个股，盘中明明大资金在砸盘出货，股价正跌得一塌糊涂无力回天时，突然又被大资金快速拉起直奔涨停。这种怪异的表现一般人难以理解，但其实这本非意外，而是部分短线游资有计划的操盘形式。

市场上的热门个股，一般都是有概念或利好的，这些个股大部分都是短炒游资轮番炒作，在游资的推波助澜下出现涨停甚至连续涨停。这些游资以超短线操作为主，往往是今天进、明天出。特别是龙头股，它们之所以连续上涨，大多是因为各路游资不断接力炒作所致。个股或板块被炒热后，大量游资都盯着这些股票，随时都有入场搏一把的可能。当然，这些游资有着严明纪律，无论炒作是否成功，次日都会快速出来。

热门股的短炒资金大多在次日开盘后 15 分钟内撤退，部分态度不够坚决的短炒资金，也在 10:30 之前陆续卖掉。涨停股出现砸盘时，从开盘到 10:00 之间砸得最凶狠，这段时间是超短线资金集中卖出时段。

图 3-15，美邦服饰（002269）：2021 年 4 月 2 日，几乎开盘就秒板，股价连续 7 个涨停。图中 A 点，获利资金出逃砸开涨停，随后股价快速下跌。B 点位置，开盘几分钟的卖量相当大，短线资金利润丰厚，争相出逃也是正常的。9:50 股价止跌，说明大部分超短线资金已经撤出。不过，被市场发掘后充分炒作的个股此时人气仍然高涨。C 点位置，一些思维独特的另类资金又快速入场，推高股价并封涨停，表明新主力入场接力做高股价。

图 3-16，银宝山新（002786）：2021 年 4 月 19 日的分时走势。该股新老主力其实都是短炒资金，他们的目标都是炒一把就走，入场时机则各有各的选择。新主力是在老主力将股价炒热获利退出后入场接力。老主力获利退出的重要依据，可以通过盘口分时走势以及一些公开数据去分析。新主力只有在他们有把握的情况下才会去接力，这种操盘模式是一种比较特别的选股入场方法，对于新接手主力而言没有对错之分，只有操作成功与否之别。

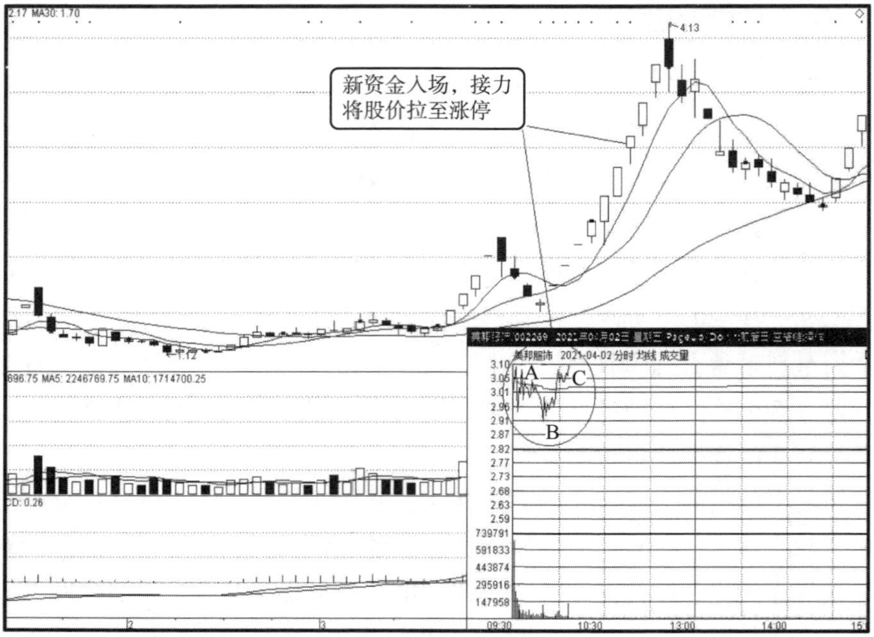

图 3-15　美邦服饰（002269）日 K 线和分时走势图

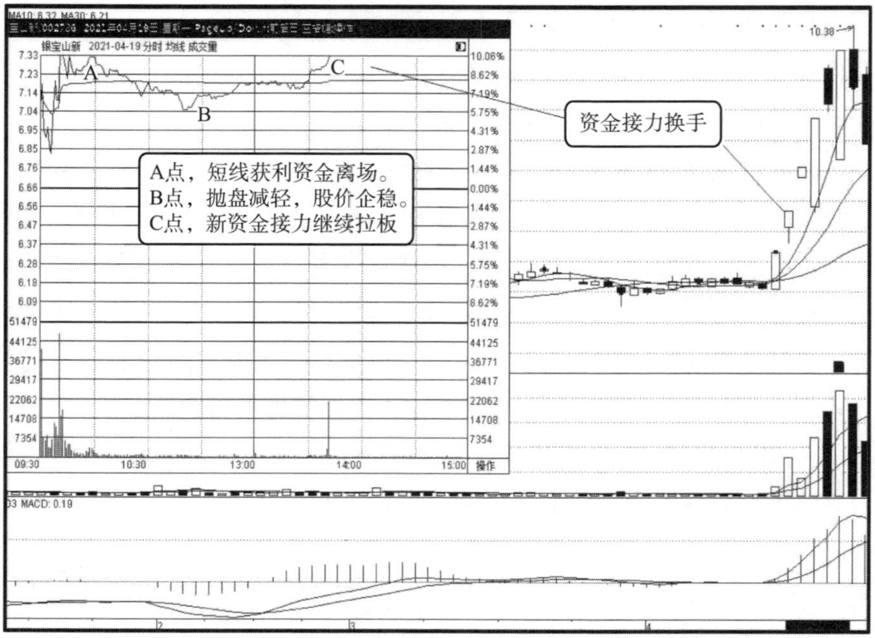

图 3-16　银宝山新（002786）日 K 线和分时走势图

第三节　烂板分时形态

通俗地说，所谓烂板就是盘口走得很烂，涨停封盘不坚决的意思。烂板的盘口特征：日 K 线是涨停的大阳线，但是在分时走势中，封板后又破板，或反复开板，收盘前又恢复了涨停板，封盘时的封单不大。或者，涨停烂板后，股价不能够回封，严格地说这是炸板。

涨停烂板后通常有两种结果：一种是烂板后回封，股价仍以涨停收盘；一种是烂板后不回封，甚至回落幅度较大。

一、烂板后回封

封板很烂，但并不弱势，股价没有明显回落，依然保持强势。在股价涨停板附近反复开板封板，或者接近涨停时故意不封板，但是也不会出现大幅回落。

图 3-17（a），湘财股份（600095）：2021 年 5 月 18 日，在 3 板位置高开 5.6%，冲板后烂板，但烂而不弱，股价没有明显回落，依然保持强势，然后成功封板。又如图 3-17（b），2021 年 5 月 11 日，胜利精密（002426）在 2 板位置，盘中拉涨停后出现烂板。这是由于股价突破前高压力，主力主动进行洗盘换手所致。表面很烂，内在却强，这种烂而不弱的个股，短线冲击力非常强，之后该出现股 4 连板。

股价之所以出现烂板，当然是板上资金情绪不稳，有很多资金砸盘跑路，但同时又有主力不断维护盘面，回封涨停。这样的板，往往诞生于大盘弱势环境中，或者在股价刚启动阶段，是盘面资金情绪交锋的产物。

图 3-18（a），大东方（600327）：2021 年 5 月 19 日的分时走势就是如此，还有图 3-18（b），宜华健康（000150）2021 年 4 月 23 日的分时走势，也属于这种情况。这样的实例数不胜数，对它们次日的走势，打板者应该如数家珍。

这样的烂板股，含金量往往非常高。因为首板足够弱，封板足够晚，走势足够丑，这样的个股，凭什么享受高开，享受连板？那么一旦出现高开连板，会比前一天封板更早、更快，上板空间更大，走势更强，这就是真正的烂板由弱转强，属于短线的黄金买点。

事实上，不要说尾盘板，就是正常的下午板，一般来说次日预期也不高。

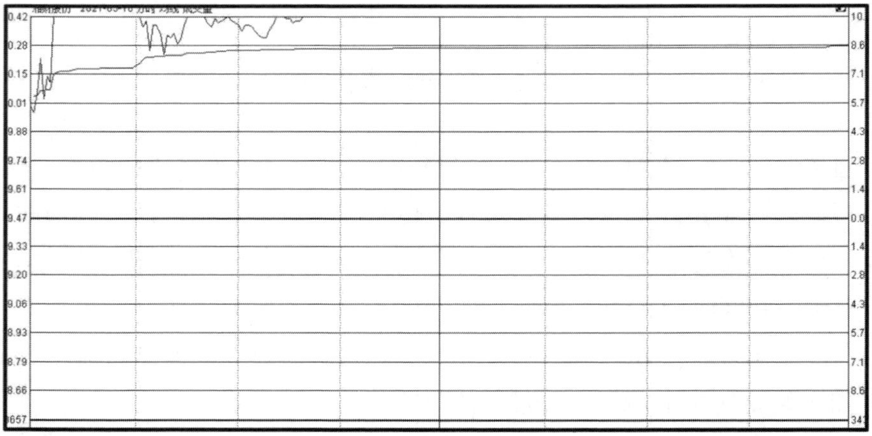

（a）

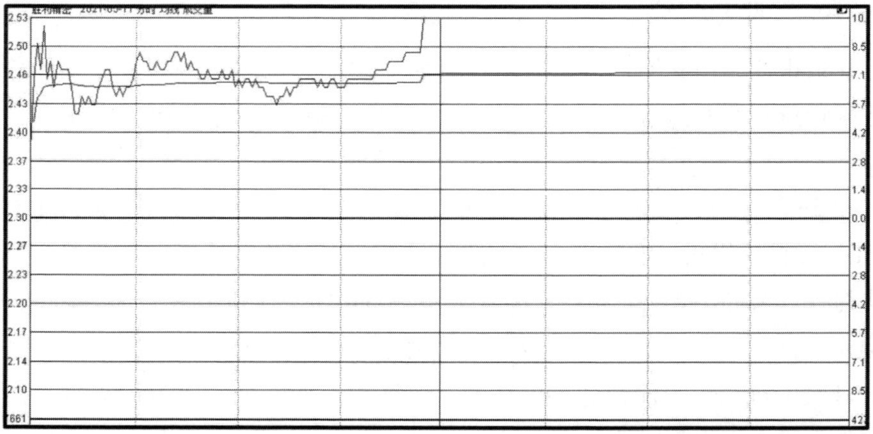

（b）

图 3-17　湘财股份（600095）和胜利精密（002426）分时走势图

但是，一旦出现超预期高开连板，都可以视为短线烂板弱转强，值得博弈。

二、烂板后不回封

实盘中也有不少个股烂板后，涨停没有回封，甚至出现明显回落。如果开板后股价出现大幅回落，那么回封难度就会增大，这可能是真的烂板，参与要谨慎。

对于涨停不回封的个股，次日如何应对？注意以下两种盘口现象：

1. 开盘后 5 分钟内直线拉升

次日无论个股高开低开，还是平开，5 分钟内直线拉升的幅度要超过 4%，这样有望形成反包形态。

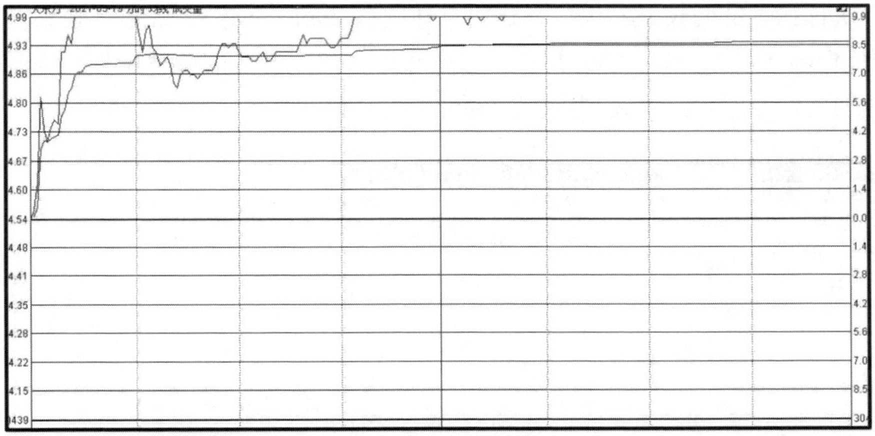

（a）

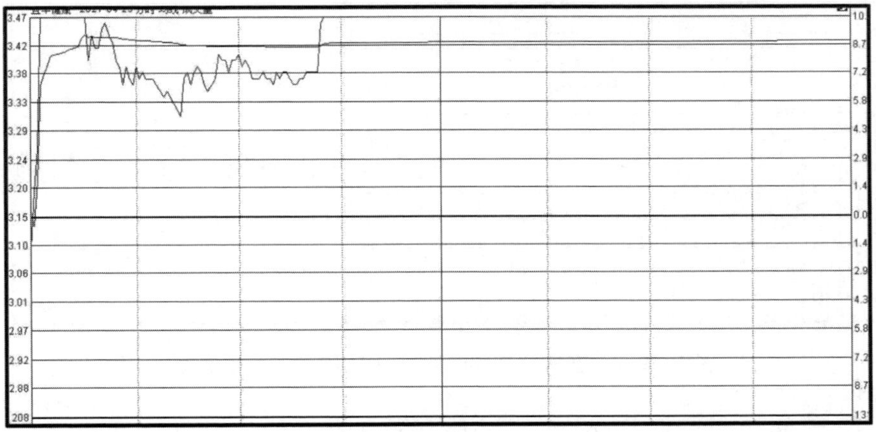

（b）

图 3-18　大东方（600327）和宜华健康（000150）分时走势图

反包模式最好的走势就是开盘后直线拉升，这类股票通常是开盘后直接高走，分时呈现一条直线，三五分钟内就能涨超 4%，用时越短，拉升越快越强。而且，4%还是个多空分水岭，能够过滤掉很多容易失败的股票。多数冲高回落的个股，早盘虽有直线拉升，但一般都到不了 4%，经常是 3%就遇阻回落。买点要求：

（1）竞价开在平盘附近或以下，开盘后直线拉升到 4%时介入。

（2）开盘 2%以上，开盘后直线拉升超过 4%，拉升振幅超过 3%时介入。但开盘如果是七八个点就有点追高了，此时也可以等打板找确定性机会。

图 3-19，天富能源（600509）：2021 年 4 月 1 日，股价高开震荡，10:04 涨停，但封盘不到 5 分钟就开板震荡，烂板直到收盘没有回封。

次日，竞价低开1.82%，开盘后迅速突破4%，冲至8%以上，在回落至5%附近时，可以考虑入场。其实，这正好是一波拉升后的调整位置。当日股价成功反包涨停，第二天T字板，短线获利丰厚。

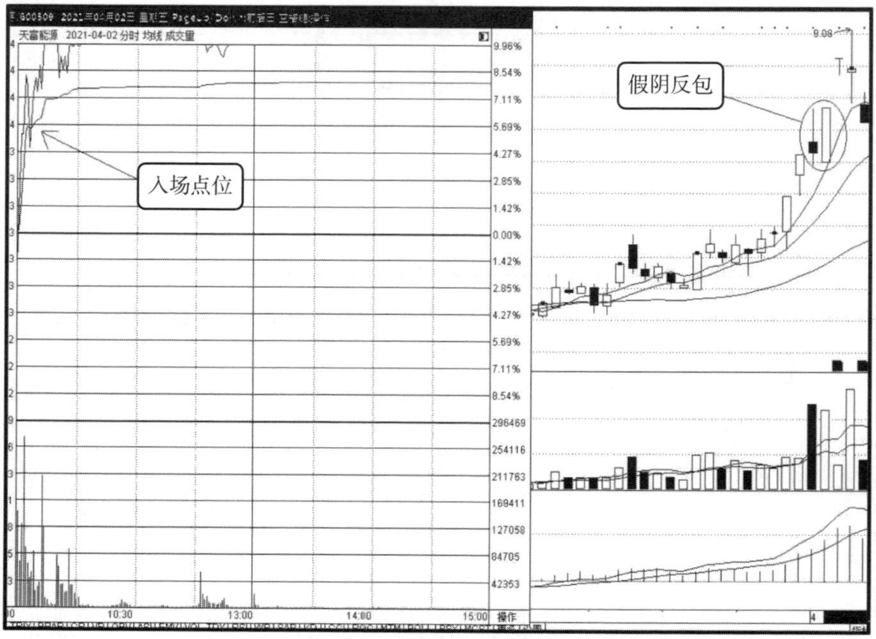

图3-19 天富能源（600509）日K线和分时走势图

图3-20，东方通（300379）：2019年9月6日，一字板开盘后反复开板，最后逐波走低，盘中两度翻绿。这种烂板后大幅回落的个股，次日如何应对？第二天，股价大幅跳高开盘，秒板反包，随后股价3连板。第二天大幅高开就是强势的表现，此时可以重点关注。

2. 开盘后没有直线拉升，则观察分时重心

如果开盘后没有直线拉升，说明走势偏弱，这时就不用着急买入，可以留意个股重心是走高还是走低。买点要求：

（1）平盘下，重心逐步上移，考虑沿着均线找回踩买点，或者翻红介入。

（2）平盘上，重心逐步上移，在2%以内找二次回踩买点。

对于回踩，如果开盘趋势很明朗，确定重心上移后的第一次回踩就是介入机会，后面可能也有回踩，但涨幅大，可能要追高了。

图3-21，美锦能源（000723）：2019年4月2日高开震荡，股价涨停后反复烂板，K线收假阴线。次日低开2.81%，盘中强势拉起，尽管后面一段

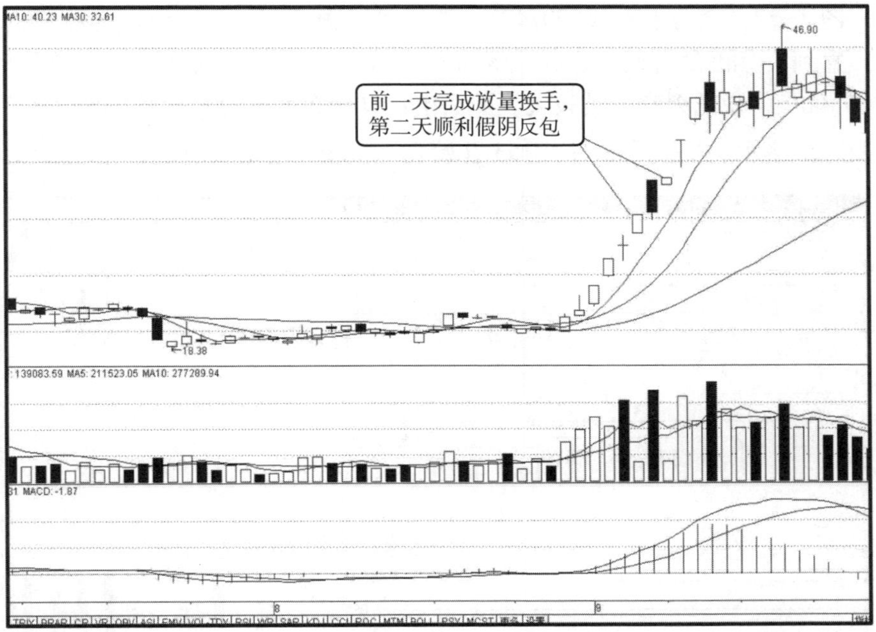

图 3-20　东方通（300379）日 K 线图

时间走势并不强势，但整体走势稳定，11 点过后重心上移，午后回踩均价线，尾盘反包涨停。

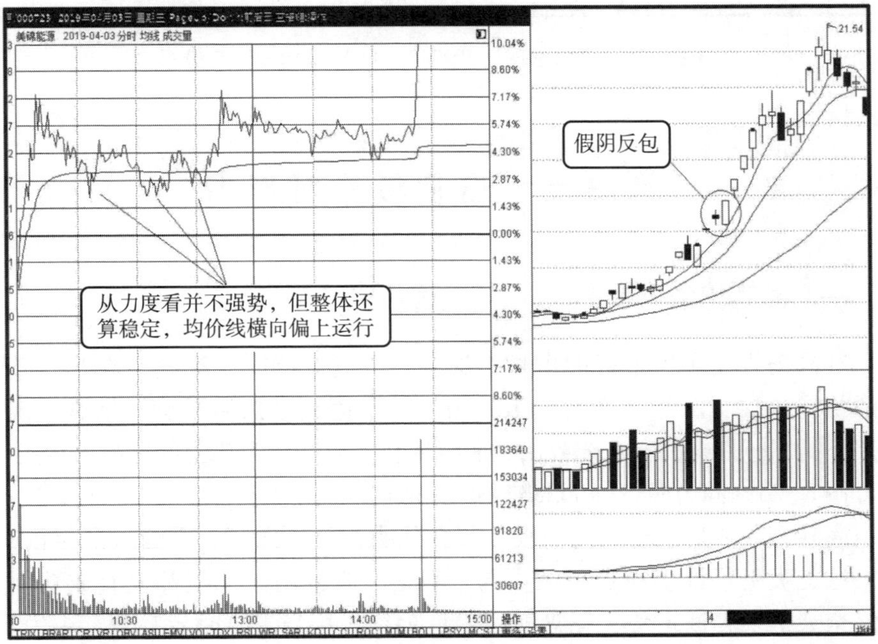

图 3-21　美锦能源（000723）日 K 线和分时走势图

图 3-22，金力永磁（300748）：2019 年 5 月 22 日，一字板开盘后反复烂板，直到收盘也没有回封。在当天震荡过程中，成交量大幅放大，换手率达到 67.00%，说明多空分歧较大。那么次日有什么表现呢？股价小幅低开后强势回升，然后经过换手后在 10:53 开始直线拉板，之后股价连收 7 个涨停。

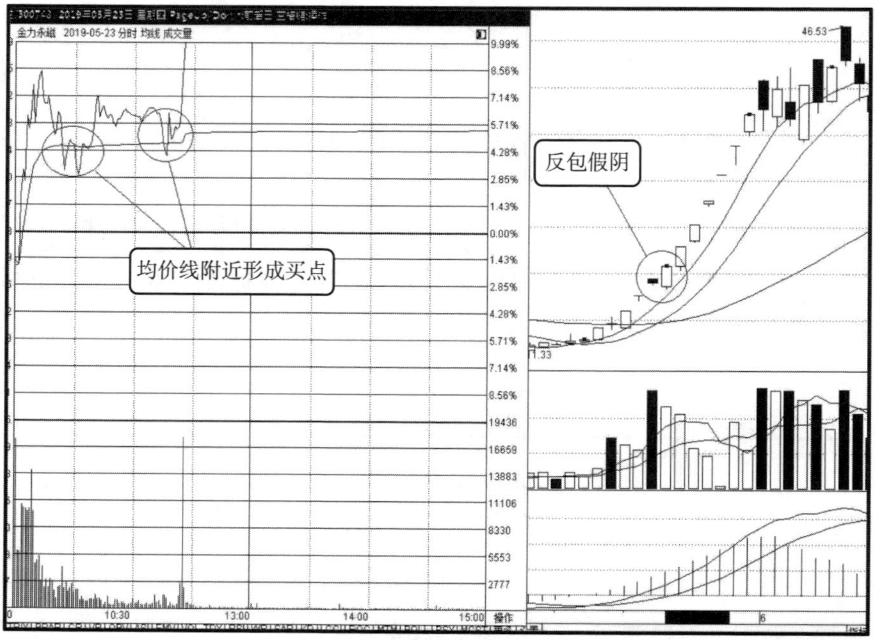

图 3-22　金力永磁（300748）日 K 线和分时走势图

第四节　出货板分时形态

一、冲高出货

冲高出货是主力最好的出货手法之一。盘口特征：开盘（高开、低开）后股价快速拉至涨停（有时摸板）或涨停价附近，然后股价开始震荡走低，一路下行，一路出货，K 线收出大阴线或长上影线，为典型的冲高出货走势。

图 3-23，同为股份（002835）：该股连拉 6 个涨停后，2023 年 2 月 6 日跳空高开 2.54%后，分三波冲板，节奏分明，气势强盛，看起来涨停没有悬念，这也吸引了许多投资者的参与。但是，股价两次摸板都没有成功封盘，最终全天呈现震荡走势，尾盘继续走低翻绿。从当天分时走势看，主力出货意图非常明显。

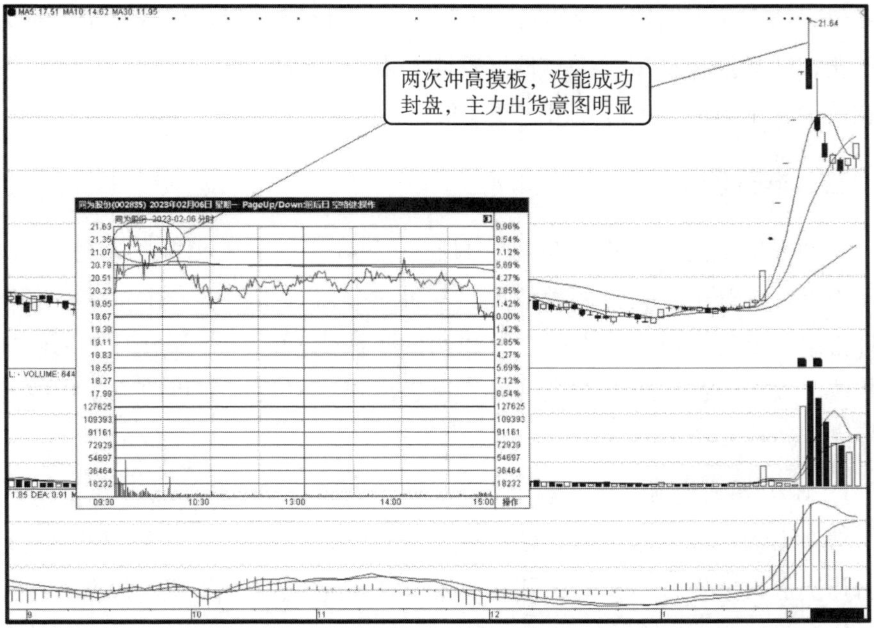

图 3-23 同为股份（002835）日 K 线和分时走势图

图 3-24，金发拉比（002762）：该股连续拉升后，主力获利非常丰厚，

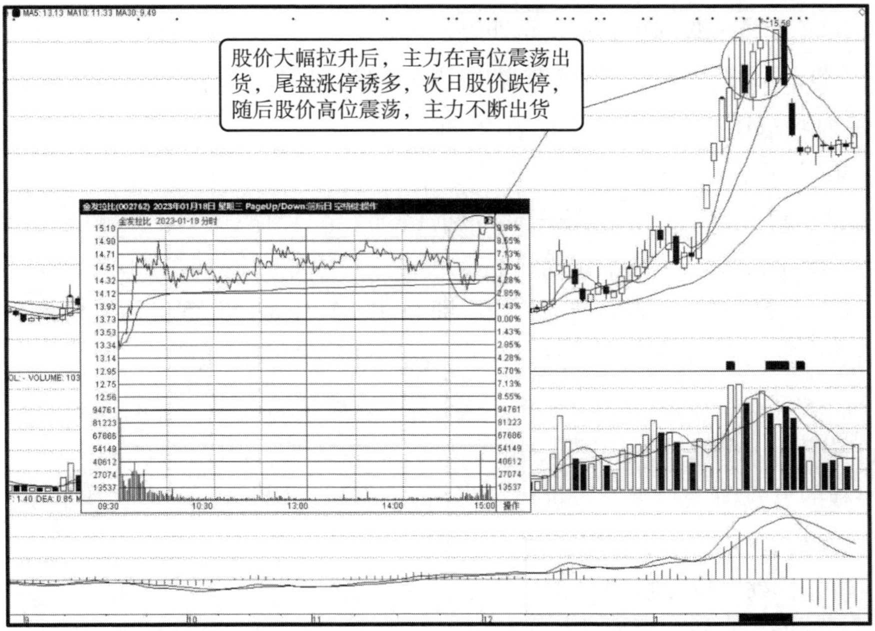

图 3-24 金发拉比（002762）日 K 线和分时走势图

在高位大幅震荡中悄悄派发筹码。2023 年 1 月 18 日，股价低开高走，主力暗中出货，尾盘拉板诱多。次日低开低走，股价跌停收盘，随后几日继续维持高位震荡，主力出货手法如出一辙。

二、推升出货

这种出货手法与冲高出货相比显得温和许多，主力出起货来悠然自得，悄无声息。推升出货分为两种情况：一种是日线级别的推升出货法，股价整体处于震荡走高态势，主力用边拉边出的手法出货；一种是分时级别的推升出货法，股价开盘后逐波向上推升，尾盘涨停或接近涨停价收盘，K 线收出涨停大阳线或光头大阳线。

1. 日线级别出货

推升出货在中小盘股中比较多见。在整个拉升过程中，虽然没有快速拉升出货法那么凶悍，但拉升也相当迅速，成交量也处于高换手状态。这种手法往往会给投资者以介入的机会，所以具有重要的实盘操作意义。这类个股的操盘核心，就是跟随短期趋势进行操作。具体操盘方案如下：

第一，买入条件：

（1）技术形态必须保持完好的上升趋势。

（2）在拉升过程中，成交量明显放大。

（3）以 5 日或 10 日均线作为短期趋势线，紧贴 10 日均线分批介入。此时 30 日均线保持上行状态，助力股价向上走高。

第二，卖出条件：

（1）单日放出巨量，换手率超过前期的 1 倍，且股价明显滞涨。

（2）在日线上出现吊颈线、射击之星、大阴线等顶部 K 线形态。

（3）股价有效跌破短期趋势线，即 5 日或 10 日均线，5 日均线拐头下行，此时 30 日均线上升速度放缓或平走，表明上涨气势渐渐减弱。

图 3-25，麦克奥迪（300341）：该股主力成功吸纳了大量的低价筹码后，股价慢慢向上爬高，然后进行短期的横向震荡整理。2019 年 11 月 15 日，以一字板的方式向上突破，股价出现飞涨，短期涨幅翻倍，主力获利丰厚。在高位股价出现震荡，上涨步伐明显有些迟缓，说明主力已无心继续做多，从 K 线组合排列中可以看出端倪，但主力为了出货方便，还不时地拉出几个涨停来诱多散户。这显然属于主力边拉升边出货型涨停的操作手法，其间出现的 4 个涨停就是主力为了更好地派发筹码而故意拉高行为。投资者遇此情形

时，不但不能盲目入场打板，还要做好逢高离场准备。12 月 19 日，当股价跌破 10 日均线时，应果断清仓离场。

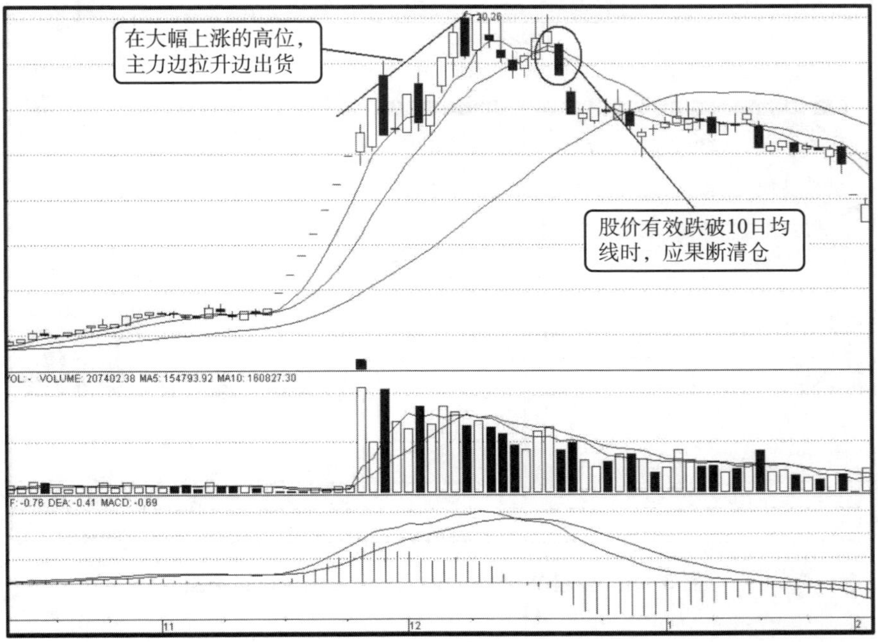

图 3-25 麦克奥迪（300341）日 K 线图

2. 分时级别出货

在股价高位，开盘后稳步向上推高，尾盘股价拉至涨停。具体表现形式：一是分时沿着一定的角度稳步向上走高，尾盘股价涨停；二是股价以小波段的形式向上走高，最后涨停收盘；三是台阶式走高，以涨停收盘。当然，不论是何种形式的涨停，都需要结合日 K 线进行综合分析。

图 3-26，麦趣尔（002719）：该股成功见底后连拉 8 个涨停，盘中堆积了大量的获利筹码。2022 年 12 月 30 日，在第八个涨停的分时走势中，股价冲高后回落，企稳后沿着一定的上升角度稳步走高，尾盘以涨停报收，日 K 线保持完美的攻势。次日，股价低开后出现同样的分时走势。看起来分时走势非常健康，但是这种情形如果发生在涨幅较大的高位，那就要当心主力推升出货了。

图 3-27，黑芝麻（000716）：该股见底后走出一波趋势行情，短期股价累计上涨幅度较大。2023 年 1 月 11 日，开盘后遭到获利盘的抛压，股价企稳后呈现波段式上涨，尾盘股价涨停。次日股价冲高回落，高位收出十字星 K 线，随后股价快速下跌。从盘面分析，很明显有主力出货行为。对于实盘经

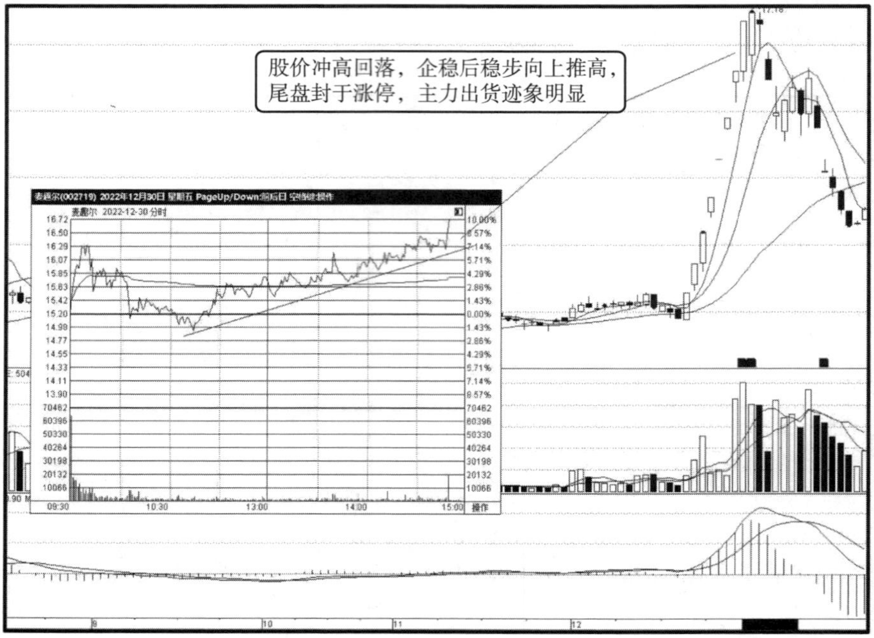

图 3-26　麦趣尔（002719）日 K 线和分时走势图

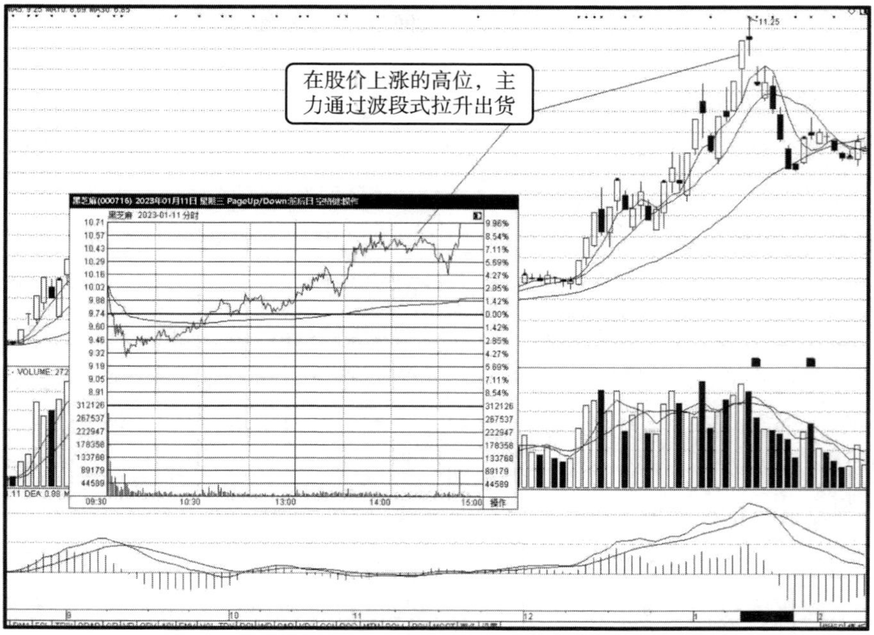

图 3-27　黑芝麻（000716）日 K 线和分时走势图

验不丰富的新手来说，可能看不出有主力出货的迹象，但如果结合第二天的十字星和日 K 线分析，就可知道主力有明显的出货迹象。

图 3-28，安妮股份（002235）：该股突破后连拉 5 个涨停，主力短线获利非常丰厚，股价在高位出现震荡，经小幅调整后再次出现走强。2023 年 1 月 10 日，开盘后向上推高，然后出现盘整走势。午后，股价呈现台阶式上涨，3 个台阶上板，然后烂板震荡，尾盘回封。结合日 K 线分析，主力出货行为明显。

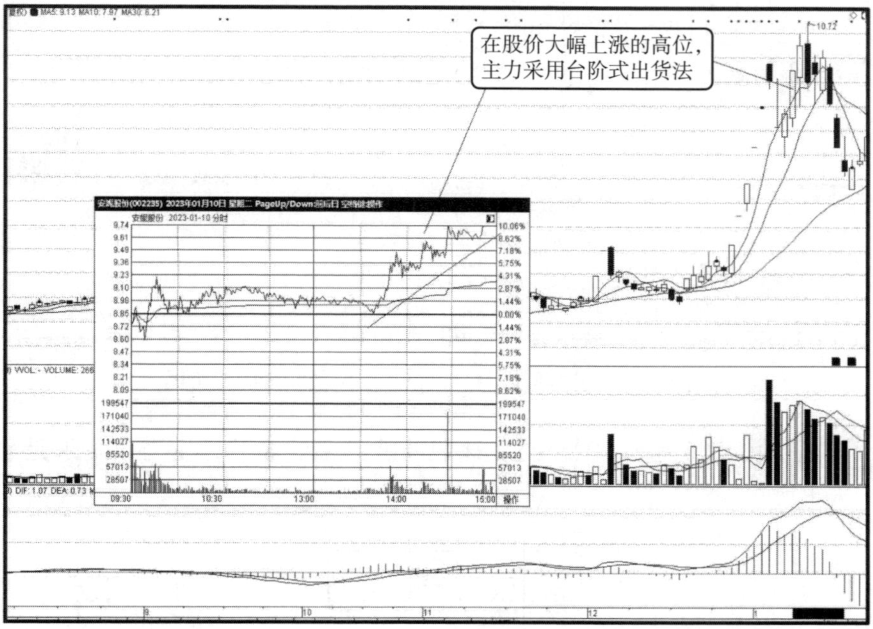

图 3-28　安妮股份（002235）日 K 线和分时走势图

三、烂板出货

烂板有时候是主力建仓、洗盘的手法，有时候却是主力出货的表现方式。在出货盘口中，股价短线连续大涨之后，主力往往会选择在涨停板位置出货，通过“挂单、撤单、再挂单”营造封单比较大的良好氛围，最后来一个“撤单加出货”，将打板的投资者一网打尽，实现胜利大逃亡。

图 3-29，北清环能（000803）：这是 2021 年 3 月 2 日的分时走势。早盘接近平开后，二波拉涨停，看起来非常强势，但午后开板长时间震荡，尾盘勉强回封，形成弱势涨停，日 K 线中很完美。这种盘面如果次日开盘后不能强势运行，则进一步走弱的可能性大增，所以次日走势非常关键。如果次日不能持续走强，表明当天的烂板就是主力在出货。

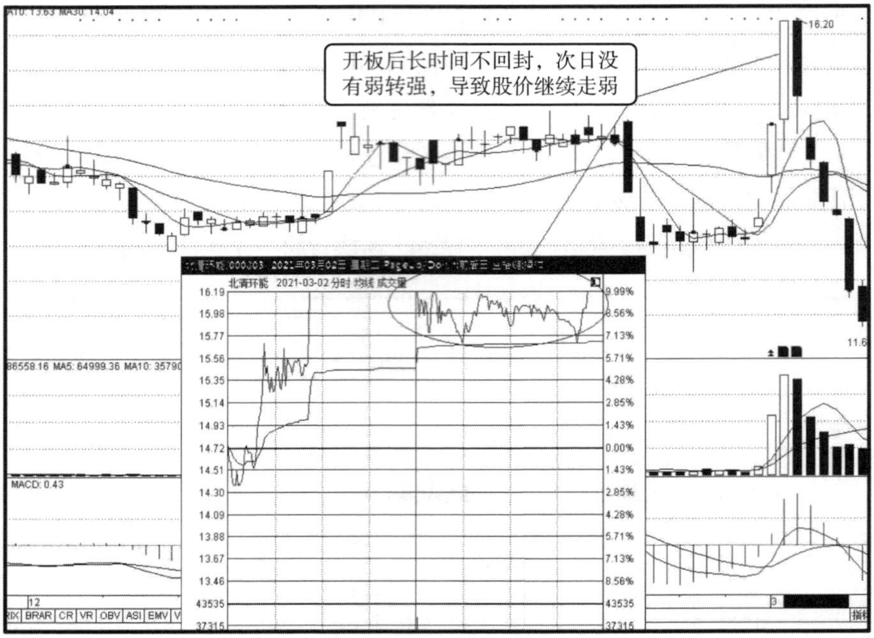

图 3-29　北清环能（000803）日 K 线和分时走势图

图 3-30，人人乐（002336）：该股两波大幅炒高后，主力出货那是必然

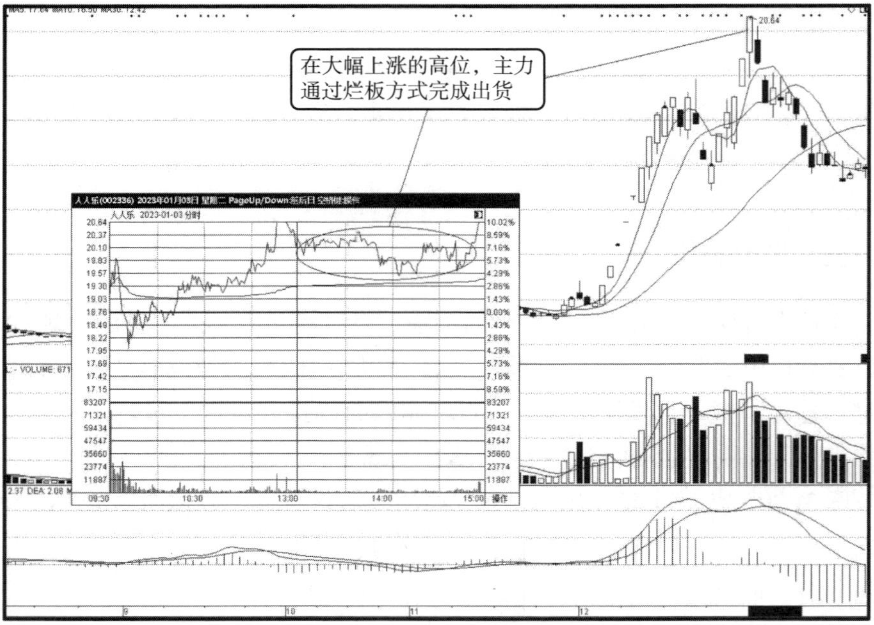

图 3-30　人人乐（002336）日 K 线和分时走势图

的。2023 年 1 月 3 日，股价小幅高开后冲高回落，然后再次拉起，股价强势走高，一度封在涨停板。几分钟后涨停板打开，股价回落震荡，尾盘回封。分时走势是一个大烂板，虽然尾盘涨停，但不能掩饰主力出货的意图。次日直接低开低走，将前一天介入的散户悉数套牢，当天股价跌停收盘，主力出货意图成为“明牌”。

四、跳水出货

分时盘口跳水有很多种含义。从坐庄手法看，有建仓跳水、试盘跳水、出货跳水等；从股价位置看，有高位跳水、中位跳水、低位跳水等；从时间方面看，有早盘跳水、中盘跳水、尾盘跳水等。

1. 早盘跳水

早盘通常是指开盘后的 30 分钟内，在这个时间段股价出现快速下跌，一般单波跌幅超过 3%。俗话说“良好的开头是成功的一半”，无论是技术方面还是人气方面，股价早盘跳水对全天的走势会产生重要的负面影响，比如主力建仓、试盘，就能达到预期的效果。那么怎么理解出货阶段的早盘跳水呢？这自然有主力自己的考量。首先，可以将部分获利筹码兑现，股价高开的个股一定程度上可以给投资者带来信心和希望，尤其是一字板开盘的个股无疑让投资者吃了一颗定心丸，在大家放松警惕时，股价突然向下跳水，主力大幅减仓；其次，在股价止跌回升或震荡整理过程中，也会吸引部分散户的跟风介入，认为跳水之后股价跌不动了，有的散户以为自己买到了低价的筹码而暗暗自喜，岂料主力暗中出货，这就是主力跳水出货的本质。

图 3-31，如意集团（002193）：2022 年 12 月 19 日，股价惯性大幅高开 9.01%，盘中秒板后没有一次性封盘，小幅回落后再度上板，但封盘不到 1 分钟就开板下跌。随后股价大幅跳水，股价一度打到跌停板位置，但股价也没有封在跌停位置。之后，股价再次拉起，一度又上涨 7%多。

从该股的分时走势中，可以清晰地看出主力的出货轨迹。首先，在跳水之前，股价两度上板，这时吸引了不少散户打板进场，也就是说，主力在跳水之前出了很多的获利筹码。其次，在此后的股价回升过程中，主力也出了大量的货。再次，在之后的横盘震荡以及尾盘的回升中，也是主力出货的好时机。该股是主力出货的经典之作，手法运用十分巧妙。

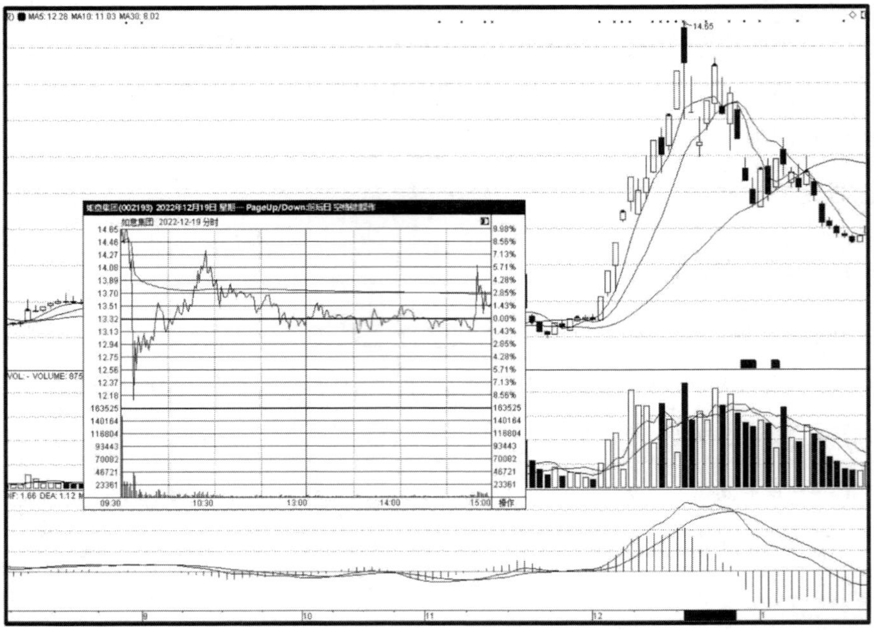

图 3-31　如意集团（002193）日 K 线和分时走势图

2. 中盘跳水

中盘出货是指除了早盘和尾盘这两个时间段之外，其他盘中任何时间段出现的跳水走势。但是，中盘跳水概率比较多的还是集中在上午收盘前的 30 分钟和下午开盘后的 30 分钟时间里。

中盘跳水也可以分为多种情形：缓升后钓鱼式跳水、平台整理突破性跳水、缓跌后加速跳水、涨停后开板跳水等。

图 3-32，深振业 A（000006）：2022 年 12 月 5 日，股价大幅高开 6.35%，盘中秒板，日 K 线反包，盘面气势强盛，整个上午基本处封板状态，看不出有什么异常现象。可是，临近上午收盘前打开封板，午后随之而来的就是大跳水，股价逐波下跌，当天下跌 7.53%收盘，主力出货行为非常果断。

图 3-33，日出东方（603366）：2022 年 8 月 16 日，股价在大幅上涨的高位，出现明显的震荡出货走势，上午呈现逐波上涨，分时节奏尚可，但午后出现突破性跳水现象，之后股价渐渐走低。

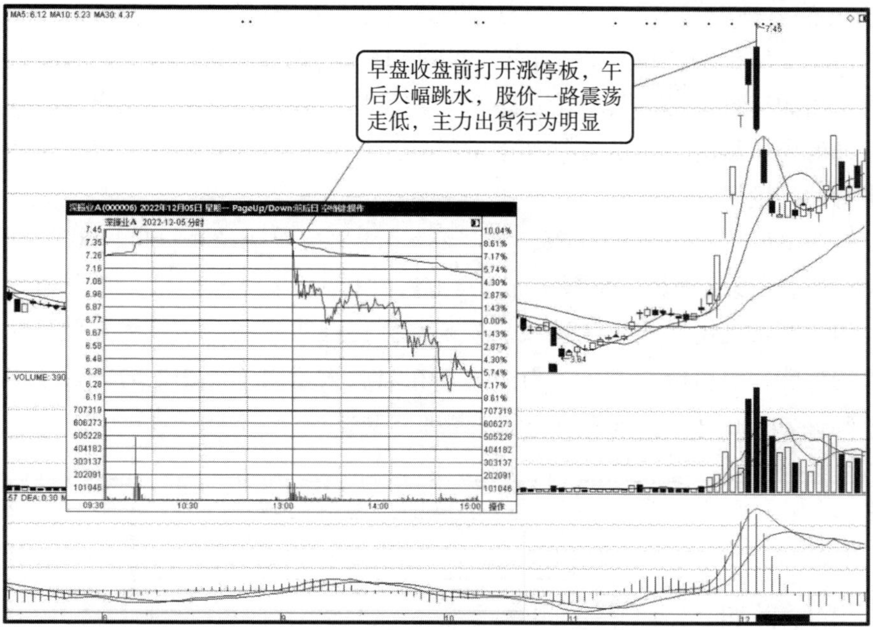

图 3-32 深振业 A（000006）日 K 线和分时走势图

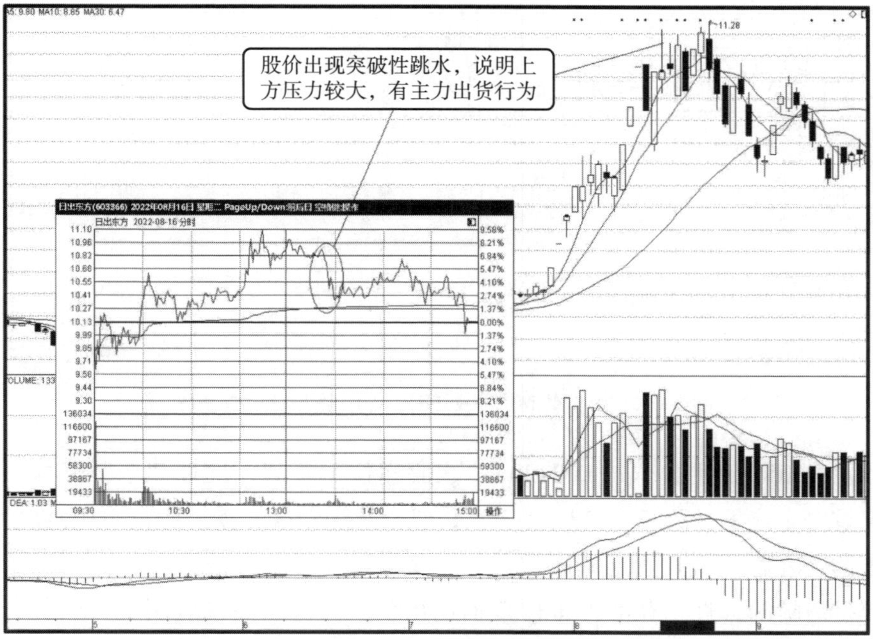

图 3-33 日出东方（603366）日 K 线和分时走势图

3. 尾盘跳水

市场中所说的"黄金 2 点半"，就是指尾盘分时走势变化较大，往往打破全天平衡的运行格局，其中尾盘跳水是常见的一种盘口现象。尾盘跳水有各种各样的坐庄目的，而出货是其中常见的坐庄手法，投资者应重点领会尾盘跳水背后的逻辑。

图 3-34，力盛体育（002858）：该股短线出现快速拉升行情，2022 年 11 月 11 日高开震荡冲板，但没有成功封盘，尾盘大幅跳水回落。在分时走势中，明显察觉到主力的出货迹象，先是在高位强势震荡，让人感觉股价仍有涨停的可能，吸引散户入场，而主力却在暗中大量出货，在主力派发了大量的筹码且 14:00 之后，该股出现加速跳水走势。

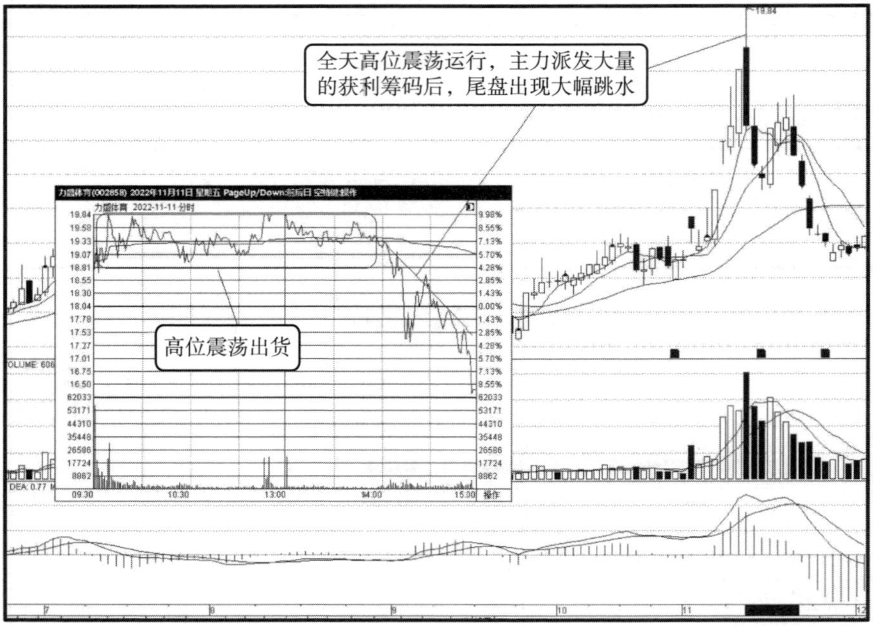

图 3-34　力盛体育（002858）日 K 线和分时走势图

图 3-35，毅昌科技（002420）：该股连拉 5 板后，出现 2 个跌停板，之后又拉出 2 连板。2022 年 12 月 12 日，股价从涨停板开盘，封盘 10 分钟后开板震荡，之后一段时间维持高位震荡，尾盘跳水下跌。该股主力出货意图也是非常清晰的，首先在涨停板位置悄悄出货，其次在高位震荡中再出货，最后在尾盘继续跳水出货。

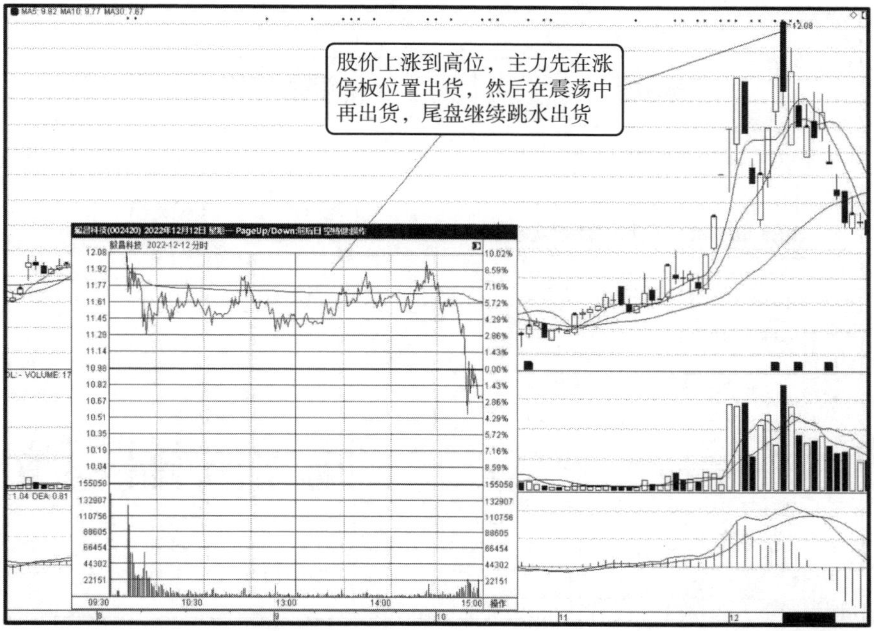

图 3-35　毅昌科技（002420）日 K 线和分时走势图

五、震荡出货

震荡出货是主力常用的一种出货手法。股价处于高位，分时波动幅度较大，当盘口明显走弱时却神奇般地拉起，而看着要大涨时却突然跌落下来，这种大起大落的盘口总是吸引一些散户跟风入场。有时维持在一个区间范围内出货，有时在大起大落中暗中派发，几个回合后主力就能顺利完成出货计划。

图 3-36，西安旅游（000610）：该股成功见底后逐波走高，高位连拉 4 板，股价加速上冲。2022 年 12 月 30 日，在第五板位置出现大幅震荡，股价几起几落，主力成功地完成了大量出货计划，之后股价渐渐走低。

图 3-37，粤传媒（002181）：该股连拉 6 个涨停后，在高位出现大幅震荡，日 K 线大起大落，分时走势也是大幅波动。2022 年 12 月 2 日，开盘后逐波下跌，然后强势拉起，股价创出新高，给人许多幻想。转眼间，股价大幅回落，尾盘接近最低点收盘。从分时走势到日 K 线结构，无不隐藏着主力的出货意图，之后几日股价大幅回落。

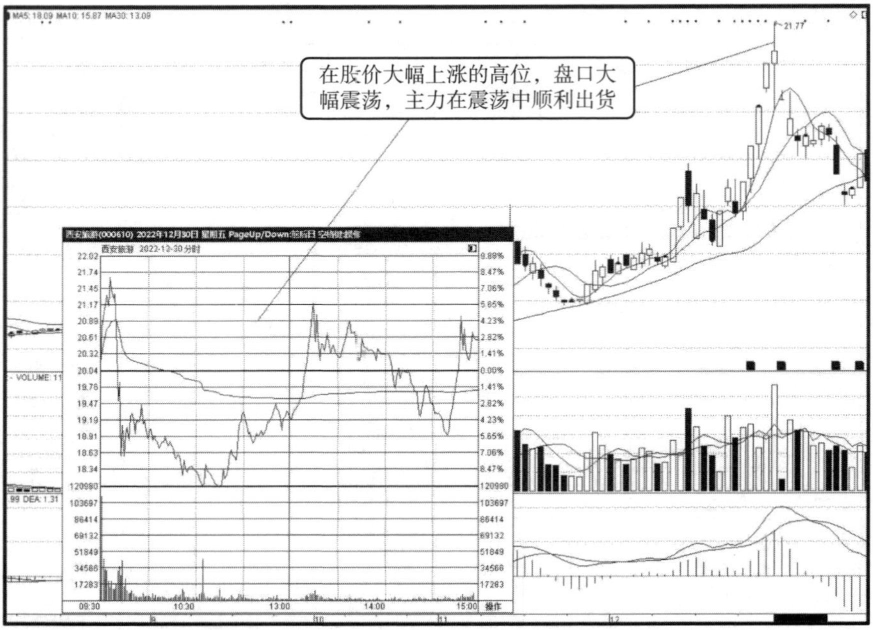

图 3-36　西安旅游（000610）日 K 线和分时走势图

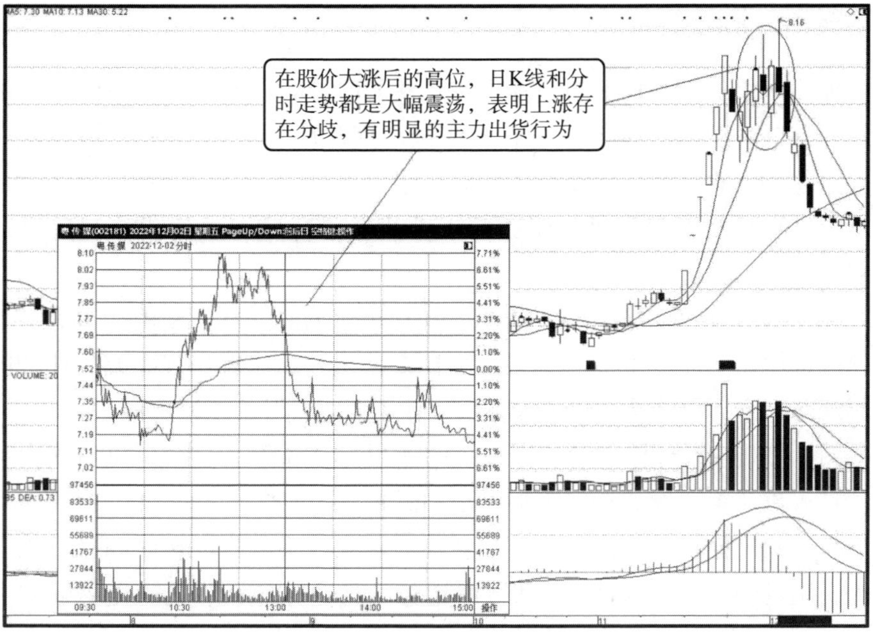

图 3-37　粤传媒（002181）日 K 线和分时走势图

第五节　天地板分时形态

一、天地板的含义

一般来讲，涨停价位置称为顶天，跌停价位置称为立地。股价从涨停板回落到跌停板收盘，称为“天地板”，而股价从跌停板回升到涨停板收盘，称为“地天板”。由此还可以延伸出“天地天”板和“地天地”板。为了表述上的方便，这里统称为“天地板”。

股价一天20%的幅度是极少出现的（目前20cm的个股中还没有出现过40%的天地板），而且不容易把握。如果以涨停价买入，不幸股价回落到跌停板收盘，那一天的浮亏就是20%；反之，如果在跌停价即将打开的瞬间买入，强势拉升到涨停板收盘，那么一天的浮盈就是20%。

出现天地板概率比较高的是：上市时间不久的次新股和基本面比较差的ST股。

（1）次新股。在股价大幅波动时，天地板或地天板出现的较多，在次新股中出现的频率也比较高。

图3-38，罗曼股份（605289）：2021年12月27日，股价3连板涨停之

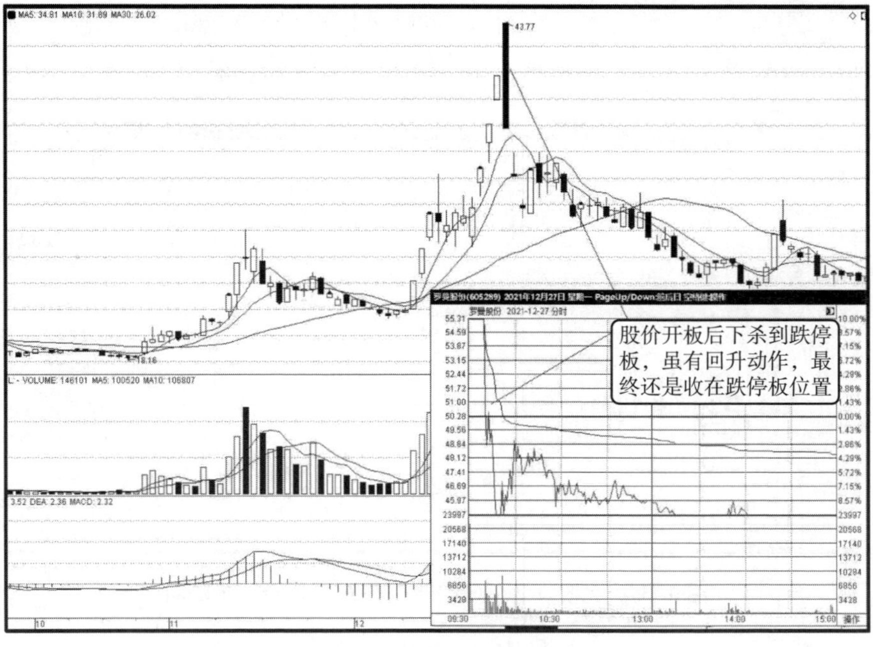

图3-38　罗曼股份（605289）日K线和分时走势图

后，继续从涨停板开盘。但封盘不到 10 分钟，就被强大的抛盘打开，股价快速跳水，盘中虽有回升动作，但最终还是以跌停价收盘，形成天地板走势，一根 20%的大阴线，表明短线顶部确立。

罗曼股份是上市时间不长的次新股，主力打压出货手法还算仁慈，股价下杀到跌停价后，还能再次出现一定的回升走势，让散户有一个出局的机会。有的次新股主力手法极其凶猛，连续的大抛单将股价从涨停价下杀到跌停价，直接封在跌停价不动，将散户全部闷杀在里面，根本没有出逃的机会。

图 3-39，光明乳业（001318）：该股上市后连拉 4 个一字板，接着又是 4 个实体板，盘面上涨气势强劲，由此吸引不少散户跟风入场。2022 年 6 月 2 日，股价从涨停板开盘后，封盘不到 1 分钟就被连续的大抛单摁到跌停板位置，且没有任何的反弹回升动力，表明主力不计成本地杀跌，次日继续一字跌停，顶部有效形成。

类似实例还有 2021 年 3 月 5 日的泰坦股份（003036），2021 年 1 月 8 日的吉大正无（003029），2020 年 12 月 7 日的声迅股份（003004），分时盘口都如出一辙。

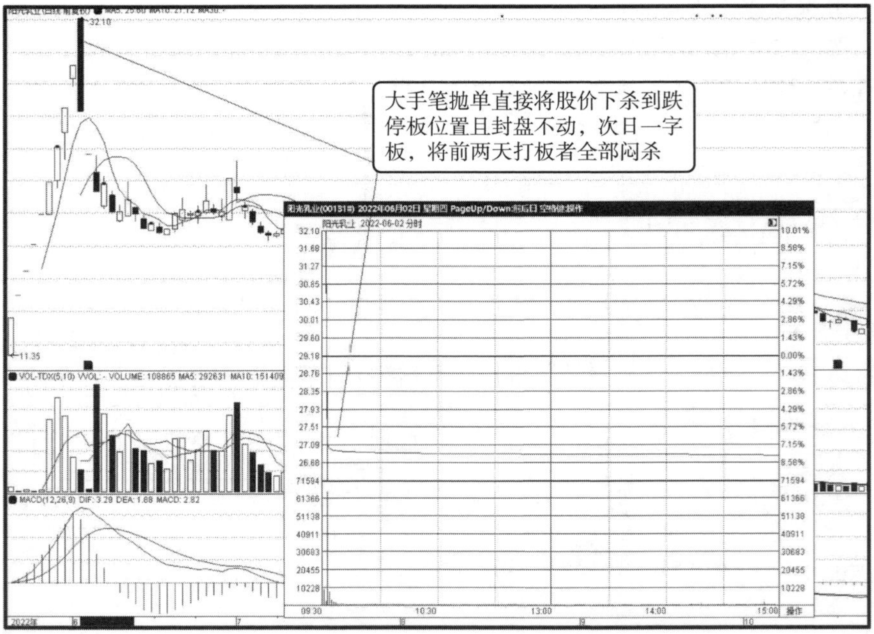

图 3-39　光明乳业（001318）日 K 线和分时走势图

（2）ST 股。由于 ST 股每天的涨跌幅度只有正负 5%，全天最大震荡在

10%以内，所以很容易出现天地板或地天板的诡异走势，操作中还要多加研判。

图 3-40，ST 大集（000564）：该股在 2022 年 10 月—2023 年 1 月涨跌行情中，先后出现多达 8 次的天地板或地天板形态，这令分析判断上难度非常大。这类个股，应以股价趋势和基本面作为分析重点和判断依据，这样才能得出有参考价值的结论。

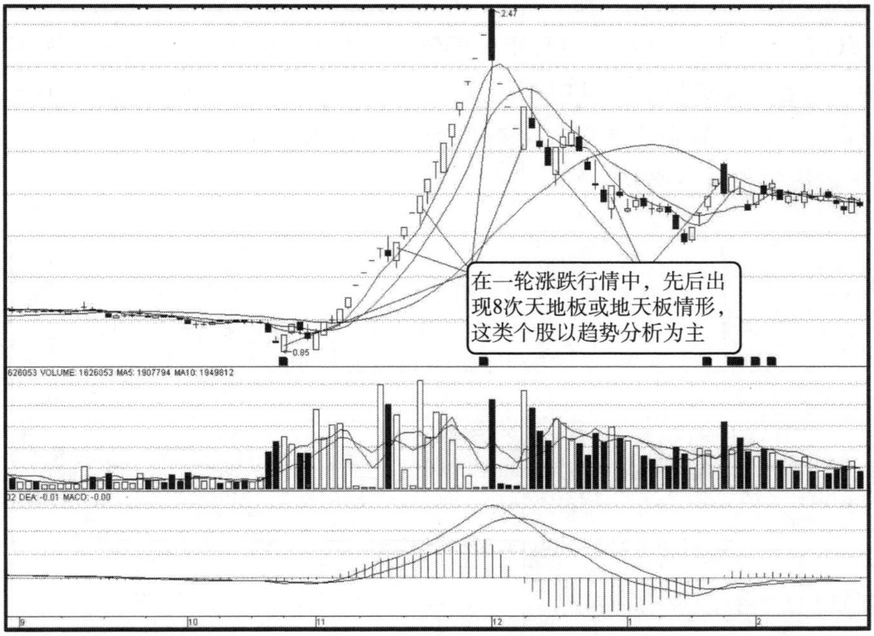

图 3-40　ST 大集（000564）日 K 线

当天股价出现天地板后，要观察跌停后的成交量变化。如果跌停后成交量较小，说明买盘资金抄底不积极，这种情况一般第二天都会惯性下跌，后市走势也不乐观，因此遇到这种情况时投资者需要在第二天开盘后择机卖出。而且这种情况出现的概率较大，投资者不要抱有侥幸心理。

投资者遇到天地板跌停后，如果成交量较大且有大单资金积极买入，说明有主力资金在积极抄底，第二天股价能维持强势上涨或震荡，则后市股价反弹概率较大，投资者可继续持有。

无论天地板还是地天板都有两面性，有时候为见顶信号，有时候为见底信号，关键看股价所处的位置和性质。按性质不同可分为：底部企稳性，中途洗盘性，趋势扭转性，主力出货性，属于何种性质的盘口需要结合日 K 线分析。

二、天地板企稳

天地板有着多重的技术意义，有时候只是一个企稳信号，表明股价大幅下跌后的止跌，或者大涨之后的回调结束，但并不代表对后市有趋向性指示，这种信号买卖时要具体分析。

图 3-41，盛泰集团（605138）：该股连拉 4 个涨停后，接着就是 2 个跌停。2022 年 4 月 28 日，大幅低开 6.93%，盘中弱势整理，一度下探到跌停板位置，然后又强势拉起，盘中摸到涨停板位置，尾盘又明显回落。这种形态属于短线急跌后的企稳走势，上有压力（回调幅度大）下有支撑（前低盘区），后续进入盘整格局。

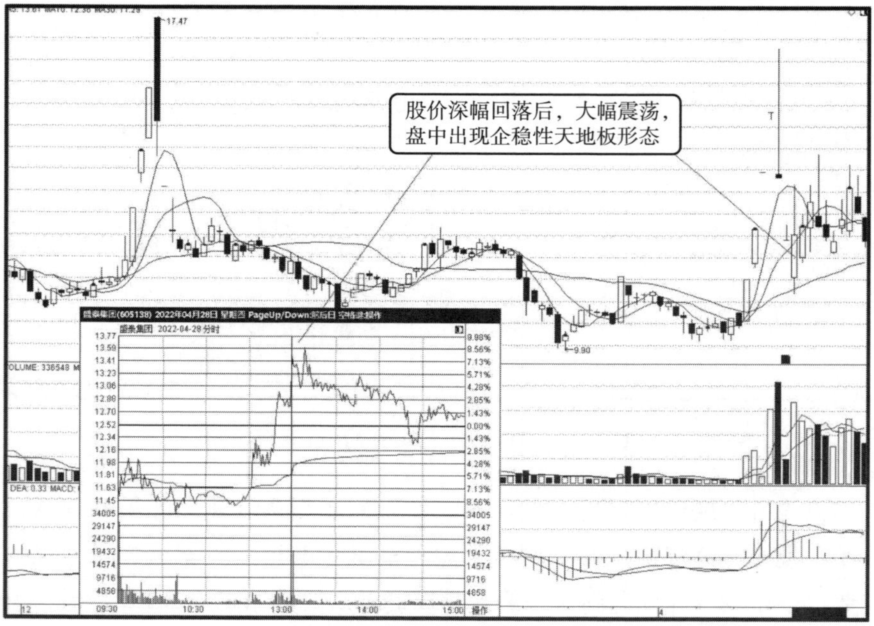

图 3-41　盛泰集团（605138）日 K 线和分时走势图

图 3-42，ST 奇信（002781）：该股由于基本面不佳，股价连续下跌 9 个一字跌停板。2023 年 2 月 10 日，继续从跌停板开盘，封盘 1 小时后巨量撬板，随后逐波拉高，最终收于涨停板。这样的地天板只是一个企稳形态，做空动能并未释放完毕，后市股价难以持续走高。

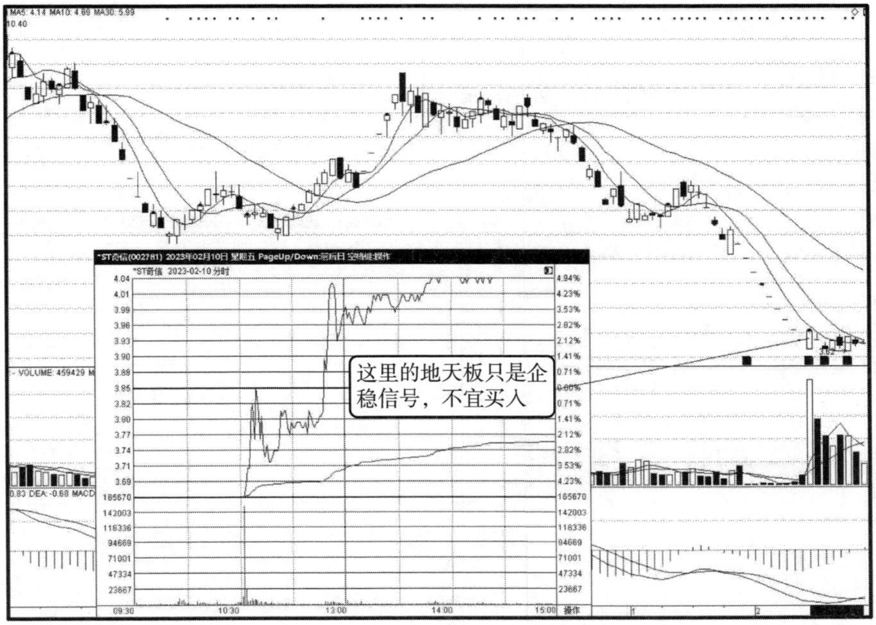

图 3-42 ST 奇信（002781）日 K 线和分时走势图

三、天地板转势

在个股出现地天板之后，有时候意味着市场行情的见底反转，或者个股出现重大的利好消息，从而刺激投资者大量买入。在大买单的撬动下，股价从跌停板打开，强势拉至涨停，这种情况说明短线股价将要反转上涨。

图 3-43，ST 时万（600241）：该股大幅下跌后，2022 年 4 月 29 日出现地天板转势信号。为什么是一个转势信号呢？首先，在前面的下跌过程中，出现过一次停顿现象，说明筹码有换手；其次，连续 4 个一字跌停板后，第五板中出现过撬板迹象，说明下跌基本结束。所以这个地天板是转势信号，可以积极跟进。

需要注意的是，这类连续一字板暴跌后的股票，首次开板不一定就能成功见底，后续大概率还将创调整新低，所以对此时出现的地天板还要谨慎。

图 3-44，ST 新海（002089）：该股由于基本面恶化，连续出现 15 个一字跌停板，2023 年 2 月 15 日股价从跌停板开盘后，盘中撬板拉涨停，形成地天板形态。照理说这是一个见底信号，但股价随后还创新低，所以投资者入场需谨慎。比如，2023 年 2 月 27 日的 ST 深南（002417）也是一个地天板走势，尽管前面连续出现 19 个一字跌停板，但这样的地天板并不是一个转势信号，

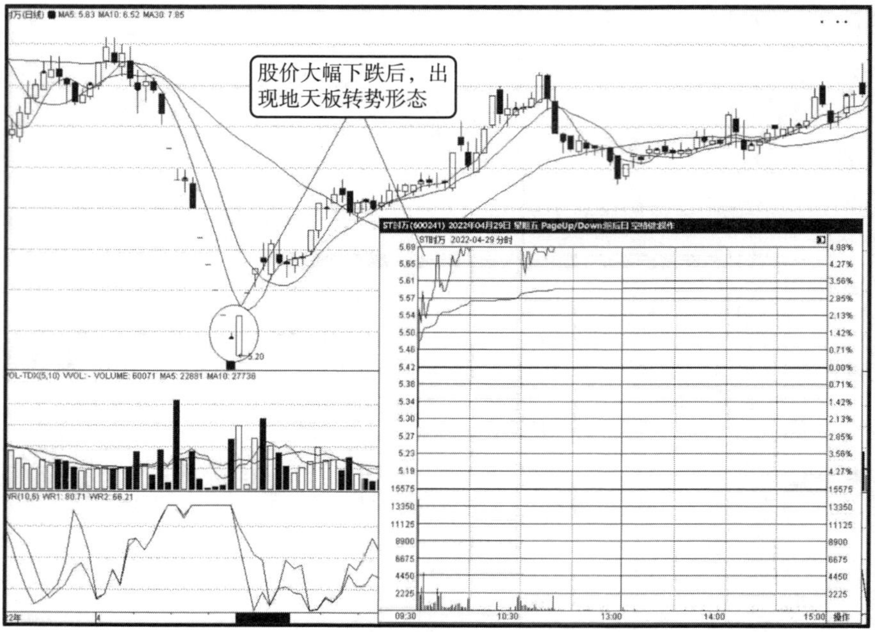

图 3-43　ST 时万（600241）日 K 线和分时走势图

不适合参与。

图 3-44　ST 新海（002089）日 K 线和分时走势图

同样，个股在盘中出现重大利空或者大盘、板块暴跌时，都会引起投资者的恐慌，加上主力的打压，导致盘中争先恐后地抛售筹码，从而使股价加剧下跌，出现天地板的走势，意味着股价见顶反转下跌。

图 3-45，春兴精工（002547）：股价连拉 4 板后，在高位出现震荡，2021 年 6 月 10 日接近跌停板（差一分）开盘，盘中震荡走高，午后强势涨停。这里却是主力出货行为，与郑州煤电（600121）2020 年 11 月 27 日的性质完全不同。

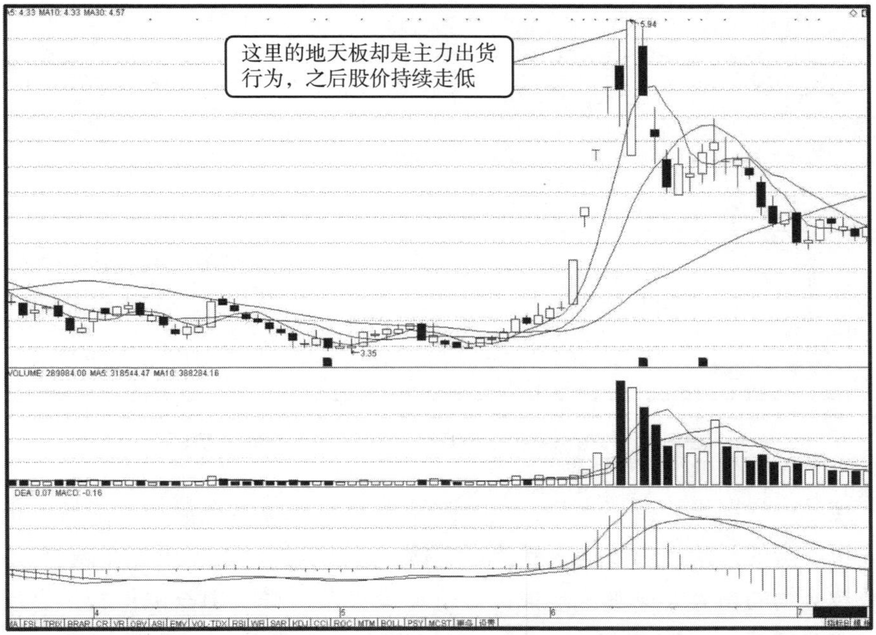

图 3-45　春兴精工（002547）日 K 线图

四、天地板洗盘

当盘口出现天地板后，很多时候属于主力洗盘性质，这里要分析是否有大单入注。若有大单入注，则在第二天很可能继续涨停，不可轻易卖出。若无大单注入，则应在第二天开盘后及时卖出，防止股价回调下跌。但是，天地板的后期走势并不能一概而论，需要根据个股自身的情况而定。

图 3-46，郑州煤电（600121）：该股连拉 4 个涨停板后，主力展开洗盘整理行情，2020 年 11 月 26 日一字板跌停。次日，低开 5.84%后盘中震荡走低，一度封于跌停板。之后，打开跌停板，股价向上拉高，午后强势拉板，

形成地天板。这里充当的是洗盘角色，因为主力并无出货意图，之后股价连续涨停。

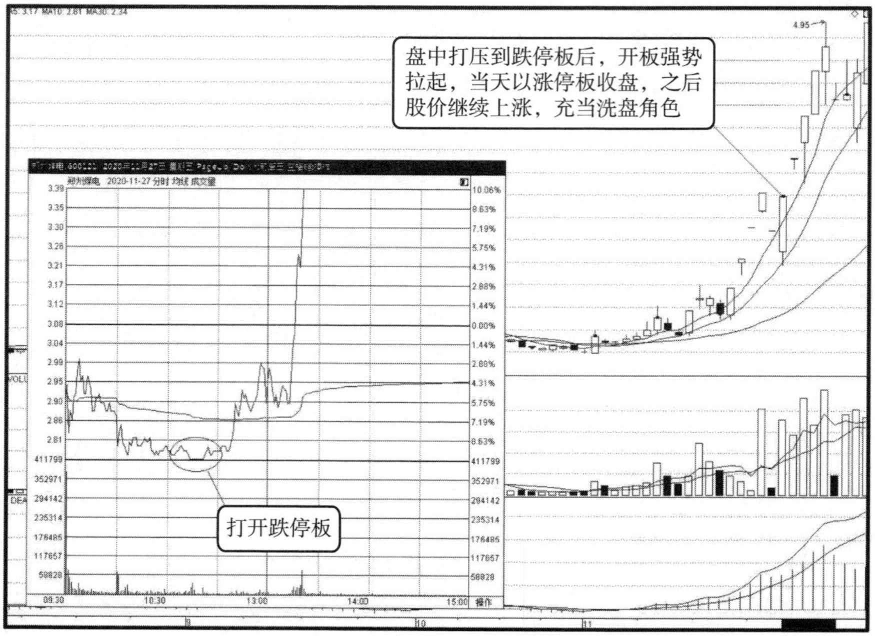

图 3-46　郑州煤电（600121）日 K 线和分时走势图

这是一种罕见的极端走势，它反映了多空双方优劣态势的大逆转，往往是多头反击的开始，或洗盘、震仓的结束。其盘口先是大单压死在跌停板上，突然被连续的超级大单快速吃掉，股价就像火苗一样上蹿至涨停板，之后便会直奔涨停板，在涨停板上往往会有锯齿形开合走势，但最终还是封住涨停板。

图 3-47，连云港（601008）：2019 年 3 月 26 日，该股低开低走，上午两次盘中触及跌停价，但都没有封盘。下午开盘就出现一波强有力的拉升，最终涨停收盘。该股主力通过跌停板方式洗盘，在上午的盘口中 K 线形态是一个标准的“黄昏之星”看空形态，当时位置处于相对高位，不少散户看空后市，而选择离场操作。浮动筹码洗出去之后，下午两波强势拉涨停，地天板完成了洗盘，后期股价呈现惯性上涨。

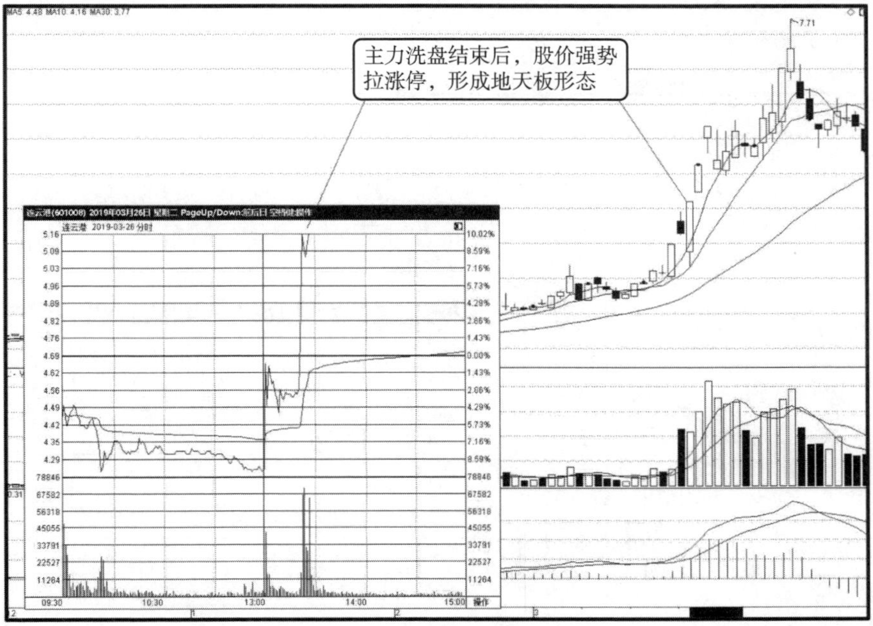

图 3-47　连云港（601008）日 K 线和分时走势图

五、天地板出货

1. 天地板出货

股价直接从涨停板开盘后，盘中出现急速跳水，最终以跌停板收盘。或者，开盘后大幅冲高到涨停板位置附近，然后急转直下，最后以跌停板收盘。这两种情况都是主力常用的暗中出货手法。

图 3-48，九安医疗（002432）：在 2 次触及 90 元时，都分别出现了高位大阴线走势，从分时图中上演了天地板走势。股价当天冲击了涨停板，然后最终股价又回到了跌停板，一天时间的振幅达到 20%，从涨停到跌停就是天地板的体现。

当股价持续大涨后，出现这种天地板的情况时，通常说明资金出现了内部分歧，大家对未来的预期或许发生了一些改变，从涨停到跌停的模式显现的是情绪的一种宣泄，意味着资金从极度看好到极度看空的演变。出现这种情形不仅仅是个股自身资金的分歧，应该还带有对行业发展的一种分歧。九安医疗 2021 年 1 月 18 日和 4 月 15 日出现了 2 次冲高回落，1 月 18 日之后医疗行业出现了快速下跌走势。4 月 15 日，该股开盘后股价从高位缓缓下跌，最后收在跌停位置，此后上证指数也从 3200 点附近快速地下挫到了 2863 点。

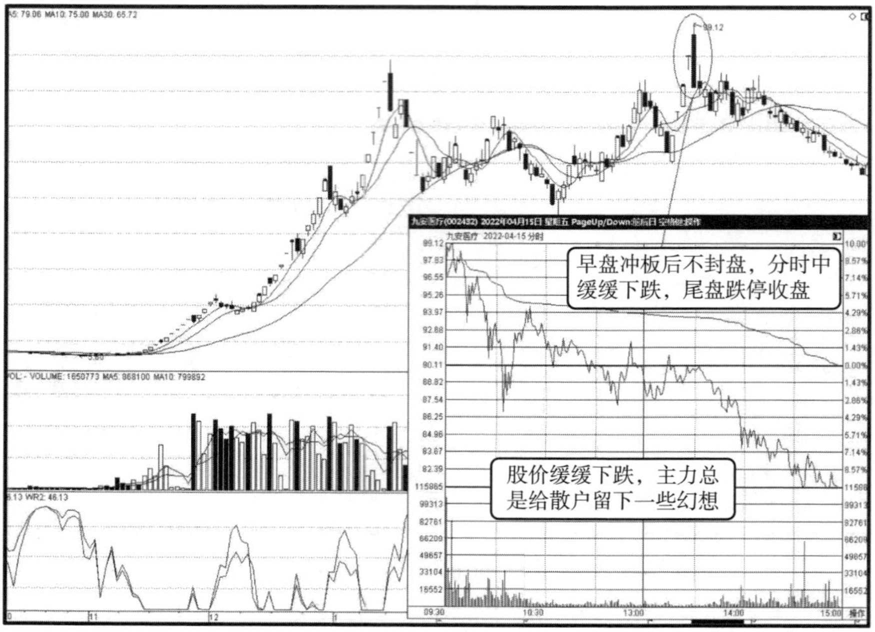

图 3-48　九安医疗（002432）日 K 线和分时走势图

主力利用涨停板进行出货时，为了兑现手中的获利筹码，往往先拉升股价，吸引散户买入，等股价涨停时，主力在上方则大量卖出，把筹码派发给散户，达到出货的目的。股价在大量卖单的影响下，出现大跌甚至跌停的情况。总之，当个股出现天地板的时候，投资者应该谨慎操作，切莫在跌停的时候进行撬板操作。

图 3-49，遥望科技（002291）：该股连续 4 个涨停后，2020 年 3 月 6 日盘前收到深交所的关注函。当天股价开盘后强势震荡，随后连续冲击，涨停板被打开。但资金盘中发力，股价再度封板。没想到的是，14:52 开始，股价直线跳水跌停，随后反弹无力，以跌停报收，上演了一出天地板。

如此魔幻般的表现，引起了市场的广泛关注。据数据显示，当天成交 27.22 亿元，换手率为 19.86%。分时成交明细显示，尾盘在跌停价 29.85 元成交的数量为 947.91 万股，约合 2.83 亿元。游资击鼓传花是妖股的特性，在该股当日盘后龙虎榜上，新老游资席位均有现身。

从该股盘面分析，日 K 线结构上属于典型的出货形态，在高位盘区中股价几起几落，每一次拉升都是主力诱多动作。在当天分时图中，先是高开强势震荡出货，接着封板后悄悄出货，然后大幅跳水不计成本出货。经过主力前期日线级别的出货后，再加上分时天地板出货，主力基本完成了出货计划，随后股价渐渐走低。

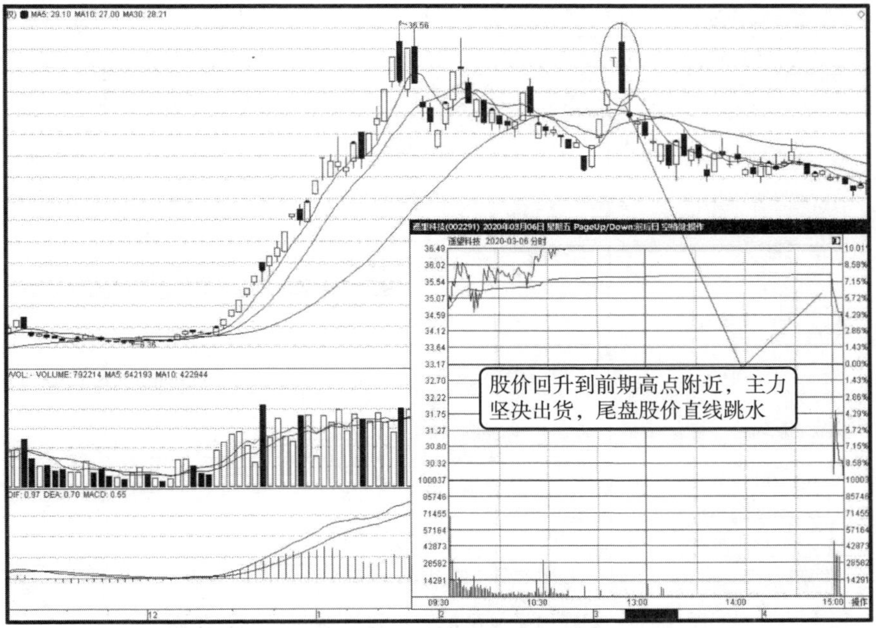

图 3-49 遥望科技（002291）日 K 线和分时走势图

2. 地天板出货

地天板是最隐蔽的出货手法之一。之所以隐蔽，是因为很多时候会被散户误以为是强势拉升，导致其仓促入市，从而中了主力出货的圈套，最终套牢造成惨重损失。

图 3-50，铜峰电子（600237）：这是 2020 年初比较火的强势股，作为超级电容的龙头，一口气拿下 7 连板。2 月 27 日，分时完美演绎了地天板的走势，很多散户大呼新一波主升浪即将开启。然而，后面并没有出现如期的上涨行情，反而是股价被狠狠摁在跌停板上。很多人说，这地天板难道还是出货？没有错，这天确实走出了出货走势。

在前一天 T 字板中，出现巨大的分歧量，换手率达到 32.42%。如果这个量是正常换手量，那么 27 日这天应该是快速缩量上板，结束分歧走势。但是，事实情形完全相反，股价以近乎跌停价开盘，然后资金快速强势向上拉升，最终股价被推到涨停板。盘中分时图盘口多次出现对倒现象，换手率高达 34.66%。这时，很多人觉得盘口非常强势，得出这种结论只能说明你看盘经验不够丰富。

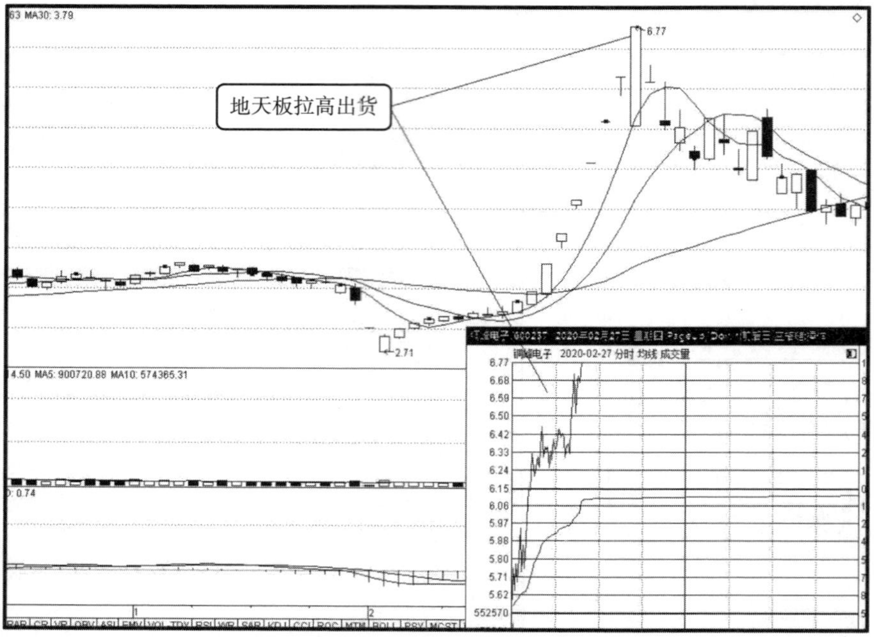

图 3-50　铜锋电子（600237）日 K 线和分时走势图

图 3-51，航天工程（603698）：2021 年 1 月 15 日，从跌停价开盘后不久，股价被控制在跌停板附近。但是之后被资金强势拉升，盘中逐波震荡走高，尾盘涨停。该股的分时图走势与铜峰电子一模一样，盘中也是经过多次对倒吸引散户跟风，最终股价被推上涨停。次日，该股继续冲高诱多，午后回落，形成短期顶部。

这种情况有 2 个问题需要弄明白：

第一个问题：跌停板如何打开？比如主力的筹码卖不出去，市场承接力很弱，这时主力会用大单将股价打到跌停板。散户见此情形也会跟风挂跌停价卖出，但是散户的筹码是后挂的，排在前面的主力逐步买入自己的筹码，散户看到有大资金入场吸筹，当封单越来越小时，他们一般撤掉卖单，等着高价卖出，这样主力就能稳定盘中的持仓散户。

第二个问题：如何拉升出货？股价打开跌停以后，盘面出现快速上涨，大资金顺势扫货。散户见此会入场博反弹，这时主力开始在下方挂大买单托住股价，并在上方不断地以小单卖出。

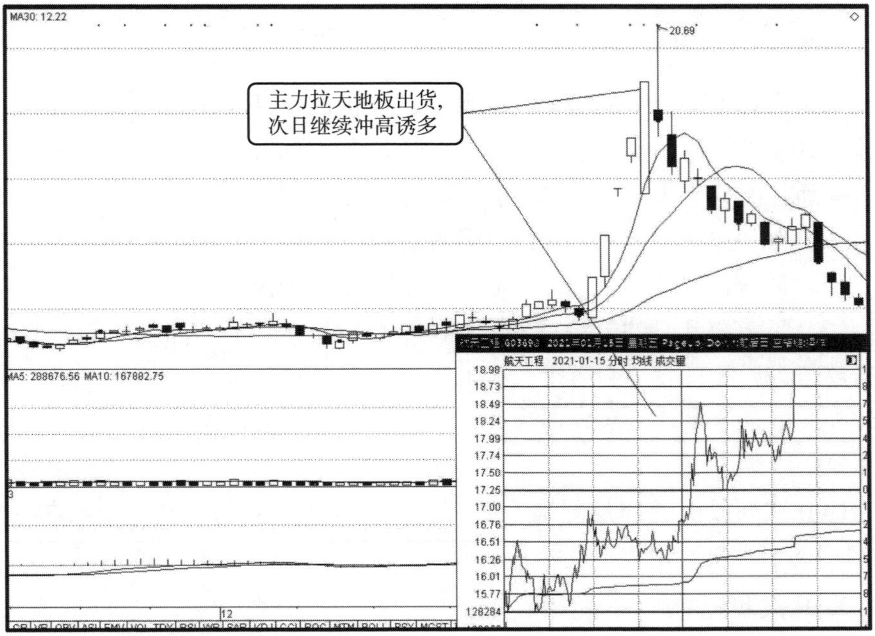

图 3-51　航天工程（603698）日 K 线和分时走势图

这时可能出现 2 种情形：一种是散户买盘踊跃，这样主力就可以轻松出货，这个很好理解；另一种是跟风盘不够，这时怎么办？主力一般会在上方有心理压力的某一个价位挂出卖单，然后用资金吃掉卖单，散户看到有资金扫货，就会产生强烈的买入冲动。当股价涨停了，散户自然就高兴，当天浮盈超过 10%的很多。但是，可恶的主力第二天没给散户好的卖出机会，大多直接跌停板开盘，或者高开后快速滑落，散户也跑不掉。主力即便在跌停板上出货都不亏钱，因为主力打开跌停板的资金买入成本很低。

为什么主力在跌停板还能出货？大家可以看看妖股北玻股份（002613）2020 年 2 月 27 日的走势。股价高开低走跌停，盘中先触及涨停，然后快速跳水封住跌停，打开后再次封住跌停，再打开、再封住。打开跌停放巨量，这是吸筹的资金吗？肯定不是。这里撬板的资金，是主力对倒的假象，让散户以为要打开跌停板拉升。主力却反其道而行之，反复在跌停板打开引诱散户跟进，在跌停板附近完成出货，然后股价就呈自由落体式下跌。

六、天地板次日走势

1. 天地板走势

如果出现天地板个股走势，则预示着股价的下跌力度比较大，后期会有持续走跌动力，但力度会逐步地减小直至企稳，有时候是一个洗盘信号。

天地板次日怎么走？操作上要注意以下几种现象：

（1）如果当天封死跌停，次日通常是弱势震荡，盘中逢高卖出。

（2）跌停次日惯性下挫后，股价会有短暂的修整性回升走势。

（3）跌停隔几日的走势，主要取决于个股整体趋势。如果此前个股处于上升趋势，后几日股价会有个反弹修复；如果是震荡或下降趋势，则走势就比较随机。跌停次日通常较弱，后续走势取决于个股前期趋势以及后续板块做多氛围。

（4）次新股的通病是翻脸不认人，所以短线涨高的次新股要提防反转。ST 股容易出现极端走势，要结合基本面分析。

2. 地天板走势

如果出现地天板个股走势，位置处于相对低位的，则有望引导股价后期持续飙升，后期的涨幅也值得期待，但有时候只是一个企稳信号。

地天板次日怎么走？操作上要注意以下几种现象：

（1）如果地天板是因为个股出现实质性重大利好，刺激市场上的投资者大量买入，或者主力抢筹所致，则投资者可以考虑继续持有。或者，在涨停次日卖出一部分，降低持仓成本，减少个股后期下跌带来的风险。

（2）如果地天板是主力拉升诱多操作，第二天拉高时应果断出货。

（3）如果在低位出现地天板，通常是一种止跌的信号，投资者可以适当买入，稳健投资者可观看后几日交易情况是否企稳，之后再介入。

（4）股票天地板后，如果有大单注入，则在第二天很可能继续涨停，不可轻易卖出。如果没有大单注入，则应在第二天开盘后卖出，防止股价回调下跌。

无论是天地板还是地天板，它们的出现都是比较引人注目的。只不过天地板让人远离，而地天板则容易受到资金的持续看好而大涨。所以，凡是天地板走势的个股，要暂时远离它；对地天板走势的个股，要关注其后的再次上车机会。

第四章

分时买卖技巧 >>>>

第一节　日内 T+0 交易

一、短线 T+0 战法

1. T+0 两个方向

在实盘买卖中，获取短线差价收益是多数投资者喜欢做的交易。不过，短线交易投资难度比较大，获得稳定的投资回报比较困难。多数投资者虽然以短线交易为目的，但是获得的投资回报却不够理想。究其原因，就是没有按照可靠的稳定盈利方式买卖股票。

做 T+0（简称“做 T”）就是在日内对个股进行买入和卖出的变相 T+1 交易。无论短线、中线，做 T+0 远比持股不动要好得多，尤其在大盘震荡、下跌期间，盘中做 T+0 是一种非常稳健、高效的套利手段。道理很简单，如果开新仓，能否盈利，还得看明天走势，而 T+0 当日可以完成，多了确定性，有时间盯盘。手中有个股，就有每天套利的机会。

A 股实行的是 T+1 制度，如何能做到 T+0 呢？那就得预留部分资金，不能全仓持股，这样才能有机动资金做滚动操作。“倒 T”可以不留资金，但“正 T”必须留有资金，在多数情况下，以做“正 T”为主。

从操作方向可以分为两类：顺向 T+0（正 T）和逆向 T+0（倒 T）。

顺向 T+0——先买后卖，在分时低点时先买入，然后在股价回升高点时卖出（适合牛市）。一般运用于相对底部且股价形成上升趋势的时候。当日在股价紧急下挫的情况下，大胆买入小于主仓的股数，然后在震荡拉升的时候，将获利的部分及时卖出套现（低吸高抛）。

逆向 T+0——先卖后买，在分时高点时先卖出，然后在股价回落低点时买入（适合熊市）。一般运用于相对顶部且股价形成下降趋势的时候。在当日股价拉高的情况下，将主仓的部分或全部卖出，然后在当日下跌到一定的阶段后，果断将卖出的部分筹码或资金买入。此法可以在控制好仓位的前提下，降低股价成本，减少投资的风险。在当日下跌信号较强，而今后的趋势不明时，此方式优势更为明显（高抛低吸）。

在做 T+0 之前，必须明白以下两个问题。

（1）什么时候适合做 T？什么时候不适合做 T？通常情况下，跌势中不要做正 T，要顺应趋势，如果股价是下降趋势，做 T 也是徒劳，只不过是为了少亏一些罢了。既然是亏，为何还要坚守呢？索性止损才是正确的选择。如果股价在上升趋势中，做正 T 是对的，因此选择一只趋势向上的股票，通过不断地做 T 来降低成本，在享受股价上升带来利润的同时，还能够降低自己的持仓成本，从而使利润最大化，这才是 T+0 的真正精髓。

当然，牛市的时候最好的方法就是持股不动，等待股票跟随指数上涨带来的收益。这时候一旦做 T，很容易 T 飞，然后心态崩溃。

震荡行情中适合做 T。指数震荡走势，个股也会以震荡为主，每天的振幅不小，有充足空间去做差价。在跌势行情中，如果一直持股，就是深度被套，后期很难翻身。只能通过不断做 T 降低成本。

（2）什么股适合做 T？什么股不适合？不是所有的个股都适合做 T+0 操作，最起码的要求是个股走势活跃，单日振幅较大的个股。这种活跃不是要求经常涨停，而是指日内振幅空间足够大，比如每天有 5%的振幅空间，就完全可以拿来做 T。这种股往往盘子不会特别大，一般是小盘或者中盘，最好还有题材支持。而大盘股，比如工商银行、中国石油，这类股票多数日内振幅不到 1%，做 T 的难度非常大，扣除手续费后，很难产生收益。

有的小盘股，由于没有题材，大多也没什么流动性，也不太适合做 T。

所以，T+0 只做熟悉的股票。如果是不熟悉的股票，最好不要轻易涉及，否则很可能一不小心就踩到雷区。唯有熟悉股票后，才更明白股票的涨跌趋势，才能更准确地把握股价的波动脉搏，从而降低投资风险。

弄明白上述两点后，就在很大程度上缩小了做 T 的范围，同时提高了做 T 的成功率。然后，从时间上和空间上进行初步筛选，在适合做 T 的时间选到了适合做 T 的个股，这时候就需要明白做 T 的方法和技巧。

2. T+0 核心技巧

以技术面和盘口观察为主要依据。从阻力位、支撑位、时间点、量能变化等进行判断分析。

第一，技术位：主要指阻力位和支撑位，包括均线、趋势线（通道线）、前期前高（低）点、黄金分割位、整数位、整理盘区、颈线位等，这些位置是重要的判断分析依据。

第二，时间点：开盘后 15 分钟左右，早盘收盘前 30 分钟，午盘 2 点及 2 点半，一般是股价波动剧烈的时间点，其中以午盘 2 点及 2 点半为重点，并配合大盘走势及成交量变化做 T+0 交易成功的概率最大。

第三，量能变化：分时走势图上量能迅速连续放大，量比呈现上升趋势，是抢盘或砸盘的动作，此时股价波动会加大，为投资者提供了 T+0 交易的机会。

T+0 实盘操作中，需注意以下几个细节：

（1）做 T 的关键就是看分时均价线，在股价远离均价线上方的时候卖出，在远离均价线下方的时候买入。

图 4-1，春兴精工（002547）：2022 年 7 月 22 日，开盘后出现快速回落，股价远离均价线，这时可以买入。然后，快速拉起穿过均价线，股价两次远离均价线，都是短线 T+0 卖出时机。

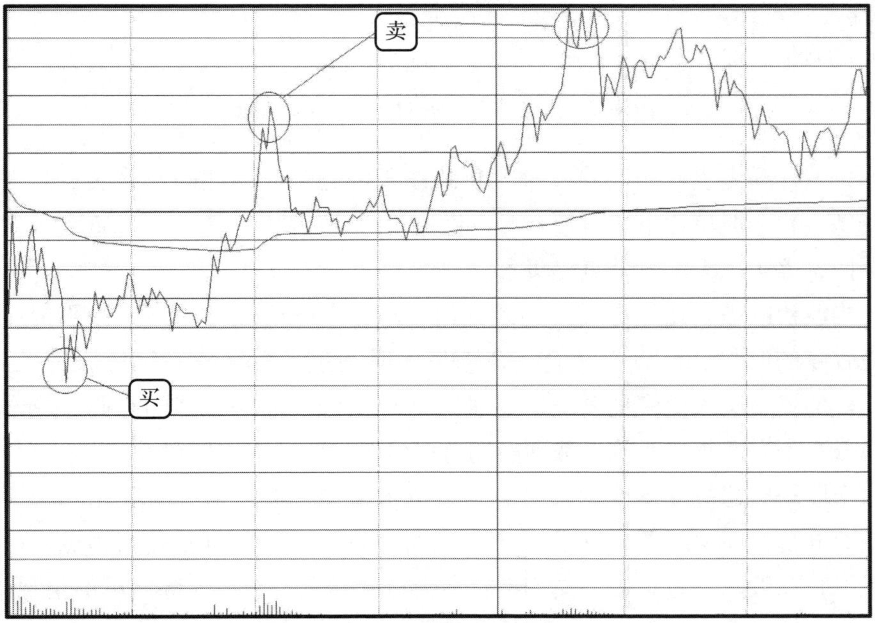

图 4-1　春兴精工（002547）分时走势图

（2）上升趋势中，每次回踩均价线或上升趋势线的回调低点都是入场机会。大盘高开高走，个股单边上涨行情，一般不做倒 T，或只看 1 分钟线在一个分时调整波段内做 T，通常 10 分钟左右完成买进和卖出操作。

图 4-2，大连重工（002204）：2022 年 7 月 5 日，开盘后股价逐波上涨，每一次回落到均价线附近时都是较好的买点，当日股价涨停收盘。

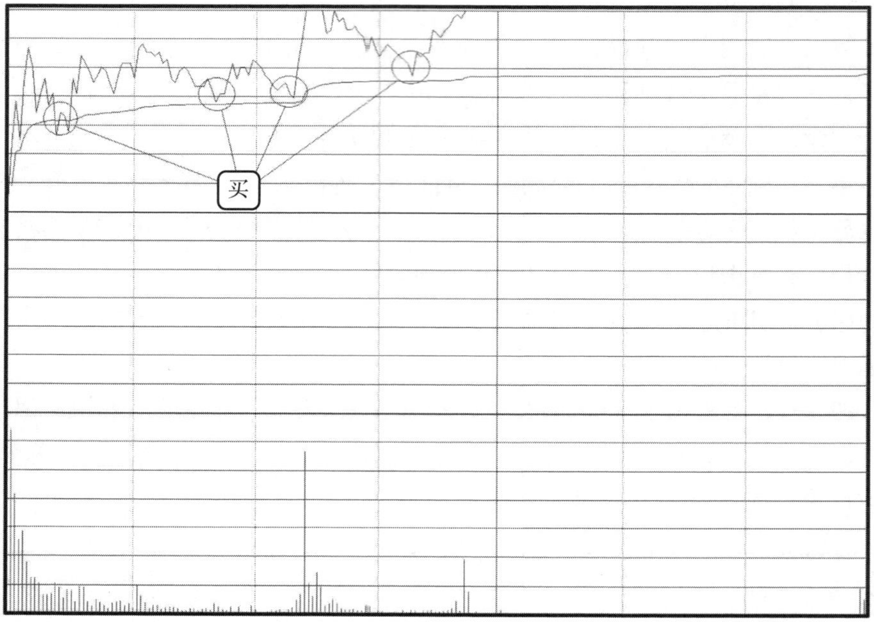

图 4-2　大连重工（002204）分时走势图

（3）下降趋势中，每次反抽均价线或下降趋势线的冲高都是卖点。大盘低开低走，个股单边下跌行情，可以做倒 T，即先卖出、再买回，或者只卖出不买回，等第二天早盘低点再买入。

当股价跌破长期趋势线（均线）时，通常意味着技术向坏，在股价反弹无力收复的时候，可以先减仓。在随后的时间里，必须耐心等待股价见底，以同样的资金买入更多的筹码。这种方法可以赚取前期更多的筹码，成本大大降低，不需要等待股价上涨到前期持股位置，就能够实现扭亏解套。

个股跌破趋势支撑线后，一般会有技术反弹，但是第一次反弹无法站稳前期上升趋势线时，股价往往还会出现新一轮下跌，这时就是高抛点。这种情况下，一般只会有小幅亏损，绝对不会深套和重亏。在大势向坏的情况下，能够少亏就是赢，为下一波行情的到来保留了足够的实力。

一般来讲，下降趋势比较明显的个股适合高抛方法，当然，投资者技术手法要精湛。通常这样的下降趋势规律性比较强，适合波段高抛操作。不过，容易出问题的环节就是，一旦股价反弹到下降趋势上轨时，有的人容易产生幻想和留恋，认为股价会单边上涨，于是心里犹豫而不抛售，结果补仓筹码再次被套。

图 4-3，龙津药业（002750）：2022 年 3 月 25 日，开盘后股价略为冲高，然后向下回落，股价逐波走低，最后以跌停板收盘。股价每一次反弹到均价线附近时，都是短线 T+0 卖出机会。

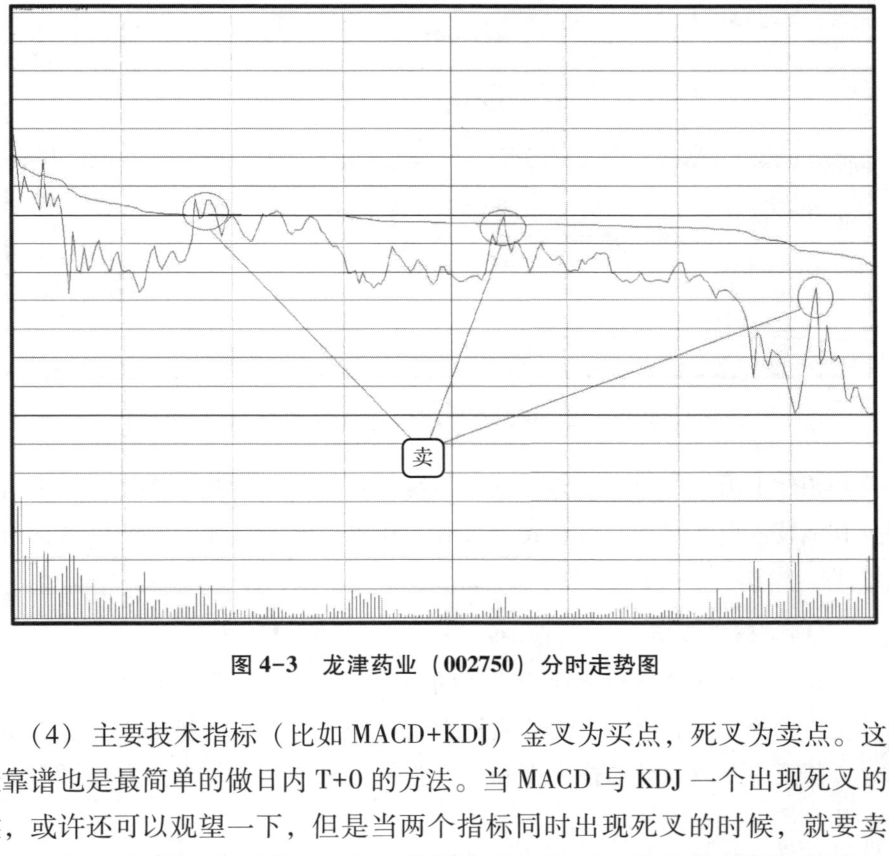

图 4-3 龙津药业（002750）分时走势图

（4）主要技术指标（比如 MACD+KDJ）金叉为买点，死叉为卖点。这是最靠谱也是最简单的做日内 T+0 的方法。当 MACD 与 KDJ 一个出现死叉的时候，或许还可以观望一下，但是当两个指标同时出现死叉的时候，就要卖掉了，不能与趋势作对。同样，当两个指标都发出买入信号的时候，就可以试着买入了，因为这是相对而言较好的买点。

在实盘操作中，可以结合小级别（比如 30 分钟、60 分钟级别）来判断股价在未来一段时间内的走势及做 T 的位置和机会。

图 4-4，新华百货（600785）：2022 年 12 月 29 日，在 30 分钟走势中，KDJ 指标在低位出现有力度的金叉，而 MACD 指标在 0 轴附近向上发散，两大指标产生多头共振作用，预示有短期上行空间，这时可以做一波 T+0 行情。

此外，可以从震荡趋势中，根据盘面波动情况选择做正 T 或倒 T。在每次

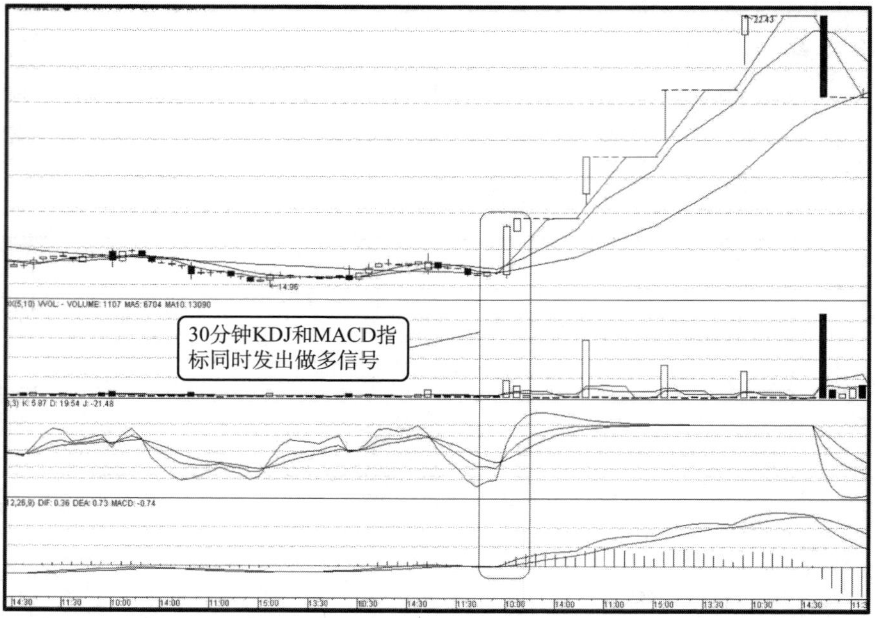

图 4-4　新华百货（600785）30 分钟 KDJ 和 MACD 指标图

回升到箱体上沿附近时为卖点，下跌回踩到箱体下沿附近时为买点。还可以根据其他技术形态（如分时双底、双顶）和成交量大小（如突然巨量）进行短线 T+0 操作。

3. T+0 操作方法

T+0 交易不能只是简单地看个股的技术面和盘口，要同时结合大盘的走势分析，尤其是当股价在主要的几根中短线均线之下或大势处于弱势的情况下时，甚至主要以大盘的技术面和盘口为依据来做个股。操作方法可以参考以下几点：

（1）半仓滚动做 T。每次半仓低位买入相同仓位，然后高点 T 出，或高点 T 卖出后再在低位买回相同的仓位或相同的资金，这是最常用和最简单的操作方式。

（2）三成底仓滚动做 T。三成底仓，低位买入三成仓位，逢高 T 出三成仓，再逢低买回三成仓，第二天逢高 T 出三成仓，低位视情况再买回三成仓，冲高再 T 出三成仓，然后视情况逢低买回三成仓，循环滚动。根据分时上升或下降趋势采用正 T 或倒 T 操作（熊市更适用，较复杂，需结合 1 分钟和 5 分钟的 MACD 等辅助判断）。

（3）七成底仓滚动做 T。七成底仓，逢高 T 出三成仓位，逢低买回三成仓，如果尾盘再跌，再卖出四成底仓，第二天逢低买回四成仓，逢高 T 出三成仓，逢低买回三成仓，循环滚动。根据分时上升或下降趋势采用正 T 或倒 T 操作（牛市更适用，较复杂，需结合 1 分钟和 5 分钟的 MACD 等辅助判断）。

（4）做 T 回本后如何操作？是继续做 T 还是直接卖掉呢？做 T 的缺点就是反复交易，造成手续费增加，所以不要频繁做 T 或及时卖出筹码。

先说大势。当投资者对后市一片看好，股价连续上涨，一些平时的冷门股也出现涨停板，市盈率已达到高价区，出现高位连续阳线、上升跳空形态或涨势缓和的圆形趋势，成交量减少时，这时就要考虑卖出。

再说个股。股价向下突破上升趋势线，收盘价跌幅超过上一个交易日收盘价的 3%时，或股价在上升趋势中出现反转，或连续拉出几根阳线之后出现反转，是考虑立即卖出的时机。

（5）T+0 操作时经常会出现预判正确，而操作失误的情况，出现这种情况的原因往往是对该股走势把握不准确。主力经常会出现盘中洗盘的动作迷惑投资者，所以要反复操作提高成功率。

（6）做 T+0 的意义是为了解套，降低成本。对股价后市方向不明确的要回避。T+0 的基础是反复做一只自己熟悉的股票，熟知该股的股性，波段式地来回反复做差价，将利润最大化。比如一只个股本身区间涨幅 30%，如果每天高抛低吸，灵活运用盘口高抛低吸涨幅三四个点跑出低位接回，只要趋势是震荡上行的，其间的差价远远要大于 30%。冲高涨停封不住 10 个点，可以在八九个点卖出，低位再接回来，利润是很可观的。

4. T+0 操作要诀

一天内的股价有最高点也有最低点，但想要买在最低点，卖在最高点这是不现实的，只能够买在相对低点，卖在相对高点。所以，T+0 交易具有一定的操作难度和投资风险，投资者在具体应用时要掌握以下操作要诀：

（1）买卖果断。在做 T+0 操作时要快，不仅分析要快、决策要快，而且下单也要快。比如，在指数快速下跌，股价下跌远离均价线（黄线）时，投资者可果断下单买入；当盘中出现反弹，或股价在杀跌后迅速上拉时，投资者可立即卖出。当大盘确认企稳，个股能量开始放大，反弹一触即发时，投资者可果断下单，在市场人气聚集之时卖出。

同时，要有好的心态，耐得住寂寞，没有出现理想的买卖机会时，要耐心等待，切勿盲目出击。

（2）不要贪心。做T最容易失败的就是贪心，因为贪心往往会错过卖点，结果导致回落又T不出去了，所以一定要讲纪律不贪心，只要补仓的筹码出现拉升盈利，从盈利2%就开始分批T出来，越拉升越T得多，绝对不要怕T飞，即使卖飞，也不要紧，至少T出来的就是赚到的，一定要克服这个贪心心理。

（3）稳、准、狠。稳，指详细了解股票的各个方面内容，对股票的走势等做到心中有数，如此炒股才能“稳”；准，指看准了行情，符合预想中的价位，就进场做多；狠，指当趋势判断失误、买入行情不好的股票时，要有壮士断腕的勇气卖出股票。当然，还有另外一层意思，即趋势判断准确，买入了行情甚佳的股票，则可适当加码，乘胜追击。

（4）不要做反。趋势是投资者最好的朋友，投资者切忌逆势盲动。投机的核心在于尽量回避不确定的走势，投资者只有在明确的趋势中进行操作，才能增加胜算。很多投资者做T失败，是因为逻辑没有把握好，做反了。怎么做反了呢？喜欢看到股价拉升，以为要大涨就追涨补仓加重仓位，结果股价拉一下又回落，追涨补仓的筹码全部被套，后面又担心仓位太重了，下跌怕扛不住，在回落的时候把补仓的筹码卖出。结果一来二去，亏得更多，成本更高。

所以，严格的纪律是逢低补，拉高出，没低点就不补仓。没有只涨不跌的股票，也没有只跌不涨的股票，不用担心错失机会，市场机会天天有，而本金亏损了就很难赚回来。

（5）交易纪律。T+0交易是最好的复利工具，复利的威力是最大的，因此在正常情况下每天每笔交易以1%~2%的收益和损失为止赢止损，不可贪心。所以，做T+0操作必须严格设立止损，宁可错过，也不要酿成大错。T+0操作对所有投资者都是公平的，它给了大家一个随时可以纠错的机会。投资者只要发现买入错误，就一定要及时止损。切不可因为下跌而不卖，否则筹码将会越做越亏，成本越做越高。

（6）仓位不变。T+0操作要保持股票数量不变，否则那就是加仓、减仓，T+0将失去其意义。所以，投资者在做T+0操作时，当日买进的股票，不管涨跌，当日必须卖出。如果当日买入，当日不卖出，那就不叫T+0操作了，这就成了加仓或补仓操作。既然是T+0操作，就要遵循T+0操作的原则。如果当天不卖出，第二天股价低开就会前功尽弃。

（7）趋势明朗。市场每天都有很多获利的机会，当看不懂趋势时应谨慎入场，只有抓住趋势明朗的股票，才能帮助大家获得理想的收益，没必要冒着高风险去投资趋势不明朗的股票。要想成为股市中的常胜者，就得有一套行之有效的操作盈利模式。因此，趋势不明朗，谨慎入场。

总之，股市绝非赌博靠运气，大家要不断总结学习，只有深刻地了解市场，才可以长期生存。要想在巧取豪夺、弱肉强食的股市中生存，没有一套盈利方法技巧和自我保护的纪律是不行的。

二、先买后卖 T+0

当股价大幅低开或分时盘中出现快速跳水时，一旦止跌企稳就是短线逢低买入做 T 的时机，然后等待股价回升卖出，当日完成“先买后卖”的 T+0 交易过程。

1. 形态特征

（1）低开运行。分时图中股价低开运行，开盘后股价继续小幅放量杀跌。这时可以先采取买入措施，从而获得廉价筹码，等待拉高时卖出同样的筹码，就可以完成 T+0 交易过程。

（2）加速探底。盘中缓缓下跌一段后，突然出现快速打压，这往往是空头最后的打压动作，经过短暂宣泄后将迎来回升走势，形成先买后卖的 T+0 交易机会。

（3）放量打压。盘中突然出现放量打压，接着往往有一个回升修复走势，在放量打压结束后可以及时跟进做 T+0 操作。

（4）企稳回升。当日股价已经没有下跌空间，大盘或板块出现回升，表明下跌将告一段落。这时应及时买入，等待回升完成 T+0 卖出。

2. 实盘技巧

（1）强势股突然大幅低开，先买后卖的 T+0 交易方式。

图 4-5，大连重工（002204）：该股洗盘结束后，2022 年 7 月 1 日放量拉起，股价连拉 6 个涨停，7 月 11 日高开低走，股价跌停收盘。次日，股价大幅跳空低开 7.78%后，盘中一度触及跌停板。由于该股属于短期强势股，受到短线资金的积极关注，再次跌停的概率较小。盘中被大资金撬板后，股价逐波上涨，尾盘强势涨停，呈现地天板走势。其实，结合该股日 K 线分析，可以根据“首阴战法”，在早盘大幅低开时入场，回升时成功地做一把 T+0 交易。

实盘中有一种突然大幅低开或高开现象值得重点关注，那就是当受到外来利空或利多因素（如外围市场暴跌或暴涨）影响而使大盘大幅低开或高开

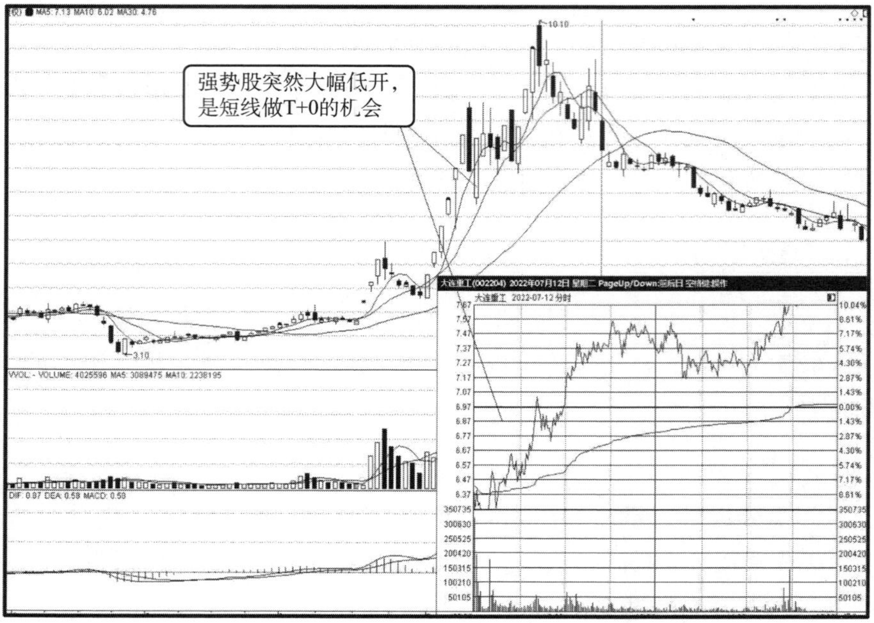

图 4-5　大连重工（002204）日 K 线和分时走势图

的现象，这时如果盘面不是特别差，低开就是一次绝佳的买入机会，而高开就是一次逢高减仓时机，这样就可以成功地做一波 T+0 行情，这无疑就是市场给大家送的免费红包。比如，2022 年 5 月 9 日晚间美股三大指数大跌，次日上证指数大幅低开 38.36 点，随后指数低开高走，当天收涨 31.70 点，轻松做一把 T+0。反之，当外围市场大涨时，如果 A 股出现异常高开时，就是一次先卖后买的 T+0 机会。

（2）长期下探后企稳回升，先买后卖的 T+0 交易方式。

图 4-6，粤万年青（301111）：该股上市后就没有表现过，股价逐波向下调整，释放了大量的做空能量，2022 年 10 月初企稳回升，成交量明显放大，股价大幅震荡，重心向上移动。由于在长期的调整中，上方形成很多的压力位，这时股价不太可能出现持续性拉升，所以出现进二退一的方式推高。这种见底后“短期不大涨、回落不深跌”的个股，是短线做 T+0 的最佳选择。

（3）股价跌停板巨量打开，先买后卖的 T+0 交易方式。

图 4-7，大理药业（603963）：该股连拉 4 个涨停后，2022 年 3 月 8 日低开跌停，次日惯性从跌停板开盘，封单 10 分钟后被大量买单撬开，随后股价逐波走高，当天地天板收盘，这是做 T+0 的最好时机。

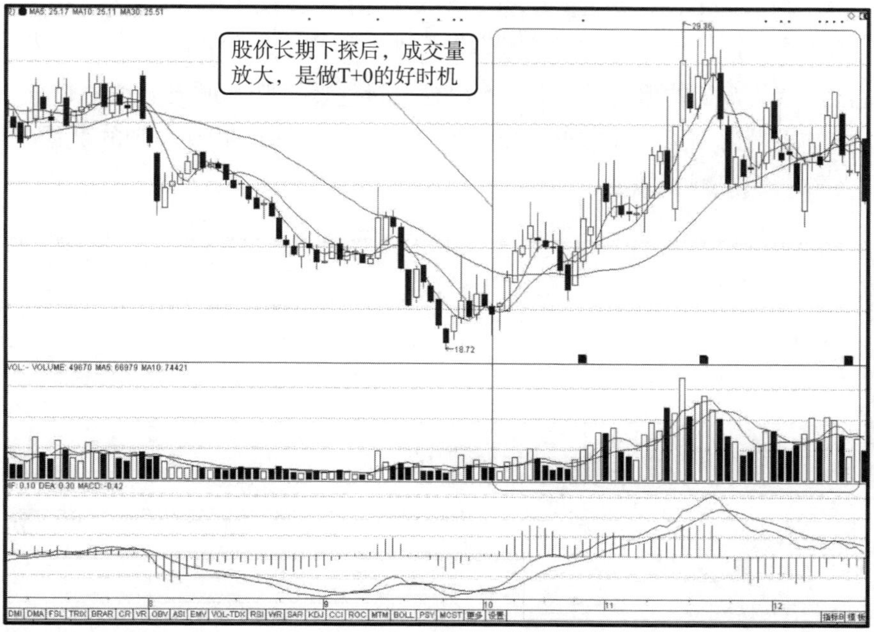

图 4-6　粤万年青（301111）日 K 线图

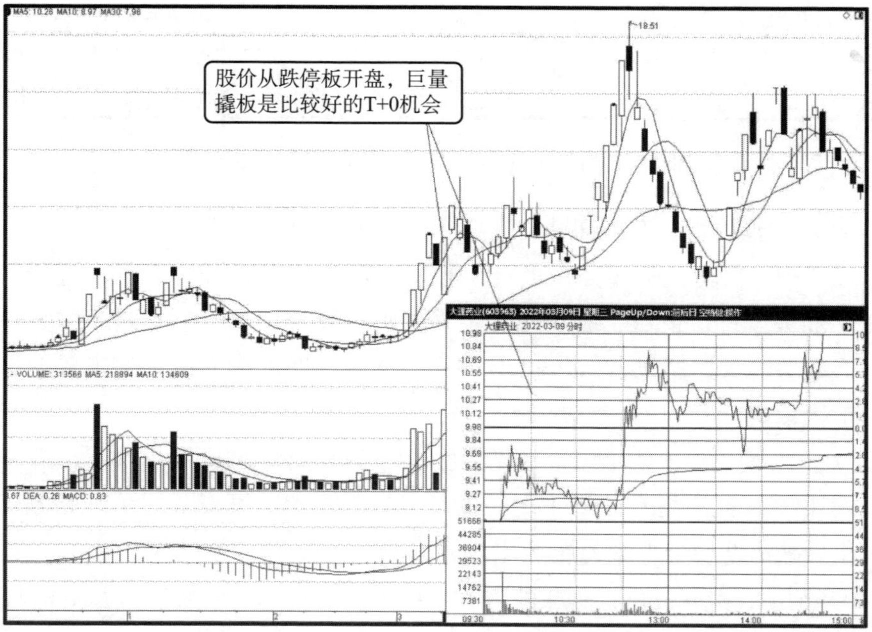

图 4-7　大理药业（603963）日 K 线和分时走势图

（4）最后的放量急速打压，先买后卖的 T+0 交易方式。

图 4-8，新五丰（600975）：2022 年 3 月 9 日，开盘后略为冲高，然后股价逐波回落，盘面非常脆弱。13:45 出现放量急速下跌，形成加速冲刺波。表明这是空头最后一杀，大多会有修复性反弹出现，这是 T+0 入场的最佳时机。买点关键：“放量+急跌”。

图 4-8　新五丰（600975）日 K 线和分时走势图

（5）大盘或板块企稳回升，先买后卖的 T+0 交易方式。

图 4-9，岱美股份（603730）：2022 年 4 月 27 日，开盘后低位运行，盘面依然弱势运行，企稳后股价逐步走强，收盘股价涨停。这与当天的大盘探底回升走势有关，所以在做 T+0 时一定要结合当时的大盘或板块走势，这是操作的大前提。

（6）大盘或板块跳水结束，先买后卖的 T+0 交易方式。

图 4-10，九洲集团（603456）：2022 年 3 月 9 日，开盘后股价一路震荡走低，午后跌幅进一步加大，尾盘出现止跌回升。结合大盘走势，当天大盘在 13:40开始加速跳水，随后迎来修复性反弹走势，这是个股做 T+0 的好时机。

（7）外盘大跌引发大幅低开，先买后卖的 T+0 交易方式。

比如，2022 年 5 月 9 日和 18 日这两天外盘大跌，5 月 10 日和 19 日 A 股

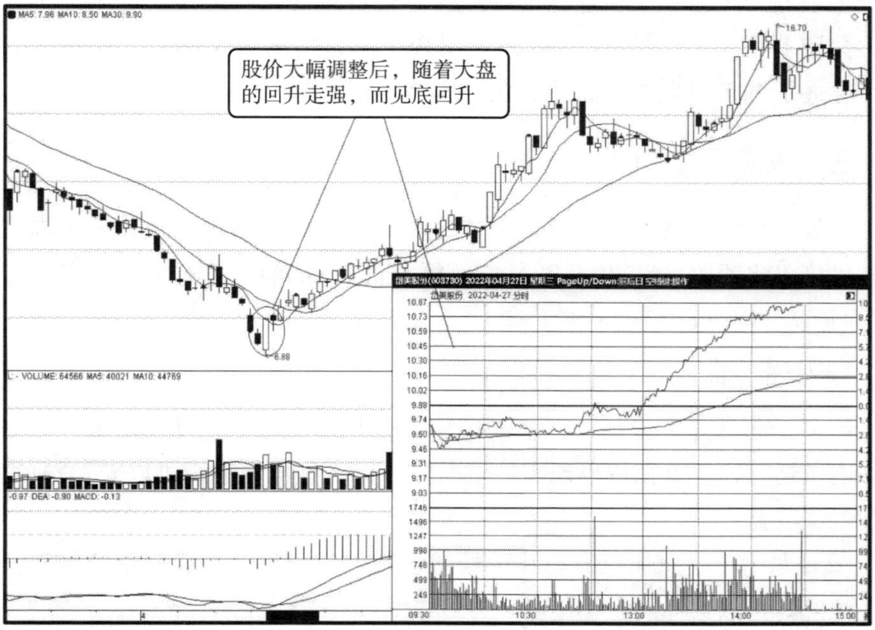

图 4-9　岱美股份（603730）日 K 线和分时走势图

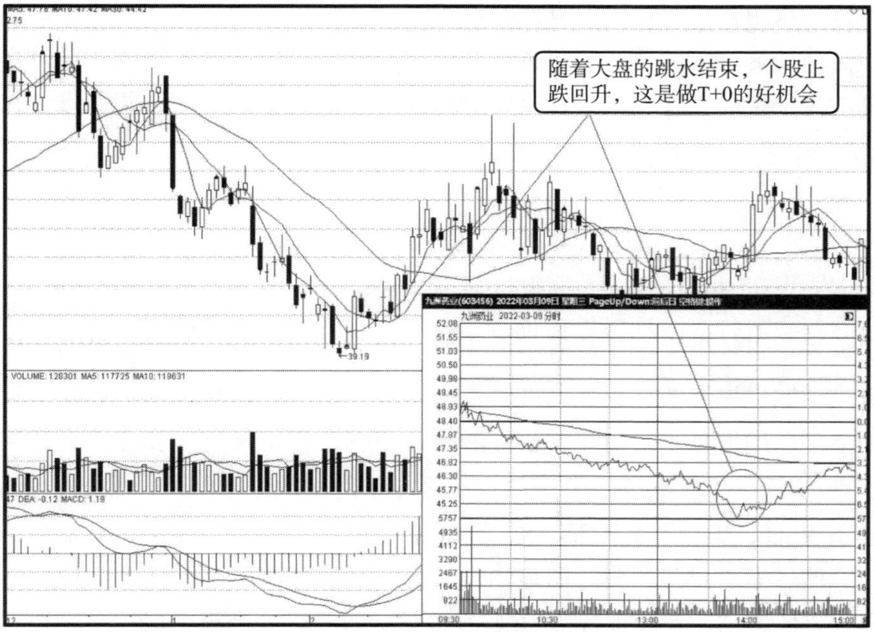

图 4-10　九洲集团（603456）日 K 线和分时走势图

分别大幅低开 50.24 点和 59.13 点，盘中股指出现低开高走，收出上涨大阳线，分别上涨 31.70 点和 10.98 点，阳线实体分别达到 81.94 点和 70.11 点，如果把握了做 T+0 的机会，当日收益应该不错。

三、先卖后买 T+0

股价出现大幅高开或分时盘中快速拉升后，一旦出现停止拉升或滞涨迹象时，可以将手中的筹码卖出，然后等待股价回落时再买回来，当日完成“先卖后买”的 T+0 交易过程。

1. 形态特征

（1）股价放量大幅高开。在股价放量高开的情况下，可以发现开盘后价格在高位运行，卖点很快出现在价格高位。在实盘操作中，可以先卖掉股票，兑现投资收益。

（2）盘中放量急促拉升。在平稳的运行中，股价突然放量快速拉升，当停止拉升时可以选择高点卖出。

（3）停止拉升或滞涨。重要标志是快速缩量，当分时图中量能萎缩以后，股价下跌趋势逐渐得到确认，应逢高卖出筹码。等待盘中出现低位时，可以逢低买入股票，从而完成 T+0 交易过程。

总体而言，股价高开后缩量下跌，这是分时图中常见的走势。一旦出现类似的价格走势，就可以确认高抛卖点，等待股价回调以后再买回来，完成当日“先卖后买”的 T+0 交易过程。

2. 实盘技巧

（1）开盘半小时冲高回落，先卖后买的 T+0 交易方式。

股价放量上涨的强势个股，在开盘阶段就已经表现出来。因为成交量的迅速放大，强势个股在开盘后半个小时内大幅快速拉升，但由于量能无法再次放大，股价出现了冲高回落的情况。开盘后短时间放量冲高的个股，在缩量回落之前的信号非常明显，投资者可以根据缩量情况判断卖点，以便落袋为安。

图 4-11，奥特迅（002227）：2022 年 4 月 27 日的分时走势，开盘后快速冲高，然后缩量回落。分时图显示，股价开盘后冲高回落，显示高位的显著卖点。该股冲高的速度很快，不到 10 分钟就拉升近 5 个点，但成交量快速萎缩，股价在分时冲高后出现整理。投资者若能把握这个价格高位做空机会，然后在回落低点重新买回来，就可以轻松完成 T+0 交易。

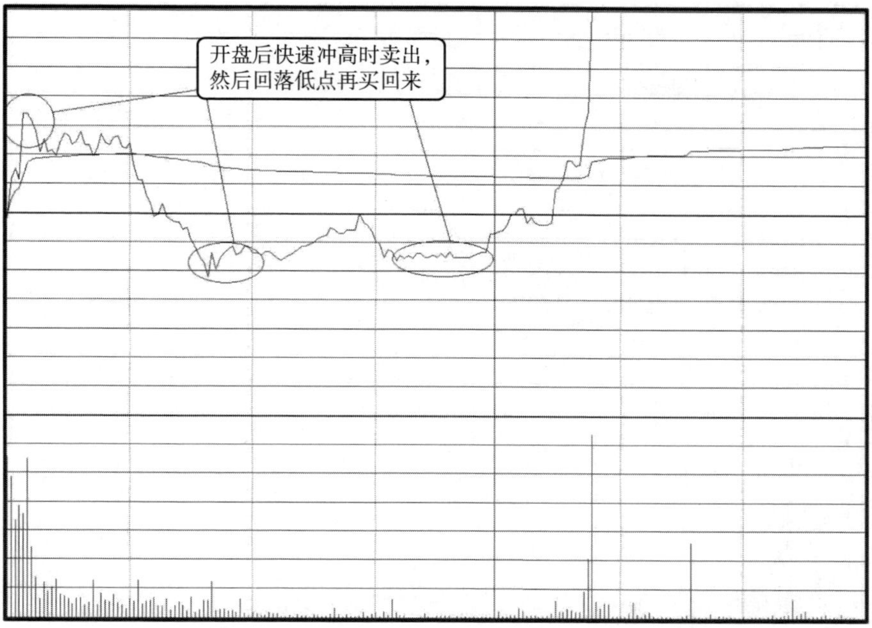

图 4-11 奥特迅（002227）分时走势图

股价开盘放量冲高的情况很常见。在这种走势中股价表现虽然强势，但没有量能持续放大作为支撑，也不可能给投资者带来更大的盈利空间。量能以脉冲形式迅速放大，而短时间内量能萎缩的过程中，也正是股价冲高回落形态完成的时候。

（2）开盘后多次冲高后回落，先卖后买的 T+0 交易方式。

强势个股一般不会一次冲高就开始回落，多次冲高的情况比较多见。如果股价在冲高过程中出现量能萎缩，投资者也应在价格高位做空。脉冲放量拉升的个股容易出现这种情况。通常首次冲高时还维持不小的量能，第二次冲高时量能开始萎缩，后续再次冲高时量能也不大。量能萎缩而价格再次回升，投资者完全有理由做空，完成 T+0 交易的止盈动作。

图 4-12，浙商证券（601878）：2022 年 6 月 9 日的分时走势，开盘后出现两次冲高，然后震荡整理。在分时图中，该股开盘后震荡走强，股价冲高后量能见顶，随之开始震荡走弱。在震荡过程中出现几次冲高回落现象，且成交量明显萎缩，表明上攻力度减弱，这时应选择卖出观望。

在股价冲高回落之前，投资者判断量能脉冲放大，一般应该谨慎应对。脉冲放量不如持续放量的股票具有持续性，上涨空间也不大，特别是相比开盘期间出现量能萎缩的个股更是如此。如果主力操盘手法一般，那么股价在无量

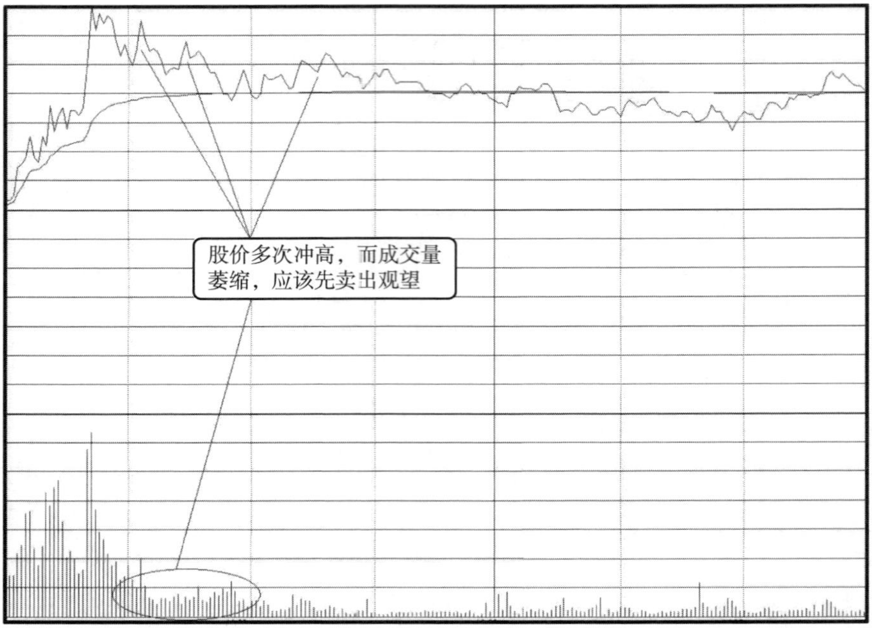

图 4-12　浙商证券（601878）分时走势图

的情况下易跌不易涨。股价出现多次冲高回落的走势，就适合 T+0 的操作。

（3）冲击涨停失败回落，先卖后买的 T+0 交易方式。

在强势上涨的个股中，有些股票是可以冲击涨停价的，这时正是投资者做空获利的机会。如果价格接近涨停价的时候，巨量抛单出现，那么这类股票也会在接下来的交易时间里出现回落情况。投资者可以根据抛单数量以及价格在缩量中的下跌走势，判断做空时机。

图 4-13，百亚股份（003006）：2022 年 6 月 13 日的走势，开盘后股价缓缓向上推高，盘面走势稳健，午后开始加速拉升，13:43 突然放出巨量，1 分钟内共出现 32972 手的买单，将股价拉至涨停，但封盘没有成功，股价出现快速回落。这时，投资者能够发现顶部已经形成尖顶形态，应该选择卖出观望。

（4）盘中冲高回落，先卖后买的 T+0 交易方式。

盘中冲高回落的股票，多数是主力试盘拉升的结果。主力拉升股价的意愿不强，短暂拉升后便出现回落，特别是早盘收盘前几分钟和午盘开盘后几分钟，这个时间段很容易出现冲高回落走势。不管从价格走势还是从量能变化看，都是冲高回落的情况，投资者判断卖点并不难。值得一提的是，盘中冲高回落走势持续时间短，投资者尽可能快速把握高位卖出机会，才能够获

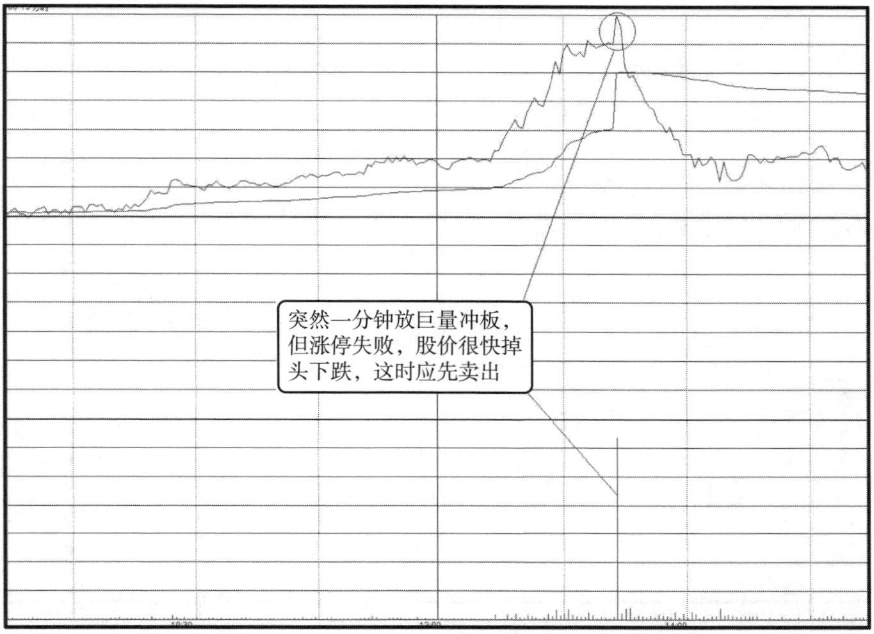

图 4-13　百亚股份（003006）分时走势图

得不错的回报。

图 4-14，西安旅游（000610）：2022 年 6 月 15 日的走势，午后股价从水下快速冲高到涨停板，但摸板不封盘，股价出现回落，股价在高位维持的时间非常短暂。在脉冲量能的作用下，股价很容易出现异动的情况。该股午盘的那一瞬间冲高走势就是这种情况，一旦不能成功封盘，就应选择离场观望。

脉冲量能可以推动价格瞬间爆发，却不能维持股价上涨的趋势。追涨买入的人并不活跃，以及主力资金流入无以为继，所以盘中冲高回落走势，成为投资者进行 T+0 操作的机会。脉冲量能对应的股价高位，成为投资者做空的位置。当股价震荡下行的情况延续到尾盘时，投资者可以考虑轻仓买入，为第二天的价格高位止盈做准备。

（5）高开缩量回落，先卖后买的 T+0 交易方式。

当出现高开上涨却缩量下跌的走势时，投资者也可以考虑卖出操作。高开上涨的走势没有持续放量支撑，价格也会震荡回落的。在利好消息的刺激下，个股短线高开而缩量回落的走势，正是投资者可以把握的卖点。在高开的情况下，股价开盘价就已经出现较大涨幅，量能萎缩而价格下跌之前，投资者就能够完成止盈操作。

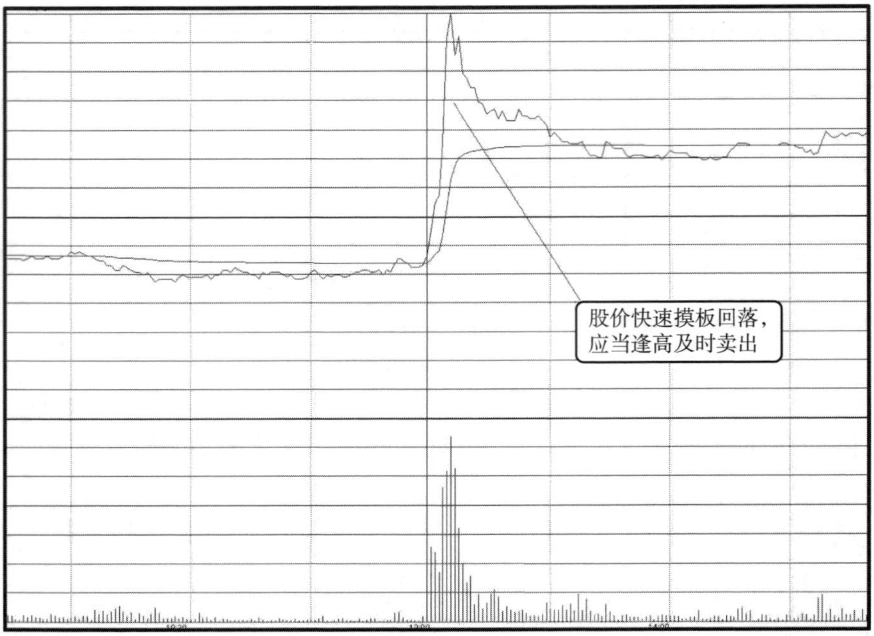

图 4-14 西安旅游（000610）分时走势图

图 4-15，盛达资源（000603）：2022 年 3 月 25 日的走势，开盘后出现两

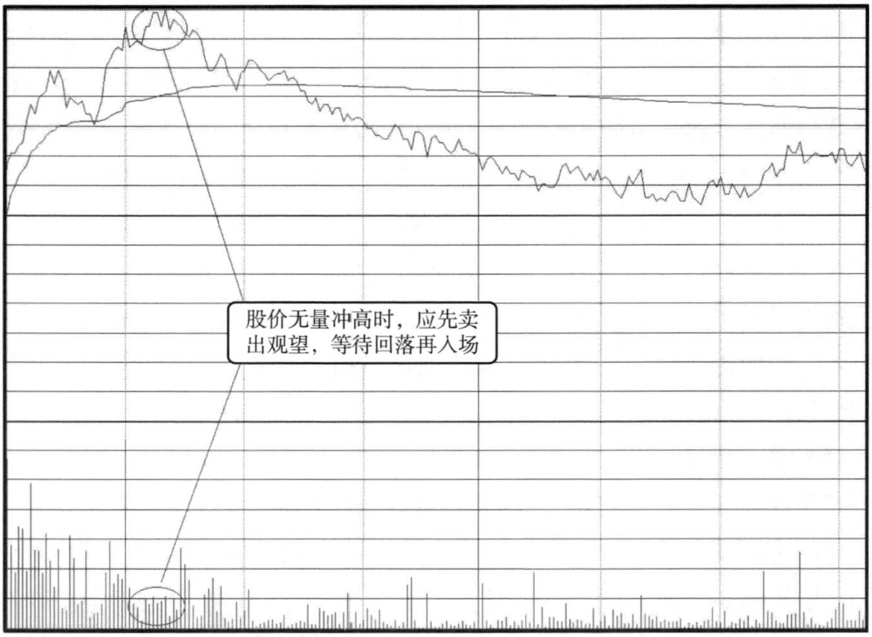

图 4-15 盛达资源（000603）分时走势图

波拉升，经过短暂整理后试图再次拉升时，出现了明显的缩量现象，这时可以先卖出观望。开盘后快速冲高，可能是主力趁机拉高出货，也可能是散户追涨所致。不管怎样，当后面出现缩量时，可以判断为股价回落整理，应先卖出等待回落接回。

股价高开后缩量回落，价格在开盘后短时间内波动空间很大。高位卖点很可能短时间内便会消失，投资者若要获利必须时刻做好高位止盈的准备。在股价无量拉高时，把握高位卖出机会，才能将短线利润收入囊中。

第二节　分时买入时机

日 K 线图是分析股票未来走势最为重要的依据。但是，对于短线投资者而言，具体的买卖还要结合分时走势来进行，日线抓趋势，分时选买点，这样才能够捕捉到一个较为理想的短线机会，对投资者确保交易成功和保持良好的心态，都具有至关重要的作用。若是买在阶段性的低点附近，那么，剩下的就是在何时卖出，也就是赚多赚少的问题。因此，从这个意义上说，一个好的买点，就等于一笔交易已经成功了一大半。

一、强力试盘后的买入法

个股出现强力试盘信号后的买点，主要有以下两类：分时突破买点和分时低吸买点。

1. 分时突破买点

主要是指突破上影线高点时买入，这是确认度比较高的买点。所谓不见兔子不撒鹰，当股价放量突破上影线高点时，也就说明了上涨空间将正式打开，可见势追涨介入。

在日 K 线分析过程中，经常以股价突破某一高点来作为操作的依据。这种方法之所以使用广泛，是因为某个阶段股价的最高点，往往就是上涨过程中压力最为沉重的阻力。一旦有效突破了，就预示着股价还有惯性上涨的空间。

图 4-16，首航高科（002665）：2022 年 7 月 22 日和 28 日，该股分别收出两根冲高回落的长上影 K 线，29 日小幅高开后缓缓向上推高，11 点过后股价再度摸高到上影线高点附近，主力并没有一次性穿越过去，而是再次选择回落整理。午后放量拉起，直线拔高，成功突破前面两根 K 线的高点，预示

主力有做多的愿望。这时就可以及时跟进，当日股价成功涨停，次日有溢价机会。

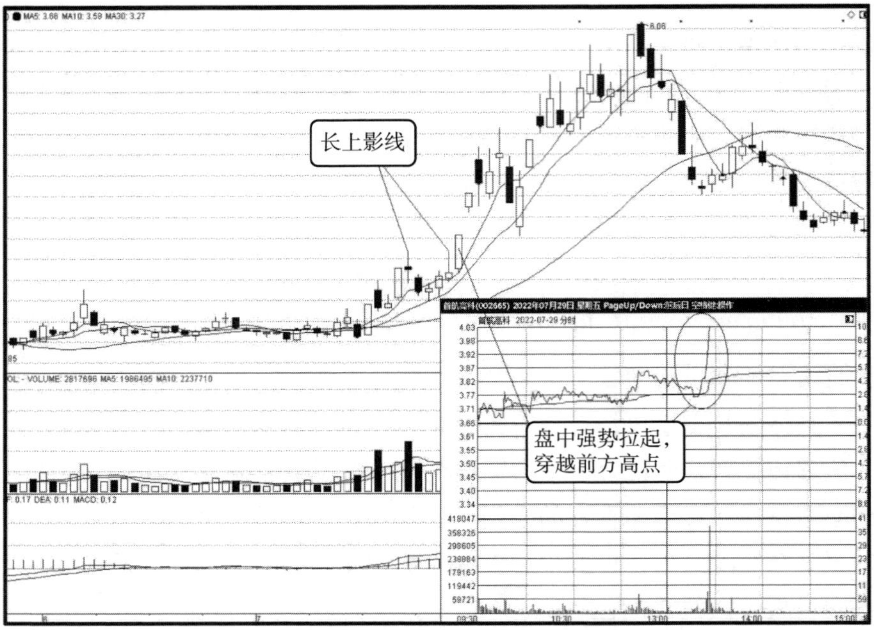

图 4-16　首航高科（002665）日 K 线和分时走势图

在实盘操作中，很多时候会出现多个盘区高点，这是多重前高突破买入法，就是股价突破前一天（或前几天）的两个或两个以上价位相近的高点之后，进行买入的操作方法。这个方法与突破分时高点买入法有明显的区别，主要有两点：一是前者针对的是前一天的相对高点，而后者针对的是当天分时前面的高点；二是前者要求在前一天至少有两个相近的高点，而后者则没有硬性要求。当然，若是有的话那就更好了。

这种方法实用性很强，是应用较广的实时介入法之一。若是前一天的分时走势具有以下特点，那么突破的可靠性更高，之后上涨的力度通常就更大了。其中包括：一是上影线较长，一般在 3%以上；二是这几个价位非常接近的高点之间的间隔时间不要太短，最好至少大于 1 个小时；三是股价上面已经没有明显的重要阻力位，尤其适用于创出历史新高的股票。

要点提示：在绝大部分情况下，突破前高买入法是针对前一天的最高价突破之后作为较佳买点的。在少数情况下，只要前一天至少有两个明显的较高点被突破了，同样是较好的介入时机。

这种特殊的买入法，主要在距离当天最高价较远时采用。因为，若是距离当天的最高价较近，那还不如等到突破最高价之后再介入。

2. 分时低吸买点

前面讲述的突破买点方法，优势在于确认度高，缺点在于偏右侧的买入点，一方面不能使利润最大化，另一方面碰上大盘转弱，如果不能封板，容易陷入追在高点被套的尴尬境地。所以，这里有必要再讲一下分时低吸买点。

分时低吸买点主要是指强力试盘信号后，在股价回落整理低点时入场。这需要对分时盘口的强度进行确认，只有承接力度强，分时异动明显时，才可低吸介入。在分析判断上，股价不有效跌破均价线，而是在均价线附近盘整，就可以认为有买方承接，盘中略微刺破均价线就可以忽略。

图 4-17，中通国脉（603559）：2023 年 2 月 27 日主力强力试盘，股价冲高回落，随后一直在均价线附近整理，清洗浮动筹码，股价下探时有大资金承接。在日 K 线中，股价回踩 30 日均线不破或跌破后迅速拉起，成功站稳在均线系统之上。在分时图中，股价下探后重新站于均价线之上，回落不有效跌破均价线时，就可以在均价线附近低吸。

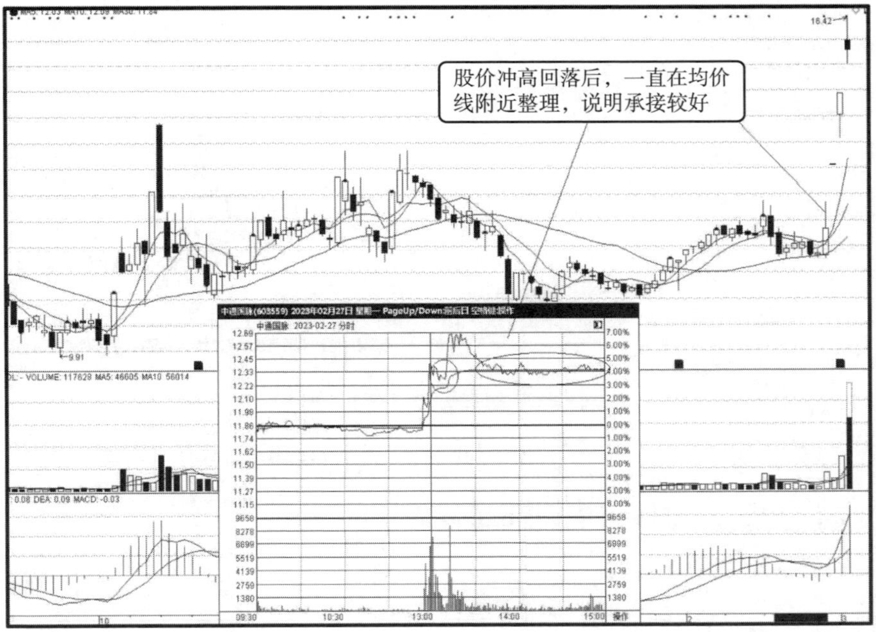

图 4-17　中通国脉（603559）日 K 线和分时走势图

通过该股的两个买点，也可以看出，低吸买点利润空间要大，而突破买点确认度要高，可直接享受主升浪。关于低吸买点涉及的承接强弱判断，很多散户可能还不太懂，这里再说一下。判断分时承接强弱，一个最简单的方法，就是看股价与均线系统之间的关系。

如果股价始终在均线之上波动可视为有买方承接，在均线系统之上持续上行，则说明承接力度强。反之，股价回落到均线系统之下运行，不断走低，则说明承接力度弱。

二、第一波回调结束买入法

第一波回调结束买入法，是指开盘后先出现第一波冲高，在小幅回调结束后，当股价再次开始向上拐头时，就及时买入的一种操作方法。

图 4-18，襄阳轴承（000678）：股价拉高后回落洗盘，围绕 30 日均线进行整理，均线系统出现胶着状态，预示着股价即将做出方向性选择。2022 年 7 月 22 日，开盘后前 1 个小时继续维持震荡，10:31 开始出现一波快速流畅的拉升，上涨幅度超过 4%，股价脱离底部盘区。第一波见顶回落后的调整幅度很小，表明主力做多意愿坚决，上升动能充沛，可以在股价刚刚拐头向上时及时介入，之后股价第二波拉涨停。

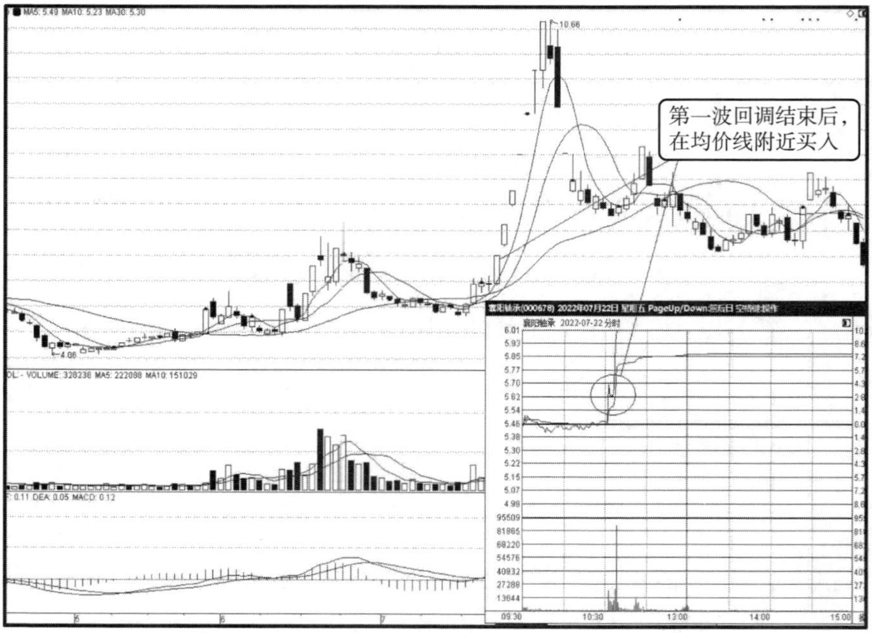

图 4-18　襄阳轴承（000678）日 K 线和分时走势图

图 4-19，禾盛新材（002290）：2022 年 7 月 27 日股价小幅高开后，出现

一波强势拉升走势，股价上冲到 7 个多点，然后股价回落到开盘价附近，企稳后再次拉起，这时可以及时买入做多，当日股价成功涨停。

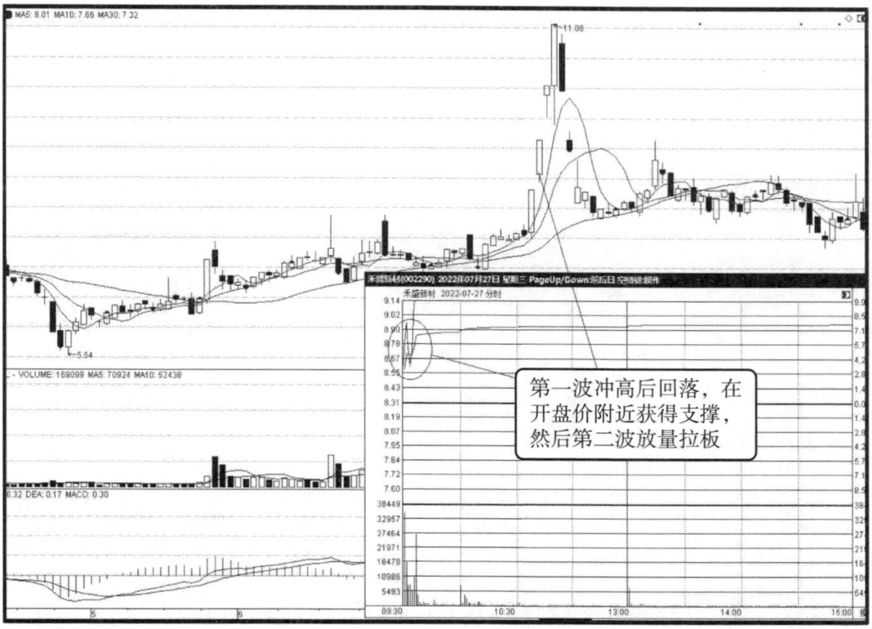

图 4-19 禾盛新材（002290）日 K 线和分时走势图

要点提示：首先，均线系统黏合时间越长越好，震荡整理过程中量能呈现严重萎缩态势。其次，当天第一波的上涨最高点已经突破均线以及整理期间的最高价。为了确保有效的操作，股价前期最好出现大幅的下跌调整，这也是一种超跌买入法。

这种方法同样适用于第二波回调买入。第二波冲高之后，在浅幅回调结束，股价开始向上拐头时，也可以及时买入。技术要求：通常前面两波涨幅不大，盘中没有出现过放量冲刺现象，这样第三波可能就是分时主升波。

三、超越第一波高点买入法

超越第一波高点买入法，是指股价开盘不久，出现第一波冲高之后，经过短暂的回调整理，当股价再次拉升突破第一波上涨的高点时，就可以及时买入的一种操作方法。

图 4-20，赛象科技（002337）：2022 年 7 月 18 日，开盘后出现一波拉高行情，股价上涨 6 个多点，随后进行短暂的回调整理，股价没有大幅回落，表明主力回档蓄势整理。几分钟后，主力进行第二波拉升，成功穿过第一波

高点，这时可以及时跟进，当日股价成功封涨停。

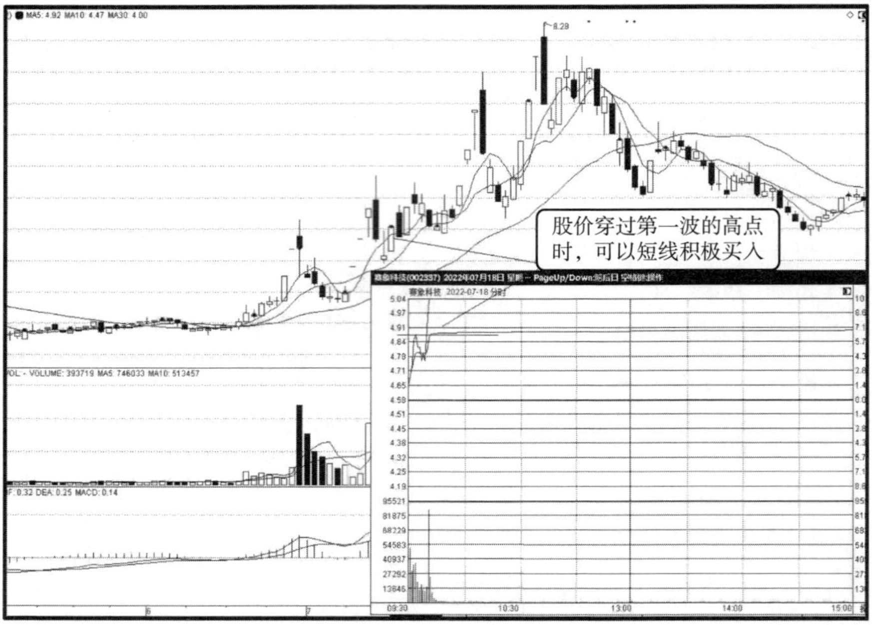

图 4-20　赛象科技（002337）日 K 线和分时走势图

图 4-21，怡球资源（601388）：该股经过充分的下跌调整后，在低位出现一段时间的横盘整理，表明主力建仓极其充分，随时都有可能出现突破走势。2022 年 7 月 21 日，该股开盘后小幅拉高 3 个多点，然后出现回落整理，很快展开第二波强势拉升走势，股价直奔涨停。在当天的分时走势中，主力启动拉升迹象非常明显，当股价放量突破第一波高点时可以及时买入。

这种方法同样适用于超越第二波高点买入。在股价第二波冲高之后，经过短暂的回调整理，当股价向上突破第二波上涨高点时，也是较好的短线买入机会。

要点提示：这种方法较适合当天分时已经具有较大的涨幅，在前面的走势中出现一些不太理想或不太确定的状况，需要做二次修整。因为，在突破第二波的高点之后，股价的涨幅往往已经距离涨停价较近，这时候只要突破前期高点，不需要拉升太大的涨幅，就可以达到涨停价位置，因此封板的概率比较高。这种形态就是经常所说的扫板，有时候等到股价更高一点再介入，往往具有更高的可靠性。

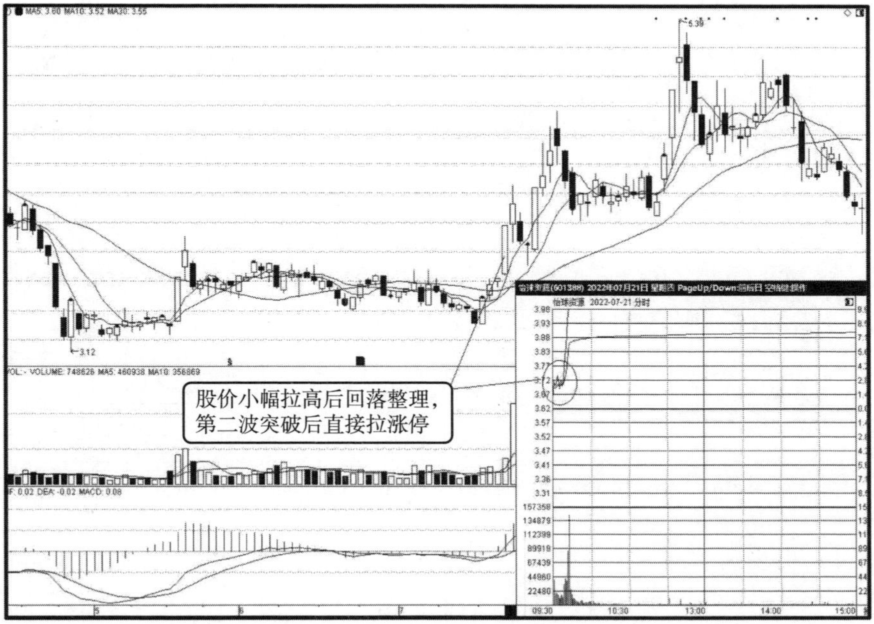

图 4-21　怡球资源（601388）日 K 线和分时走势图

四、突破前期高点买入法

突破前期高点买入法，是指股价当天先出现一轮上升行情，接着就进入了一段时间的调整，随后股价再次发力上攻，在突破当天最高价时，就进行买入的一种操作方法。

图 4-22，重庆路桥（600106）：2021 年 11 月 26 日的分时走势图，股价开盘后维持箱体震荡，区间波动幅度较小，午后放量向上拉起，突破前期最高价，通常这是一个较好的买点。当天股价涨停收盘，产生一波强势行情。

图 4-23，联诚精密（002921）：该股长时间处于筑底走势，主力准备工作非常充分。2022 年 7 月 28 日，开盘后继续维持盘整态势，盘中几次试图拉升，但主力手法稳健，并不急于强行拉升。经过充分的蓄势整理后，午后主力开始放量拉起，一举突破盘中两个明显的高点压力，这时形成了较好的买入机会。随后股价两波放量涨停。

股价一旦突破前期高点后，那么这个高点就由原来的压力转换为现在的支撑，所以股价回落到当天整理平台的高点附近时，就可以进行买入操作。

这个方法与突破前期高点买入法有密切的联系，可以理解为突破前期高点买入法为第一买点；那么在股价回调到前期高点附近时，就属于这个形态

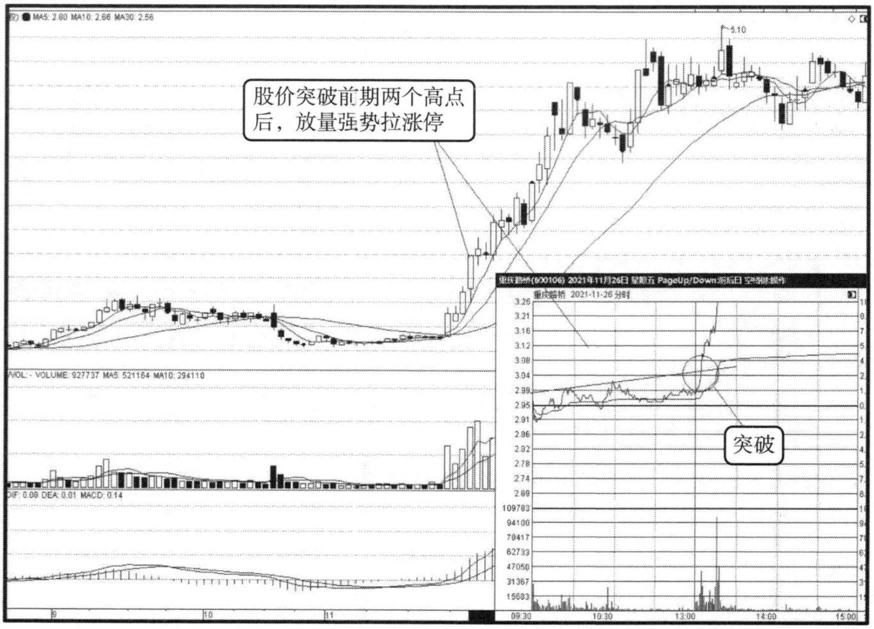

图 4-22　重庆路桥（600106）日 K 线和分时走势图

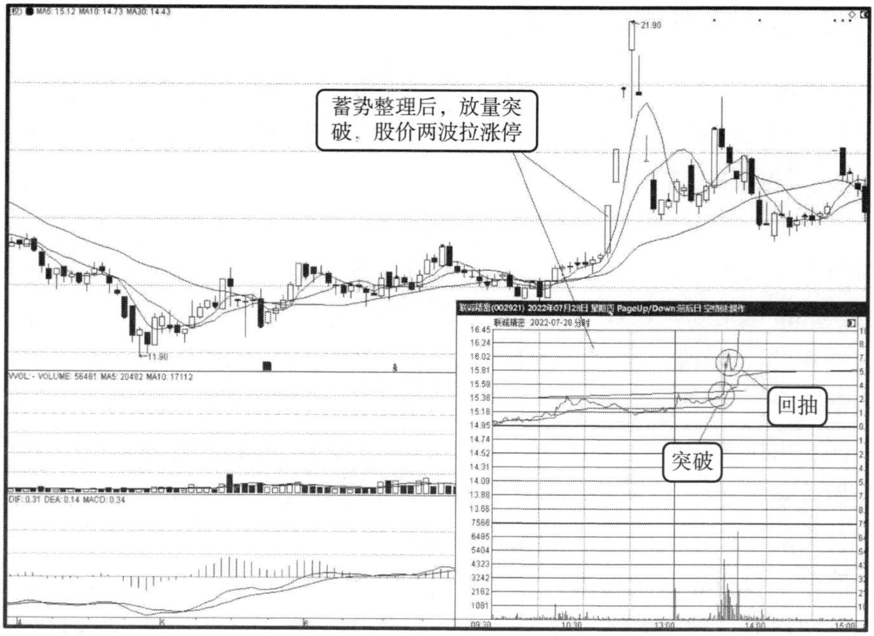

图 4-23　联诚精密（002921）日 K 线和分时走势图

的第二买点。其实，第二买点也是突破后的有效确认过程，股价跌不下去，得到有效支撑，说明突破有效，买入确定性更高。

图 4-24，宇环数控（002903）：在 2022 年 4 月 13 日的分时走势中，该股先是三小波上拉，然后第四波拉涨停，盘口很有节奏感。第二波拉升结束后的回调，股价在第一波的高点附近得到技术支撑，然后展开第三波拉升走势。同样，第三波拉升结束后的回调，在第二波的高点附近得到技术支撑，然后第四波拉涨停。分时逐级上高，买点清晰，确定性高。

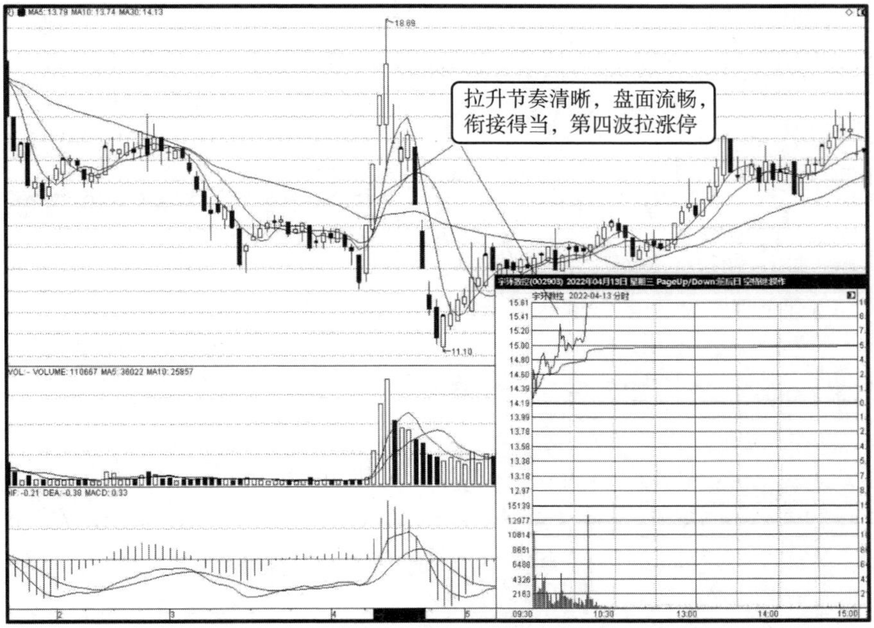

图 4-24　宇环数控（002903）日 K 线和分时走势图

要点提示：这种买入法要求在最初的上涨行情中，股价走势要流畅有力，回落后的区间震荡位置不能太低。在震荡整理阶段，股价最好始终处于分时均线之上运行，震荡区间内最好有两个以上较为接近的高点，这样股价突破的支撑力度往往较强。

五、低位突破买入法

低位突破买入法，是指开盘后股价处于窄幅震荡整理，然后股价放量突破拉起，脱离盘整区的约束。或者，股价出现较大幅度的低开，一直在昨日收盘价之下的低位进行较长时间的区间震荡，然后向上拉起直至涨停，通常震荡整理时间在 1 小时以上，在随后突破盘整的最高点时就及时买入的操作方法。

图 4-25，日上集团（002593）：该股在底部长时间的震荡整理，主力准备工作极为充分。2022 年 7 月 26 日小幅低开后，整个上午基本维持在“水下”弱势运行，似乎多头力量不足。可是，午后放量拉起，脱离整理盘区，这就形成了较好的买点。当日股价三波拉至涨停，之后出现 5 连板行情。

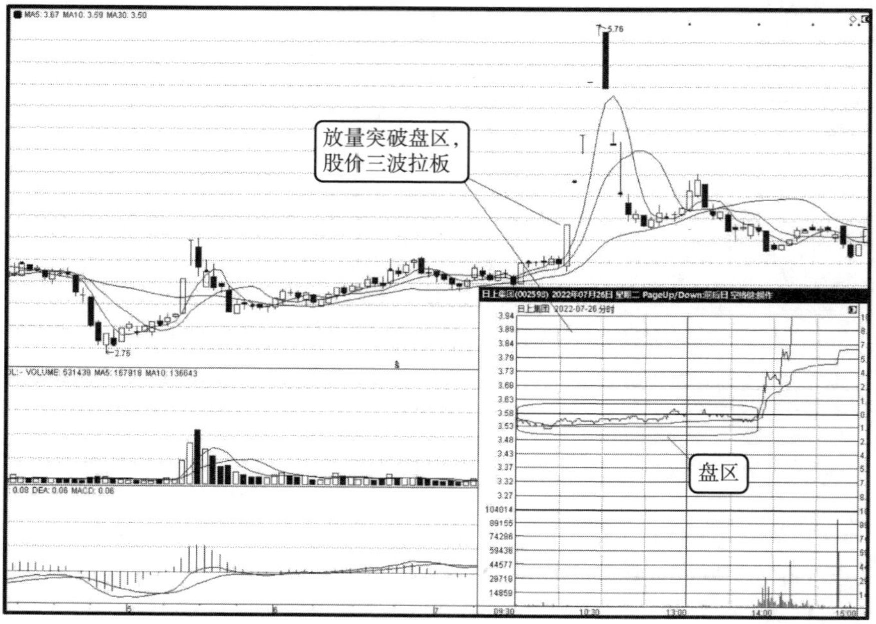

图 4-25　日上集团（002593）日 K 线和分时走势图

图 4-26，禾盛新材（002290）：该股日 K 线走势中，主力完成空头打压后，股价缓缓向上推高，底部重心不断上移。2022 年 7 月 26 日开盘后，股价一直维持震荡整理走势，盘口十分低迷，缺乏主力关照。午后出现放量突破走势，这时可以及时跟进做多，当时股价强势涨停，之后出现 4 连板行情。

在实盘中不管是何种原因，只要股价突破盘局，股价后续上涨的概率就很大，甚至有的个股出现利空，也不会对股价造成不利影响。由于主力已经提前做好准备，实力强大的主力是不会因为出了利空就弃之不顾了。相反，一样还会我行我素，不断地推高股价，以获取预期收益。

这种形态也经常发生在以下两种情形的次日：一种就是有较强实力的主力，开始拉升股价，前一个交易日股价大幅冲高，尾市回落收长上影线。那么，股价在次日往往就会顺势大幅低开，先是进入一个调整阶段，然后放量拉升。另一种情况就是股价前一天封于涨停，但是，公司突发利空消息，使

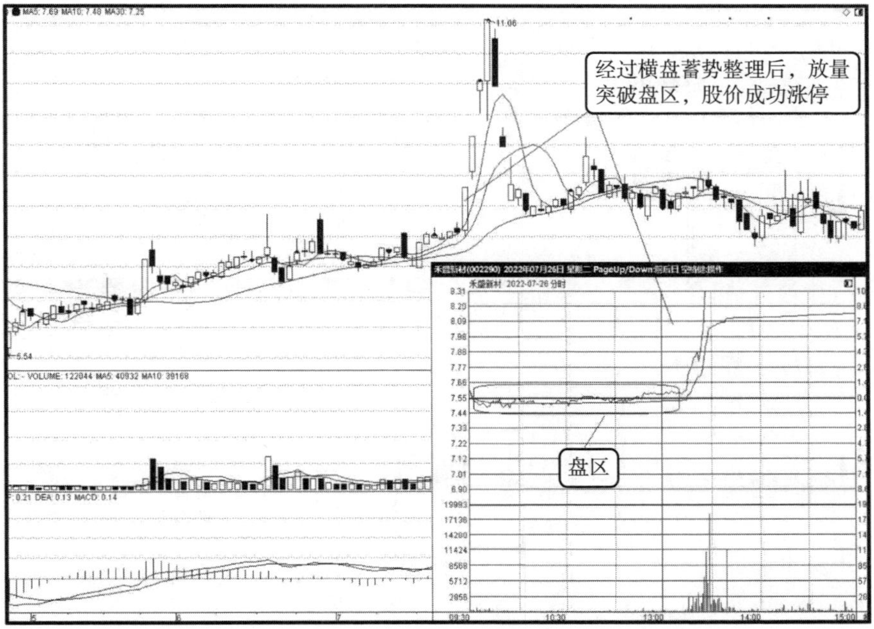

图 4-26 禾盛新材（002290）日 K 线和分时走势图

投资者措手不及，在次日纷纷抛售筹码，导致股价大幅低开震荡，而主力在此种情况下，正好顺势完成洗盘。

六、重要技术突破买入法

在实盘操作中，能够产生技术突破的位置很多，比如均线、趋势线（通道）、前高（前低）、盘区（成交密集区）、颈线位和整数关口等。一旦股价向上突破，往往有一波惯性上涨行情，因此是一个非常好的买入机会。

1. 突破趋势线买入法

就是指股价从高位回落，进入较长时间的调整阶段，在股价突破下降趋势线的压力之后，就及时买入的一种操作方法。

图 4-27，康强电子（002119）：这是该股 2022 年 10 月 20 日的分时走势图。股价小幅低开之后，略作冲高走势，之后的一段时间股价重心下行，在分时图中形成一条下降趋势线。不久，股价放量向上突破下降趋势线的压力，这时就是第一个较好的买入时机。接着股价强势回升，然后回抽确认，构成第二个买点。经过突破后的回抽确认成功，显示下跌趋势的逆转已经明确。之后该股强势上涨，短线获利空间较大。

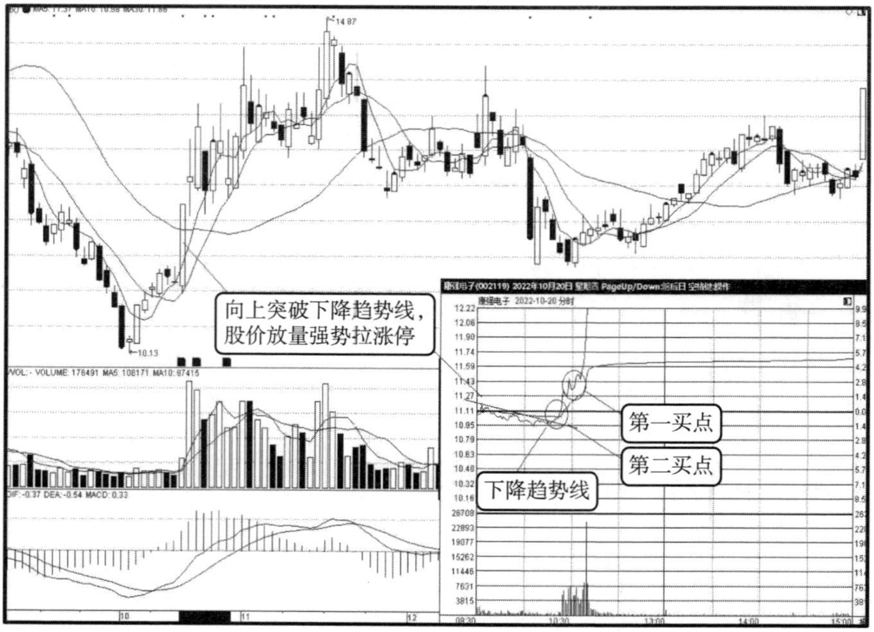

图 4-27　康强电子（002119）日 K 线和分时走势图

要点提示：下跌趋势线是由两个点组成，第一个起点一般是最高价，这个比较简单。关键是在第二个点的选择上，不同投资者的选择往往不一样。

原则上讲，比较合理的趋势线，通常应该具备两点：一是两个点之间的距离应该适中，一般不应短于 20 分钟；二是确立趋势线的第二个点，反弹的幅度应该较大，通常是下跌过程中反弹幅度最大的那波反弹的高点。

若是刚突破股价下跌趋势线时的价位，距离前一个反弹高点较近，就应该等到突破前一反弹高点时再及时地介入。股价回调到刚突破趋势线的价位附近时，往往是第二次介入的良机。

2. 调整至分时均价线买入法

经过前期较大幅度的上涨之后，当股价回调到分时均价线附近时，短线可以及时买入。

与日 K 线图上以每天收盘价作为统计依据的均线不同，分时均价是以盘口总成交额除以盘口总成交量的运算方式，反映当前所有参与者的综合持仓成本，对研判分时走势具有重要的参考作用。

图 4-28，传艺科技（002866）：这是该股 2022 年 6 月 23 日的分时走势图。开盘不久，股价就放量强劲上攻，两波拉高之后出现缩量回调。在分时

图中每一次回落到均价线附近时，都是一个比较好的买入机会。午后快速大幅放量，将股价拉升至涨停，量价关系配合理想。之后出现 7 连板，股价快速翻番。异常强劲的走势，令人瞠目结舌。

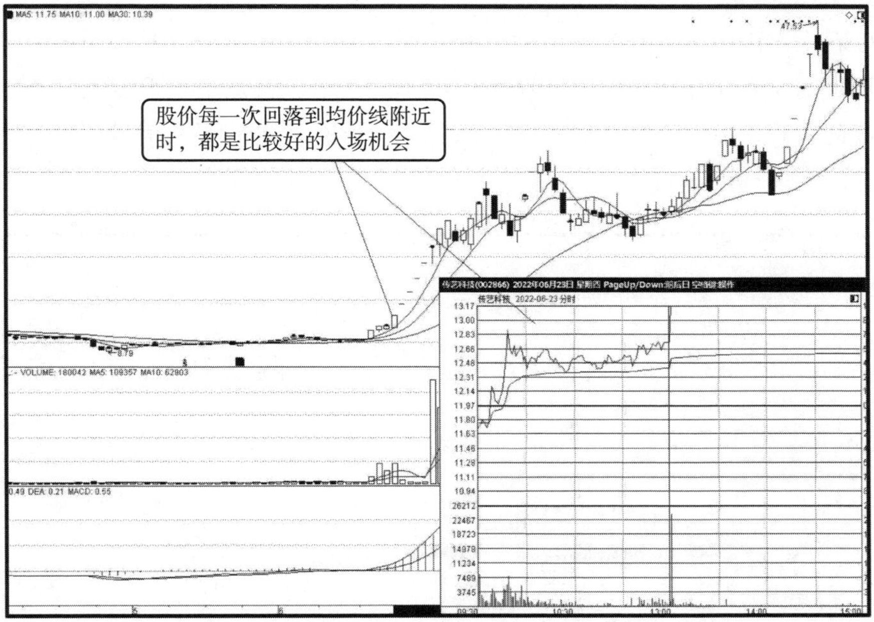

图 4-28　传艺科技（002866）日 K 线和分时走势图

要点提示：用这个方法介入时，要求分时走势强劲有力，在上午的拉升过程中，有过涨幅在 4%以上、走势流畅、波形较长的上升波出现。

股价首次形成最高点后，到回落至分时均线附近，应该有 2.5%以上的跌幅，这样的形态可靠性才会更高。

在时间上，股价接近分时均价线，达到介入条件的时间最好不要晚于 14:00,否则当天上冲涨停的概率就较低。

3. 突破上升三角形买入法

箱体、平台、楔形等各种整理形态，在突破原理上都是大同小异的。下面仅介绍一种可靠性较高的方法，也就是突破上升三角形买入法。

当天股价先是经历了一段时间的上涨，在涨至一定幅度之后，出现较长时间的震荡走势。其间几个高点的价位都较为接近，基本上呈现在一条水平线附近，而几个低点是不断抬高的，这样就构成了上升三角形形态。那么，在股价突破区间的最高点时及时介入的方法，就是突破上升三角形买入法。

图 4-29，华脉科技（603402）：在 2023 年 2 月 27 日的分时走势中，出现一个经典的上升三角形突破形态。股价开盘后出现第一波比较有力度的拉高，然后出现震荡整理，几起几落形成一个标准的三角形整理形态。从图 4-29 中可以看出，由于上升三角形通常至少需要 5 个高低点形成才较为可靠，所以其形成的时间往往较长，一般在 1 个半小时以上，再加上在形成前还有不同程度的上升行情，也要占用一些时间。这种形态发出的买入信号出现在下午的情形较多。

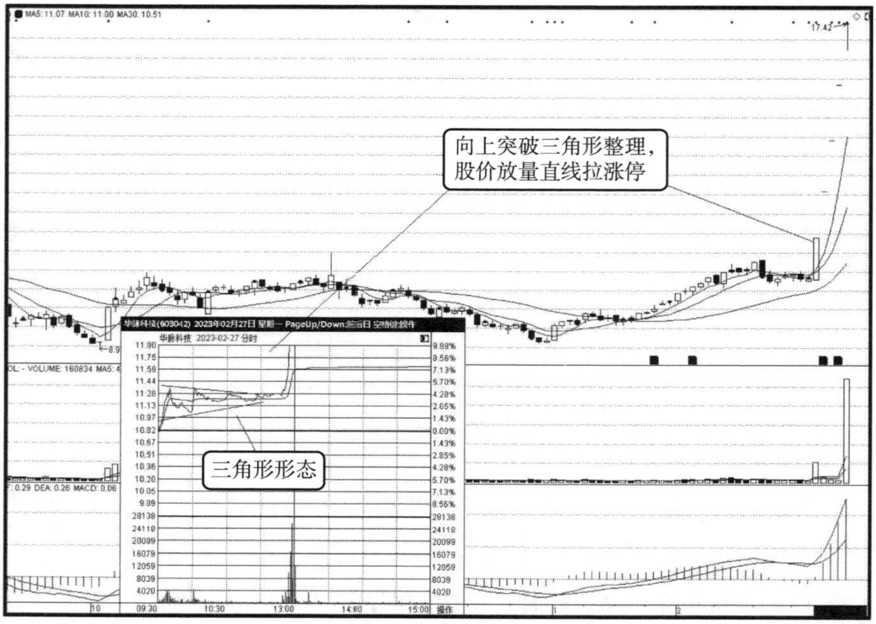

图 4-29　华脉科技（603402）日 K 线和分时走势图

要点提示：这里讲述的是突破区间高点之后的买点问题，所以具体什么形态更恰当并不重要，只要出现几个价位相近的高点，一旦形态被突破时，往往就是较好的买入时机，这才是问题的核心所在。

在实盘中，上升三角形的高点，如果处于 7%左右更好，区间的振幅为 3%左右。由于距离涨停价较近，而且调整也较为充分，因此形态一旦向上突破，往往封涨停板的概率很大。

第三节　分时卖出时机

一、单波上涨卖出法

单波上涨卖出法，就是在股价一波上涨的过程中，当冲至前期较为重要的阻力区域附近，股价刚刚拐头向下时，就可以及时卖出。这在分时图形中，往往呈现单波尖顶形态（倒V形）。

前期较为重要的阻力区域，通常包括前期较为敏感的高点、成交量较大的前期整理平台、较为关键的均线附近、下跌趋势线附近等。

这种方法的原理：不去预测股价能否超过这些阻力位，只是根据大量的实盘经验，当股价冲到较为重要的阻力区域时，股价遇阻回落将是大概率的走势，遵循的就是永远只去追求大概率走势的原则，这是股市投资中最基本的交易法则。

图4-30，地素时尚（603587）：这是该股2022年8月12日的分时走势图。开盘后呈现震荡整理走势，午后股价渐渐震荡走高，随后出现加速拉升，成交量持续放大，但在股价摸板后出现快速回落，呈现V形尖顶形态。结合

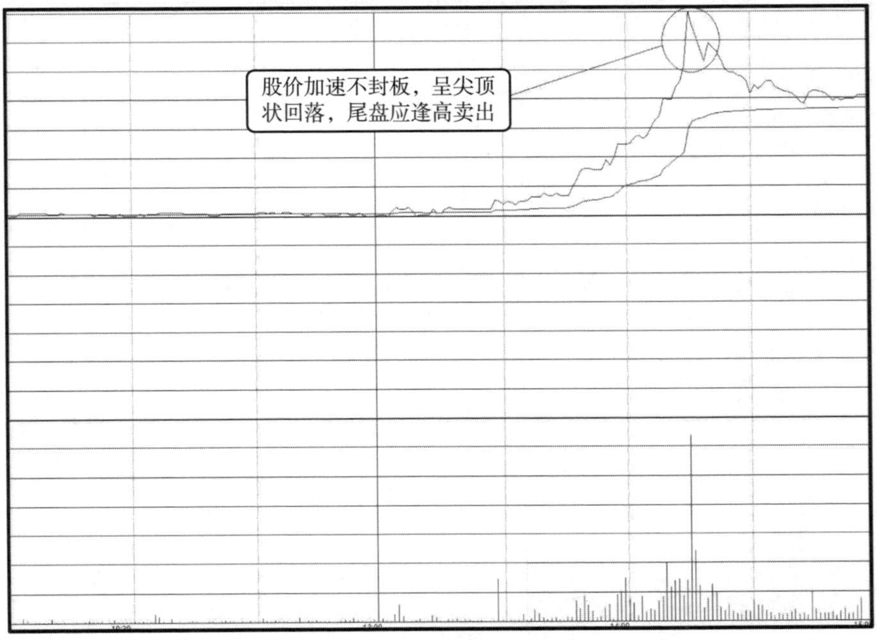

图4-30　地素时尚（603587）分时走势图

K 线分析，股价处在盘区中，上方压力很大，难以形成有效突破，应及时逢高卖出。

要点提示：这里讲的仅是股价单波上涨之后，达到前期高点附近，在股价刚刚拐头时，要及时卖出。其实，究竟是以几波或什么样的形态冲至较重要的前期高点附近，并不是最重要的，关键在于能不能形成突破后的持续走势。这种方法所要表现的就是只要股价接近前期重要的阻力区域时，就择机出局的操作理念。

二、两波上涨卖出法

两波上涨卖出法，就是在股价出现一波较大幅度的上涨后，经过短暂的回调整理，企稳后展开第二波上涨行情，但是发现第二波上涨明显乏力，就在股价刚刚拐头向下时及时卖出的操作方法。

股价上涨乏力的表现通常有：在股价超越了第一波的高点之后，并没有上涨多少就快速转为下跌；第二波上涨的幅度，或是上涨的角度，比第一波上涨时明显要小；成交量较第一波上涨时，有较大程度的减少；股价上涨不够流畅，说明多头主力力不从心。

图 4-31，凯盛新能（600876）：这是该股 2022 年 8 月 18 日的分时走势

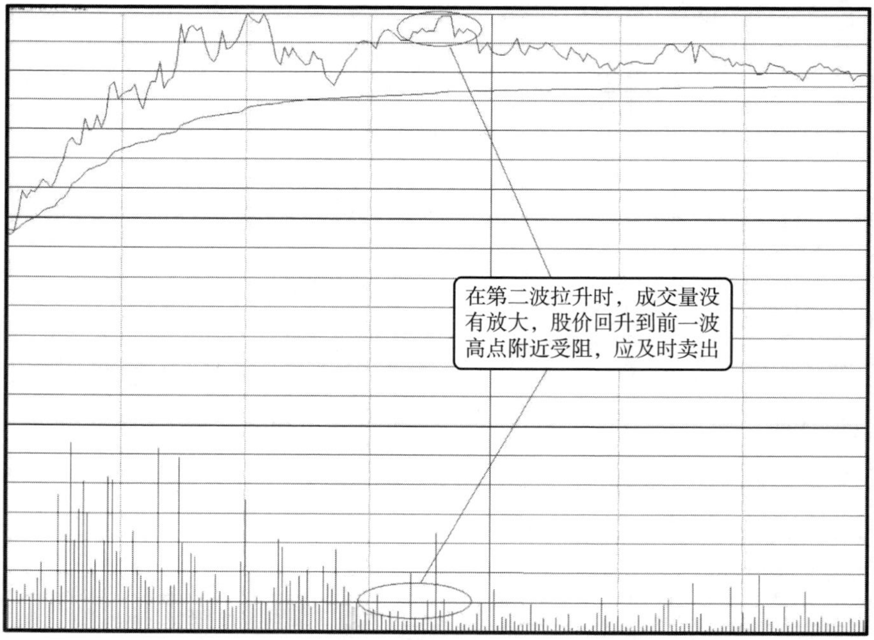

图 4-31　凯盛新能（600876）分时走势图

图。开盘后股价出现一波持续的强势推升行情，上涨幅度超过 7%，经过略微下探走势之后，出现第二波推升行情，但是股价到达第一波高点附近时，由于成交量没能跟上，导致股价没有突破第一波的高点，之后转为震荡走低迹象，重心出现下移。所以，在第二波股价上升无力刚刚拐头向下时就马上卖出，往往就是较好的卖点。

要点提示：第二波的上涨，有时连第一波的高点都无法超越，形成失败的两波上升形态，在其他方面类似的情况下，同样也应及时地出局。

很多时候，开盘不久股价就出现强势，甚至接近涨停板，若是在大盘环境不好的情况下，随后股价大幅回落的概率是很高的，所以这时应果断卖出。强势股的炒作就是如此，因为如果当天不能强势封上涨停，很可能就会出现较大幅度的回落。

三、三波上涨卖出法

三波上涨卖出法，就是在股价经过三波上涨后，在第三波股价刚刚拐头向下时，就及时卖出的一种操作方法。该法和两波上涨卖出法类似，也分为突破第二波高点和未能突破第二波高点两种形态。

常言道：一鼓作气，再而衰，三而竭。在分时走势中也经常出现这种盘口现象。短期强势股就是依靠高涨的市场人气来推动股价上涨，也是人气强弱的外在表现。三波上涨卖出法，就是基于这一现象而成的。

图 4-32，景津装备（603279）：这是该股 2022 年 10 月 28 日的分时走势图。当天小幅高开 1.98%，盘中经过两波上涨行情之后，出现短暂的回调走势，但在第三波上涨时量能没有进一步放大，说明主力无力拉板，力不从心。这种现象表明该股随时可能出现调整，那么当第三波刚刚出现向下拐头时，就应该及时选择卖出。

图 4-33，益盛药业（002566）：这是该股 2022 年 10 月 28 日的分时走势图。开盘后震荡整理 1 个小时左右，然后股价呈现三波式上涨。很明显，第三波上涨的力度明显不足，上方抛压沉重，这时如果出现向下拐头就应短线卖出。

上述所讲的一波、二波、三波上涨结束之后滞涨卖出法，对在上午开盘不久，分时出现这种形态的个股，具有较好的预测效果。尤其在股价以较大幅度高开的情况下，开盘半小时以内产生这种现象时适用性更强，可靠性更高。

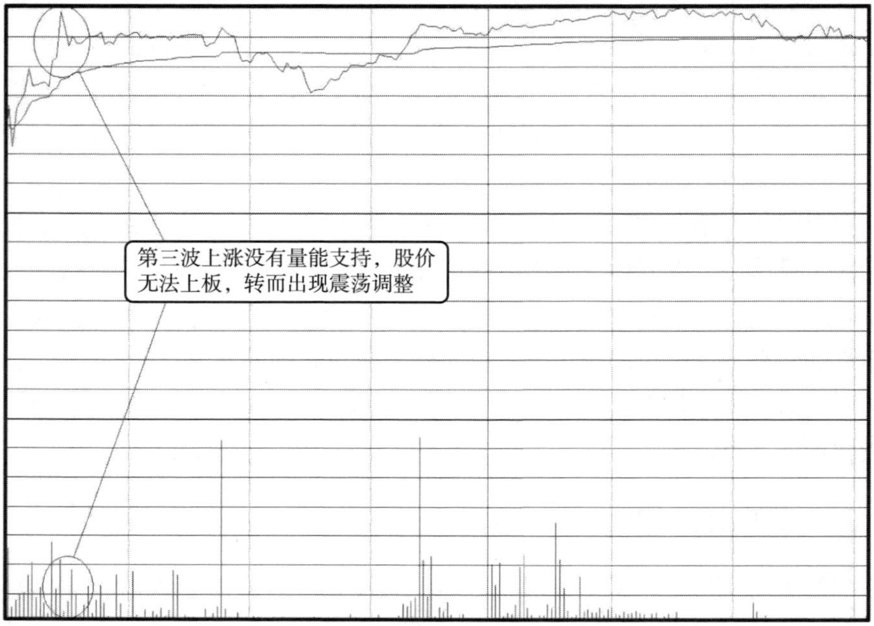

图 4-32　景津装备（603279）分时走势图

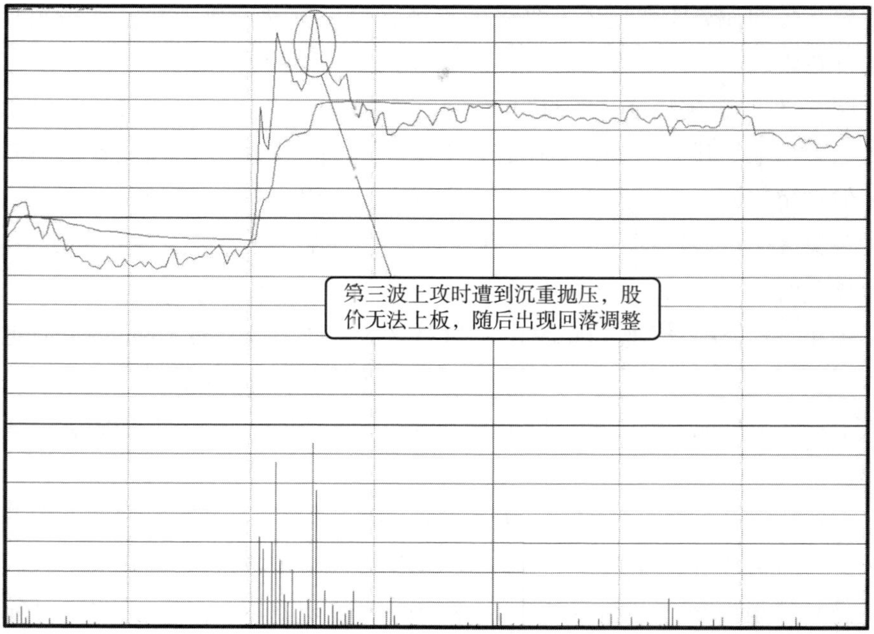

图 4-33　益盛药业（002566）分时走势图

四、接近前期高点卖出法

在通常情况下，无论是何种上升形态，只要股价上冲至较为重要的阻力位附近时，一旦出现上涨乏力时，稳健的投资者就可以考虑卖出。前期较为重要的高点，不仅在日 K 线图分析中是重要的阻力位，而且在分时走势分析中也同样如此。接近前期高点卖出法，就是在接近当天重要高点时及时卖出的方法。

图 4-34，中亚股份（300512）：这是该股 2022 年 10 月 28 日的分时走势图。股价从涨停价开盘之后，仅封盘 10 分钟就开板震荡，然后再次冲板时没有成功，从而形成了一个明显的高点，之后重心下移。午后，出现了两次冲高动作，都在接近开板回落之后再次冲板时所形成的高点附近未能成功穿越，说明这个位置非常重要，很难成功穿越。这时，之前还没有出局的投资者应该及时卖出。因为，该股当天的走势显得上涨无力，想要再次回封，在通常情况下可能性不大。

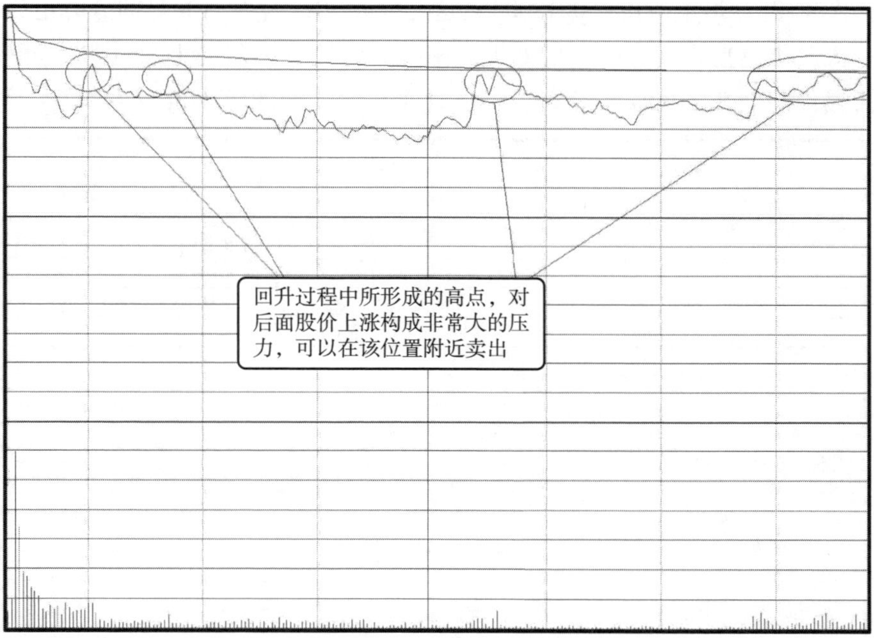

图 4-34 中亚股份（300512）分时走势图

要点提示：接近前期高点卖出法的定义，就是在接近当天重要高点时，就及时卖出的方法。这里说的是接近当天重要高点，而不是说当天的最高点，相信看了上面的实例走势之后，就知道是为什么了。

有很多时候，股价在快速大幅下跌之后，当天基本上就不大可能再接近当天的最高点了。所以，只能选择比较有可能接近的明显次高点来作为卖出的重要参考价。当然，要结合当天的具体走势，灵活地制定具体操作策略。

五、接近前收盘价卖出法

接近前收盘价卖出法，是指股价当天在较长的时间内，均处于较大幅度的低于前一天收盘价的位置进行弱势震荡整理，这通常是因低开或开盘后快速回落所致。当股价反弹到接近前一天的收盘价附近时，就是一个较好的卖出时机。

前一天的收盘价，通常也是次日股价的一个较为重要的压力位或支撑位。若股价处于弱势格局中时，表现的是前一天收盘价的压力方面；若股价处于强势市场中时，表现的是其支撑方面。

图 4-35，炬申股份（001202）：这是该股 2022 年 9 月 8 日的分时走势图。前一天股价尾盘收高，K 线呈光头大阳线，盘口有一定的上攻气势，可是第二天股价却低开 3.90%。开盘后，长时间在前一天的收盘价下方运行，午后

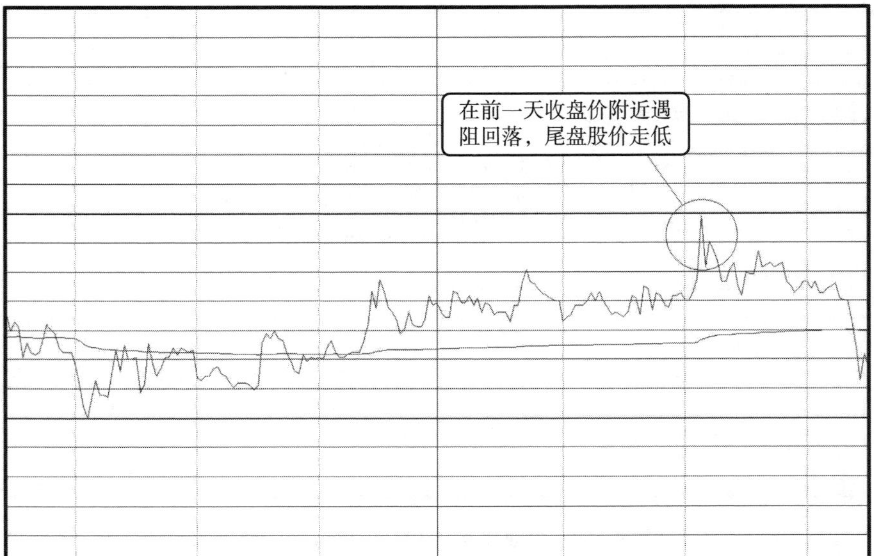

图 4-35　炬申股份（001202）日 K 线和分时走势图

出现一波拉升动作，但当股价到达前一天收盘价附近时持续走高的力度不足，这时就是一个较好的卖点。果然尾盘出现一定幅度的回落。

要点提示：一般情况下，当股价当天的最大跌幅为4%~7%时，使用这种方法的概率较大。如果股价跌幅较小，很可能股价就会超越前一天的收盘价；如果跌幅较大，股价就很难回升到前一天的收盘价附近。

这种方法尤其适用于前一天以涨停板收盘，而在次日股价就出现低开震荡，之后的反弹又接近了前一天收盘价的个股。涨停价和跌停价都是股价当天涨跌的极限，不同于其他任何价位。在那个价位上，往往会有大量的成交，所以一旦被跌破，尤其是较长时间被跌破，套牢盘的抛售压力通常是比较沉重的。

六、长时间不上板卖出法

长时间不冲击涨停卖出法，是指当股价处于距涨停价不远的位置，长时间进行震荡盘整，而不去冲击涨停板。那么，此时就要考虑择机卖出。通常是在距离最近一次涨停的时间，或是距离当天最高价的时间，超过 1 个半小时，或是在收盘前的 1 小时以内，考虑择机卖出。

短线投资者做强势股，就是希望买入之后当天或次日有盈利，主要遵循的是追涨杀跌的操作手法，当次日股价在高位进行长时间的震荡盘整，而无力冲击涨停板，多数投资者心里就感到不踏实。盘整时间越长，遭遇到的抛压就越沉重，封住涨停的难度也就越大。当天股价若是不能封上涨停板的话，那么，尾盘大概率会出现较大幅度的下跌。

图 4-36，鸿路钢构（002541）：这是该股 2022 年 10 月 28 日的分时走势图。当天股价高开 2.45%后，快速上冲到涨停板附近，然后股价在 8%附近震荡，整理时间超过 3 个小时，基本维持横向运行。很明显，主力没有封板的意思，遇到这种涨停无望的分时盘口时，应在收盘前卖出。

要点提示：在这种情况下，有 3 种卖出方法可供选择，一是在接近前期多个高点的位置卖出，之前有多个价位相差很小的高点，对股价的上涨会形成重要的压力；二是跌破从最高点下跌以来的第一个低点时卖出；三是跌破重要的低点时卖出。当然，不管怎样，在尾盘卖出原则上是没有错的。

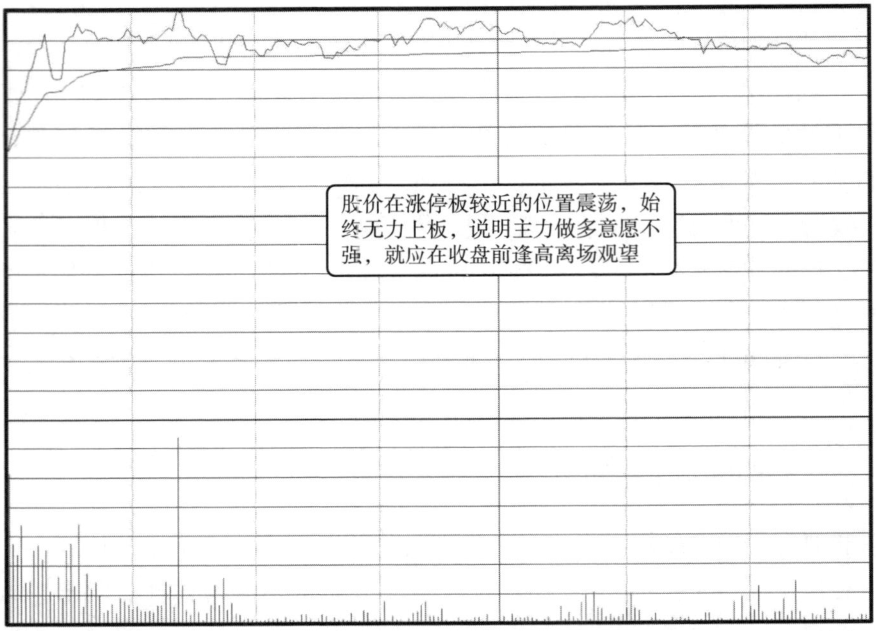

图 4-36　鸿路钢构（002541）分时走势图

七、量价背离卖出法

量价背离卖出法，是指股价出现了较大的涨幅之后，进入一段时间的调整，之后再次冲至前期的高点附近，但是在上涨的过程中，成交量比之前上涨时所放的量能有较大幅度的缩小。在出现这种情况之后，在股价接近前期高点时及时卖出的方法。

在很多时候，量在价先，通过成交量的异常变化，可以提前预判出股价的转折。价格大多依靠成交量的堆积才能够持续上涨，除了主力高度控盘的个股以外，股价短期涨幅较大，成交量大幅度萎缩，通常说明主力没有做多的意愿，也反映投资者的参与热情正在减退，那么股价不久就有可能进入调整阶段。

图 4-37，东方电缆（603606）：这是该股 2022 年 10 月 28 日的分时走势图。当天股价低开 3.32%后，出现快速放量拉高走势，盘口表现十分抢眼，但股价上拉到 7%上方后出现震荡。在整理过程中，曾经出现两次拉升动作，但是成交量与之前上升时相比，出现明显缩小，且持续萎缩，依靠这么少的量能，股价很难再次走强。因此，在接近前期高点附近，择机卖出才是稳妥的做法。

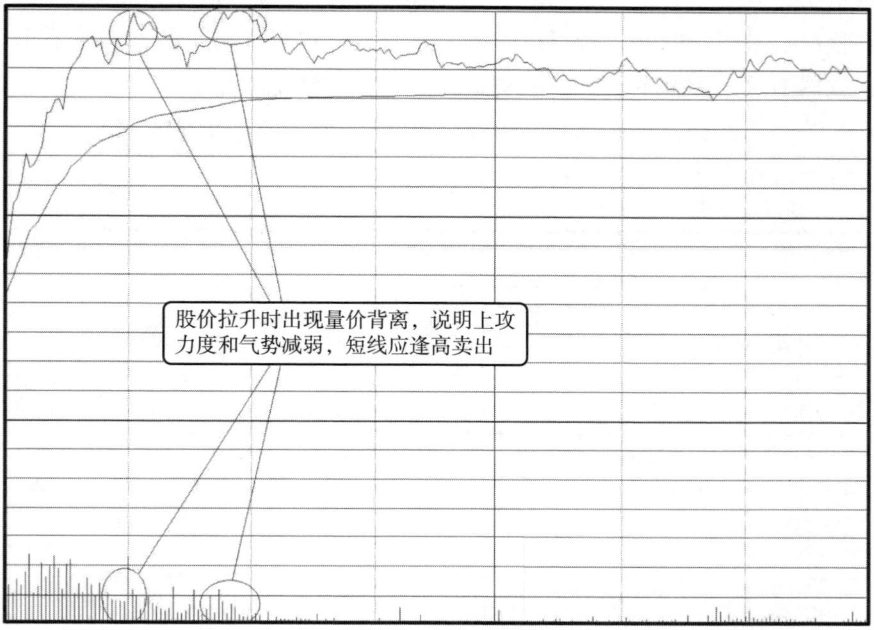

图 4-37　东方电缆（603606）分时走势图

八、走势异常卖出法

盘口走势异常卖出法，是指当股价在盘中出现了一些令人不放心的异常现象时，出于规避风险的考虑，就选择先行卖出的一种方法。

这些异常现象主要包括下面两种情况：一是突然放出巨大成交量，但是，股价的涨幅和量能的放大程度明显不成比例；二是在盘中突然用一笔或几笔大单快速地将股价拉至较高的位置，或者急速地大幅打压，导致盘口剧烈波动。这些通常是主力用来迷惑投资者的常用手法，往往也预示股价后续很可能会呈现下跌的态势。

图 4-38，恒银科技（603106）：这是该股 2022 年 7 月 11 日的分时走势图。在将近 3 个小时的弱势运行后，13:54 该股突然开始放量拉升，连续的大单将股价从水下拉涨到 3%。经过短暂的回落后，该股再次展开第二波拉升走势，股价拉升至 5%以上。但在第二波拉升时，很明显量能已经跟不上了，这时应及时卖出。

出现这种剧烈波动的盘口现象，之后要么股价强势涨停封盘不动，要么冲高后快速回落，所以一旦股价不能成功涨停，短线就应该逢高卖出。使用这种手法，有 3 个方面可以考虑：一是测试上方的抛压情况，然后进行必要的修整；二是激活股性，吸引投资者大量介入，这样就有可能继续推高股价；三是就算追涨的人气不足，但成交量较前期正常情况下也有了大幅度的增加，这有利于主力在较高的位置大量出货。可见，主力若是提前在低位介入，用这种方式拉高出货，还是很有效的。

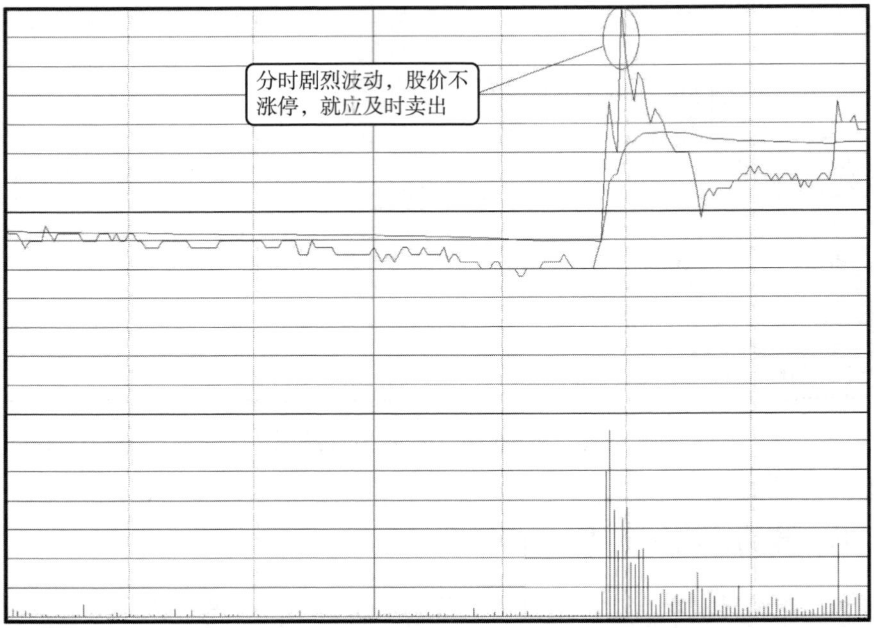

图 4-38　恒银科技（603106）分时走势图

下面这个实例出现在收盘集合竞价阶段，股价大幅拉高，如果没有实质性利好，那么次日也应该逢高卖出。

图 4-39，时空科技（605178）：这是该股 2021 年 11 月 9 日的分时走势图。在尾盘竞价 3 分钟时间里，1692 手的大买单，将股价从 45.44 元拉到 48.42 元，涨幅达 6.70%。这种情况主要是主力以最小的代价，将当天的日 K 线做得尽量好看一些，以欺骗那些只依据日 K 线来分析走势的投资者。同时也是告诉大家，主力已经有了较为明显的出逃意图了。果然，次日股价低开低走，盘中一度封于跌停，最终以下跌 9.75%收盘。

这种分时走势，除了以上两种情况以外，在上午和下午开盘的前 3 分钟内也经常出现。这种做法主要是为了蒙骗那些喜欢开盘就去追击最先涨停个股的投资者。不管出现在哪个时间段，原理和目的基本上都是相同的。

要点提示：这种诱多走势的特点是拉升的时间很短，主力拉升成本低，

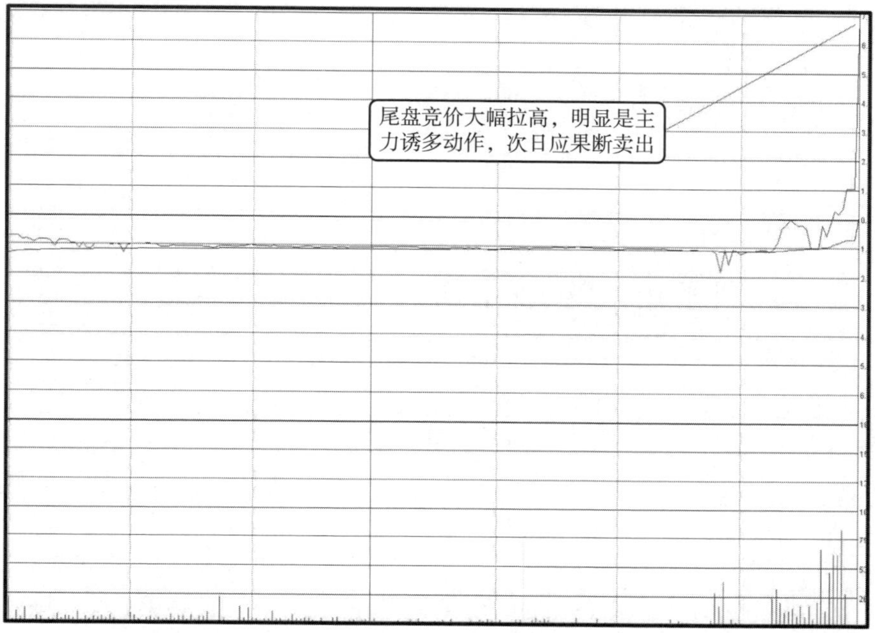

图 4-39　时空科技（605178）分时走势图

通常只在尾盘竞价最后 1 分钟时间里进行，而从分笔成交价位来看，相邻两笔的成交价经常相差很大，时常在 1%以上。

九、技术破位卖出法

1. 跌破趋势线卖出法

在股价跌破当天较为重要的上升趋势线之后，及时卖出的一种方法。分时走势中的趋势线和日 K 线图趋势线是一样的，在趋势中都发挥着重要的作用。跌破了当天较为重要的分时趋势线，往往表明股价短期内就将步入调整。

图 4-40，盛弘股份（300693）：这是该股 2022 年 11 月 9 日的分时走势图。在开盘之后向上拉起，随后出现震荡走高。每一波的涨幅虽然相差不大，形成一条向上倾斜的趋势线，但是，从图 4-40 下方的成交量情况可以看出，股价越往高涨，成交量就越小，说明市场投资者的参与热情正在不断降低，这样的上涨往往是难以持续的。可见，分时中已经出现了量价背离现象，那么在股价跌破上升趋势线时，就应该果断卖出。

要点提示：确定分时趋势线的两个基准点之间的时间间隔，最好在 20 分钟以上。若是几波上涨的波形较为相似，那么在跌破趋势线时，准确性往往更高。

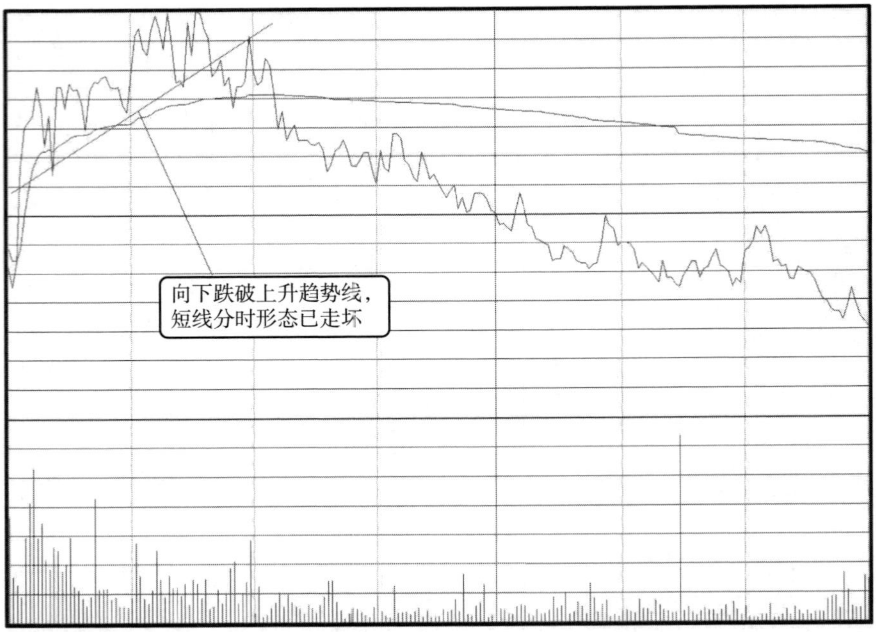

图 4-40　盛弘股份（300693）分时走势图

2. 跌破前期低点卖出法

就是在股价跌破当天重要的低点时卖出的一种方法。当天分时中的重要低点，往往会对股价形成强有力的支撑，若是被跌破了，短期的走势就难以乐观，这时应卖出。

图 4-41，申昊科技（300853）：这是该股 2022 年 8 月 19 日的分时走势图。前一天股价拉出突破性大阳线，当天开盘后出现一波下探走势，接着迎来一波快速有力的回升。但是，此后的回调幅度很大，前低点被轻而易举地击破。从一涨一跌中可以看出，该股之前的强势已经较为明显地发生了变化，当天股价走势应以下跌为主。

要点提示：一般重要低点之后的一波上涨幅度至少应该大于 2%，或者股价曾多次在该价位附近获得过有力的支撑。满足这两个条件中的任何一个，对研判趋势就有了较为准确的指导作用。

3. 跌破支撑位卖出法

就是在股价跌破了当天重要的支撑位时卖出的一种方法。支撑位是由几个盘中的低点所构成的，支撑位通常比单一低点对股价的支撑作用更强。一旦确认为有效突破，可靠性也比跌破单一前期低点要高很多。

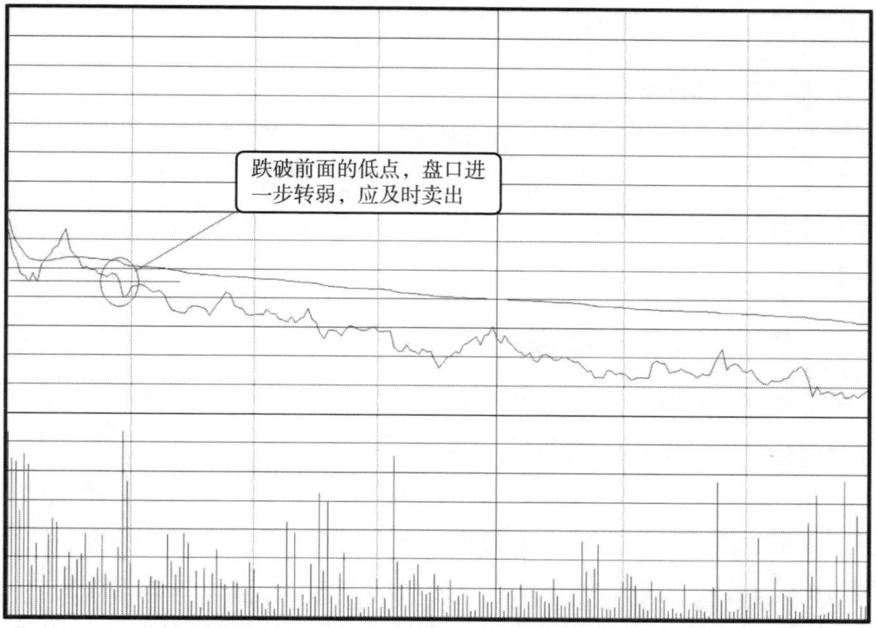

图 4-41　申昊科技（300853）分时走势图

图 4-42，天龙光电（300029）：这是该股 2022 年 8 月 25 日的分时走势

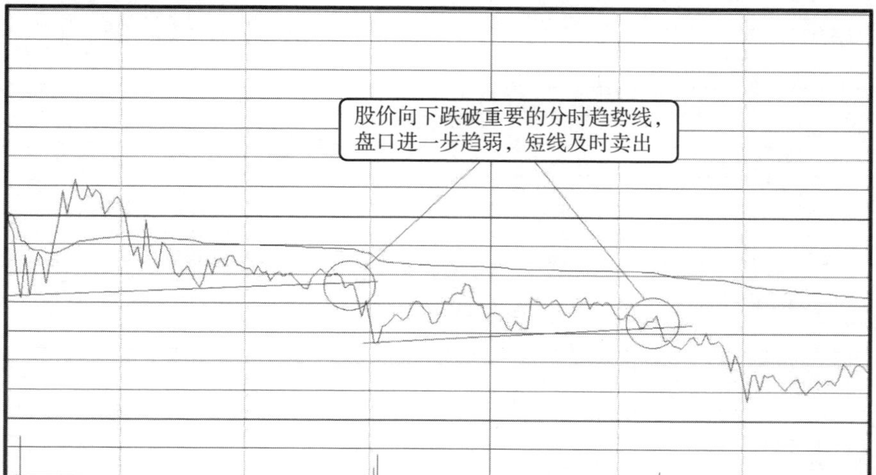

图 4-42　天龙光电（300029）分时走势图

图。股价在分时震荡过程中，初期的低点有着一定的支撑作用，但之后还是被向下击穿。当天两次被向下击穿重要的支撑位，说明主力做空意愿强烈，难以抵挡当天下跌的势头。

要点提示：重要的支撑位一旦被跌破，之后反弹到该支撑位附近时，就是一次较好的卖出机会。若是箱体平台被跌破，通常下跌的幅度至少是箱体最大振幅的幅度。支撑位（线）有水平和倾斜两种，而倾斜又包括向上倾斜和向下倾斜。

十、接近分时均线卖出法

股价接近分时均线卖出法，就是指股价跌到了分时均线以下，在随后股价反弹到分时均线附近时卖出的一种方法。

图 4-43，奥来德（688378）：这是该股 2022 年 8 月 19 日的分时走势图。当天股价小幅高开后，出现冲高回落，重心不断下移。午后，产生一波力度较大的反弹走势，股价短暂穿过当日分时均价线，但遇到巨大的抛压，之后股价重回跌势，一直维持到了收盘。可见，当股价反弹到分时均线附近时，就是当天较好的卖出时机。

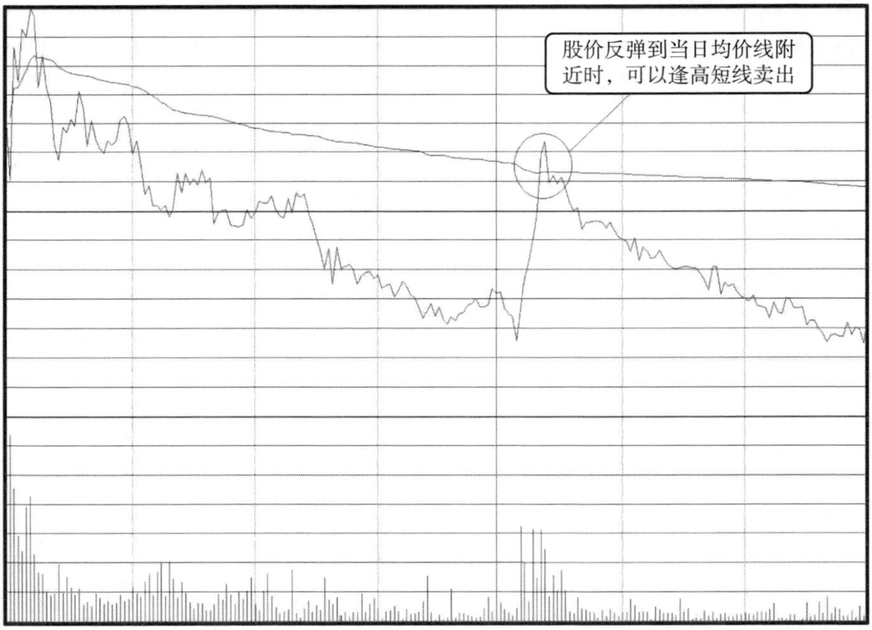

图 4-43 奥来德（688378）分时走势图

要点提示：这里所讲的接近分时均线卖出法，可以算作是在上述所讲的跌破趋势线卖出法等几种常用的方法显示了应该卖出时机的情况下，投资者由于种种原因，没有能够出局，而将此法作为一种不得已的补救措施来使用。也就是说，尽量不要采用此法来进行操作，因为较为滞后。

十一、跌停、涨停开板卖出法

1. 跌停开板卖出法

这是一种相对来说较为极端和少见的卖出法，主要适用于个股突然遭遇重大利空，股价开盘就跌停，甚至是连续跌停之后，跌停板首次被打开。这时，就要依据股价所处的位置，以及利空的性质等具体情况，对股价未来的定位做出大体的评估。如果认为后续还有较大的跌幅，就应该在跌停打开后，果断出局，以减少损失。

图 4-44，万里股份（600847）：这是该股 2022 年 7 月 20 日的分时走势图。股价大幅跳空高开 7.04%，盘中股价快速滑落，直至跌停。盘中虽然多次开板，但最终还是封在跌停板位置，这说明主力在利用跌停板出货。若在这一天稍有犹豫，没有及时出局，不仅当天被封在跌停板，之后几天又是连续的下跌，损失也太惨重了。

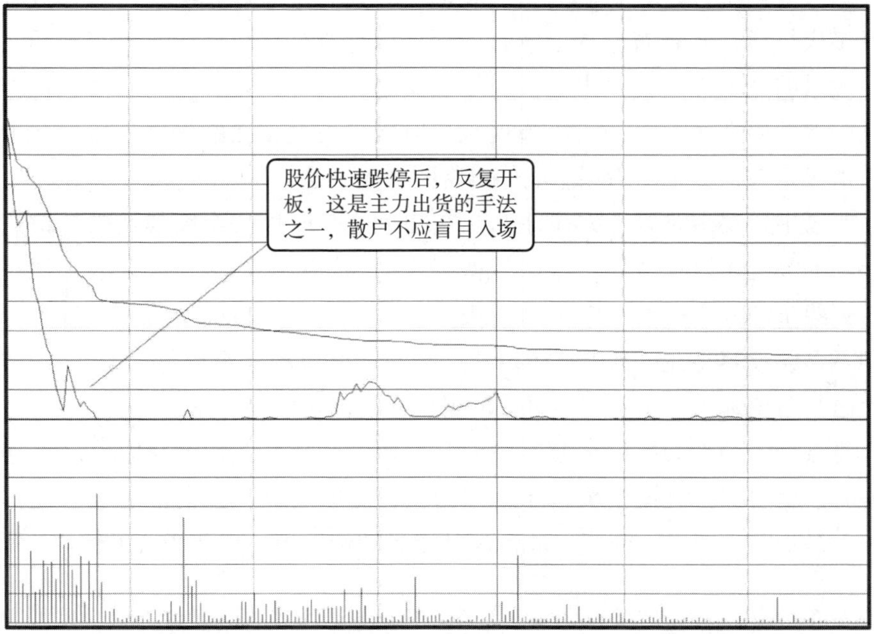

图 4-44 万里股份（600847）分时走势图

实盘中在遭遇重大利空消息突袭时，股价往往出现连续跌停，开始有多个一字板跌停，这时投资者基本上没有任何出局机会。在跌停板首次被打开后，不少散户以为这是买入的机会，其实恰恰相反，这是一个较好的出局机会。因为，即使股价表现好一些的，往往也只是一次弱势反弹而已，随后还将继续下跌；而表现较差的个股，还会出现连续跌停的现象。

要点提示：在跌停板被打开之后，若是没有出现两波以上、升幅超过5%的反弹；或是一波超过5%的反弹出现，随后的回调幅度超过了升幅的1/2；或是在跌停板打开之后，在半小时以上的时间里始终没有出现过较有力度的反弹，股价还曾经多次触及跌停。这些盘口现象说明开板回升力度不强，当天以跌停收盘的概率还是比较大的。所以这时千万不要在跌停位置买入。

2. 涨停开板卖出法

这种卖出法在涨停技法中会经常用到，因为当涨停板被打开之后，能否在收盘前再次回封，是没有人知道的。所以，稳健的投资者在涨停板没有被打开时，不用考虑卖出，但在涨停被打开之后，就要及时地卖出。这样的卖出方法，就是涨停板打开卖出法。

图4-45，中通客车（000957）：这是该股2022年7月19日的分时走势图。当天大幅跳空高开8.14%后，股价强势推高至涨停，虽然封盘几分钟后出现多次烂板，而表面上看也没有发现任何异常的状况。但是，在午后复盘时，大量的抛单突然集中出现，涨停也被迅速打开，股价瞬间回落到跌停板附近，然后出现几次强劲的反弹现象，但最终还是收在跌停板位置，全天呈现天地板走势，这是主力利用涨停出货的经典手法。

实盘中，很多时候主力往往选择在临近收盘时搞一个突然袭击，快速地将手中的筹码卖给在涨停价排队等待买入的投资者。因为，大众心理往往就是看到股价涨停之后能够牢牢地封板，说明走势异常良好，而且临近收盘的时间不多，就容易在心理上产生麻痹，往往连撤单的思想准备都没有。这样，主力出其不意地大肆出货，就可以取得较佳的出货效果。

要点提示：当天换手率较前一天有大幅度的提高，且之前股价已经连续涨停时，就要保持高度的警惕了，因为股价随时有见顶回落的可能，尤其在前一天是一字板涨停，或当天股价高开太高的情况下，更要小心谨慎。

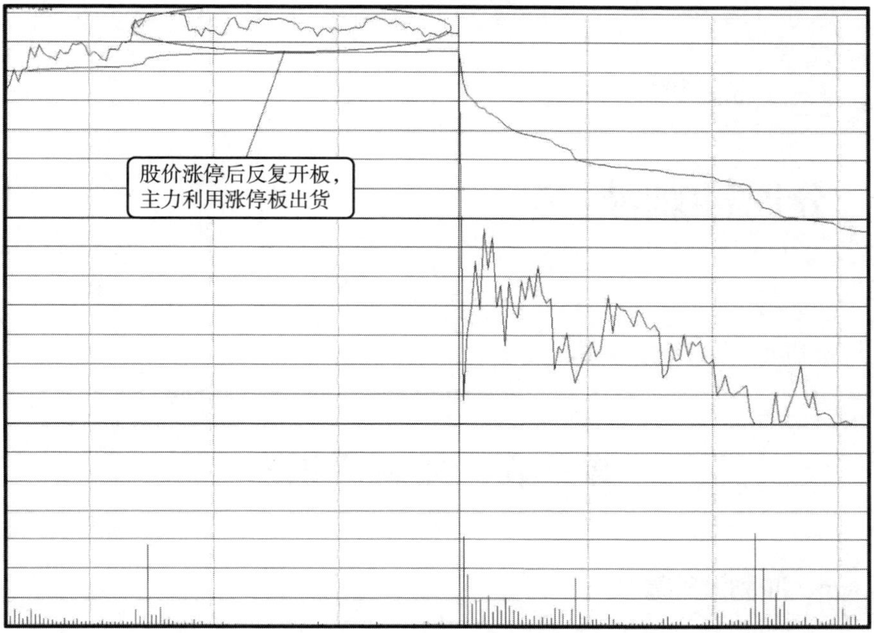

图 4-45　中通客车（000957）分时走势图

第五章
分时冲刺波

第一节　冲刺波识别

一、冲刺波的意义

所谓冲刺波是指一天的分时走势中，出现一波量能最大、势头最猛、速度最快、时间极为短暂的盘面波动现象。冲刺波简单看起来只是盘中的一个小细节，但其实盘面意义非常重要，很大程度上决定当日或后市的走势，所以应认真把握其技术精髓。

冲刺波是一种短暂的极端走势，可以分为：上升冲刺波（主升波）和下跌冲刺波（主跌波）两种。

通常情况下，出现冲刺之后股价会朝相反方向运行，这就意味着它是最后一次冲高或打压动作，容易形成日内的最高点或最低点，因此是一个确定性很高的买卖点，投资者应重视这一特别的盘面波动现象。

在产生冲刺波之前，往往有一个“铺垫”过程，也就是说需要一定的盘面基础，否则就很难形成冲刺走势。这个“铺垫”过程，通常就是缓慢地拉高或小级别的台阶式上升，在此基础上才能产生冲刺波。冲刺波在分时走势中通常有以下两种情形（这里以上升冲刺波为例进行分析，下跌冲刺波的盘口现象则相反）：

（1）股价在前面出现缓缓向上推高，然后开始加速上涨，最后在冲刺波中结束拉升，此后几乎没有能力再创冲刺波的高点，因此是一个卖出信号。

图 5-1，宇通客车（600066）：2023 年 1 月 6 日的分时走势，开盘后股价缓缓向上推高，成交量温和放大，然后产生加速拉升，9:59 开始出现冲刺波，

1 分钟内成交量剧烈放大至 99154 手，仅持续 1 分钟左右就结束拉升，至收盘时一直处于震荡走势。

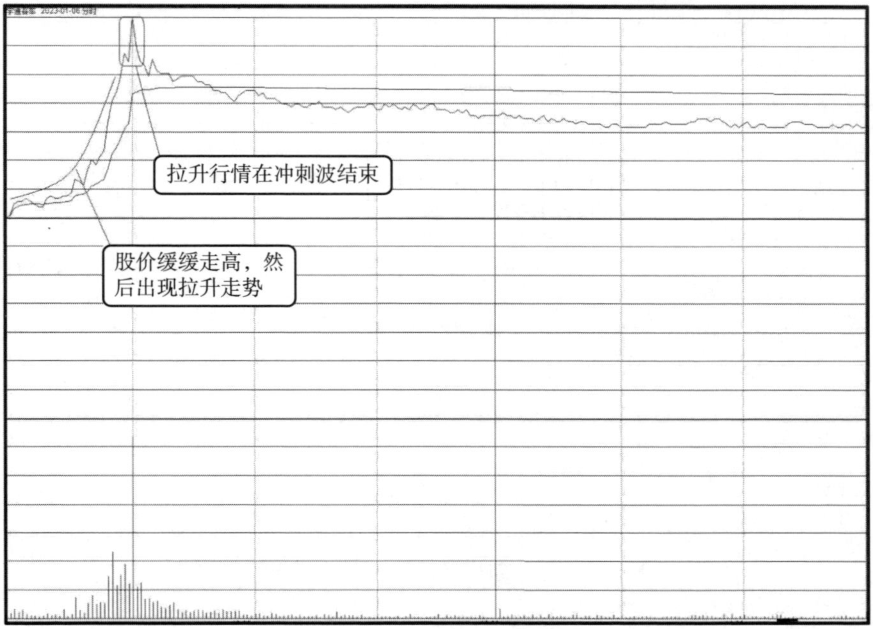

图 5-1 宇通客车（600066）分时走势图

图 5-2，康达新材（002669）：2022 年 10 月 26 日的分时走势，股价小幅高开后稳步向上走高，成交量活跃，然后产生放量加速拉升，10:24 开始出现冲刺波，1 分钟内成交 7825 手，仅持续 1 分钟左右结束拉升，直到收盘也没有强势拉起。

（2）股价在前面出现一波或多波小级别的拉高，最后以冲刺波形式结束拉升，此后基本没有能力再创日内新高，因此也是一个卖出信号。

图 5-3，贵州燃气（600903）：2021 年 12 月 22 日的分时走势，开盘后股价直接强势拉升，经过短暂的休整后出现放量加速拉升，股价涨幅 8%以上，上涨气势非常强，似乎有涨停的可能。但是，加速拉升后不能成功涨停，可以断定当天股价不会轻易涨停了，除非大盘或板块十分强势，才能出现意外的惊喜。

图 5-4，乾景园林（603778）：2022 年 5 月 26 日的分时走势，震荡整理 3 个小时后，14:00 过后展开一波有力的拉升走势，然后经过蓄势在 14:35 开始进行第二波加速拉升，但是股价没有成功涨停，这时尾盘应以卖出为主。

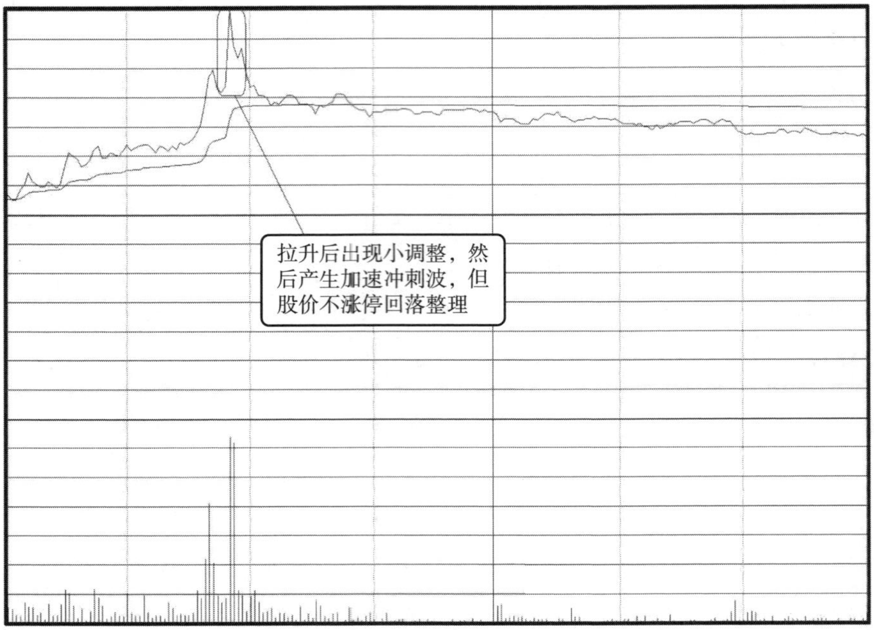

图 5-2　康达新材（002669）分时走势图

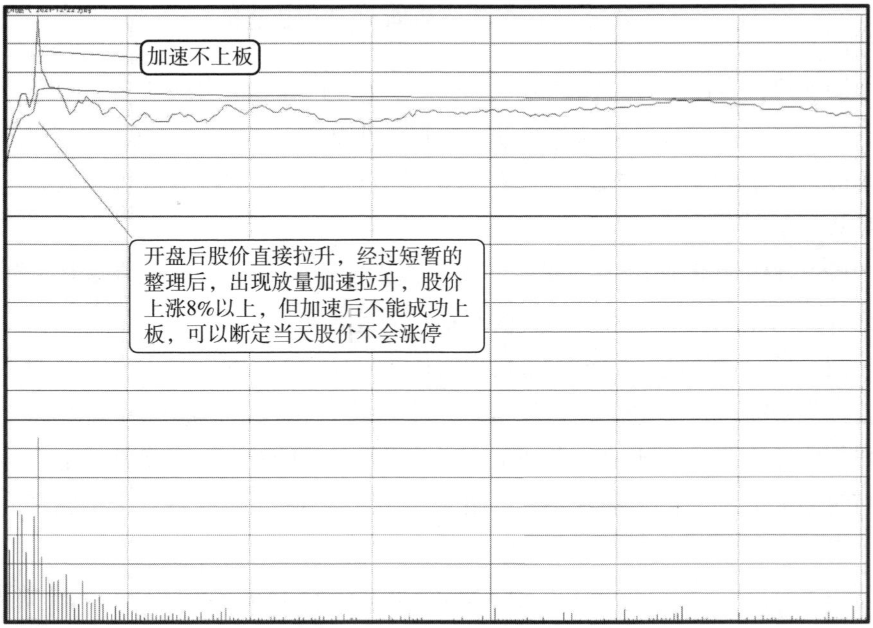

图 5-3　贵州燃气（600903）分时走势图

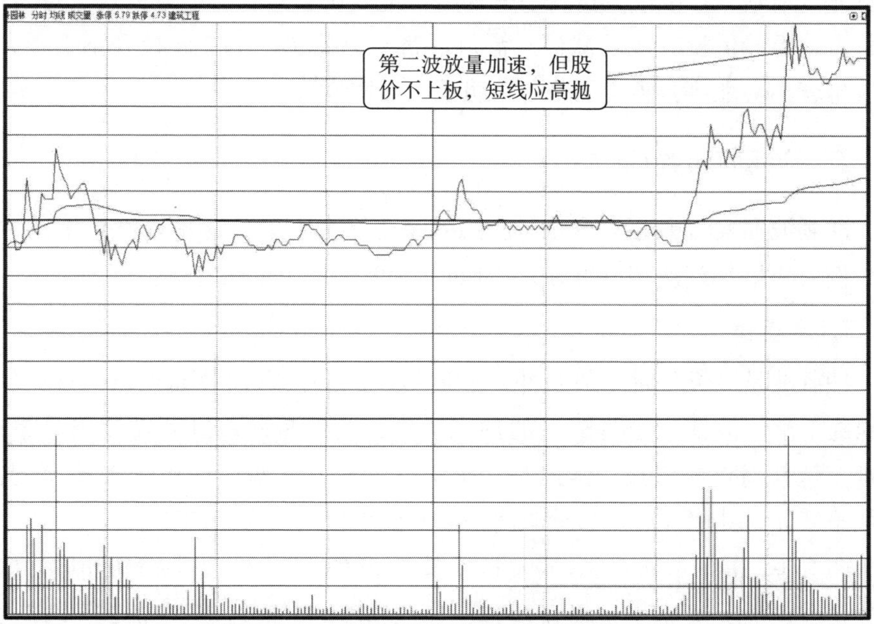

图 5-4　乾景园林（603778）分时走势图

图 5-5，省广集团（002400）：2021 年 12 月 15 日的分时走势，分时运行

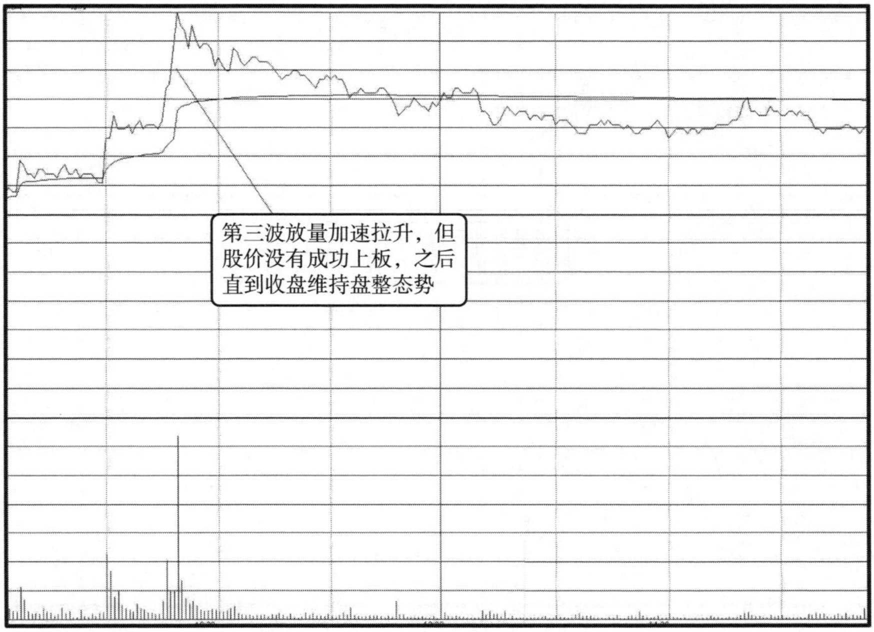

图 5-5　省广集团（002400）分时走势图

节奏非常清晰，在第三波拉升中呈现出“速度快、量能大、势头猛、时间短”的特点，但股价没有成功涨停。盘口语言十分简单，第三波拉升不上板，当天股价就不会涨停，买卖思路简单明了，不伤脑筋。

二、冲刺波的特征

冲刺波在实盘中非常多见，应用效果也十分奏效，这里以涨势中的冲刺波为例（下跌冲刺波相反思维），剖析冲刺波的几个盘面特征：

1. 速度快

冲刺波是一天分时走势中冲击速度最快的一次盘面波动现象，盘口呈现跳跃式上涨，但往往也是最后的冲击动作，此后盘面将进入震荡修复整理，很难超越其高点或低点，因此是一个买（卖）点。盘面中由于上冲速度快，往往角度非常陡峭，所以持续时间一般不会长，大约为 1~3 分钟。

图 5-6，慧辰股份（688500）：该股 2023 年 1 月 30 日小幅高开后，出现一波拉高走势，然后维持横盘整理，10:25 开始突破拉升，10:28 停顿 1 分钟，10:29 出现急速拉升的冲刺波，股价出现跳跃式上涨。冲刺波结束后，盘口维持整理，股价重心下移，直到收盘也没能穿越冲刺波的高点。

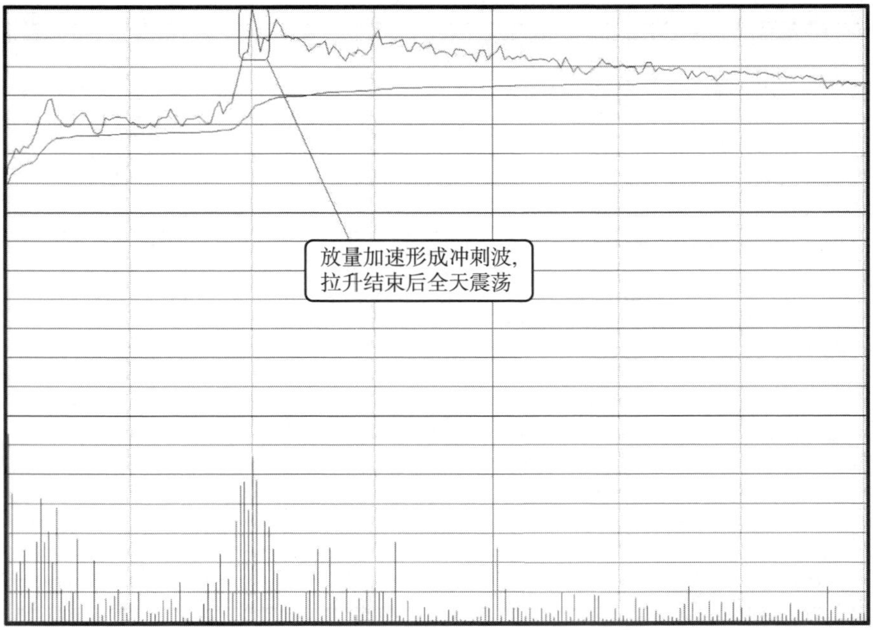

图 5-6　慧辰股份（688500）分时走势图

图 5-7，李子园（605337）：2022 年 12 月 14 日，股价低开 2.56%，经过短暂的震荡整理后，开始稳步向上爬高，9:56 出现冲刺波，拉升速度非常快，股价呈跳跃式上涨。9:59 股价见顶回落，主力冲刺结束，之后一直维持震荡盘整，盘口没有冲高动力。

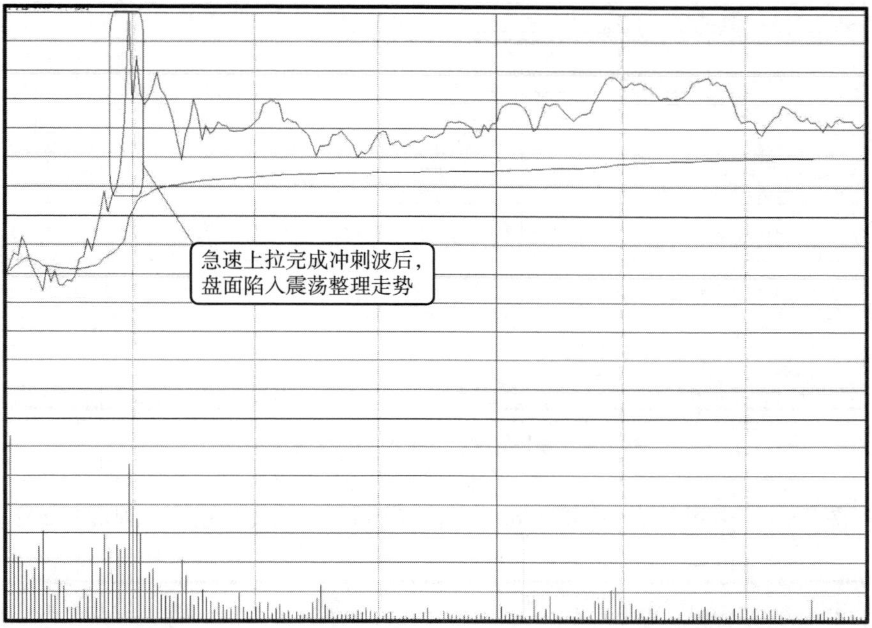

图 5-7　李子园（605337）分时走势图

2. 量能大

这一点很好理解，股价在上冲过程中大多伴随着成交量的放大。通常情况下在冲刺时会出现急剧性的大量，在 1 分钟单位时间里往往是全天最大的量。如果出现缩量冲刺波，那么其可靠性更差，应及时卖出。

需要提醒的是，早盘竞价或开盘后的 5 分钟以及尾盘竞价的成交量除外，因为这属于两个特殊的时间节点（有时候下午复盘也出现瞬间放量，也可以忽略），这跟盘中的成交量有明显的区别。

图 5-8，皇庭国际（000056）：该股 2023 年 1 月 30 日小幅高开后，震荡中出现两小波拉高现象，9:42 开始产生急速的冲刺波，仅 1 分钟成交 33808 手（开盘后 5 分钟的量除外），1 分钟单位时间里成为全天最大的量。此后呈现缩量横盘整理，直到收盘再也没有出现放量拉高走势。

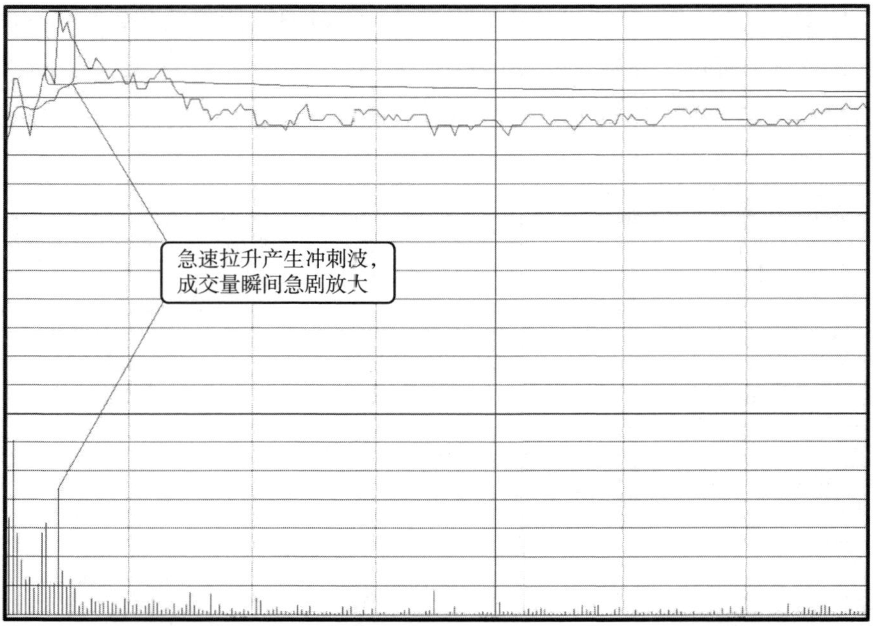

图 5-8　皇庭国际（000056）分时走势图

图 5-9，中科信息（300678）：这是缩量情形下出现的冲刺波。2022 年

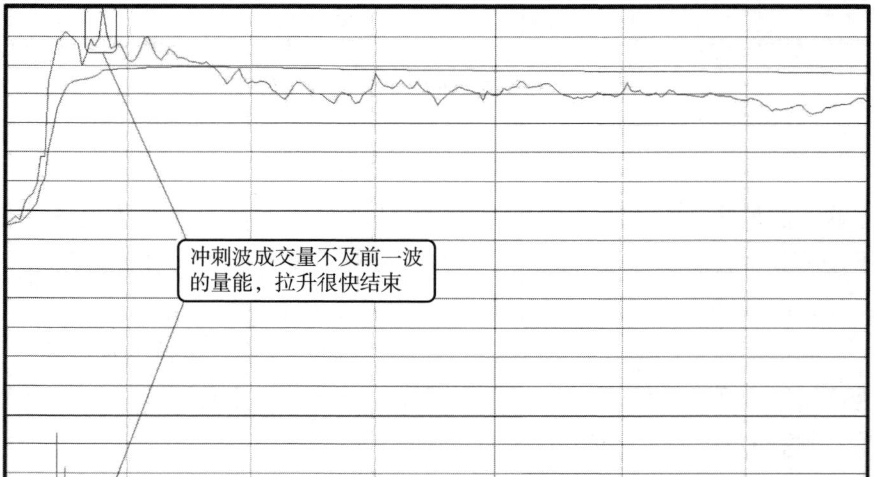

图 5-9　中科信息（300678）分时走势图

11 月 25 日经过短暂的整理后出现一轮快速拉升，然后在高位强势整理，9:53 开始出现冲刺波，但拉升的空间不大，很快回落盘跌。很明显，在冲刺波中成交量不足，拉升没有动力，说明主力没有真实的拉升意图，遇到这种情况应及时卖出。

3. 势头猛

由于冲刺波的拉升速度快、量能大，有一股向上喷发的力量，其上攻势头非常猛烈，这是冲刺波的又一个特征。如果冲刺波不能一气呵成，坚决封盘，一旦冲刺结束往往就是当日最高点。从盘口势头看，摆开放量大涨的架势，大有非涨停不可的气概，给人的感觉就是拉升势不可当，由此吸引着不少看盘经验不丰富的投资者跟随涌入，结果套牢在当日最高点。

图 5-10，宝兰德（688058）：2023 年 2 月 8 日，股价小幅低开，整个上午在水下弱势运行，午后突然放量向上拔起，经过短暂的修复性整理后再次恢复拉升，13:23 开始出现冲刺波，股价急速上涨，似乎有拉涨停的意思，可是 1 分钟后股价快速回落，直到收盘没有再次拉升。

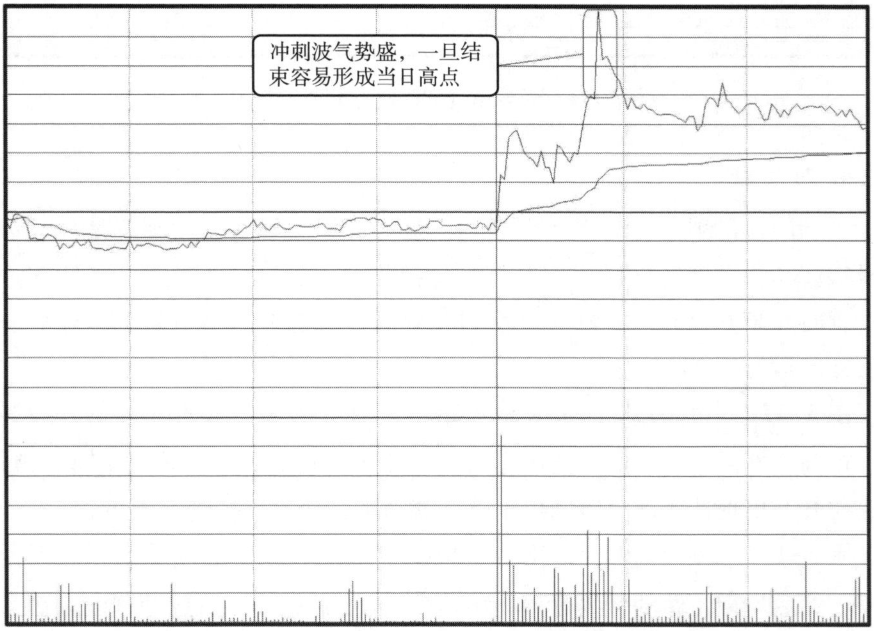

图 5-10 宝兰德（688058）分时走势图

图 5-11，天地源（600665）：2022 年 11 月 30 日，股价小幅低开后快速回升，经过短暂的几轮起落整理后，9:49 开始发动冲刺行情，上攻势头非常

强势，2 分钟涨幅超过 4%，吸引了不少投资者的关注。但是，上攻势头很难持久，该股冲刺结束后陷入震荡整理走势。

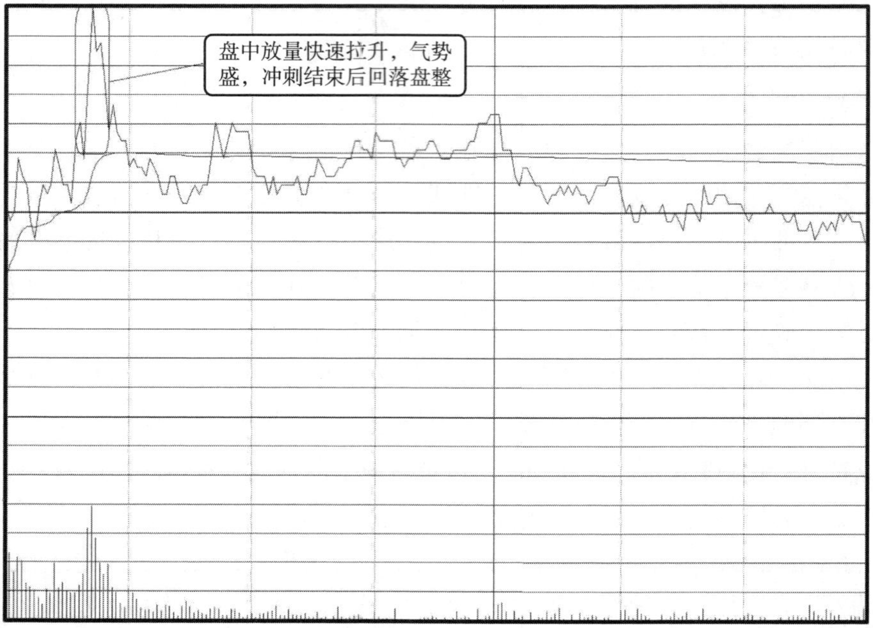

图 5-11　天地源（600665）分时走势图

4. 时间短

极端的盘口现象时间都是短暂的，这一点不难理解。冲刺波是分时盘口的极端波动，发展速度极快，成交量急剧放大，盘口气势猛烈，当然这种盘口持续时间是不长的，一般 1~3 分钟就结束，很少超过 4 分钟的，随后基本呈反方向运行。

图 5-12，中科信息（300678）：2023 年 2 月 6 日，股价小幅低开后缓缓向上推高，然后进行一段时间的盘整，接着向上拉高，分时形成突破，11:11 快速拉升，出现冲刺波，时间仅 1 分钟就结束，随后维持盘整走势。

图 5-13，安硕信息（300380）：2023 年 1 月 10 日，股价小幅低开后振荡推高，然后出现短暂的修复盘整，10:37 开始快速拉升，形成冲刺波走势，坚持 2 分钟时间后向下回落，直到收盘维持震荡整理。

图 5-14，中国电信（601728）：2022 年 12 月 1 日，股价小幅低开后逐波推高，经过短暂的平台盘整后，10:43 开始快速拉升，出现冲刺波走势，持续时间长达 5 分钟。但是，股价无法拉至涨停板，之后渐渐震荡走低，几乎抹

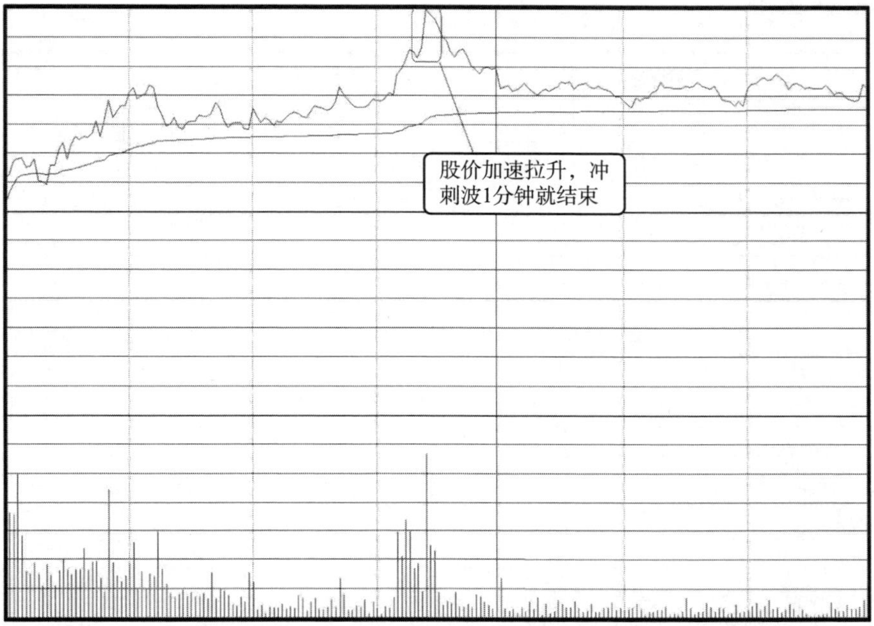

图 5-12　中科信息（300678）分时走势图

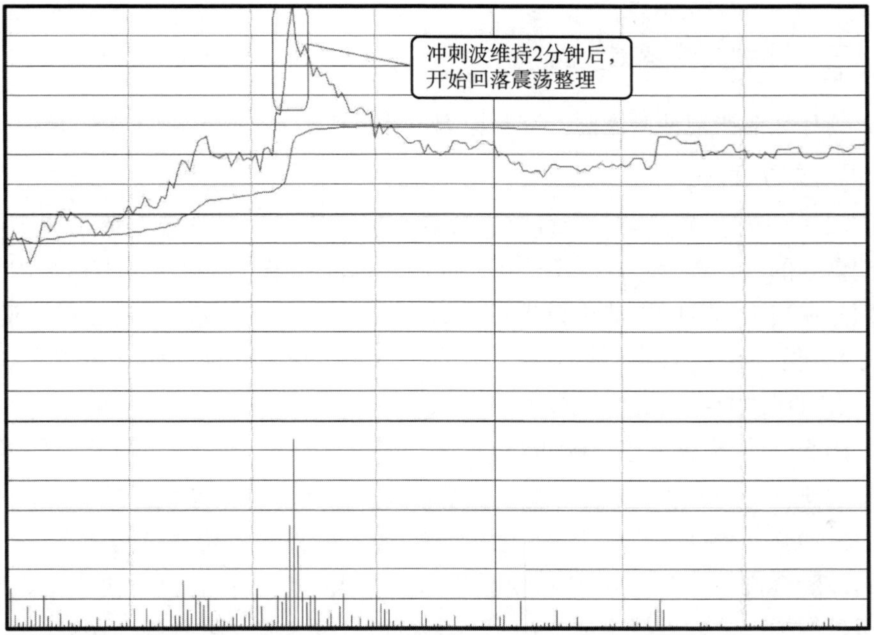

图 5-13　安硕信息（300380）分时走势图

去全天的涨幅。

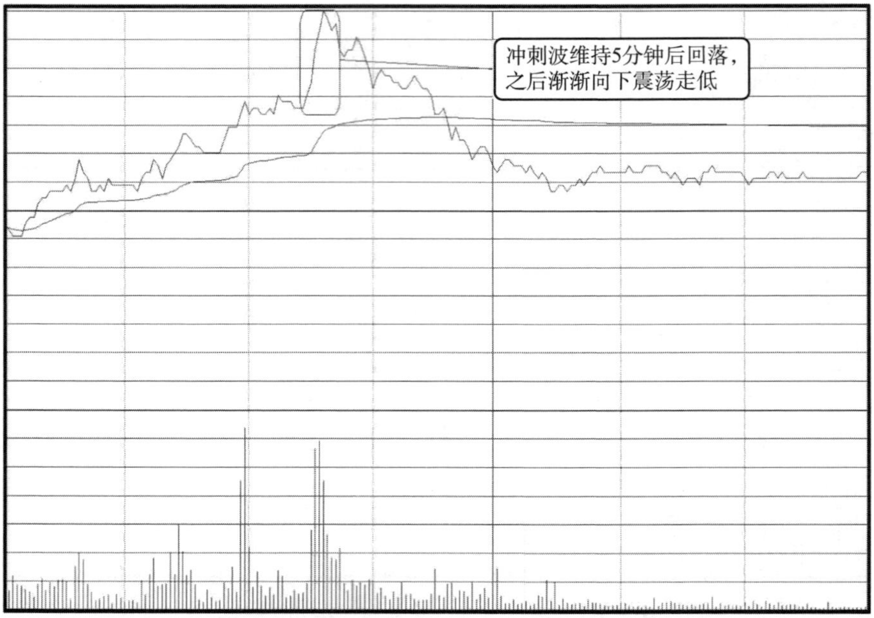

图 5-14 中国电信（601728）分时走势图

三、冲刺波的逻辑

为什么会出现冲刺波呢？究其原因，背后逻辑不外乎以下 3 个因素：

1. 主力行为

（1）主力诱多。主力放量急速拉升个股，给人的感觉就是股价要大涨，既让盘中的散户继续看好，又让场外的散户追涨入场，所以有主力诱多因素。特别是在当天的分时走势中诱多行为更为明显，因为完成冲刺波之后（涨停除外），很少有个股再次走出更为强势的拉升行情。此外，如果在一个盘区中，有时候也是主力的试盘行为。

图 5-15，华林证券（002945）：2022 年 11 月 17 日，开盘后长时间维持盘整走势，10:40 左右开始出现一波强势拉升，然后稍作停顿处理，10:49 开始急速冲刺，盘口气势非常强，加之此时股价距离涨停价格已经不远，让人感到该股会涨停，从而引发不少散户追涨买入。可是，股价很快回落盘整，午后虽有拉高动作，但未能突破早盘的高点。很显然，早盘的冲刺就是主力的诱多行为，应果断卖出。

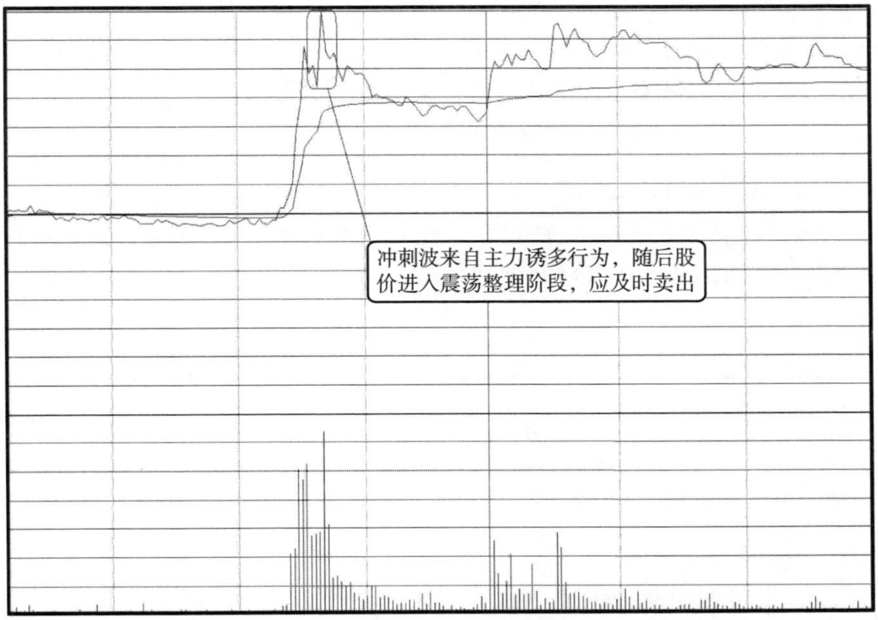

图 5-15　华林证券（002945）分时走势图

图 5-16，立方数科（300344）：2023 年 2 月 10 日，开盘后先是做了短暂

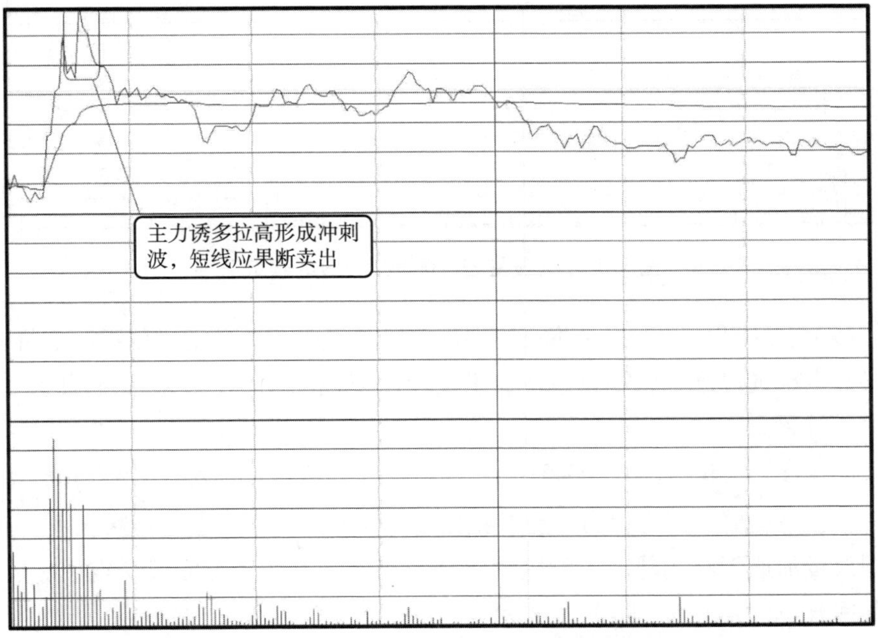

图 5-16　立方数科（300344）分时走势图

的修整，然后展开一波强势拉升行情，小幅回落整理后从9:47开始出现急速冲刺，显然这是分时最后的冲高动作，也是主力的诱多行为，此时应及时果断卖出，更不应该作为买入信号看待，随后股价震荡盘跌。

图5-17，天茂集团（000627）：2023年2月10日，开盘后先是出现一波拉升，然后进行震荡整理，9:58放量向上突破平台，上攻势头极为猛烈，形成冲刺波走势。从表面看，拉升气势强盛，其实这是盘中的一次冲高动作，或者是主力的试盘行为，不会持续太久，不应作为买入信号看待。

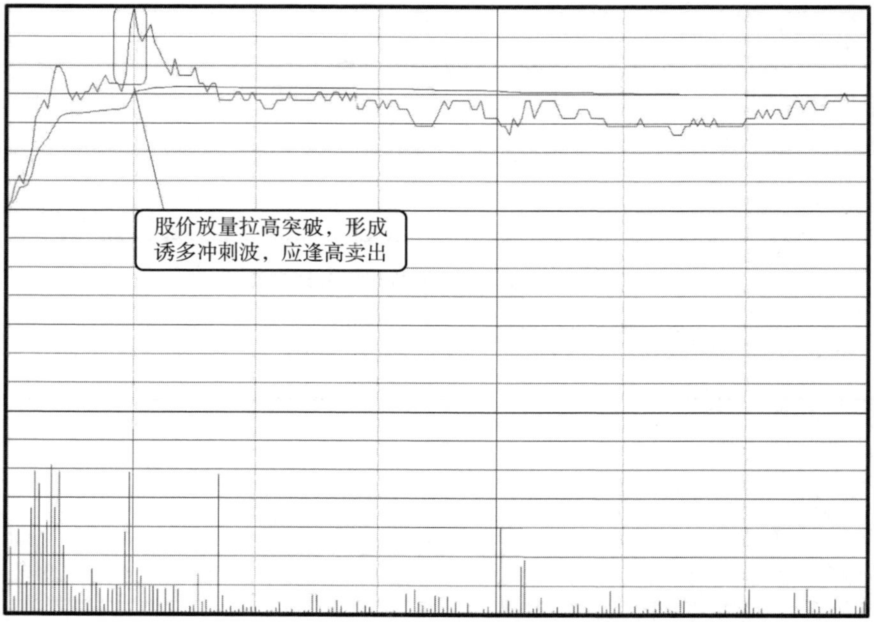

图5-17　天茂集团（000627）分时走势图

（2）主力诱空。在一个本已脆弱的分时盘口中，加上主力刻意向下打压，会导致空头气势进一步加剧，从而引发浮动筹码的抛离，这就是主力诱空所带来的效果。

图5-18，国际医学（000516）：2022年4月27日，股价小幅低开后逐波下探，盘口脆弱，回升无力，空头氛围较浓。10:33开始主力再次向下打压，出现放量加速下跌走势，引发短线浮动筹码的涌出。主力完成诱空后，股价止跌回升。

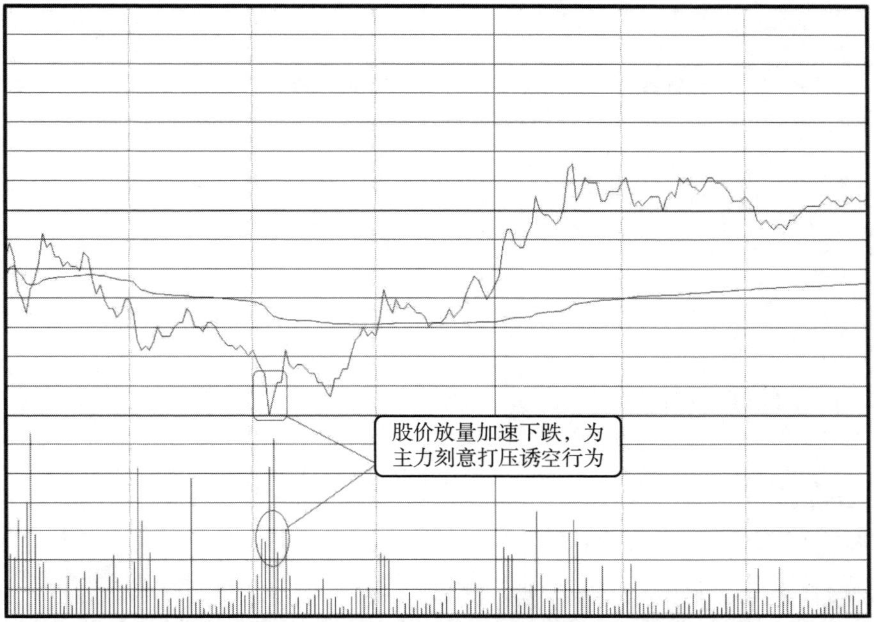

图 5-18　国际医学（000516）分时走势图

2. 惯性加速

（1）惯性冲高。在趋势行情中往往是有惯性的，当股价缓缓向上推升时，最后大多在疯狂中结束，也就是说加速冲高后见顶。这也吻合“股市在犹豫中上涨，在狂热中结束”这句话。

图 5-19，慧辰股份（688500）：2023 年 2 月 8 日，股价小幅低开后长时间维持水下弱势盘整，午后股价翻红后缓缓向上攀高，最后出现跳跃式上涨，速度之快，量能之大，明显是冲刺波走势，这时如果股价不能一鼓作气，强势上板封盘，那么当天股价涨停几乎不可能了，此时应逢高及时卖出。

图 5-20，东华科技（002140）：2022 年 8 月 18 日，小幅低开后出现宽幅震荡，然后股价渐渐向上走高，10:20 出现惯性冲高动作，形成冲刺波走势，冲刺结束后股价震荡走低。该股 10 月 20 日和 11 月 24 日这两天的走势，也是先缓升、后加速，最后股价短线见顶回落。

（2）惯性下跌。在弱势分时盘口中，也很容易出现下跌冲刺波，背后逻辑既有主力打压行为，也有市场的惯性下跌影响。

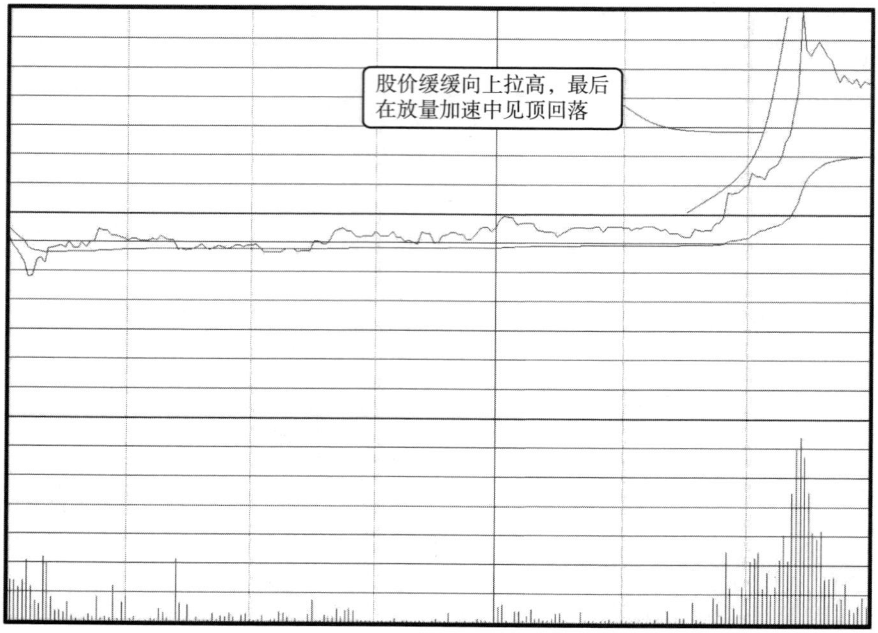

图 5-19　慧辰股份（688500）分时走势图

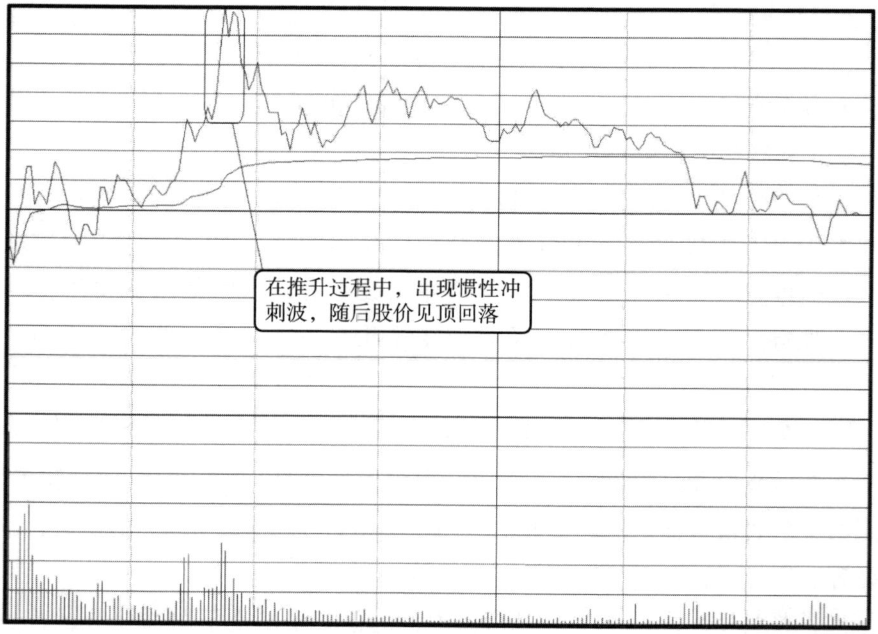

图 5-20　东华科技（002140）分时走势图

图 5-21，炬华科技（300360）：2022 年 10 月 25 日，股价小幅低开后缓缓走低，重心不断下移，回升有气无力，盘口气势较弱，11:12 开始出现加速跳水，盘口有跌停板的意思，可是正当大家感到恐慌的时候，股价却止跌企稳了。投资者在实盘中遇到这种盘口时，可以在主力打压跳水时敢于入场做多，此时短线盈利概率较大。

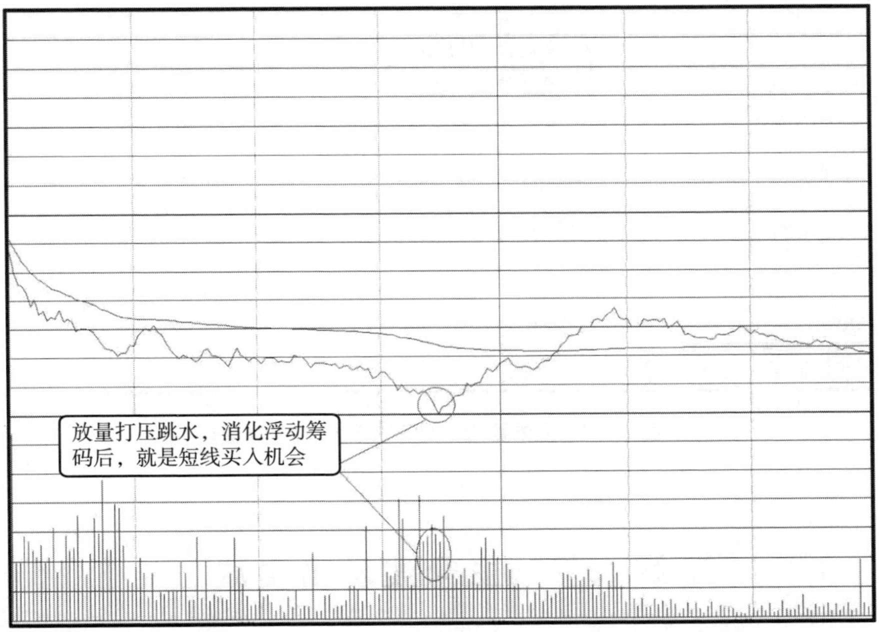

图 5-21　炬华科技（300360）分时走势图

3. 市场跟风

市场有龙头股，就有跟风股。当热点板块中的龙头股走强时，必然带动板块中其他个股的跟风上涨，特别是日内龙头股涨停的那一瞬间，其他股的跟风现象更为突出，此时跟风股很容易出现冲刺波。同样，龙头股出现跳水时也会带动跟风股下跌。

图 5-22，天佑德酒（002646）：这是该股 2023 年 2 月 13 日的分时图，它就属于跟风性质的，这时入场需要谨慎。那一天，威龙股份（603779）开盘不久就涨停，然后老白干酒（600559）也涨停，从而带动整个酿酒板块集体走强。10:29 天佑德酒向上突破，出现放量加速冲刺波，结合当时盘面分析，该股属于跟风性质，这时候想买入的话就要小心了。

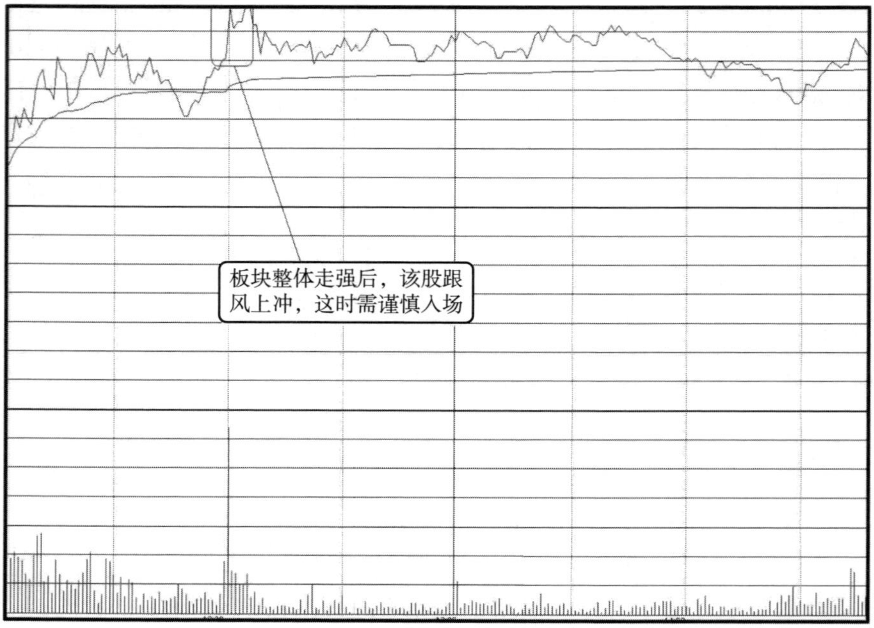

图 5-22　天佑德酒（002646）分时走势图

第二节　主升波卖出实战

在一天的分时走势中，许多个股会出现冲刺波现象，只是冲刺波的力度、幅度大小不同。大的冲刺波很好认识，也很好把握，而小的冲刺波就难以认识和把握了，这需要在实盘中不断总结和提高。为了便于大家理解，这里结合实例进行剖析。

一、冲刺高点卖出

实盘中最好的卖出时机是在冲刺波结束时及时卖出，但这种操作方法的难点在于有时候卖出之后股价继续上涨，陷入卖飞的尴尬境地。那么如何克服这种缺陷呢？需要结合日 K 线进行综合分析。

图 5-23，康达新材（002669）：2022 年 10 月 26 日，开盘后股价逐波上涨，然后呈现平台蓄势整理。经过整理后，股价放量向上突破，然后稍作停顿，10:24 开始出现急剧拉升，形成冲刺波走势。那么，主力能否一气呵成，

将股价拉至涨停呢？结合当时日 K 线结构分析，该股并不具备拉升条件，涨停封盘的概率非常小，这时应在冲刺波的高点迅速卖出。

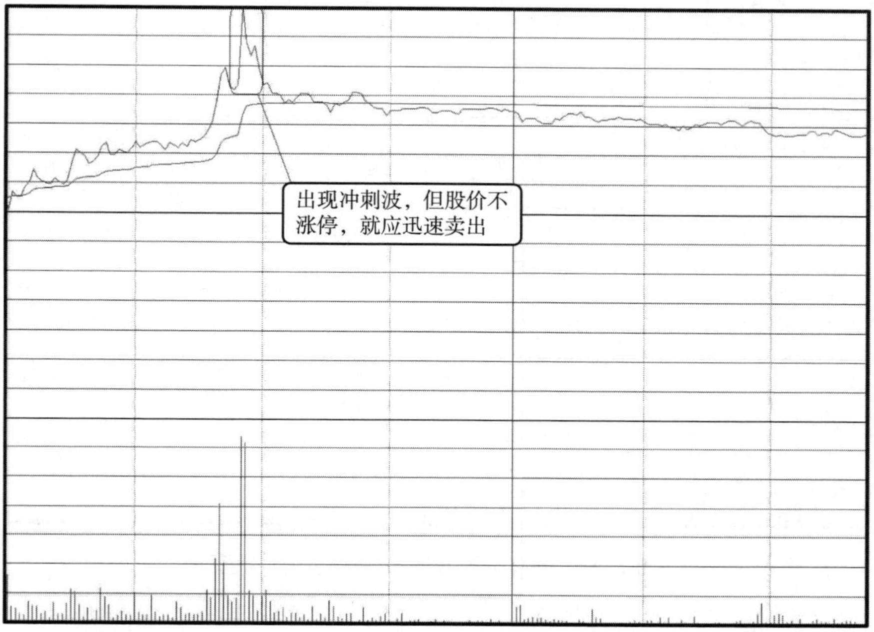

图 5-23　康达新材（002669）分时走势图

图 5-24，国盛金控（002670）：2022 年 1 月 26 日，开盘后就出现放量拉升，完成第一波拉升后，股价回落到当日均价线附近时获得支撑而回升，10:51 开始出现加速拉升，形成冲刺波走势，1 分钟后结束拉升，这时卖点出现。虽然此后股价还创出新高，但拉升力度已经明显减弱，同样是一个卖点。

图 5-25，信雅达（600571）：2023 年 2 月 6 日，股价小幅低开后很快翻红，并缓缓向上推升，重心不断上移，下午 2:05 开始出现冲刺波，2 分钟冲刺结束。结合日 K 线分析，股价涨停的可能性不大，因此是一个卖点。这种单波式急拉的盘口，如果主力不能一次性封板的话，就很难涨停了，这时应考虑卖出观望，更不能在此位置买入。

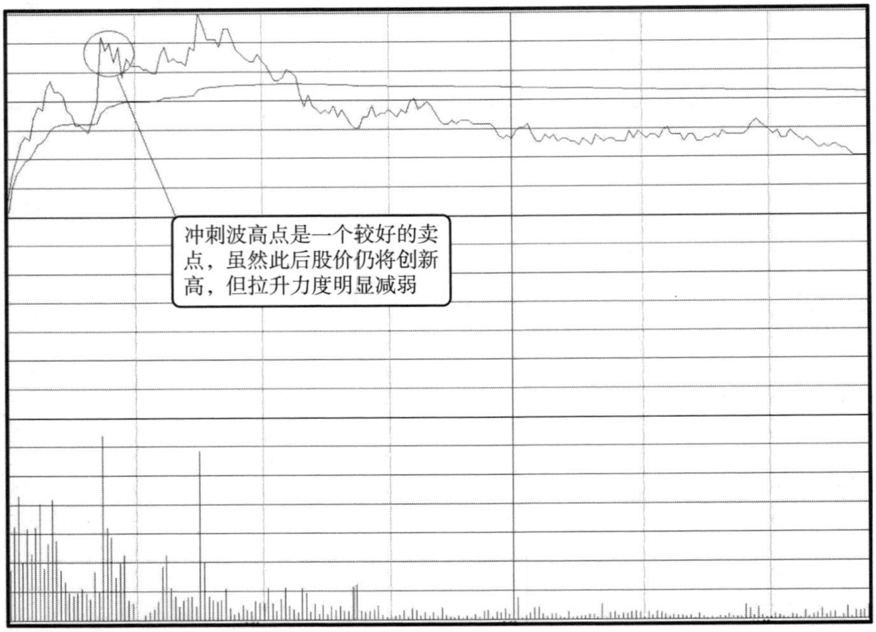

图 5-24　国盛金控（002670）分时走势图

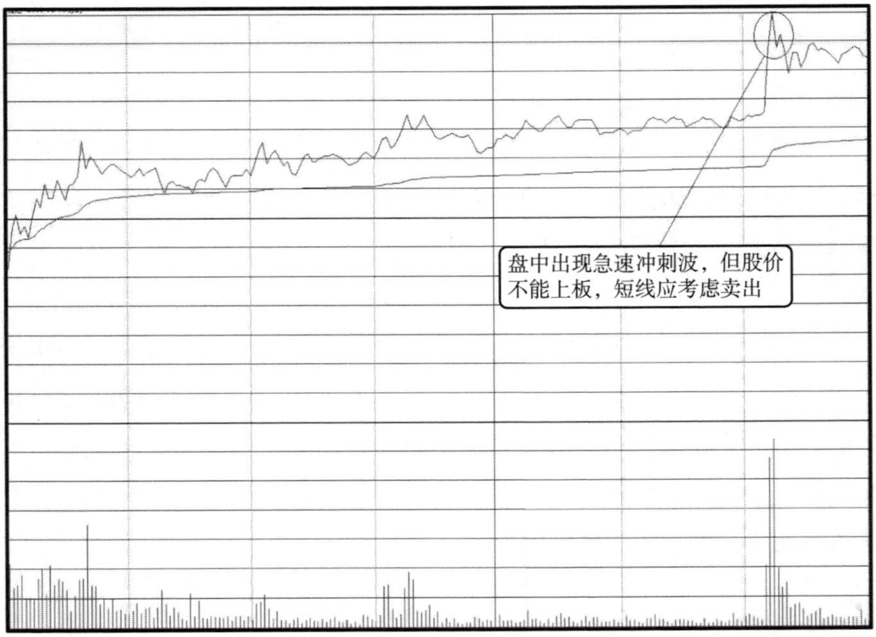

图 5-25　信雅达（600571）分时走势图

二、再次冲高无力

在实盘中主力完成冲刺波拉升后，有时候还有再次冲高的动力，这时虽然不是好的入场机会，但没有出场的投资者可以暂时持股观望。但是，当股价再次冲高的时候，如果缺乏突破拉升动力的话就要警惕了，这往往又是一个短线卖出的机会。

图 5-26，康达新材（002669）：2022 年 11 月 22 日，开盘后先出现一波小幅拉升，经过短暂的停顿后，紧接着就是大幅拉升，形成冲刺波走势。冲刺结束后，股价回落整理，这时持股者可以等等。经过半个小时的整理后，股价再次回升，但无法形成突破走势，说明上方压力非常大，这时短线应果断离场观望，等待回落重新考虑是否入场。

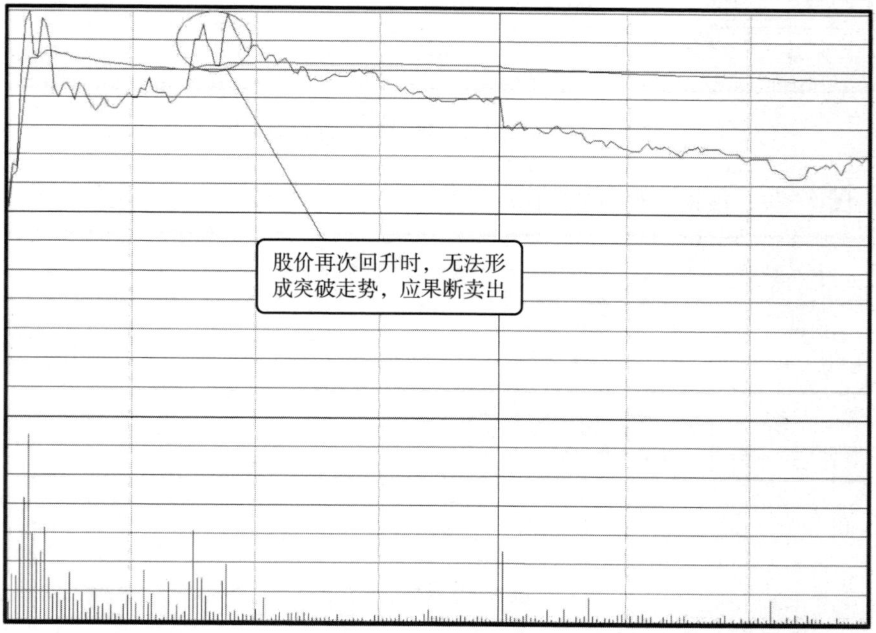

图 5-26　康达新材（002669）分时走势图

图 5-27，二三四五（002195）：2023 年 1 月 12 日，股价小幅高开后缓缓向上推升，短暂的回落整理后，9:40 开始出现冲刺波，2 分钟后停止冲刺，股价小幅回落。不久，股价再次回升到冲刺波的高点附近，但盘口气势不强，成交量不大，很难出现强势拉升行情，这时应果断卖出观望。

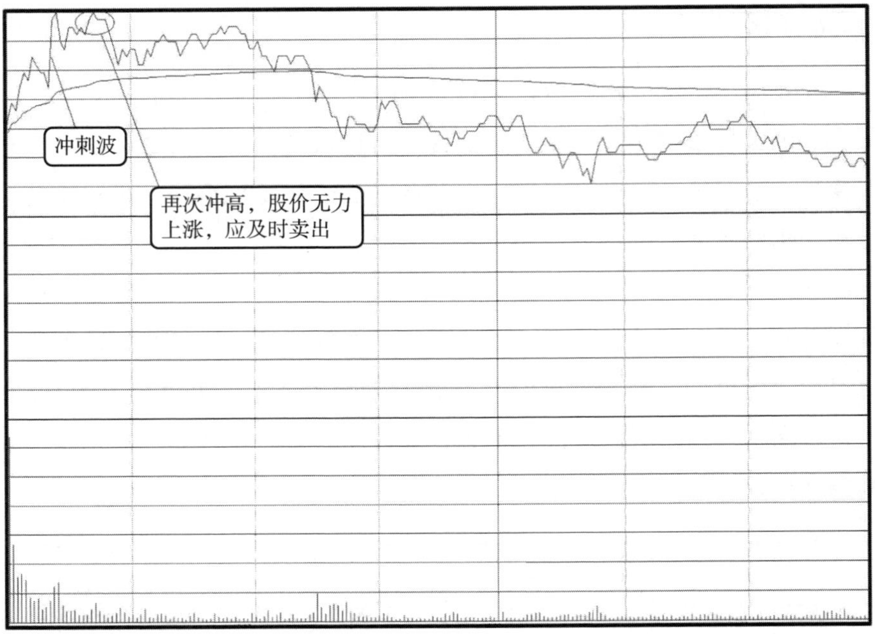

图 5-27　二三四五（002195）分时走势图

图 5-28，沙钢股份（002075）：2023 年 1 月 30 日，开盘后先是一波小幅

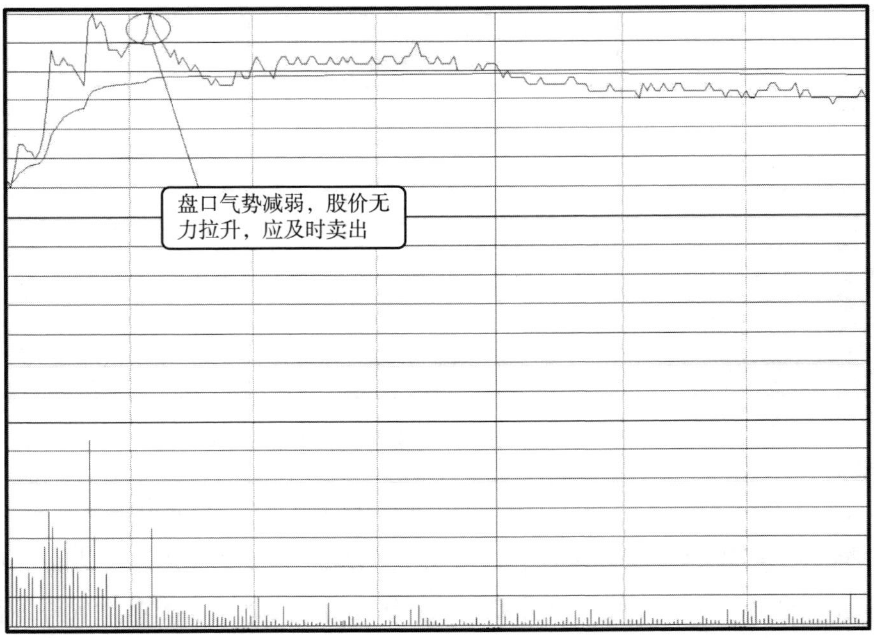

图 5-28　沙钢股份（002075）分时走势图

拉升，经小调整后迎来一波大幅拉升，再次修复整理后，9:49 开始出现急速拉升，形成冲刺波走势。之后，股价回落整理，当股价回落到前一波的高点附近时获得技术支撑，而再次出现回升。但是，很明显，股价再次回升时无论是盘口气势，还是成交量都已经减弱，在此情形下想要走出一波大行情，显然已经失去技术上的优势，因此是一个短线卖出机会。

三、回落到起涨点

实盘中很多时候并不能精确判断行情是否还会继续上涨，如果冲刺波结束后，股价重新回落到冲刺波的起涨点附近，意味着盘口气势已经减弱，说明主力并无持续做多意愿，股价很难再次出现强势拉升，这时也是一个较好的卖出时机。而且，由于冲刺波的持续时间比较短，对于反应迟钝或者没有及时看盘的投资者来说，往往很容易错过高位最佳卖出时机，这时应果断离场。

图 5-29，全通教育（300359）：2022 年 12 月 27 日，开盘后先作短暂整理，然后以小波段形式向上拉高，9:56 开始出现加速冲刺波，2 分钟后冲刺结束，股价迅速回落到冲刺波的起涨点，并继续下行。很显然，主力已经放

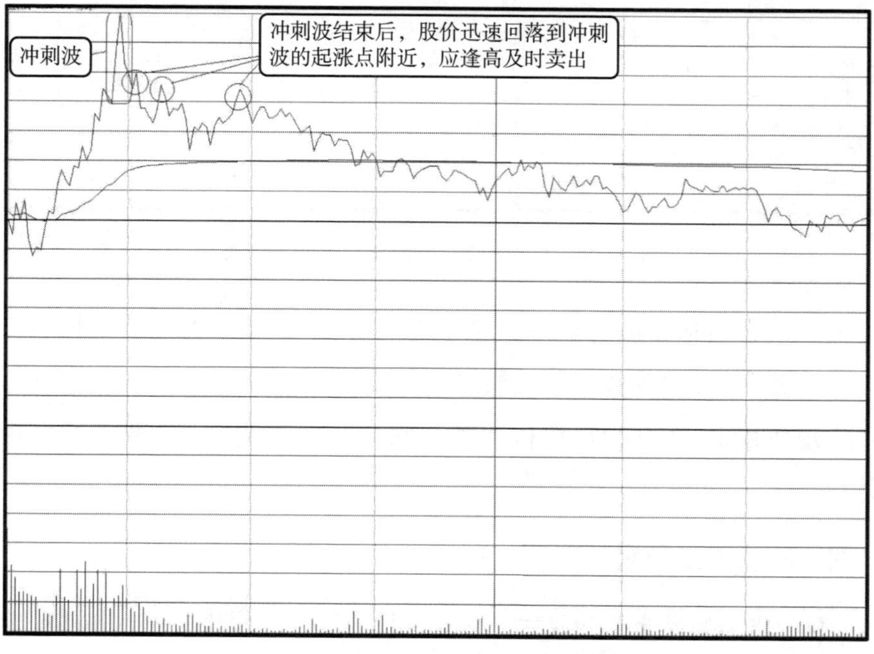

图 5-29　全通教育（300359）分时走势图

弃拉升，盘口气势已经减弱，再次拉升的难度增大。这时投资者应逢高及时果断卖出，之后股价震荡走低。

图 5-30，王力安防（605268）：2022 年 11 月 14 日，开盘后快速放量冲高，经过短暂的修复整理后，9:35 开始产生冲刺波，2 分钟后股价快速回落到起涨点附近，说明主力放弃做多意愿，这时应及时卖出。之后，盘中股价再次回升到该位置附近时，明显遇到强大的阻力，这里也是一个卖点。

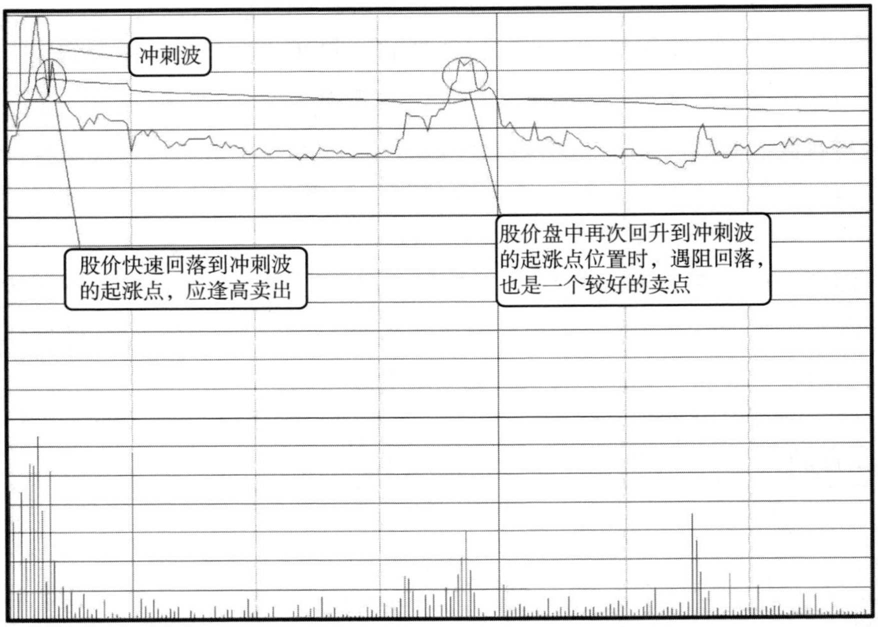

图 5-30　王力安防（605268）分时走势图

图 5-31，园林股份（605303）：2022 年 9 月 23 日，开盘后维持弱势整理，9:29 突然出现“穿云箭”直线拉升，股价急速上涨 5%多。稍作停顿后，9:03 出现冲刺波，2 分钟后股价回落到原处，这时就是一个非常好的短线卖点。

四、后量不及前量

股价上涨需要成交量的放大，这一点投资者已经形成共识。如果股价在前面的推升过程中，已经出现了明显的放量，而后面的冲刺波没有继续放量，甚至出现缩量状态，也就是后量低于前量，表明入场资金不积极，冲刺波行

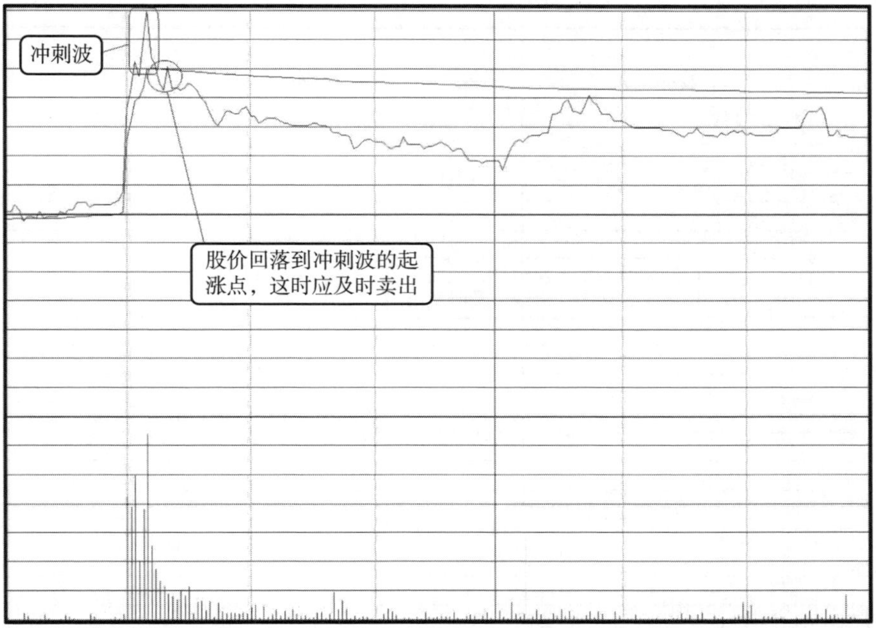

图 5-31　园林股份（605303）分时走势图

情不会持续太久，出现这种情形时应在冲刺波高点及时卖出。

图 5-32，翔港科技（603499）：2022 年 11 月 15 日，股价小幅低开后逐波走高，10:00 出现冲刺波，股价创出盘中新高，有气势、有力度，但成交量不及前一波的量能大，说明主力做多意愿不强，这时应及时卖出。其实，该股真正的冲刺波是前一波，盘口符合冲刺波的特征，后面的拉高只是由于当时的大盘指数强势上涨所带动。

图 5-33，学大教育（000526）：2023 年 1 月 31 日，高开后强势震荡整理，9:42 出现冲刺波，1 分钟后股价尖顶回落，直到收盘也没有再现拉升动作。其实，可以很直观地看到，成交量没有放大，主力无意做多，这时应逢高及时卖出。

图 5-34，高鸿股份（000851）：2023 年 2 月 7 日，盘中两次出现冲刺波现象，但均因成交量不及前一波的量能而未能走得更远，午后股价渐渐走弱。可见，无量拉升应引起警惕，说明市场跟风资金不积极，投资者应逢高出局为好。

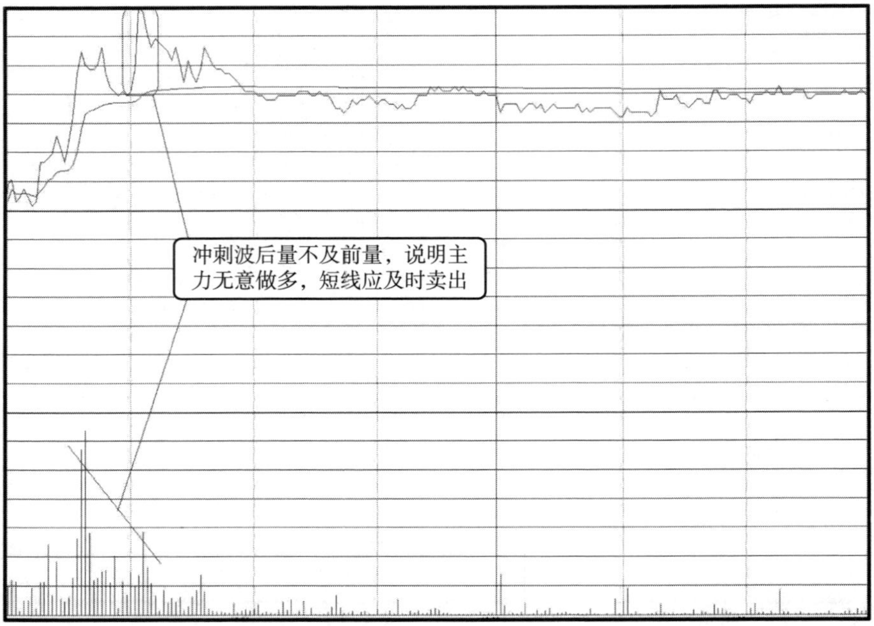

图 5-32　翔港科技（603499）分时走势图

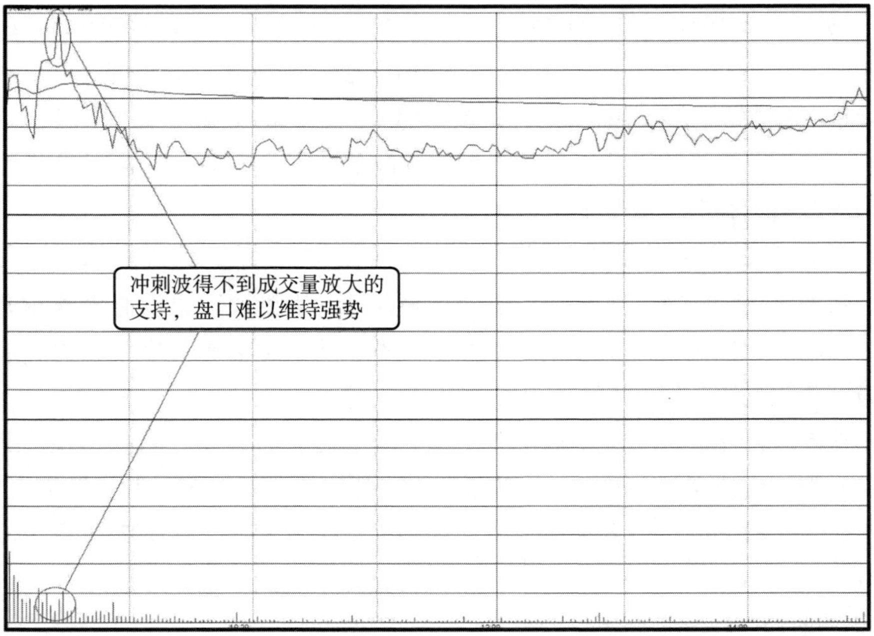

图 5-33　学大教育（000526）分时走势图

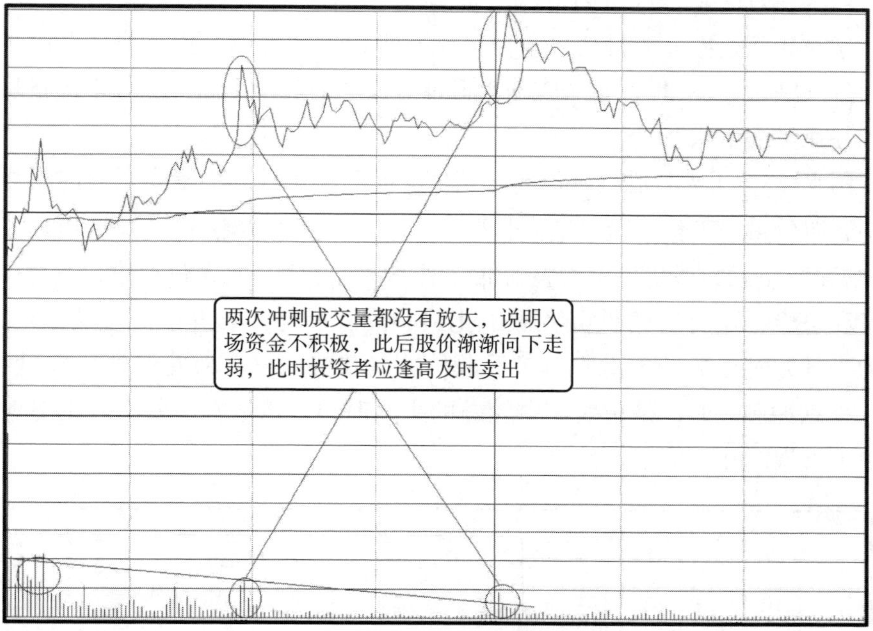

图 5-34　高鸿股份（000851）分时走势图

第三节　主跌波买入实战

股市盘口技术形态基本是对称的，有涨必有跌，有上升冲刺波也就会有对应的下跌冲刺波（也叫下跌打压波或下跌加速波）。出现上升冲刺波如果股价不涨停或上升乏力，就可以考虑短线卖出；相反，出现下跌冲刺波如果股价不跌停或打压结束，就可以考虑短线买入。下跌冲刺波大多是主力刻意打压所致，通常为短线最后一跌，释放短线浮动筹码后，市场将迎来一段回升行情，因此是短线买入机会。

一、放量加速打压

股价放量下跌是十分恐惧的，通常仍有惯性下跌的动能，但下跌总是有尽头的，特别是跌势末期。如果出现“放量+加速”下跌，往往是短线买入的好机会。这种现象通常反映主力最后向下“踹一脚”，将下跌势头发挥到极致，之后股价出现企稳回升走势，因此成为短线买入机会。实盘中要同时具备“放量+加速”两个条件。

需要注意的是，这里的下跌“放量”，是指加速下跌的瞬间出现同步放量，这与后面企稳上涨时的放量要区别开来，也就是说股价企稳回升时量能会超过下跌时“放量”。这一点与上升冲刺波中的放量不同，涨势中放量后的回调往往呈缩量状态。

图 5-35，川大智胜（002253）：2023 年 2 月 8 日，小幅高开后向下回落震荡，股价重心下移，盘口气势非常弱，主力没有做多热情，10:03 出现“放量+加速”下跌，股价创出调整新低，似乎要展开新一波大跌走势，不免让人担忧和恐慌，这时有的投资者做出止损举动。可是，股价很快止跌企稳了，成为当日分时走势的最低点，午后股价放量强势涨停。因此遇到“放量+加速”下跌冲刺波时，是短线一个较好的买入时机。该股在 2 月 1 日的分时走势中也出现同样的信号。

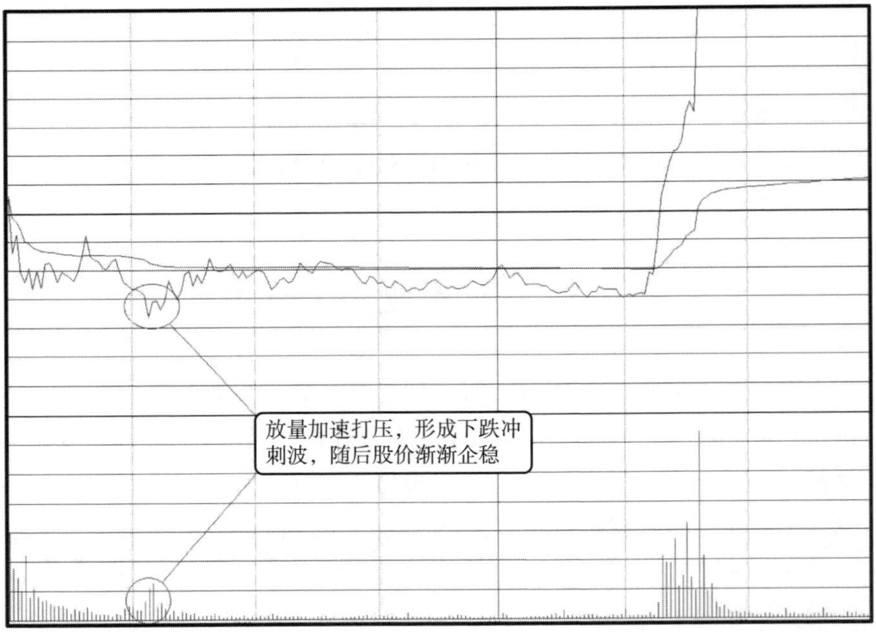

图 5-35　川大智胜（002253）分时走势图

图 5-36，永兴材料（002756）：2022 年 6 月 1 日，开盘后出现一轮下跌，稍作停顿后，出现新一轮放量加速下跌，似乎股价要大跌，从而引发市场几许恐慌。其实，这是下跌冲刺波走势，主力借助下跌之势向下再“踹一脚”，释放短线获利筹码后，股价企稳回升，因此这是一个好的买入机会。

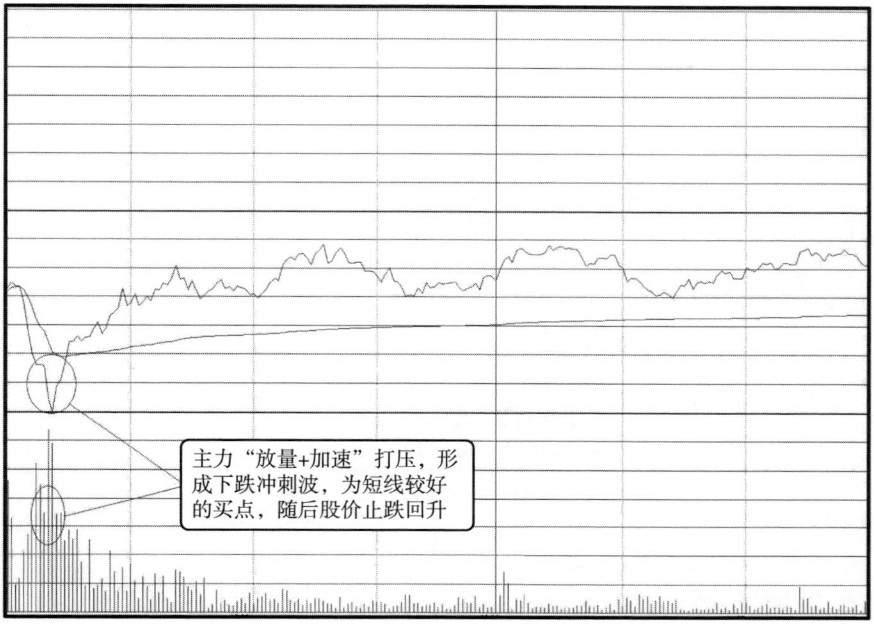

图 5-36　永兴材料（002756）分时走势图

二、缓跌加速跳水

在分时走势中，股价重心缓缓下移，盘口气势较弱，回升没有力度，投资者普遍失去信心。在此情形下，主力顺势向下打压一下，加重盘口的恐慌氛围，让散户感到股价回升无望，而做出抛出的举动。当这些短线浮动筹码出场后，主力目的达到，股价也很快止跌企稳了，因此是短线较好的买点。

图 5-37，上海洗霸（603200）：2022 年 11 月 2 日，股价小幅高开后向下回落，然后经过盘区的震荡整理后，再次下跌创出新低，盘口感觉并不好。9:53 开始放量加速下跌，形成下跌冲刺波走势，似乎要展开大跌行情。可是，经过主力的打压后，释放了大量的短线浮动筹码，这时就是一个好的买点。很快，股价企稳回升，从下跌 5%开始回升到上涨 8%收盘，短线盈利空间较大。

图 5-38，常熟银行（601128）：2022 年 3 月 9 日，开盘后先走出一波向上推高行情，不久止涨回落，股价逐波下跌，不断创出调整新低，盘口非常弱势。1:45 开始放量加速下跌，空头气势更盛，引发了短线浮动筹码的抛出，其实这时就是一个买点。2 分钟后股价止跌回升，次日股价续涨，短线获利空间较大。

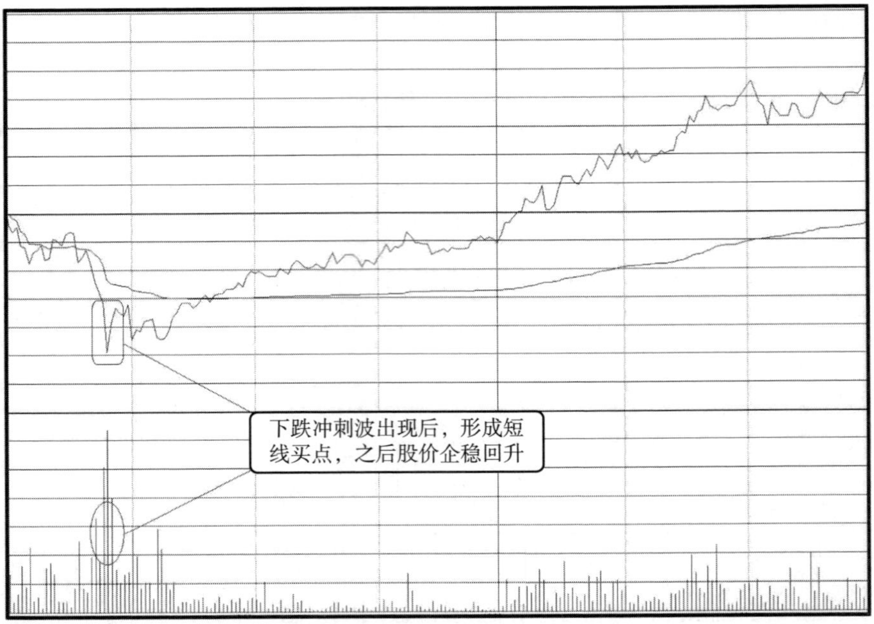

图 5-37　上海洗霸（603200）分时走势图

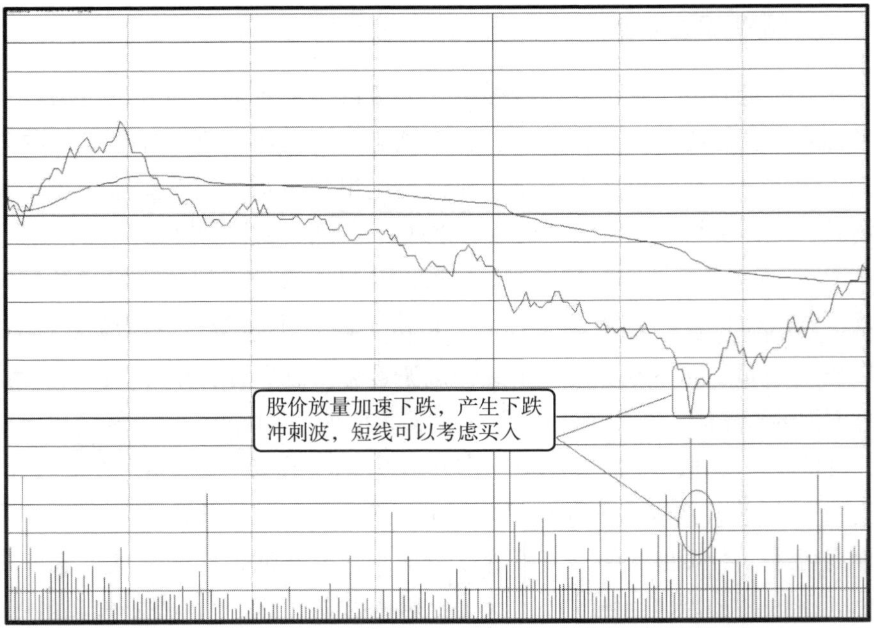

图 5-38　常熟银行（601128）分时走势图

三、打压不创新低

股价经过主力的刻意打压后，短线浮动筹码得到较好释放，杀跌动能大大减弱。这时候虽然盘口气势较弱，但只要后续没有再创新低的能力，就可以考虑短线买入。

图 5-39，百达精工（603331）：2022 年 4 月 26 日，开盘后股价一直在前一天的收盘价下方运行，午后重心渐渐下移，弱势盘口进一步显现。2:15 开始放量加速下跌，空头气势猛烈，但股价没有下跌多少就止跌企稳，在之后的震荡中并没有创出新低，说明下方有强大的技术支撑，因此可以在震荡低点买入。在尾盘竞价阶段，主力扫货拉升。

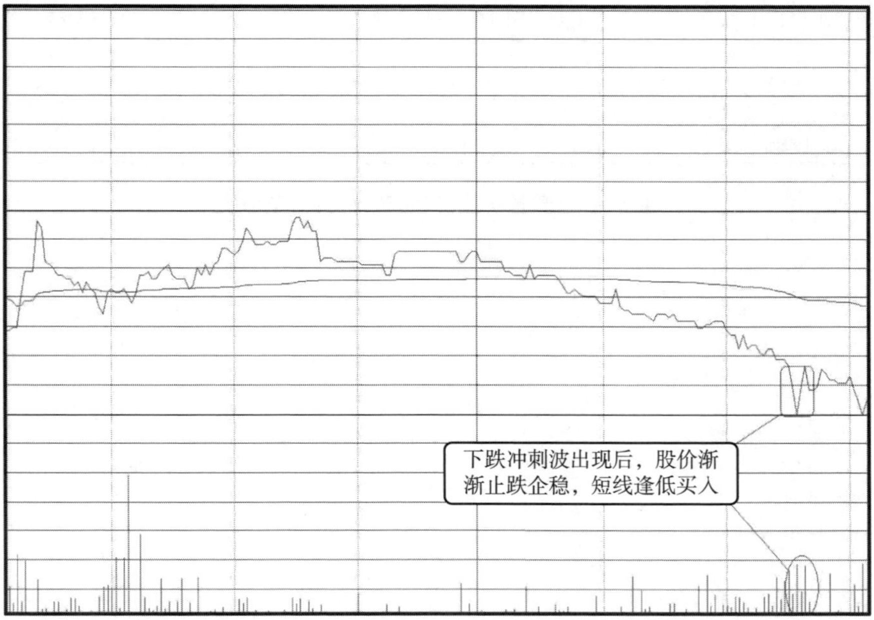

图 5-39　百达精工（603331）分时走势图

有时候“放量+加速”冲刺波形成后，股价仍有小幅的惯性下跌，只要下跌力度不大，这也是一个很难得的买入机会。

图 5-40，激智科技（300566）：2022 年 10 月 12 日，股价小幅低开后持续走弱，9:50 开始“放量+加速”下跌，产生下跌冲刺波走势，稍作停顿后再次下跌，股价似乎奔向跌停板。其实，这是最后的诱空动作，是一个较好的入场机会，随后股价企稳回升。午后，股价再次回落到早盘的低点附近，遇到技术支撑而出现强势回升，当天以红盘报收。

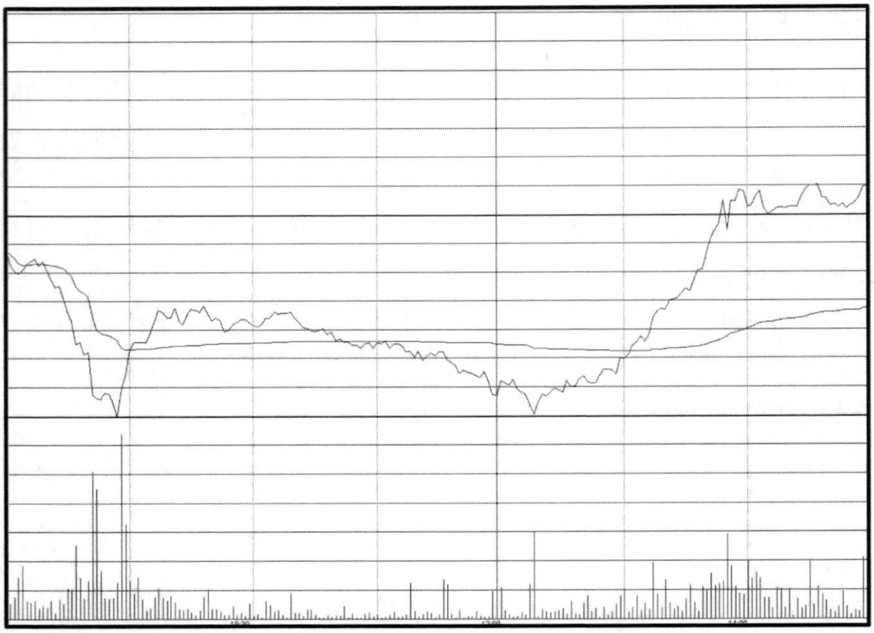

图 5-40　激智科技（300566）分时走势图

第六章

涨停失败盘口 >>>>

在目前A股市场中，每天都看到不少的个股涨停，涨停的股票总是吸引着无数人的眼光。殊不知，每天也有不少涨停失败的个股，或封盘被炸，或冲板失败，或主力根本没有涨停意愿。由于交易软件并没有对涨停失败的个股进行统一列表，因此也没有那么“显眼”，只有入场者才能体会到深受其套的苦恼，其他人并不知道被套的历程。其实，真正造成亏损的，就是在涨停失败的个股当中，少则亏损三五点，多则亏损十几个点，甚至更多。而且，对于持仓者来说，如果不掌握涨停失败的技术要点，就是错过一次逢高离场的机会。所以，本章所讲的内容非常重要，值得认真细读和领会。

第一节　不涨停的经典分时

一、一大波加速不上板

下面先要明确一下什么是“大波”，大波是指具有极强攻击性的大波段快速拉升走势，有速度快、角度陡、量能大、气势盛的特点，主力行为非常明显。许多涨停个股分时中有“大波”加速拉升迹象，即使一些根本不会涨停的个股中也有这种盘口信号。通常加速的持续时间往往较短暂，大多在一两分钟内完成，很少超过5分钟。一旦分时中出现加速时，意味着这是当天最后一波拉升行为，要么就直接冲向涨停并果断封盘（打板），要么后续回落整理当天不再拉升（减仓或出局）。

说是“大波”加速，实盘中也有长波加速和短波加速之分，长波加速幅度大好辨别，短波加速幅度小、时间短（不超过1分钟），易忽视。无论长波加速还是短波加速都是当天分时中的小高点，对买卖操作都非常重要。

“一大波加速不上板”是指股价开盘不久或震荡整理一段时间，然后渐渐走强，股价向上走高，最后出现大波段加速拉升，但股价没有拉至涨停就停止拉升，此后直到收盘也没有出现第二次冲板走势。如果某只股票出现大波段加速拉升后，股价还没有成功涨停的话，那么说明该股当天就不会涨停了，而且当天盘中也很少会出现第二次拉升了，且次日大概率出现调整。

所以，在实盘中遇到“一大波加速不上板”情形时，不要主观判断股价还会涨停，盲目入场容易造成被套，而且对于持仓者来说，大波加速拉升结束就是一次减仓或出局的机会。

实盘技术要点：大波—加速—不上板。

图 6-1，美景能源（000723）：2022 年 5 月 24 日的走势（实时截图），开盘后呈现震荡整理走势，10 点过后出现一大波拉升走势，然后出现放量加速，股价上涨 9%以上。但是，一大波加速拉升后，股价并没有成功上板封盘，这就说明该股当天很难涨停了，也很难出现再次拉升了。所以，这时投资者就不要有打板的念头了，且持仓者可以进行减仓操作。

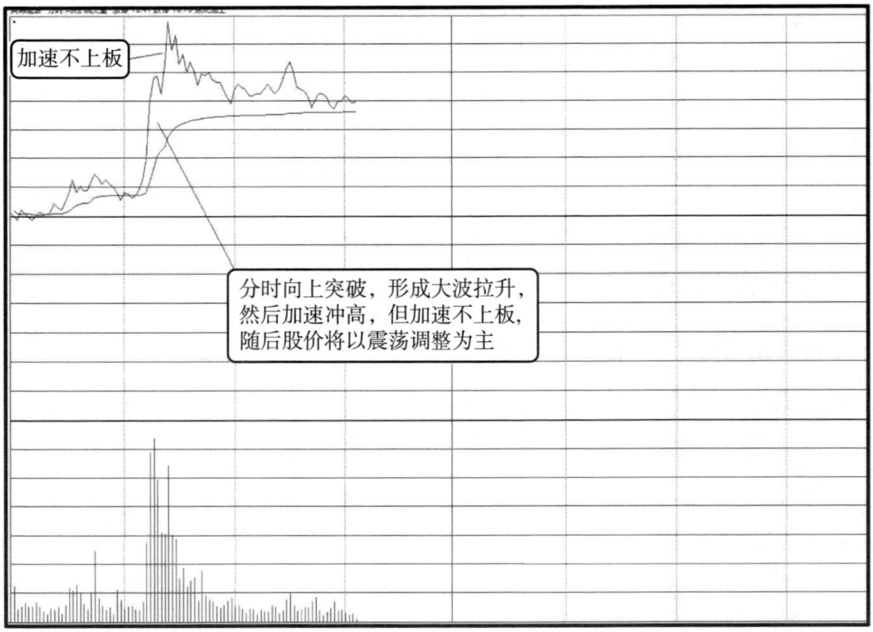

图 6-1　美景能源（000723）分时走势图

在实盘中出现大波加速不上板后，就已经告诉市场当天不会涨停了，所以不要对当天的行情有更高的期望。

图6-2，上海凤凰（600679）：2022年4月22日的走势，开盘后股价缓缓向上推高，接着出现加速拉升，具有速度快、角度陡、量能大、气势盛的特点。但是，股价仅仅只是摸了一下板，并没有形成封盘态势，很快出现回落，之后全天呈现弱势震荡走势。遇到这种盘口走势，不要对当天的行情有更高的期望，短线应以卖出为主。

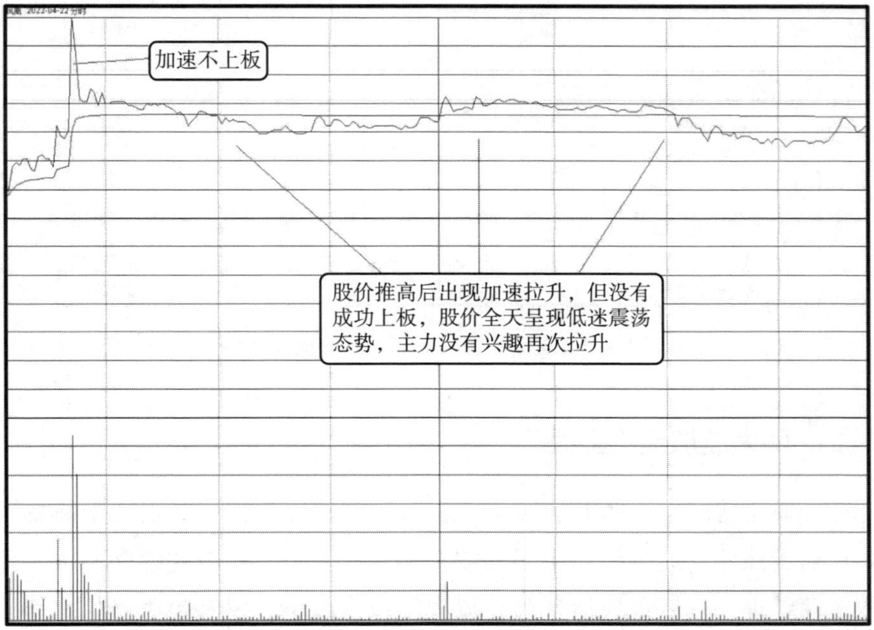

图6-2 上海凤凰（600679）分时走势图

出现大波加速不上板走势后，分时中就形成一个明显的高点，在当天后面的震荡过程中往往难以突破该高点的压力，因此后面盘中每一次回升都是短线减仓的机会。

图6-3，交运股份（600676）：2022年3月3日的走势，整个上午股价呈现弱势震荡，午后向上强势拉高到4%以上，然后出现加速拉升。但是加速不上板，这时就可以判断该股当天没有涨停希望了，而且盘中所形成的高点对后面股价回升构成不小的压力，所以后面每一次回升都是短线逢高卖出的机会。

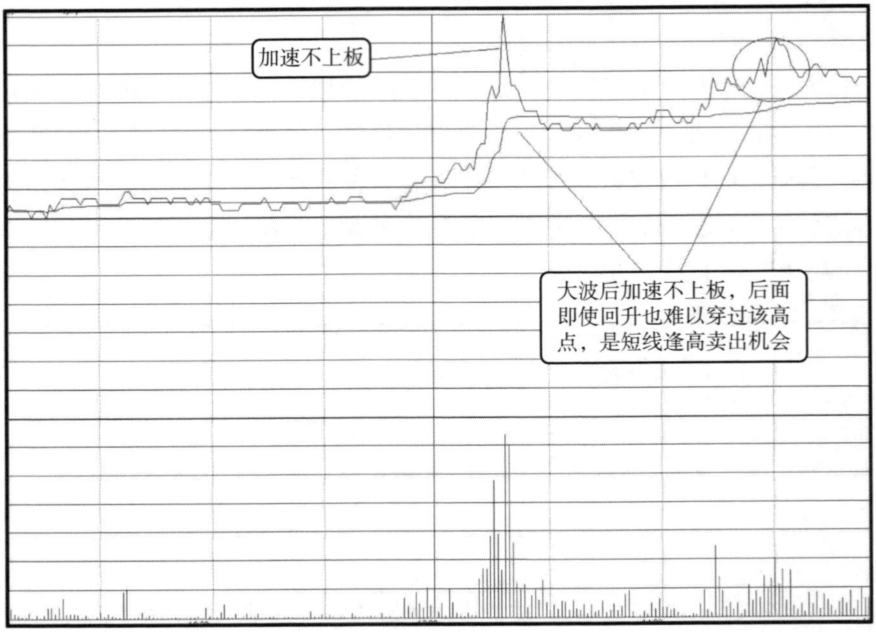

图 6-3　交运股份（600676）分时走势图

二、两大波加速不上板

在分时走势图中，两波加速不上板与二波涨停相似，区别在于前者没有涨停而后者涨停。股价经过第一大波拉高后，主力开始消化浮动筹码，盘口进入震荡整理，然后该股展开第二波大幅拉升走势，大有封涨停板之势。可是，第二大波加速后股价并没有成功上板，之后维持盘整格局直到收盘。这种盘口也说明，主力没有涨停意愿，当天该股不再有亮丽表现，且次日大概率以调整为主，因此应观望或卖出。

这种盘口的特征：通常第二波的涨幅大于第一波的涨幅；第二波的上涨气势也强于第一波的上涨气势；第二波的成交量也往往大于第一波的成交量。总体而言，第二波有冲击涨停板的显著特点，能够激起强烈的市场跟风欲望。只是结果出乎散户想象，没有成功涨停。

实盘技术要点：第一大波—调整—第二大波加速—不上板。

图 6-4，华纺股份（600448）：2022 年 5 月 11 日的走势，开盘后出现一波拉升，然后出现修复性整理，接着进行第二波拉升，股价冲到 9%以上，似乎奔向涨停板，此时吸引不少短线打板者跟风介入。可是，第二波加速后不

上板，之后维持盘整直到收盘，当天追高者几乎全线被套。次日出现重复走势，之后股价深幅回落。

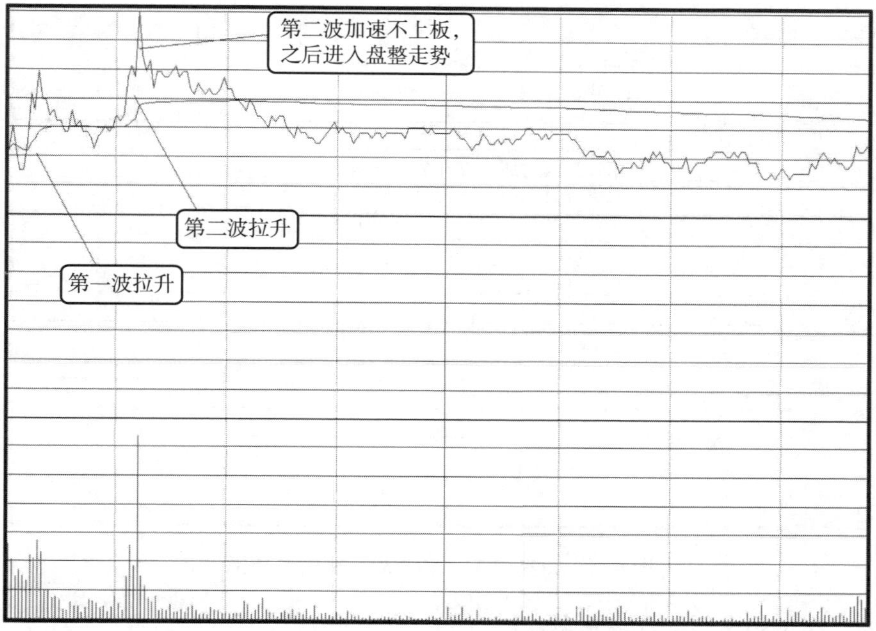

图 6-4　华纺股份（600448）分时走势图

图 6-5，重庆建工（600939）：2022 年 5 月 27 日的走势（实时截图），开盘后先作整理，然后出现一波缓慢的拉升，经过短暂的蓄势整理后，出现第二波放量加速拉升，股价似乎要涨停。但是，股价没有一气呵成，没有成功上板，这时可以判断当天股价不再涨停了，后续将以盘整为主，短线应逢高卖出。

关于两波的盘面认识，除了第二波的涨幅、气势、量能大于第一波外，还要注意以下两点：一是从第一波到第二波的调整时间，一般情况下不超过半个小时，时间过长会削弱上涨气势；二是两波之间的调整幅度，股价不能回落到第一波的起涨点，或回收了前一波的大部分涨幅，如果回落太深会增加第二波的拉升难度。

图 6-6，嘉友国际（603871）：2022 年 4 月 13 日的走势，股价小幅低开后稳步向上推高，形成第一波拉高行情，随后进行长时间的横盘震荡整理，午后出现新一波放量拉升走势，但股价没有拉至涨停。这种非常明显的拉升动作，如果不能一鼓作气成功上板，一旦停止拉升，就很难出现更加有力的

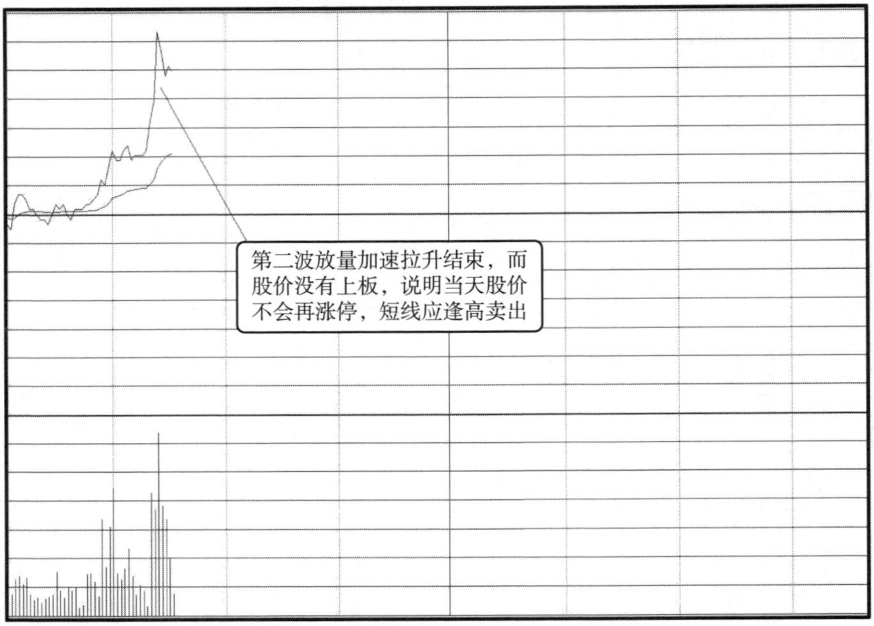

图 6-5　重庆建工（600939）分时走势图

拉升，所以当天涨停的概率极低。

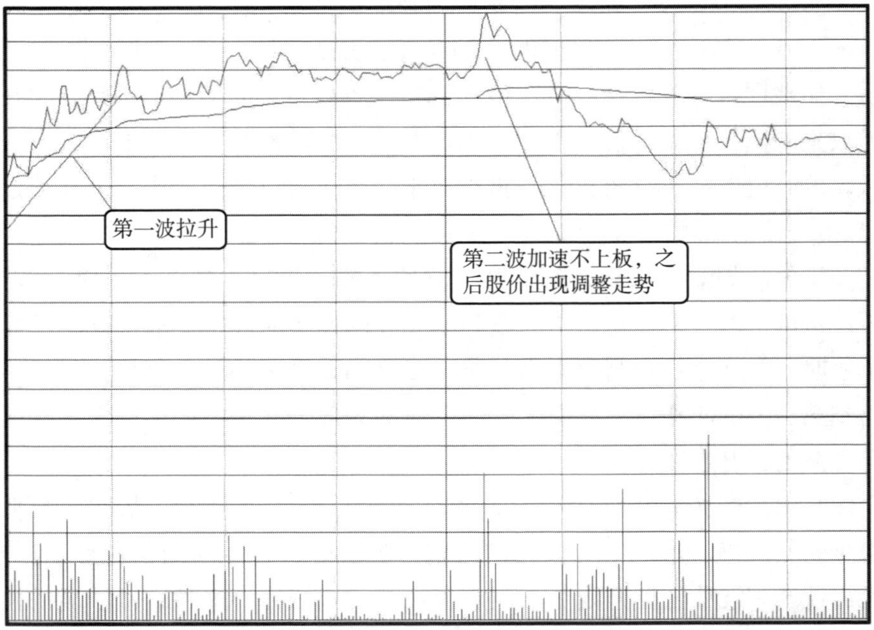

图 6-6　嘉友国际（603871）分时走势图

很显然，该股从第一波到第二波调整时间长达 1 个半小时，大大削弱了第二波的上攻气势，很难一鼓作气地拉至涨停，导致拉升失败。

图 6-7，均瑶健康（605388）：2022 年 5 月 27 日的走势（实时截图），一个上午盘口维持整理，午后出现一波小幅拉升，经过回调后展开第二波放量拉升走势，但股价没有一次性上板，预示当天股价很难涨停。其中一个重要的原因就是股价回调幅度太深，几乎回收了第一波的全部涨幅，这样第二波直接拉涨停就很难了。

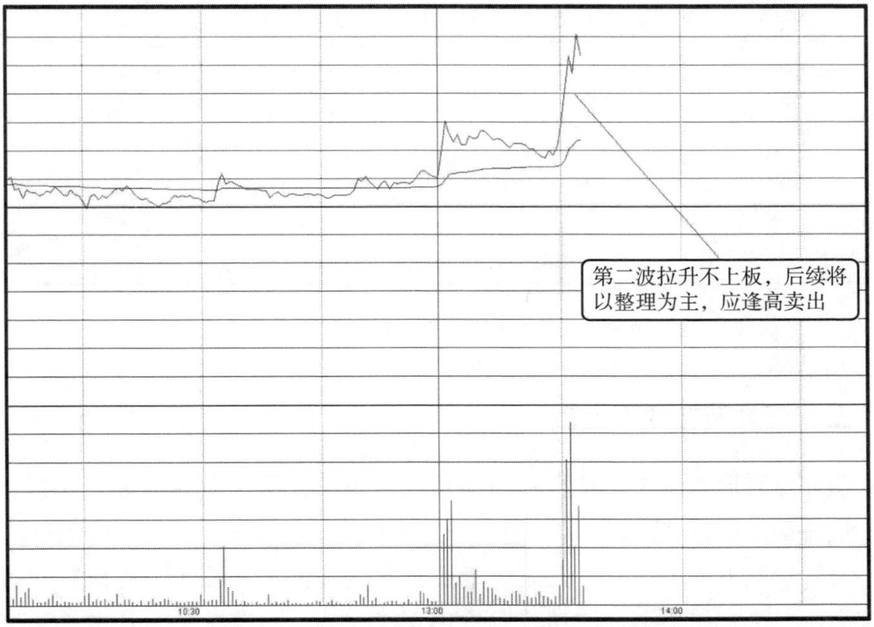

图 6-7　均瑶健康（605388）分时走势图

图 6-8，摩恩电气（602451）：2022 年 5 月 26 日的走势，经过长时间的震荡整理后，午后出现一波强势拉升行情，但随后的修复性整理使股价回落到起涨点附近，上攻气势大大减弱，增加了第二波的拉升难度，股价很难上板。

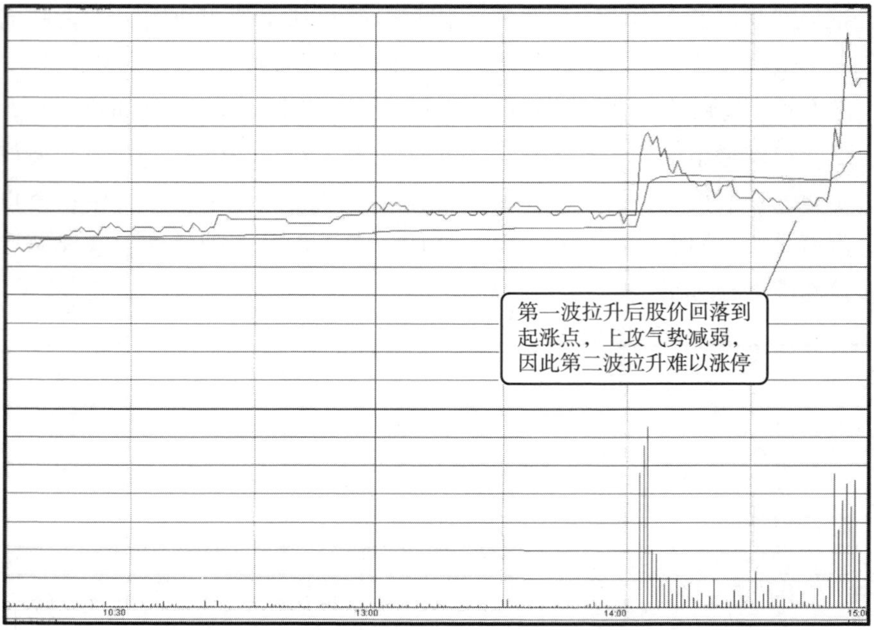

图 6-8　摩恩电气（602451）分时走势图

三、三大波加速不上板

这种分时形态的盘口特征：前面两波为小波，第三波为大波。涨幅、气势、量能都以第三波为最。

通常情况下，出现第三大波放量拉升时的涨停概率较大，封板后开板概率较小。但是，如果第三波加速股价仍不能涨停，则当日主力基本不会再次对涨停发起冲击，后续将以震荡整理为主，此时应及时减仓，场外资金不宜入场。

图 6-9，大中矿业（001203）：2021 年 12 月 7 日的走势，开盘后经过一段时间的震荡整理后，股价出现两小波拉升，但盘口气势、力度并不十分强盛。经过短暂的蓄势后出现第三波拉升，13:26 开始出现明显的放量加速拉升，大有奔向涨停板之势。但是，涨停没有一气呵成，接着出现震荡，直到尾盘没有拉升动作。

图 6-10，通达动力（002576）：2022 年 3 月 18 日的走势，开盘后维持弱势窄幅震荡，随后出现两波小幅推升行情，经过短暂的修复性整理后，展开第三波放量加速拉升走势。通常这是最后一波冲刺行情，如果不能一鼓作气上板，则可以立即判断当天股价不会涨停。

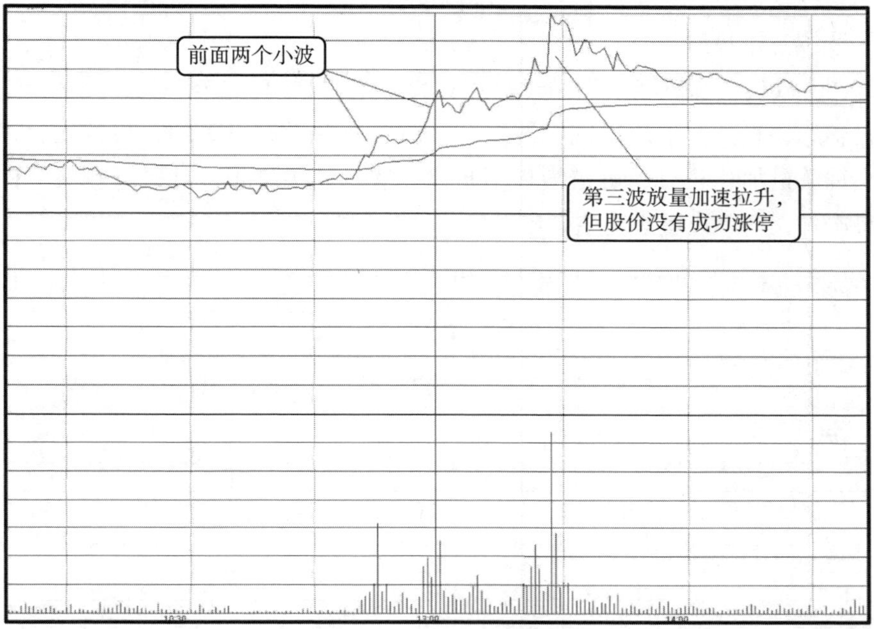

图 6-9　大中矿业（001203）分时走势图

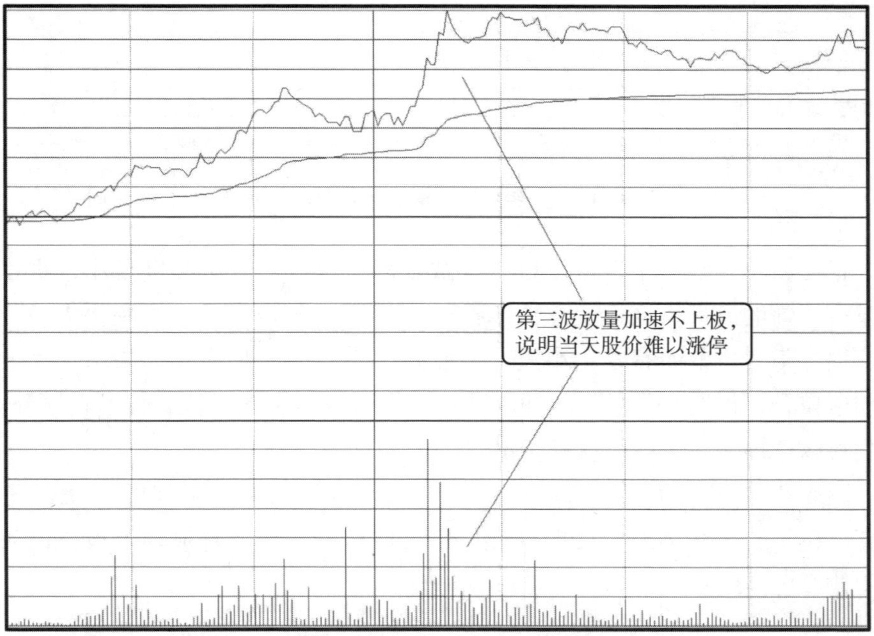

图 6-10　通达动力（002576）分时走势图

这种盘口由于分波段运行，节奏较慢，耗时较长，所以经常在尾盘出现第三波拉升走势。

图 6-11，上海三毛（600689）：2022 年 5 月 26 日的走势，经过一个上午的盘整后，直到下午才出现三波拉升。前两波并没有显著的盘口特点，第三波出现放量加速拉升，可惜摸板不封盘。这时如果打板，其风险较大，该股走势次日大概率以整理为主。

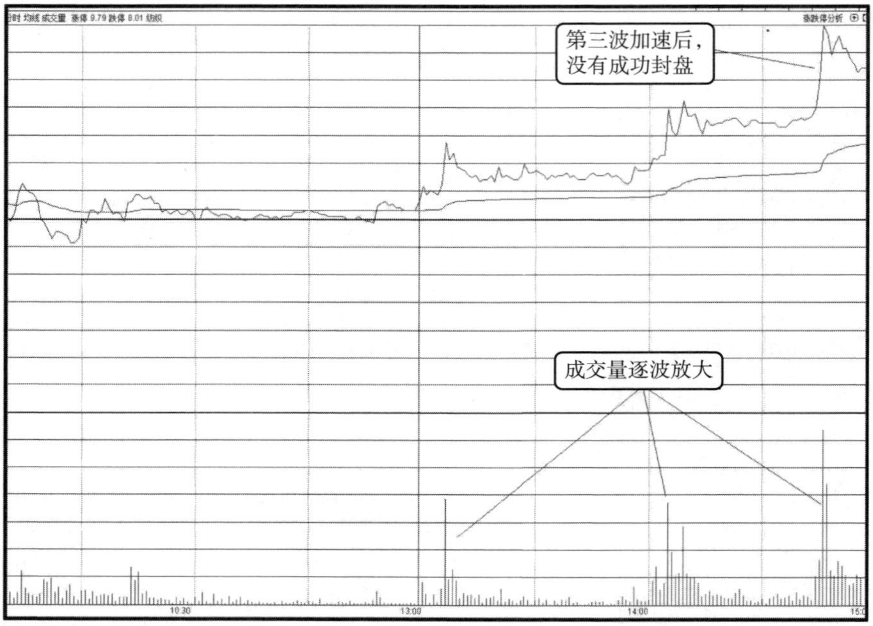

图 6-11　上海三毛（600689）分时走势图

在三波拉升盘口中，由于拉升次数较多，而每个波段幅度较小，很多时候没有清晰的波形，这样应总体掌握一个原则，就是最后出现一个大波为判断依据，不考虑前面有几个小波，图形如“叠罗汉”形态。如果出现大波放量加速拉升，说明这是最后的冲刺动作，是否涨停在此一拉。若不直接涨停，后续将以整理为主，此时逢高卖出。

图 6-12，爱婴室（603214）：2022 年 2 月 14 日的走势，股价低开后逐波走高，拉了若干个小波，最后出现放量大波拉升，但没有成功上板，说明当天的拉升已经结束。

图 6-13，四川金顶（600678）：2022 年 5 月 10 日的走势，小幅低开后不久，出现三小波拉升，第四波放量加速拉升，盘口产生冲板视觉，但是止步于 8%上方，停止拉升后整个下午表现平平。

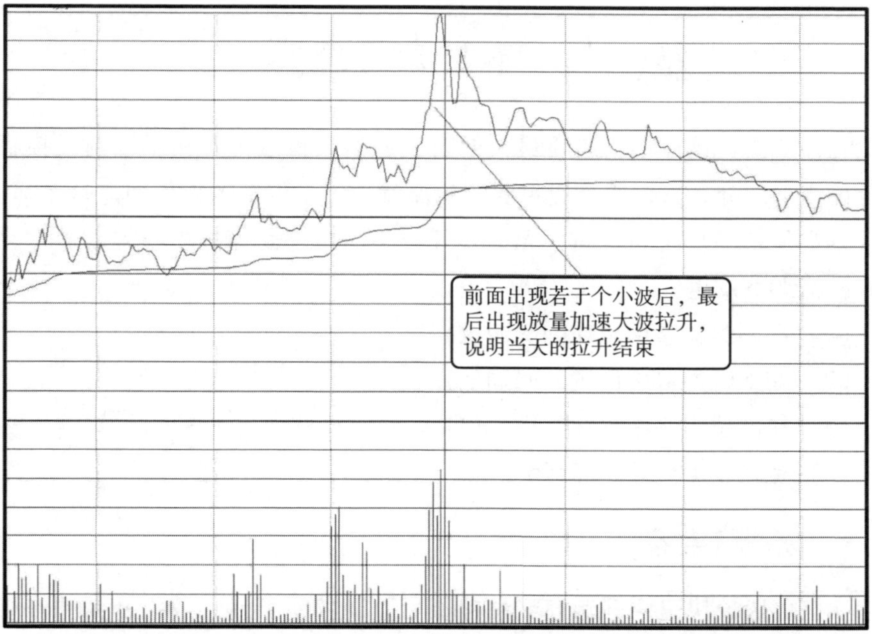

图 6-12　爱婴室（603214）分时走势图

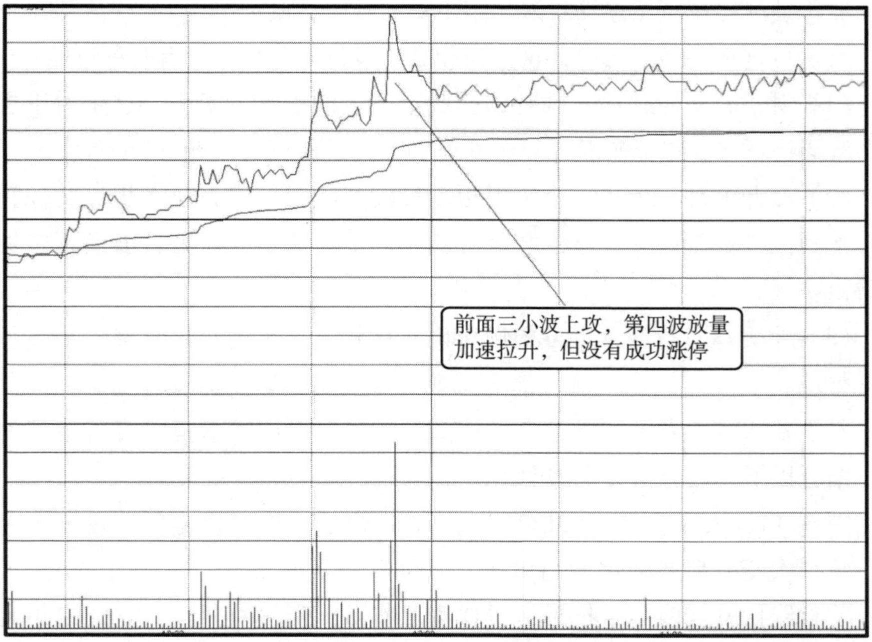

图 6-13　四川金顶（600678）分时走势图

第二节　不封盘的经典分时

在短线打板操作中，风险最大的就是遇到股价涨停开板不回封或摸板不涨停的走势，介入这样的个股想要获利那就难了。投资者如何回避这个风险？对策是必须掌握盘面的本质。无论是开板不回封还是摸板不涨停，通常在以下几种情形下发生。

（1）在弱势盘整中出现的脉冲拉高。

（2）在下跌趋势中出现的回抽反弹。

（3）在高位震荡中出现的诱多出货。

（4）尾盘主力偷袭拉高行为。

一、摸板不封盘

实盘中股价快速拉升触摸到涨停板后立即掉头下跌，或拉升到涨停板附近（离涨停价只差一二分钱）后迅速向下回落，这种被称为摸板不涨停的盘口是最坑人的，也是很常见的主力操盘手法。不少短线打板者看到这种盘口，以为股价会涨停而贸然追涨买入，结果瞬间套牢“吃面”。

股价拉这么高又不涨停，这是为什么？股价不封涨停板有几种可能：

（1）让散户感觉该股不强势，持股不坚定的投资者卖出。这是由于主力手中筹码还不多，以此来获得更多的筹码，为后市行情做准备。

（2）如果封住涨停板，会吸引更多投资者注意，主力还不想让其他投资者关注到该股。而且封涨停板之后可能还会上龙虎榜，主力目前还不想被市场看出来。

（3）主力试盘行为，上方的抛压确实比较大，主力难以封涨停板，只好回落整理。

对于普通散户来说，不管主力什么目的，只要读懂盘口语言就能把握重点，结合以下实例分析会更加明了。

图 6-14，依依股份（001206）：该股上市后逐波震荡走低，盘面十分脆弱，每一次反弹都遇到重大的抛压，股价重心不断下移。2022 年 4 月 7 日，开盘后直线拉升，两分钟摸板，看似涨停有戏，但没有封盘，立即掉头大幅回落，当天小涨 3.06%收盘，此后股价继续走弱。

很明显，该股在弱势下跌中，30 日均线持续下压，量能萎缩，前期盘区很难超越，无论涨停与否，都只是一次反弹走势，上涨力度、幅度都不会大。这种盘口，如果不是一次性封盘，那就意味着不会再出现涨停。

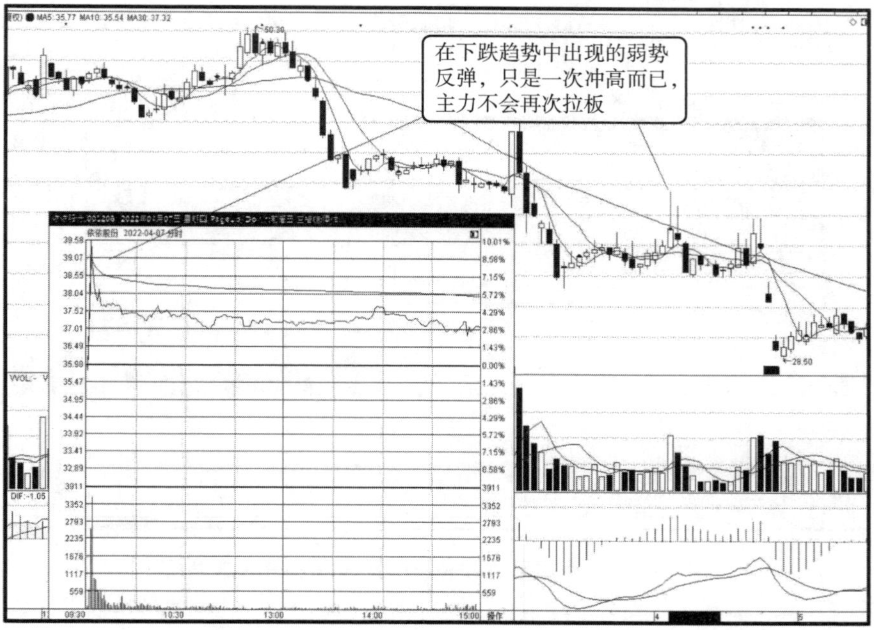

图 6-14　依依股份（001206）日 K 线和分时走势图

图 6-15，上海凤凰（600679）：该股的技术面与前一个实例相似，也处在下跌趋势中。2022 年 4 月 22 日，开盘后出现一波小幅拉高，然后经过短暂的整理，展开第二波放量加速拉升走势（参考“两大波加速上板”），股价触及涨停板后立即大幅回落。盘口分明告诉大家：今天股价不会涨停了。

图 6-16，钱江水利（600283）：该股在盘区中两次冲板不涨停，2022 年 5 月 6 日尾盘大幅拉升，触板后快速回落，次日再次大拉到 9%后回落整理，两次涨停失败，表明盘区牵制较大。经过回落蓄势整理后，5 月 24 日开启连板行情。

图 6-17，申达股份（600626）：这是出现在前期整理盘区附近的涨停失败形态，2022 年 5 月 25 日开盘后，股价大幅拉高到 9%以上，但掉头后快速回落到 4%以下，表明前期盘区压力较大，股价再次涨停几乎不可能。

图 6-18，天安新材（603725）：该股在不同位置出现两次涨停失败情形，2022 年 3 月 25 日受盘区本身制约没能形成突破性涨停，开盘后不久股价大幅拉升，触板后快速回落，之后股价的盘整区间为 3%~4%。5 月 25 日，股价直线拉涨停，但封盘 5 分钟后开板回落到 4%以下震荡，直到收盘也没有新的

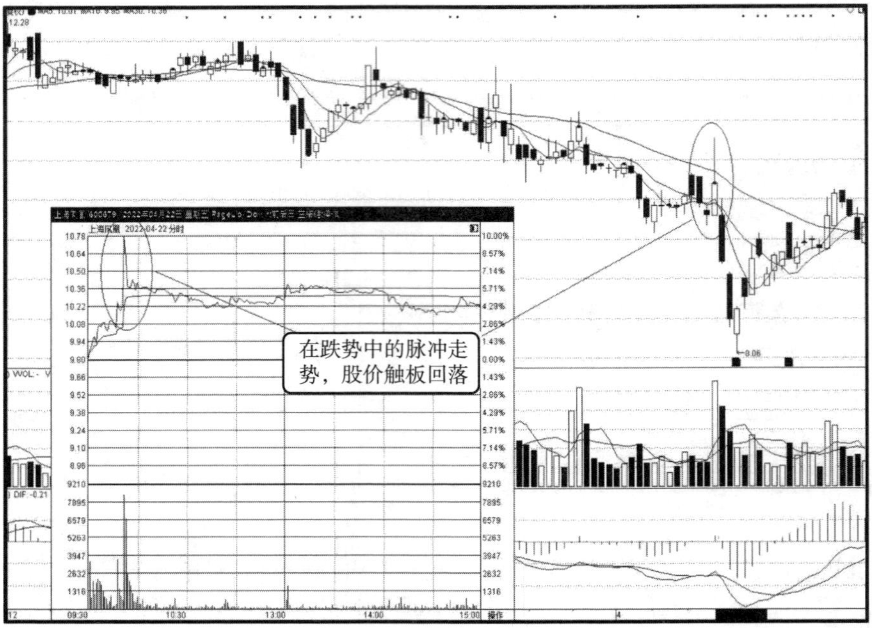

图 6-15　上海凤凰（600679）日 K 线和分时走势图

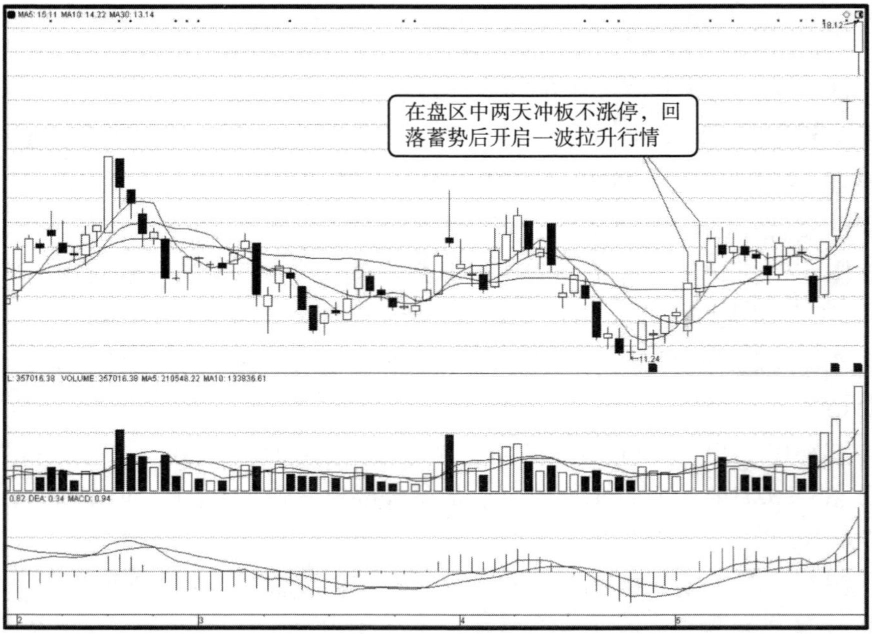

图 6-16　钱江水利（600283）日 K 线图

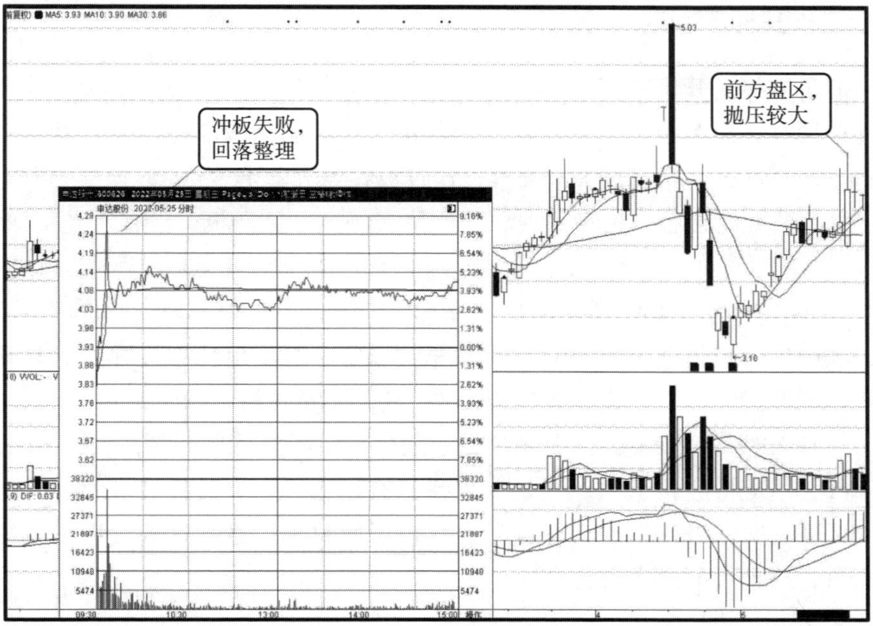

图 6-17　申达股份（600626）日 K 线和分时走势图

拉升动作。

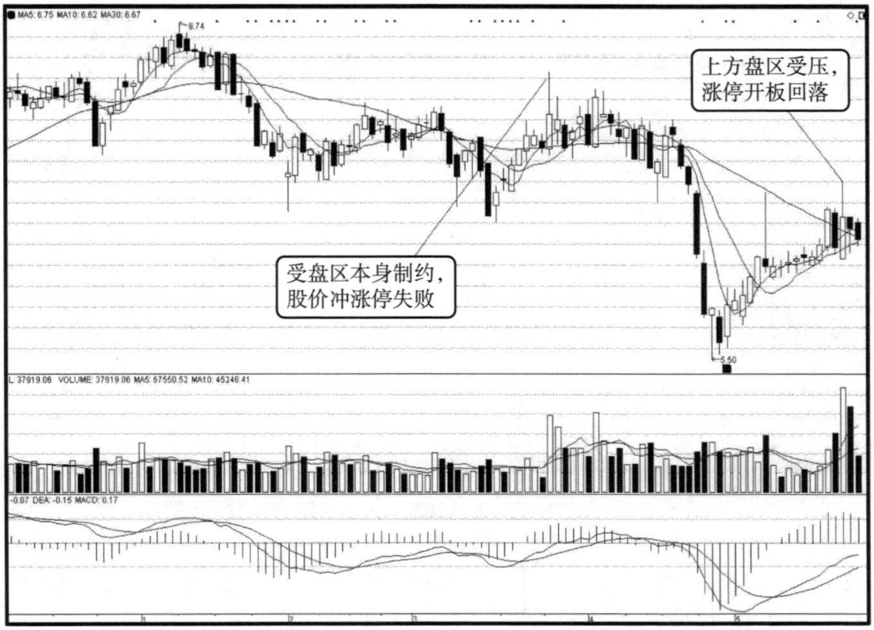

图 6-18　天安新材（603725）日 K 线图

二、开板不回封

股价涨停后开板甚至反复开板是很常见的盘口现象。有的个股涨停开板后还能回封，后面走出了非常强势的行情，而有的个股涨停后一旦开板，就再也不回封了，甚至出现大幅回落，让打板者当天套牢。

这里研究的是后一种盘口现象，这种涨停板一旦开板，十有八九不回封。为什么开板不回封？通过对以下几个实例的分析，投资者就会明白分时盘口语言。

图 6-19，大中矿业（001203）：2022 年 4 月 15 日的走势，股价两大波上板，涨停后封板超过 1 个小时，封盘非常稳定，看不出什么异常，可是开板后竟然不回封，当天打板者被套，让散户感到不可理解。

从日 K 线可以发现，一是该股处于跌势中，属于反弹走势；二是 30 日均线下行，不支持股价上涨；三是上方盘区有压力，主力没有做多意愿。这种涨停要么一次性封死不动，一旦开板就很难回封了。遇到这种盘口不要轻易做回封，持仓者可以逢高卖出。

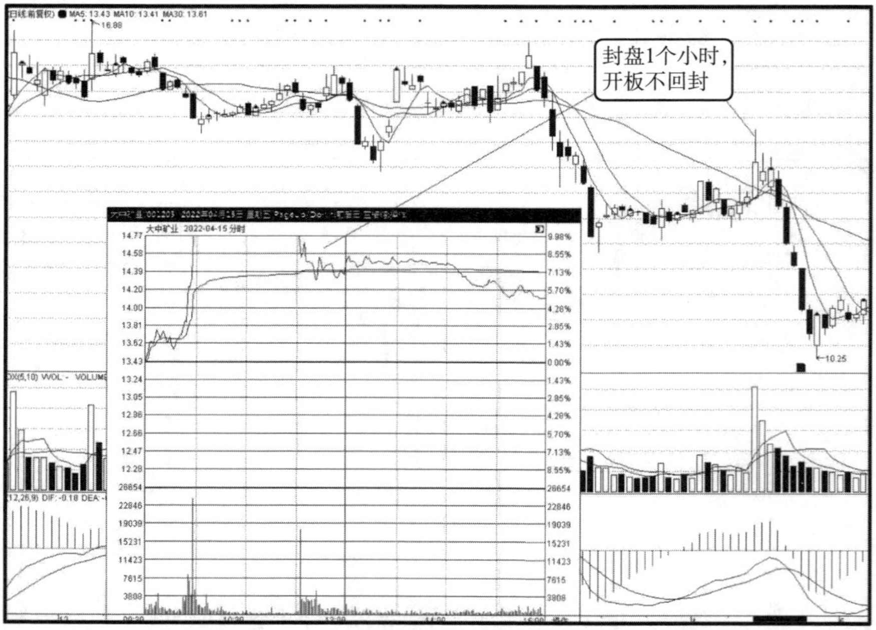

图 6-19 大中矿业（001203）日 K 线和分时走势图

图 6-20，金科股份（000656）：该股见顶后逐波走低，重心不断下移，2022 年 5 月 19 日尾盘迅速拉涨停，但封盘不到 10 分钟开板，收盘前没有回封，之后几日股价继续下跌。实盘中，反弹板是不能打的，一旦开板应卖出。

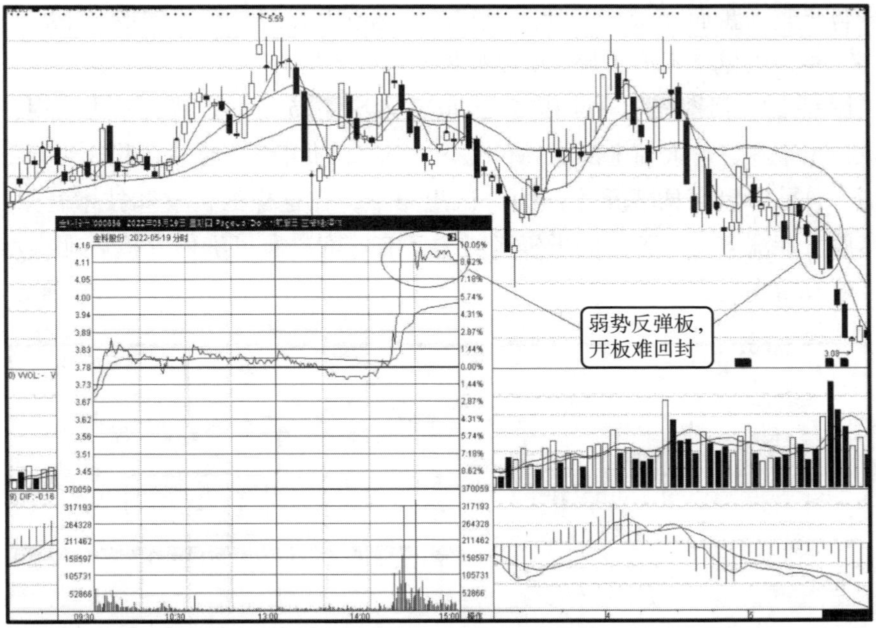

图 6-20 金科股份（000656）日 K 线和分时走势图

图 6-21，岩石股份（600696）：2022 年 5 月 25 日的走势，股价长时间呈

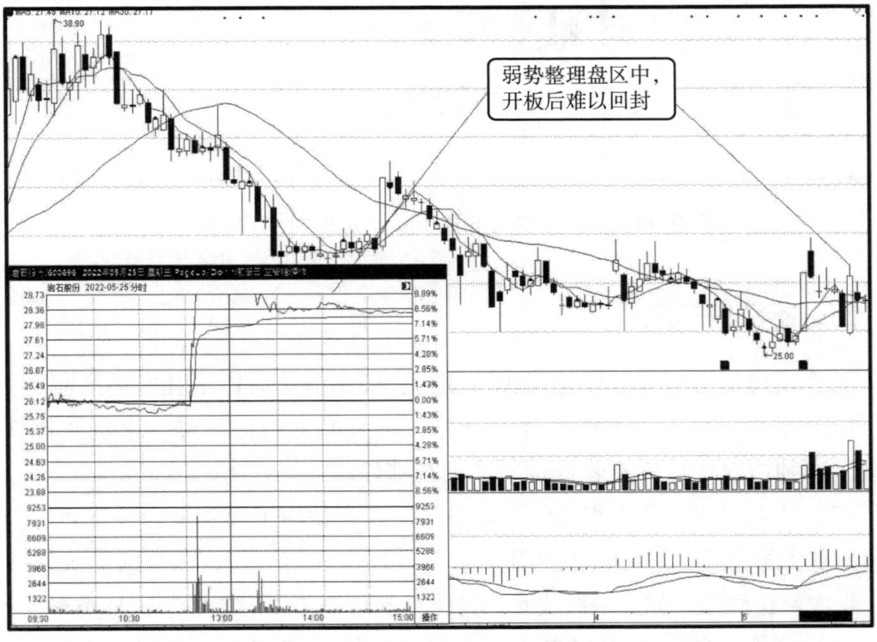

图 6-21 岩石股份（600696）日 K 线和分时走势图

现弱势盘整，盘面无量、无势、无形，缺乏主力关照。在这种情况下，一旦涨停开板，大概率不再回封，所以打板不打弱势板。

图 6-22，凤凰光学（601975）：2022 年 5 月 25 日的走势，不难发现，这个盘口出现在股价大幅上涨的高位盘区，30 日均线高位走平，做多动能明显降低，且前方盘区构成重大压力。试想一下，在这样的位置和技术背景下，后市股价能涨多高？聪明的投资者心中已有答案。所以涨停开板后就很难回封，应及时卖出。

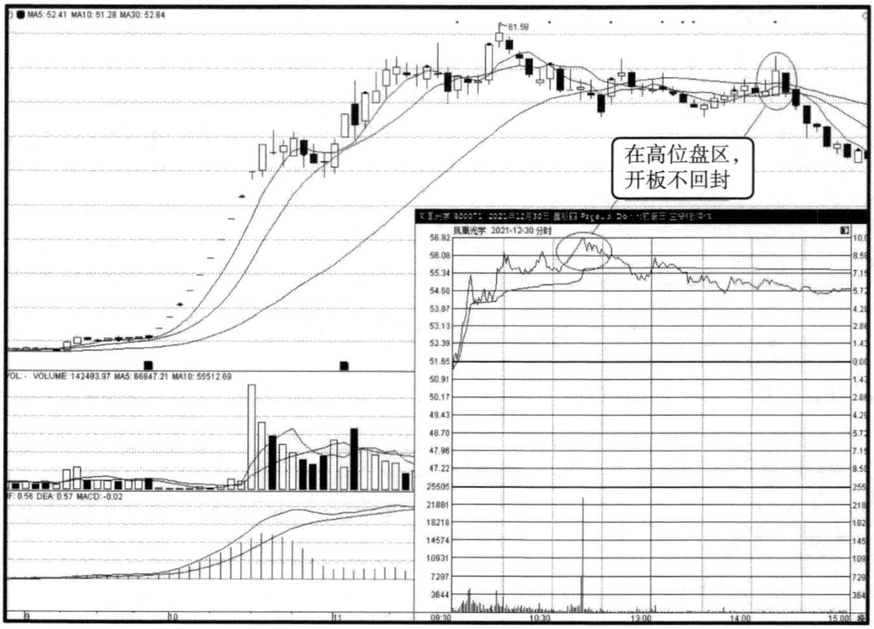

图 6-22　凤凰光学（601975）日 K 线和分时走势图

三、不涨停的原因

无论是摸板不封盘，还是开板不回封，归纳起来有以下几方面的原因：

（1）主力不强。主力资金并不雄厚，没有能力封住涨停，市场跟风又不积极，这种情况往往直到收盘也不能回封涨停。

（2）大量抛盘。主力很强，资金雄厚，当天动用了大资金封住涨停，但是突然出现大量抛盘，涨停被迫打开。主力发现涨停打开了，只好重新又调入资金，再次封住涨停。如果最终收盘仍是大单封住涨停，应该属于这种类型。

（3）涨停出货。主力想出货，先把股价拉到涨停板，吸引大家的眼球，让大家纷纷打板买入，这时主力趁机把筹码抛出，涨停总是封不住，而且成交量比较大，底部筹码迅速消失。

（4）主力洗盘。洗盘的目的是洗掉获利盘，减轻股价继续拉升的抛压。主力故意让股价打开涨停，场内获利的散户一看涨停打开了，觉得股票要跌了，纷纷卖出筹码。这时场外想买入的散户，一看涨停打开了就追涨做回封板，而主力则坐山观虎斗，让散户互相交换筹码。新进来的散户还没赚钱，不会轻易卖出股票，这样就给主力锁仓了，主力再往上拉就省力了，这种盘面叫“开闸放水”。

（5）主力试盘。主力拉升股价冲击涨停，目的是试一下跟风盘和上方抛压程度，一般都是瞬间冲击涨停，接着迅速打开，最后不再封住涨停。

（6）场内分歧。有时候股价涨停后盘中也会出现分歧，或突降利空，主力放弃做多。比如，大盘或板块出现大跳水，引发市场抛压，主力被迫选择开板回落。

（7）开板吸筹。主力低位买不到更多的筹码，就用大单砸开涨停，让散户产生恐慌，纷纷交出自己的筹码。

以上这些可以慢慢去领悟，炒股最重要的是掌握一定的实盘经验与技巧，这样才能对走势做出准确的判断和分析，散户在把握不准的情况下不要贸然打板。

第三节　不涨停的背后逻辑

股价为什么不能涨停？从主力意图角度来说，无非就是两种情形：一种是被动的，主力本想拉个涨停的，但遭到卖盘的重大抛压，被动选择回落；另一种是主动的，主力本身就没有拉涨停的意愿，拉高后主动选择回落，只是散户一厢情愿地认为主力会涨停而贸然打板，结果被套牢。

从实盘情况看，股价不涨停的背后逻辑十分复杂，概括起来有以下几个方面：

一、加速无力

股价经过前面一波或几波的小幅拉升后，主力发动大波段攻势，但由于各种因素影响，大波加速无力，最终股价无法涨停。

图 6-23，格力地产（600185）：2022 年 5 月 27 日的走势（实时截图），股价经过两波小幅拉高后，午后 1:39 开始放量加速，似乎奔向涨停板。但从分时盘口看，持续性不够，力度不足，很快停止拉升，预示当天股价难以上板。

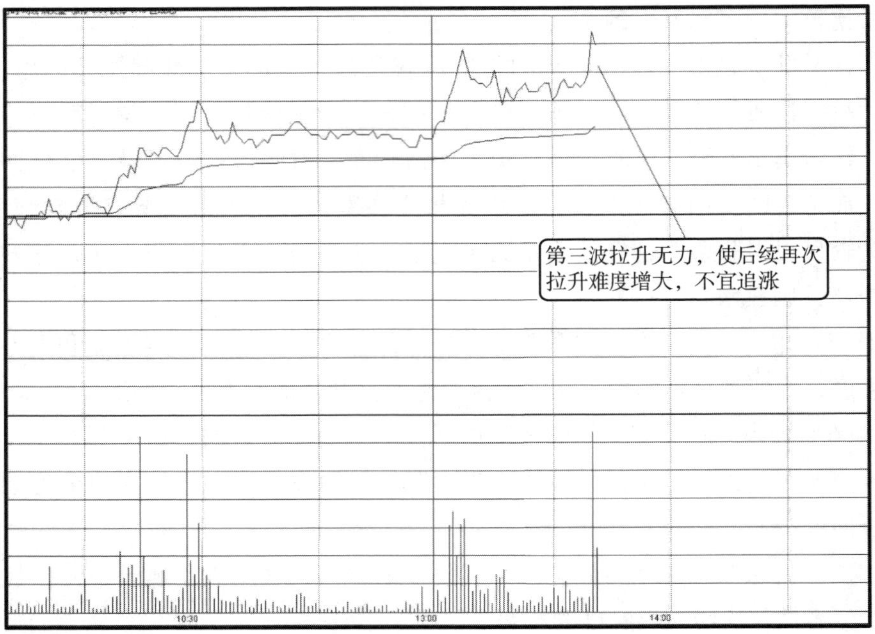

图 6-23　格力地产（600185）分时走势图

图 6-24，浙商证券（601878）：2022 年 5 月 26 日的走势（实时截图），

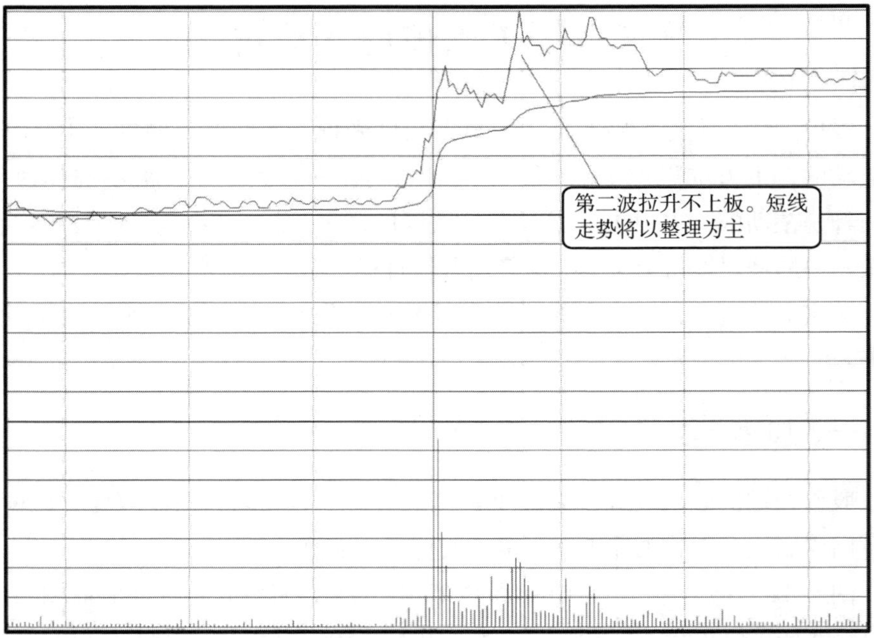

图 6-24　浙商证券（601878）分时走势图

开盘后呈现弱势整理，临近上午收盘时出现一波强势拉升，午盘稍作整理后，再次展开新一波拉升走势。可是，股价上拉到近7%时，停止拉升步伐。这种分时预示当天股价不会再拉升了，后续将以震荡整理为主。很显然，第二波加速拉升时力度不足，不及第一波的上涨气势，成交量也没有第一波大，显示主力力不从心。

图6-25，中泰股份（300435）：2021年11月26日的走势，股价小幅低开后出现两波小幅拉升，在第三大波拉升中很明显感到气势不足，成交量没有前一波大，表明市场跟风资金欠积极，这种情况下股价很难涨停。

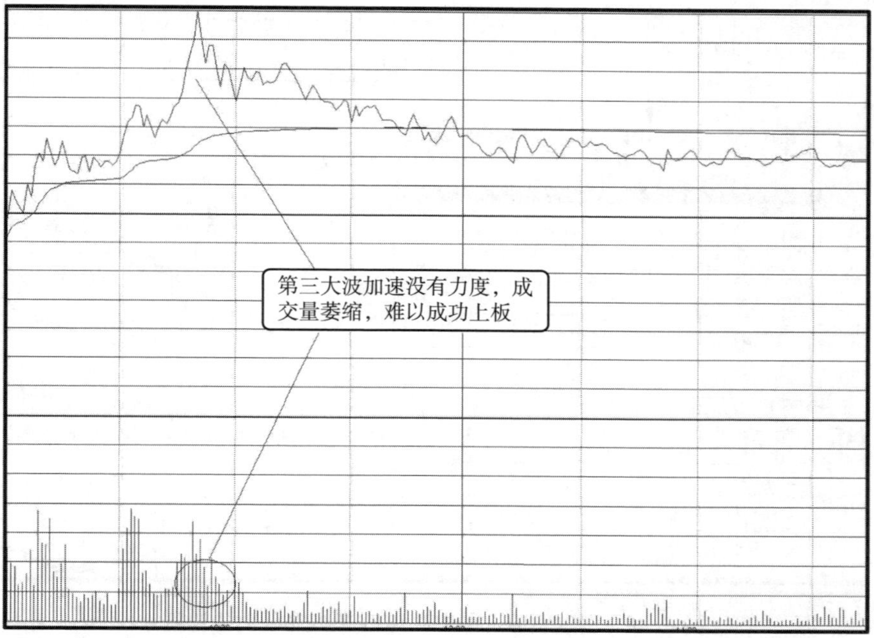

图6-25　中泰股份（300435）分时走势图

二、突然放量

股价长时间处于弱势震荡，成交量十分低迷，盘面运行沉闷，缺乏人气关照，股价上涨没有动力。某一天，突然大幅放量，股价拔地而起，涨停气势十足，可是拉升戛然而止，股价没有成功上板。

这种分时盘口的逻辑是什么？一是放量突然，无法引起市场广泛关注，缺乏流动性；二是拉升条件不具备，技术上没有拉升基础，缺乏上涨气势。

图 6-26，泰尔股份（002347）：该股反弹结束后股价持续走弱，成交量大幅萎缩，盘面交投清淡，几乎无人光顾。2022 年 5 月 26 日，盘中突然放量拉升，4 分钟直线拉涨停，但封盘 3 分钟后开板，之后维持震荡走势，没有再次冲板，仅涨 4.52%收盘。

从日 K 线中可以发现，该股长时间低迷运行，人气不足，盘口很弱，并不具备上涨条件。这时的拉升只是一个底部企稳信号，或主力试盘行为，一旦开板就很难回封，投资者不应打板买入。

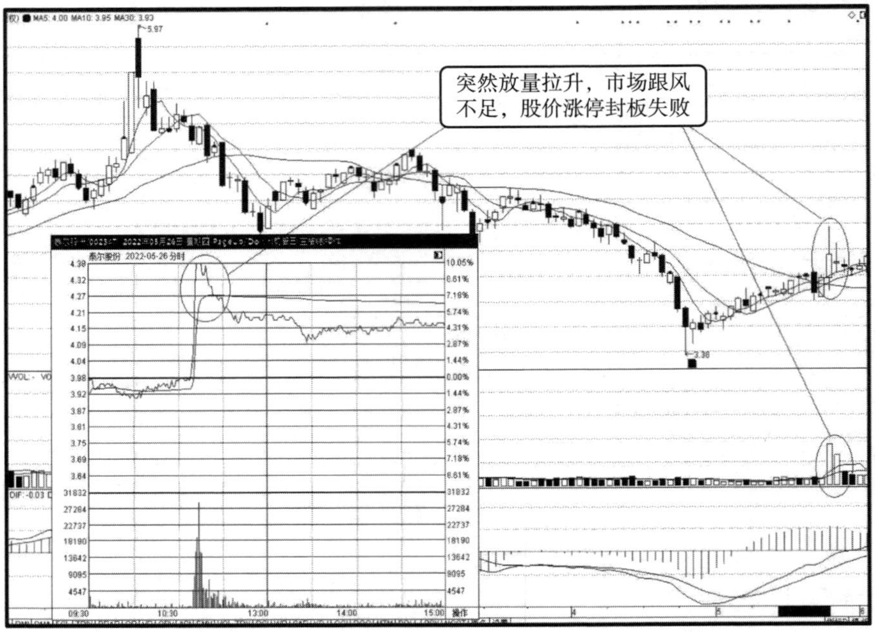

图 6-26　泰尔股份（002347）日 K 线和分时走势图

图 6-27，四川金顶（600678）：在长时间的盘整震荡过程中，成交量持续萎缩，盘面活跃度下降，难以吸引外部资金入场。2021 年 7 月 6 日，开盘后三波拉升股价触及涨停，看起来盘口气势强盛，但持续性不够。如果不能一气呵成封盘，就会迎来抛盘打压。

图 6-28，日发精机（002520）：该股见顶后逐波向下盘跌，盘面十分疲弱，要想成功反弹实属不易。2022 年 3 月 3 日和 5 月 26 日，出现两次突然放量拉涨停失败的走势，由此可以让我们得到很多启示，即这种弱势板的风险很大。

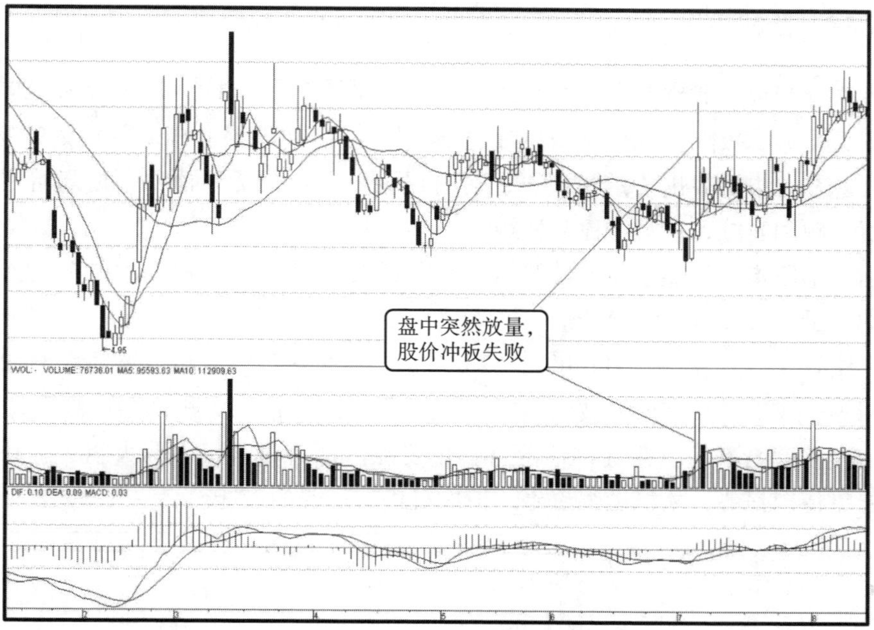

图 6-27　四川金顶（600678）日 K 线图

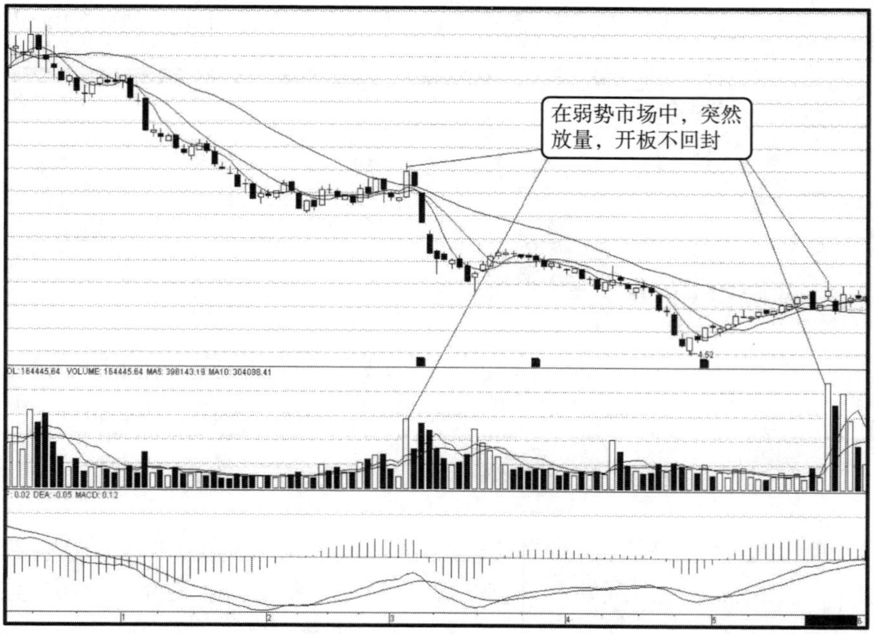

图 6-28　日发精机（002520）日 K 线

三、量能不足

大家知道，股价上涨必须得到成交量的放大支持，特别是股价涨停更需要成交量的积极配合（一字板、加速秒板除外），如果无量涨停很容易被抛盘砸开。在主力诱多出货的情况下，有时候可能会出现无量涨停，但随着主力出货的顺利实施，尾盘往往开板跳水。

这里所指的量能不足，除日线级别的缩量上涨外，更重要的是分时走势中的后量不及前量的盘口情形。

图 6-29，二六三（002467）：2023 年 1 月 6 日，第二波拉升时明显跟风欠积极，成交量没有前一波的量能大，后量不及前量，说明市场跟风不积极，主力做多意愿不强。在这种情况下，想要涨停那就难了，除非大盘、板块当天走势特别强势，才能勉强涨停，但次日仍有低开的可能。

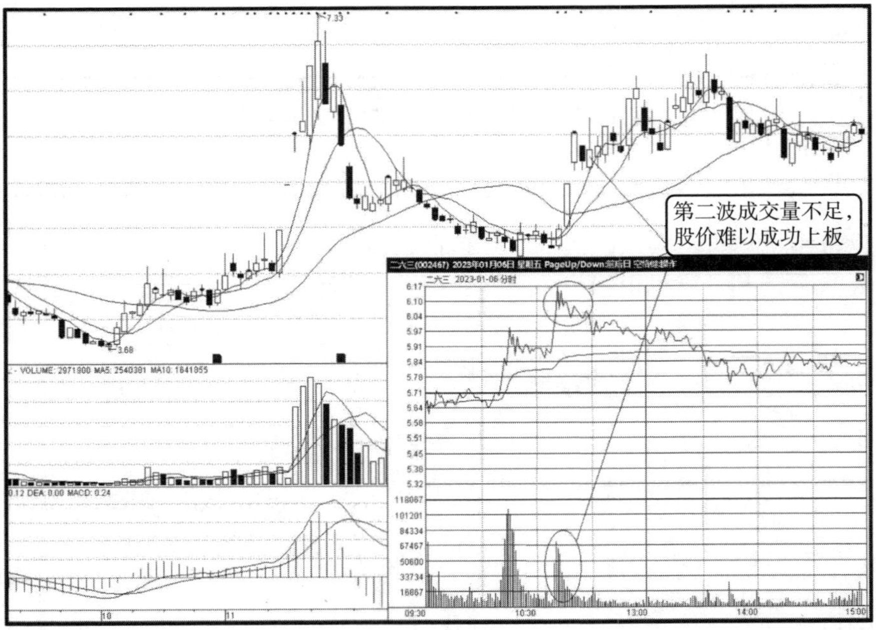

图 6-29　二六三（002467）日 K 线和分时走势图

图 6-30，大豪科技（603025）：在 2023 年 3 月 2 日的分时走势中，主力完成第一波拉高后，出现缩量调整是正常的盘口表现，但关键在于第二波拉升成交量跟不上，而且上涨幅度也没有第一波大，这就有问题了。很明显，市场跟风欠积极，上涨乏力，在这种情况下想要涨停那就难了。结合日 K 线分析，分时盘口出现在股价见顶回落之后的反弹回抽走势之中，表明主力想

利用反弹拉高出货，所以此时是不能跟风入场的。

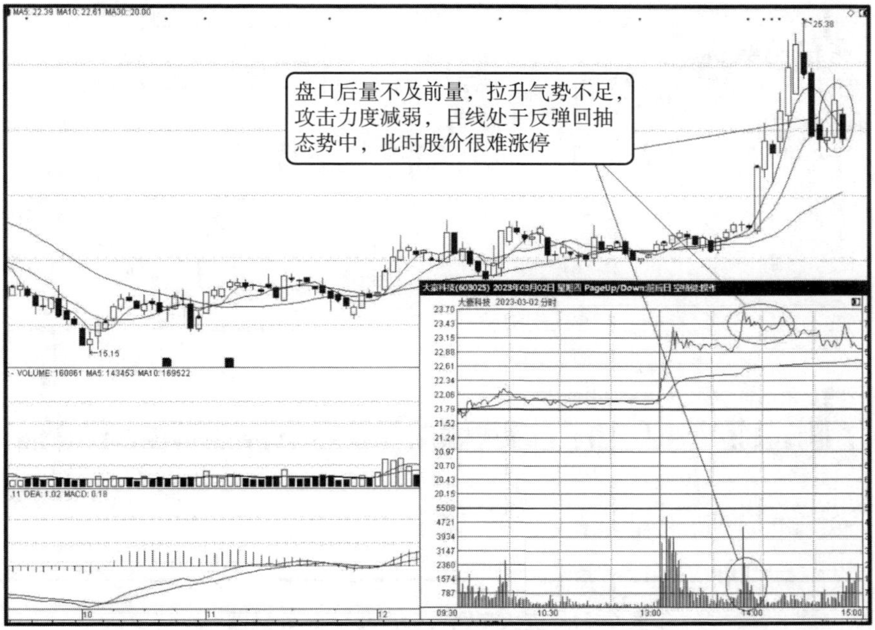

图 6-30　大豪科技（603025）日 K 线和分时走势图

四、跟风效应

在龙头股的带动下，市场总会有一批联动跟风股出现，正因为是跟风性质，所以其力度往往不强，持续性不够，一旦失去后续力量的支持，股价就很难涨停。

图 6-31，庞大集团（601258）：汽车板块 2022 年 5 月在中通客车（000957）总龙头的带动下，板块整体纷纷走强，市场出现一批跟风强势股，但庞大集团的表现明显落后同板块的其他个股，5 月 13 日和 25 日两次拉涨停结果都没有成功封盘。

为什么该股涨停失败？一是跟风性质；二是盘面弱势；三是盘子偏大；四是基本面欠佳。这些因素决定了它的上涨高度和力度，以及封涨停的可信度。

图 6-32，郑州煤电（600121）：2022 年上半年煤炭板块走牛创新高，板块个股纷纷走强，但也有一些个股的表现明显落后板块指数，郑州煤电就是如此。4 月 15 日涨停后两次回封失败，就是因为市场跟风意愿不强所致。

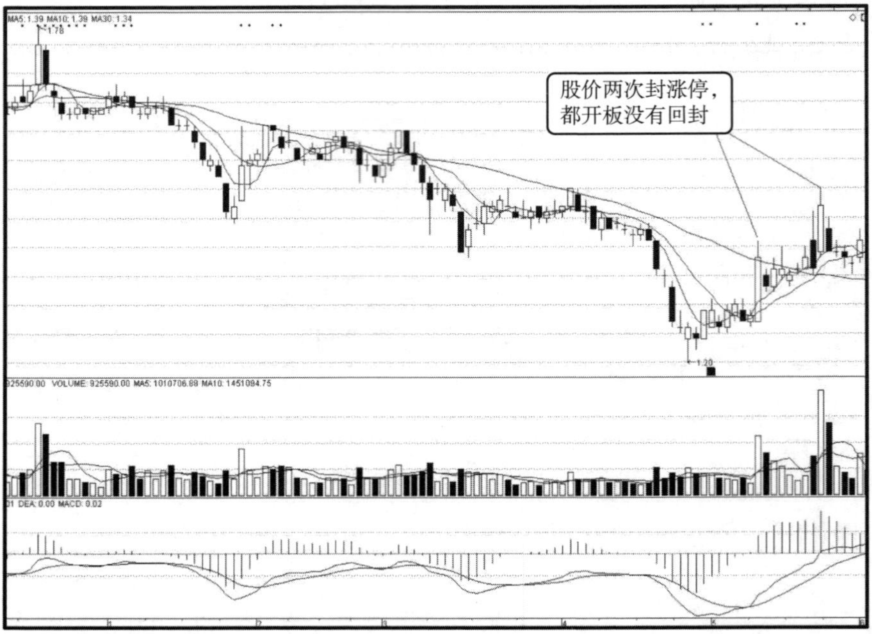

图 6-31 庞大集团（601258）日 K 线图

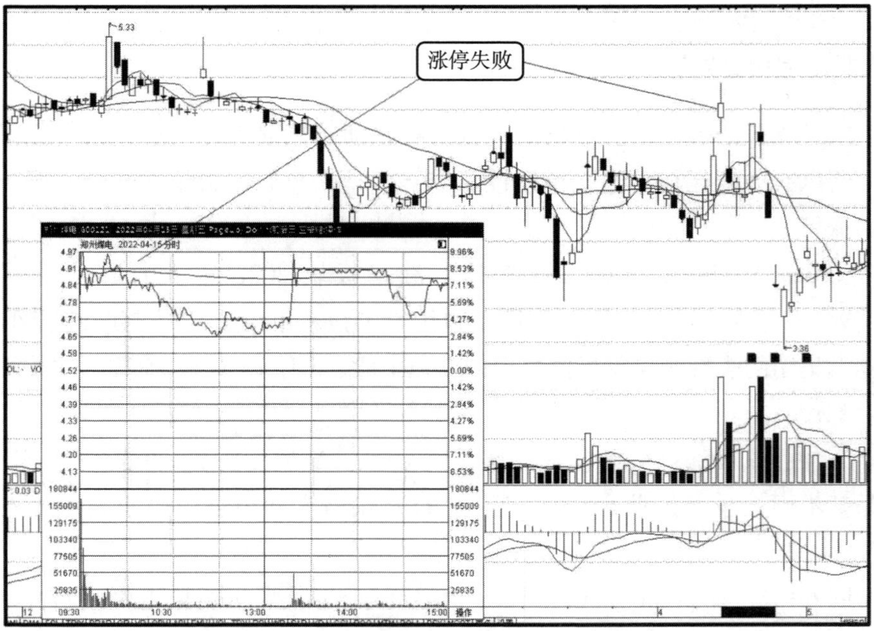

图 6-32 郑州煤电（600121）日 K 线和分时走势图

五、诱多出货

股价拉涨停是最好的出货手法，实盘中经常看到有的个股强势涨停或冲板，吸引大批短线散户入场接单，然后掉头向下走低，将打板者全线套牢。很多时候股价能不能成功涨停，关键要看股价所处的具体位置，如果在高位主力出货阶段，那涨停就有诱多意图。

图 6-33，建研院（603183）：该股 2022 年第一季度业绩出现亏损，主力不敢轻易大幅拉升，所以股价涨幅不大，但高抛低吸行为明显。2022 年 3 月 22 日，在二进三位置上，股价涨停后封盘 5 分钟开板，然后一路震荡走低，以下跌 4.05%收盘。5 月 19 日，开盘后上冲 8%以上，然后滞涨回落，最终以下跌 2.66%收盘。在两次分时走势中都有主力减仓行为。

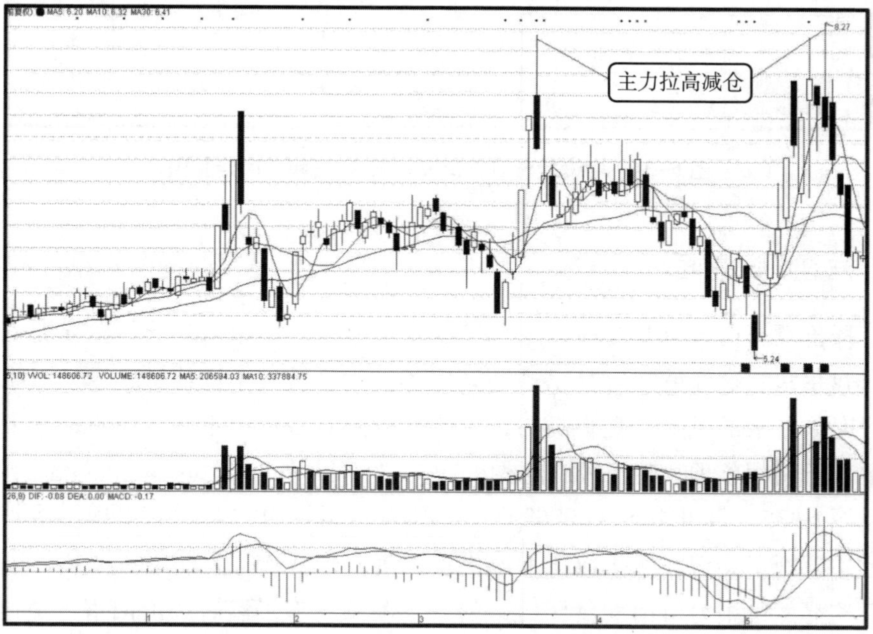

图 6-33　建研院（603183）日 K 线图

图 6-34，中设股份（002883）：该股连拉 5 个涨停后，在高位震荡整理，2022 年 5 月 30 日高开 6.17%后，股价强势涨停，但涨停后反复开板震荡，盘口严重烂板，主力暗中出货。午后大幅下跌，最终以跌停收盘，形成天地板形态。

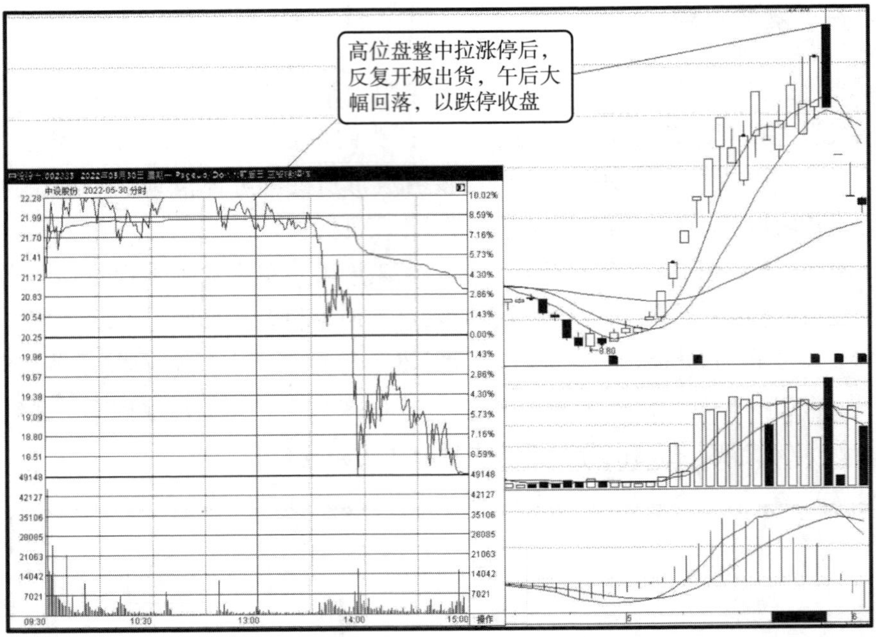

图 6-34　中设股份（002883）日 K 线和分时走势图

六、测试盘面

股价真正进入拉升之前，主力对盘面压力和市场跟风情况做测试是必要的操盘手法，这样就很容易出现冲高回落，股价摸板不涨停的情形。投资者这个时候打板的风险也是很高的，有的个股测试后很快走强，而有的个股却需要较长时间整理，甚至最终走弱。

图 6-35，百川能源（600681）：2021 年 8 月 3 日，开盘后出现“大波段加速不上板”走势，股价放量加速摸板回落，之后维持震荡走势。从日 K 线看，这显然是主力对前期盘区压力的一种测试动作，然后股价回落，经过短期的蓄势整理后，其开始走强。

图 6-36，三祥新材（603663）：该股经过长时间的调整后企稳回升，股价渐渐回升到前期整理盘区附近，2022 年 5 月 23 日开盘后快速拉升 7 个多点，然后小幅回落整理，接着展开第二波拉升走势，但股价到达前一波高点附近时受阻，直到收盘没有出现新的拉升动作。很明显，这是主力对前期盘区压力的测试。从分时盘口也可以看出，两次拉升不能成功涨停，基本可以确定当天股价不会涨停了。

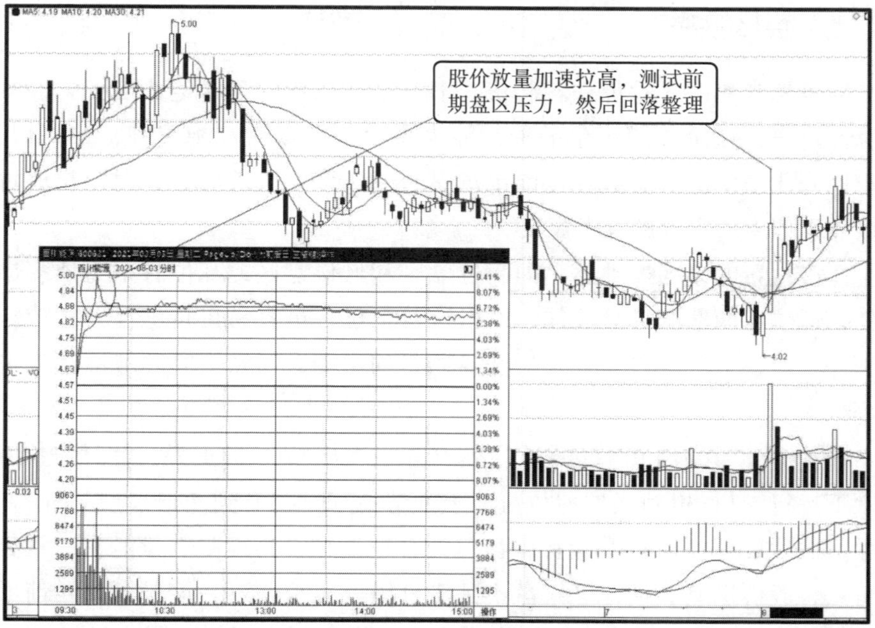

图 6-35　百川能源（600681）日 K 线和分时走势图

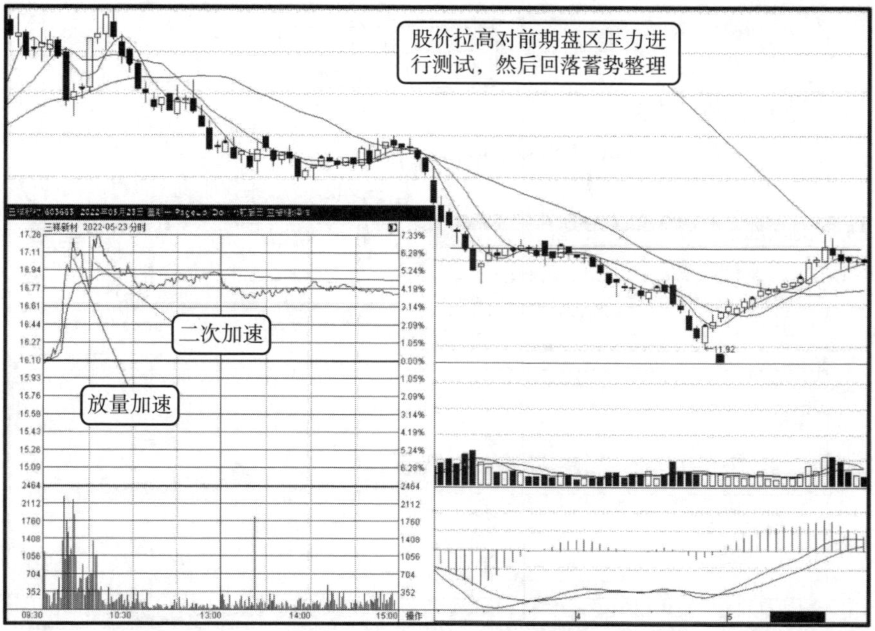

图 6-36　三祥新材（603663）日 K 线和分时走势图

七、盘区脉冲

在盘整走势中，股价跌宕起伏，多空来回拉锯，盘面走势多变，经常出现脉冲走势，这阶段所产生的冲击波大多没有持续性和稳定性，冲高回落、下探回升比较常见。所以，当前市场是否处于多空胶着状态，对分析股价是否成功涨停有着重要的参考意义。

两极位置的盘区最敏感，即高位盘区和低位盘区，高位有主力诱多出货动作，低位盘面偏弱买盘欠佳，所以这两个位置最容易出现涨停开板或拉高不涨停，而在上升中继中有开板洗盘回封的可能，当然下降趋势涨停失败的概率也大。

图 6-37，上海亚虹（603159）：2022 年 4 月 19 日的走势，开盘后长时间在水下运行，13:30 过后突然放量向上强势拉起，拉升到 4%以上后进行快速换手，然后展开加速拉升走势，盘口符合速度快、角度陡、量能大、气势盛的特点，股价迅速上板，但封盘不到 1 分钟就开板回落。该股盘口比前面两个实例要强一些，这种盘口一旦开板，十有八九不会回封，因为日 K 线还在盘区中，只是一次脉冲行为。

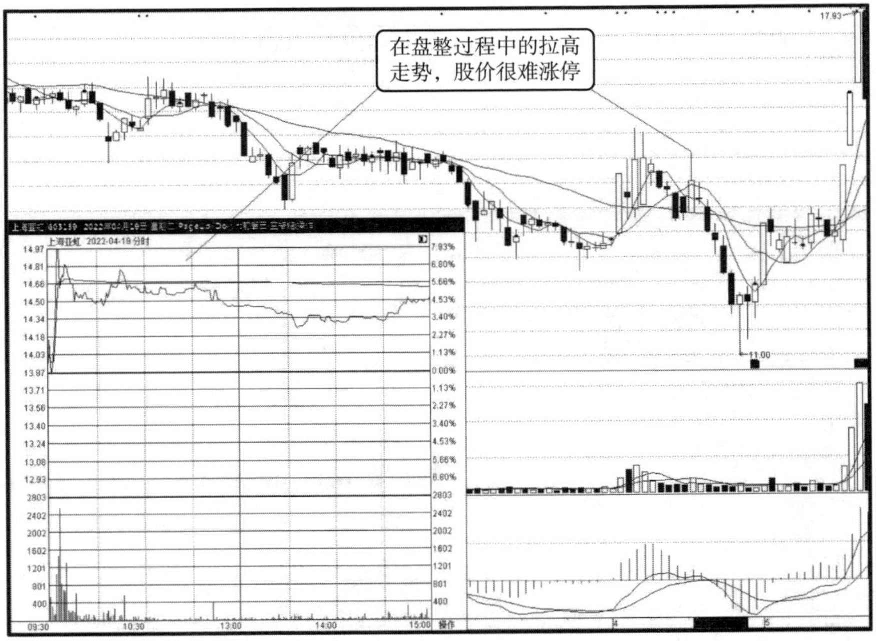

图 6-37　上海亚虹（603159）日 K 线和分时走势图

图 6-38，登云股份（002715）：股价反弹结束后回落整理，形成一个盘整区，2022 年 3 月 25 日开盘后快速拉涨停，但封盘不到 5 分钟就被巨大抛单砸开，此后再也没有冲板动作。在日 K 线中，股价处于整理盘区中，且有上方盘区压力，这时候涨停一旦开板，十有八九不会再次回封。

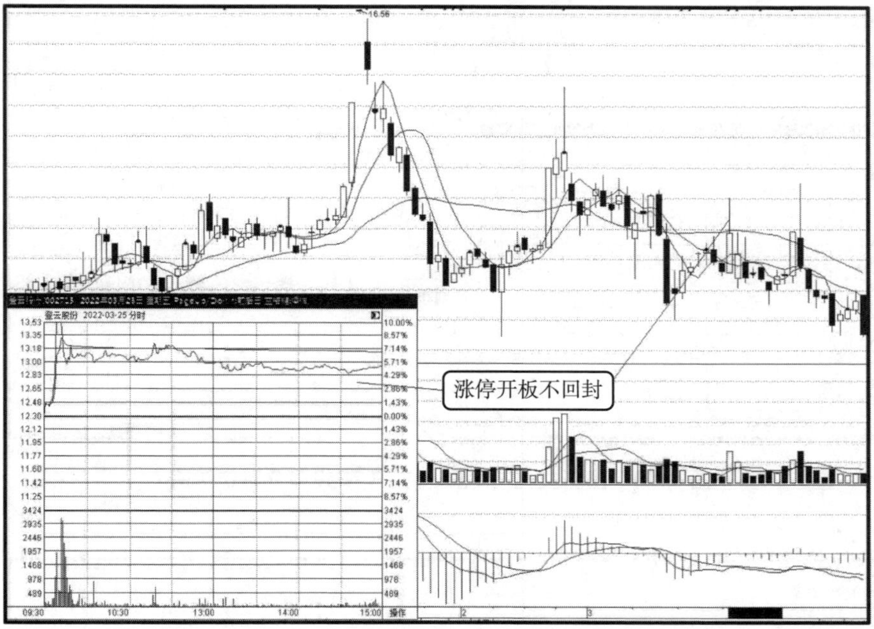

图 6-38 登云股份（002715）日 K 线和分时走势图

图 6-39，国新文化（600636）：2021 年 12 月 14 日，经过一段时间盘整后，股价突然向上拔地而起，成交量大幅放大，看起来有向上突破的感觉，也引起了打板者的兴趣。可是，该股分时大幅度拉升时没有成功涨停，属于“放量加速不上板”形态，表明当天股价不再涨停。

图 6-40，福建金森（002679）：2022 年 5 月 26 日，午后盘口出现两波拉升走势，但股价没有成功上板。结合日 K 线分析，股价回落得到初步企稳后出现盘整走势，这时候股价上蹿下跳，没有明显的趋向性，一旦冲高回落就很难涨停。

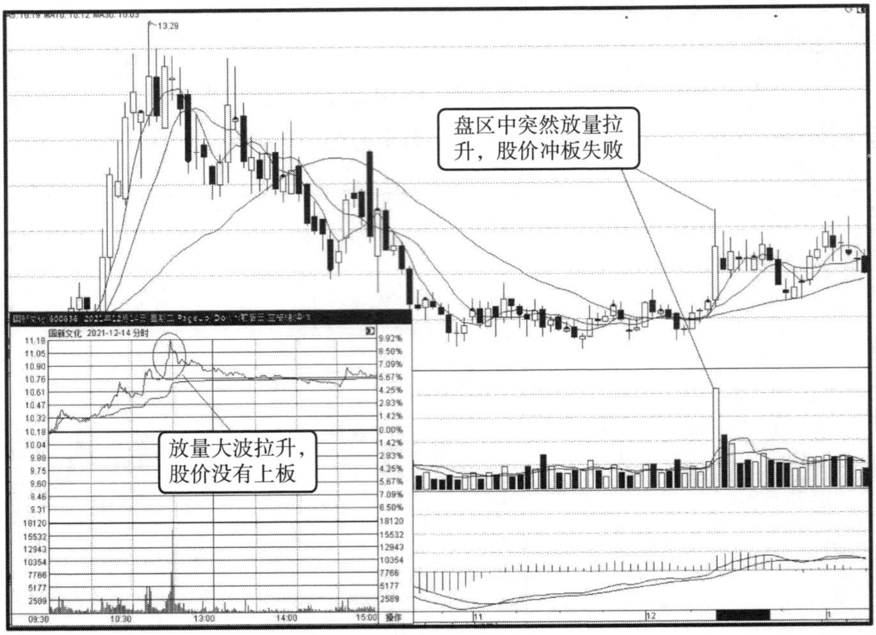

图 6-39 国新文化（600636）日 K 线和分时走势图

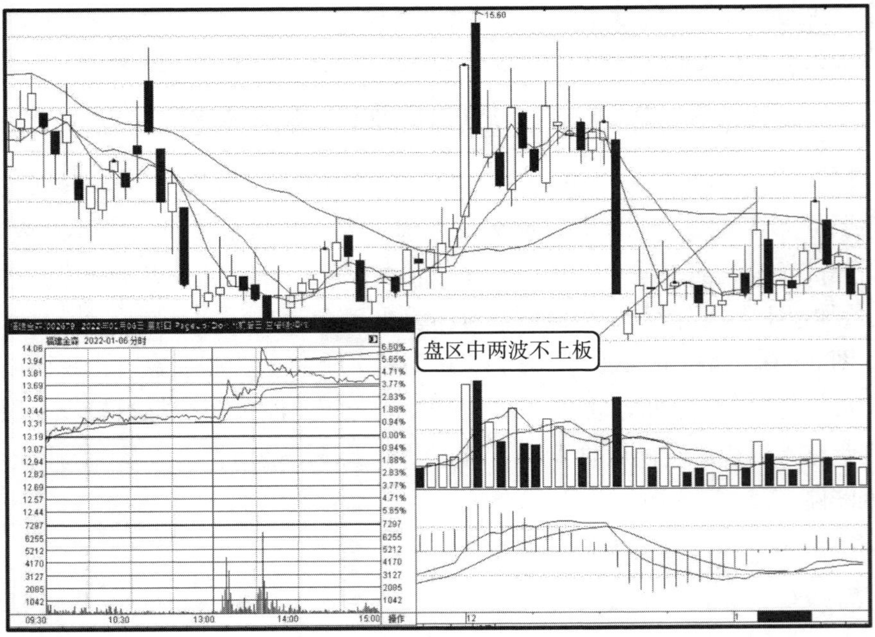

图 6-40 福建金森（002679）日 K 线和分时走势图

八、弱势反弹

上涨有回档，下跌有反弹，这是股市的正常波动现象。在反弹阶段也经常出现涨停走势，但反弹走势持续性往往不强，特别是冲击涨停板很容易失败，这时打板风险就很高了。

图 6-41，摩恩电气（002451）：2022 年 4 月 1 日的走势，第一波拉升后出现短期修复性整理，在第二波放量加速拉升时不能成功上板，说明该股当天不再上板了，这时应以高抛为主。很明显，该股日 K 线处下降趋势中，股价只是反弹走势，如果不能一次性封涨停，就意味着当天股价不再上板了。

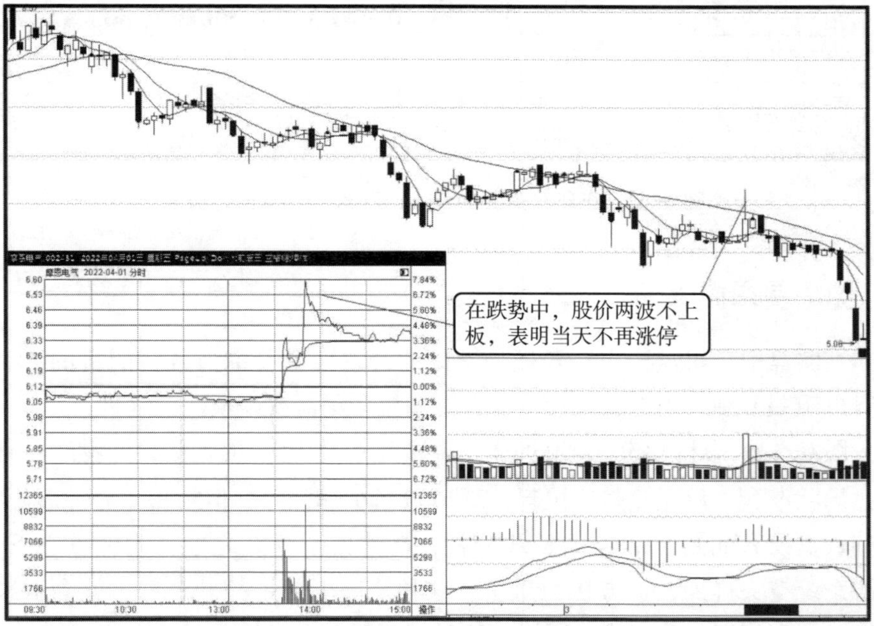

图 6-41　摩恩电气（002451）日 K 线和分时走势图

图 6-42，东风汽车（600006）：股价见顶后向下走弱，盘面人气涣散，成交量萎缩。2021 年 11 月 26 日出现反弹走势，分时中在第三波发起放量加速拉升，但股价摸板不封盘，掉头回落走低，涨停失败。此后，在 2022 年 2 月 16 日出现同样的分时盘口。所以，在弱势反弹过程中，尽量不要打板买入，因为一旦涨停开板或冲高回落，就很难再次回封或冲高。

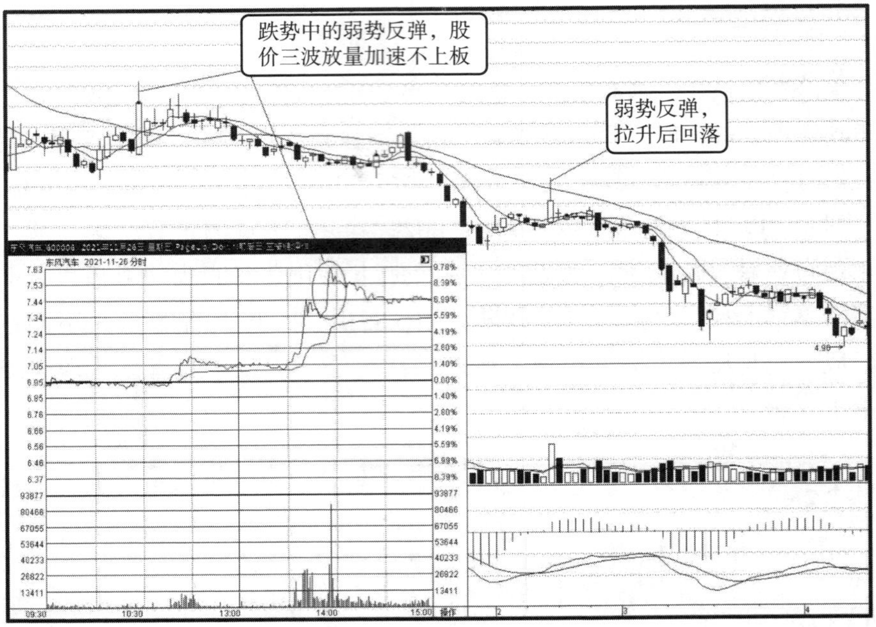

图 6-42 东风汽车（600006）日 K 线和分时走势图

九、尾盘偷袭

在实盘中，尾盘拉板、开板是常见的，它隐藏着主力各自的目的，后续走势也千差万别。当然，尾盘千姿百态的拉升更需要谨慎。

图 6-43，金科股份（000656）：2022 年 5 月 19 日的走势，开盘后一直维持盘局状态，午后尾盘强势拉起，2:20 放量加速涨停，但封盘 7 分钟后开板，直到收盘没有回封。结合日 K 线分析，趋势处于盘跌之中，股价重心下移，均线系统空头排列，上方压力重重。这种情况下如果打开涨停，就会引来巨大抛盘，涨停回封就很难。所以，这时候不要做回封板，更不应该贸然买入。

图 6-44，百川能源（600681）：2021 年 9 月 28 日的走势，在尾盘 15 分钟放量加速拉升，但摸板不封盘，诱多意图明显。次日股价大幅低开，盘中跌停，直接将打板者套牢。结合日 K 线分析，股价处于涨势高位，前方几次冲高回落，已对股价上涨构成巨大压力。这种情况下很容易出现涨停失败，特别是尾盘更具欺骗性，买入更需谨慎。

图 6-45，特一药业（002728）：2021 年 12 月 9 日的走势，开盘后股价缓缓向上推高，在尾盘 10 多分钟里出现放量加速拉升，但股价在接近涨停价时，立即掉头回落。结合日 K 线分析，属于洗盘结束止跌企稳信号，并不代

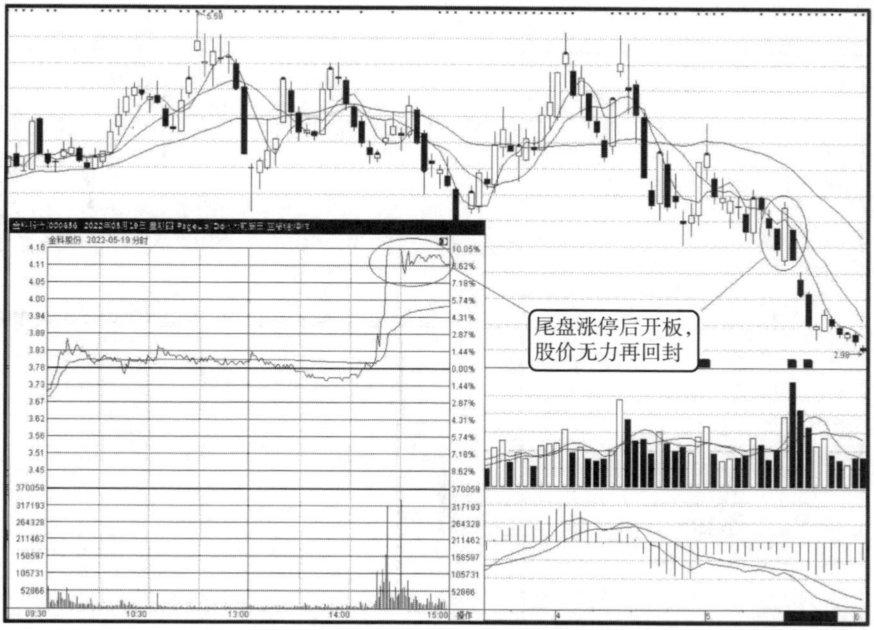

图 6-43　金科股份（000656）日 K 线和分时走势图

图 6-44　百川能源（600681）日 K 线和分时走势图

表股价马上拉升，这时候短线打板也需要谨慎。

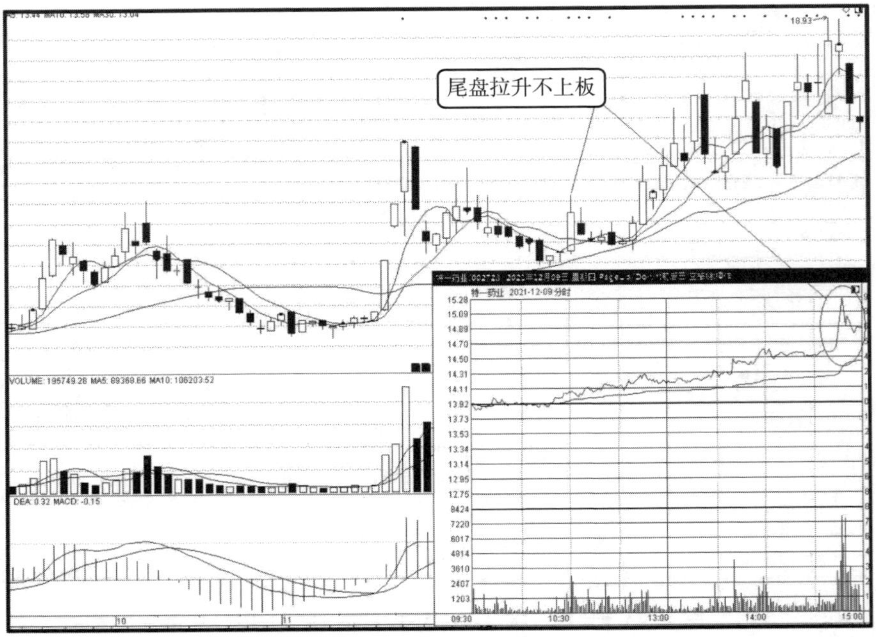

图 6-45　特一药业（002728）日 K 线和分时走势图

第四节　涨停失败盘口识别

一、分时经典语言

只要细心观察分时盘口走势，“不涨停”的分时盘口有一个共同的经典动作，那就是“放量+加速”盘口。当分时出现这个现象后，要么就成功涨停封板，要么就不再拉升涨停，泾渭分明，答案明了。

这里的“放量”是指分时中成交量急剧放大，大手笔买单出现，远远超过当天前面的量。所谓“加速”是指开盘后在即时分时走势中所出现的最为凶猛的一段拉升行为。有速度快、角度陡、量能大、气势盛的特点，但持续时间很短，大多在 3 分钟以内完成。

股价在涨停之前，分时中大多有一个瞬间放量加速过程，如同足球场上的临门一脚，成功与否分秒见晓。如果加速后股价还不能上板，基本可以确认当天股价不能涨停了，说明涨停“临门一脚”失败。所以，判断股价有没有涨停希望，分析“加速”这个细节十分重要，一口气上不来就会“歇气”。当然，有的个股涨停之前没有出现“加速”现象，但这不是本章所研究的技术内容，要结合其他技术进行分析。通过以下实例图解，来进一步认识分时盘口特征。

图 6-46，山西焦化（600740）：2022 年 4 月 7 日的走势，当天股价低开后小幅拉升，然后呈现震荡整理。10:22～10:24 出现强势拉升，停留 1 分钟后，10:25～10:26 出现放量加速，意味着这是最后的冲刺，能否涨停在此一冲。可惜没有成功涨停，虽然之后仍有小幅冲高，但力度已经大大减弱。

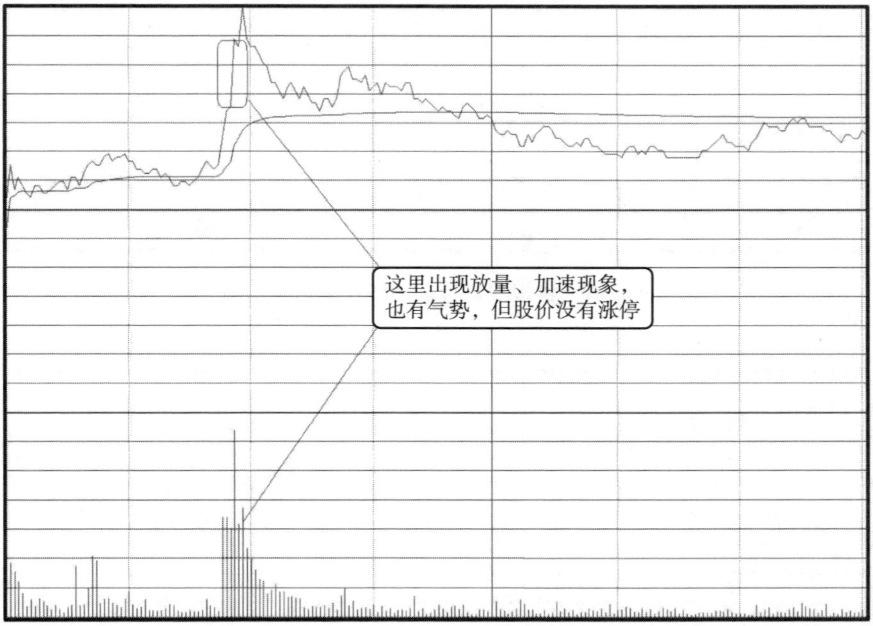

图 6-46　山西焦化（600740）分时走势图

图 6-47，维远股份（600955）：2022 年 2 月 22 日的走势，完成第一波拉升后作了短暂的蓄势整理，然后展开第二波放量加速拉升走势，而第二波拉升的盘口特征比第一波强得多。如果第二波不能够成功涨停，那么基本可以确定当天股价不会涨停了，这样投资者操作思路就非常清晰。

图 6-48，海特高新（002023）：2022 年 3 月 24 日的走势，午后完成第一波拉升后，股价继续缓慢向上推高，之后出现放量加速拉升，盘口符合速度快、角度陡、量能大、气势盛的特点，但股价没有成功涨停。在这种情况下都不能涨停，当天股价还能涨停吗？想必大家心里已经有明确的答案。

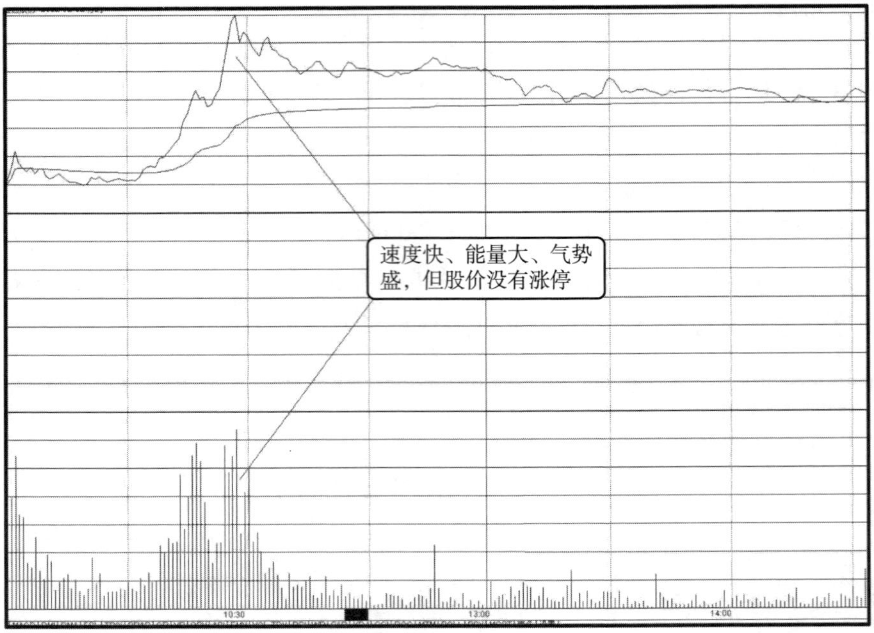

图 6-47　维远股份（600955）分时走势图

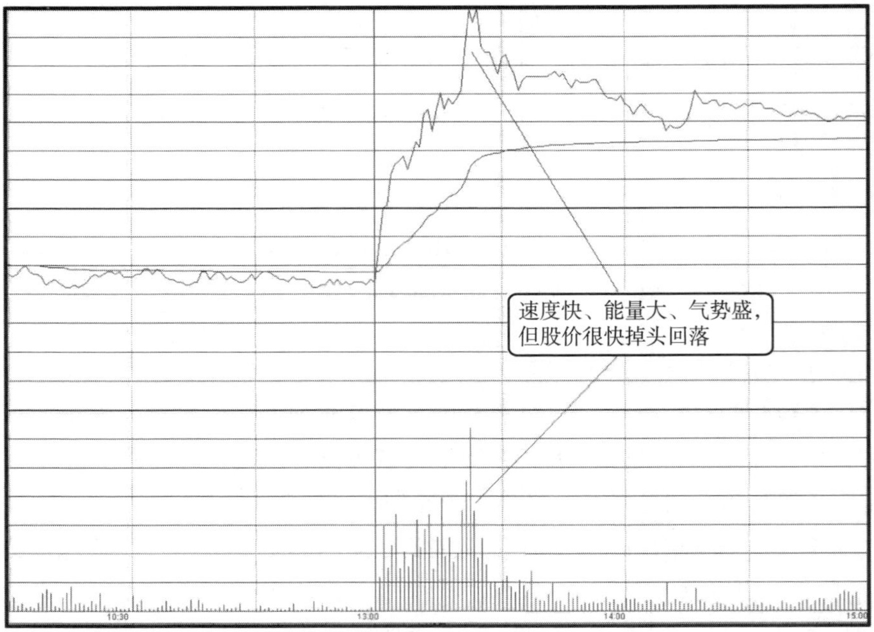

图 6-48　海特高新（002023）分时走势图

图 6-49，凯恩股份（002012）：2021 年 12 月 2 日的走势，开盘后股价缓缓走高，早盘出现一波小幅拉升，然后继续盘整。午后出现一波放量加速拉升，盘口符合速度快、角度陡、量能大、气势盛的特点，但股价没有成功涨停，这时就可以判断当天股价不会涨停，短线应以卖出为主。

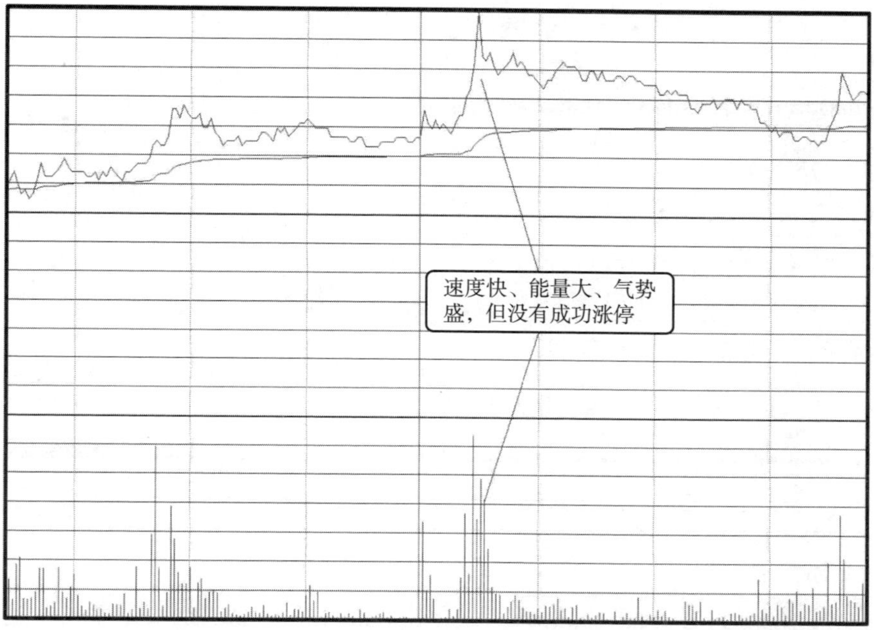

图 6-49　凯恩股份（002012）分时走势图

二、日线识别诀窍

股价涨停后开板不回封非常多见，判断这类个股需要结合日 K 线分析，上面讲到的盘区脉冲、测试盘面、弱势反弹、诱多出货等就属于这种情形。这类个股开板后往往很难回封，所以要从日 K 线中找到原因，然后采取相应的操作策略。

图 6-50，皮阿诺（002853）：2022 年 5 月 26 日的走势，开盘不久股价很快就涨停，但封盘时间不长，开板后维持盘整直到收盘。从日 K 线分析，该股展开盘区脉冲走势，盘面非常弱，上方压力大，突然放量拉升难以维持，一旦涨停开板就很容易成为失败形态。

图 6-51，美丽生态（000010）：2022 年 2 月 16 日的走势，开盘后一个大波拉涨停，看起来气势十分强盛，但封板不到 2 分钟就开板大幅回落，之后维持盘整走势。从日 K 线分析，该股的上涨属于反弹性质，突然出现的脉冲走势，在前期盘区面临的压力很大，在这种情况下开板后主力就不会轻易回封，投资

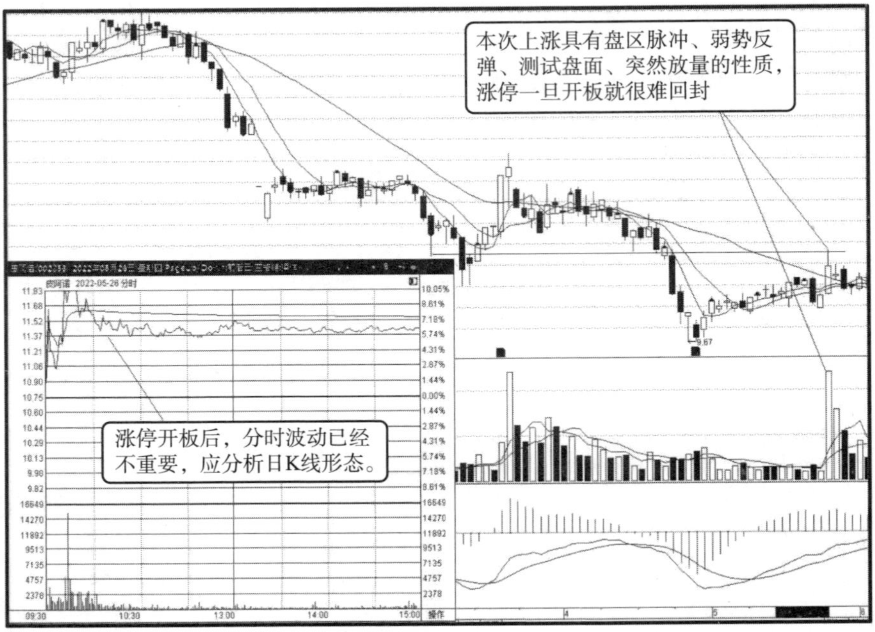

图 6-50　皮阿诺（002853）日 K 线和分时走势图

者不要贸然做回封板。

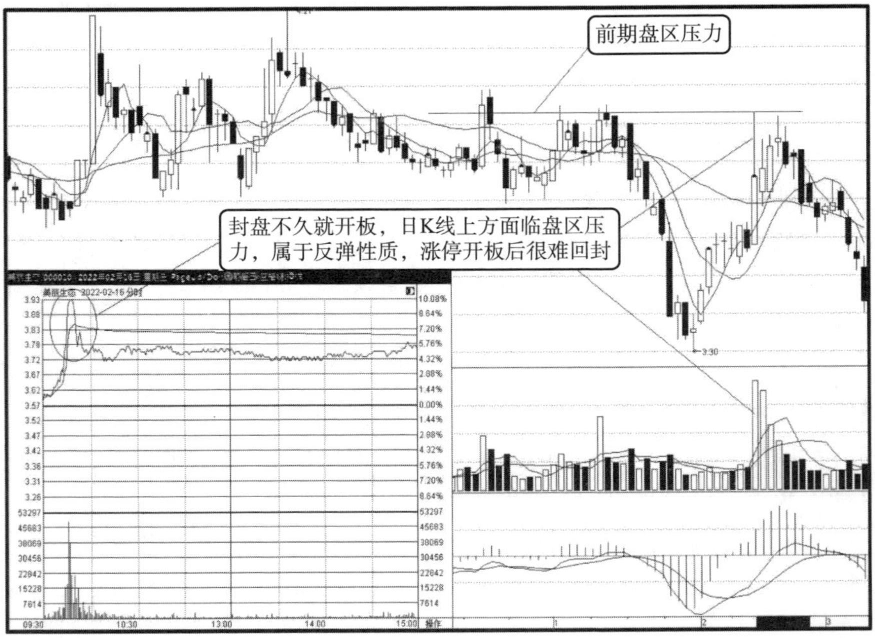

图 6-51　美丽生态（000010）日 K 线和分时走势图

通过上述实例分析，投资者已经掌握了看盘的诀窍，如何从分时盘口识别股价当天能不能涨停，以及涨停开板后能不能回封，这对短线打板者十分重要。不少投资者由于缺乏对分时盘口和日 K 线盘口的认识，最终导致打板失败，造成被动或亏损。所以，要想提高操作成功率，应该从分时盘口和日 K 线盘口两方面进行分析。

总体原则上，股价当天能否涨停看分时盘口和日 K 线盘口，而涨停开板后能否回封看日 K 线形态，此时分时盘口已经不那么重要了。

第七章

机构股盘口 >>>>

第一节　机构股的优势

A股市场机构化是未来发展的必然趋势，所以了解判断个股是否有机构投资者（主要是公募基金）入驻，以及机构股（机构买入的股票）的盘口特征和行为，对实盘操作有十分重要的参考意义。

机构投资者是指用自有资金或者从分散的公众手中筹集的资金，专门在金融市场从事有价证券投资活动的法人机构。一般具有投资交易量大、收集和分析信息能力强等优势。主要包括保险公司、养老基金、投资基金（公募和私募）、证券公司和银行等。

通常来说，机构投资者买入的股票有三方面的好处：一是有明显的短线情绪溢价；二是安全稳健，机构股往往走出独立行情，大盘涨跌影响不大；三是个股容易形成趋势性走势，行情持续性较强。

一、情绪溢价

近年来，只要龙虎榜出现机构席位，就有短线高溢价机会，甚至出现连板行情。最火热的时候，2019年的行情中，只要出现机构榜，第二天直接被散户和游资合力顶一字板，所以值得市场博弈。

很多时候，在龙虎榜出现几家机构大量买入，哪怕当天是烂板走势，第二天也很容易产生溢价。由此延伸出的交易模式就是打机构板，赚取次日机构席位进入龙虎榜后的高开溢价的收益。

这种模式有个前提条件，就是有当天龙虎榜的名单，并有机构席位入选。

图7-1，美锦能源（000723）：2021年1月26日的走势，股价涨停后开

板震荡，虽然股价回落幅度不大，但也不能干脆回封。这就让人产生疑问：是不是主力出货？其实不是出货，而是机构吸货。10:40 该股一把封板。果然，当晚的龙虎榜中就有两家机构和深港通共买入 16387.03 万元。这样的结果，使该股股价下一个交易日溢价机会大增。

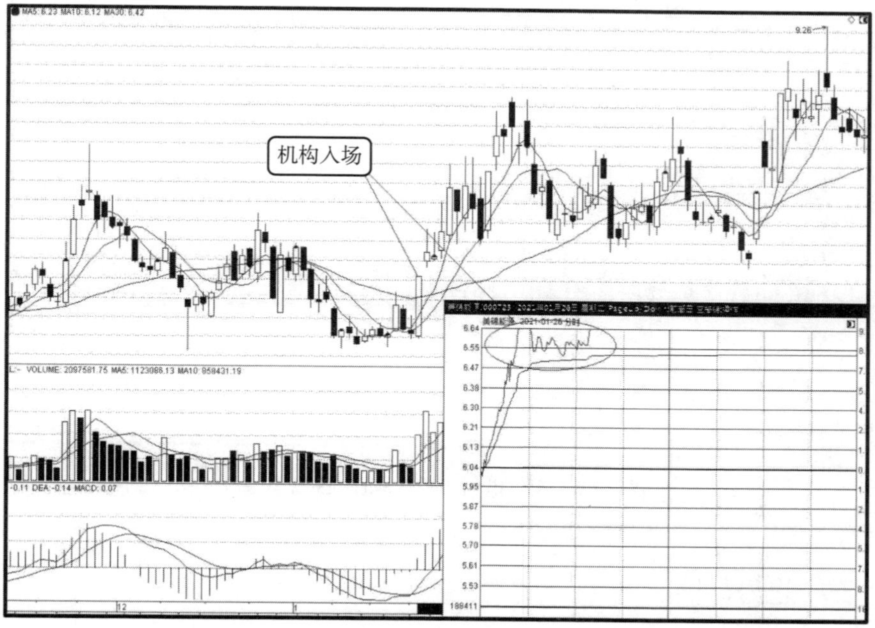

图 7-1　美锦能源（000723）日 K 线和分时走势图

二、安全稳健

机构入场个股的优势就是：买入之后，哪怕遇到大盘走势不好，盘面很差，也很少直接砸盘。如果是游资操作的个股，一旦盘面走差，第二天竞价直接砸盘，或者当天尾盘出现天地板，短线风险很大。

多数情况下，机构买入不会只有一天，在龙虎榜现身后可能隔几天再买入，又出龙虎榜。所以只要当天买入机构股，哪怕后面调整几日，间隔几天也有赚钱的机会。

图 7-2，禾望电气（603063）：2021 年 8 月 12 日，两家机构分别买入 14303.77 万元、4321.07 万元，随后整理几日，8 月 30 日一字跌停，次日机构又买入 12882.74 万元。经过一段时间的震荡整理后，10 月 29 日两家机构分别再次买入 2868.82 万元、1170.54 万元，次日股价连板，接着股价强势走高，不受大盘走势影响。

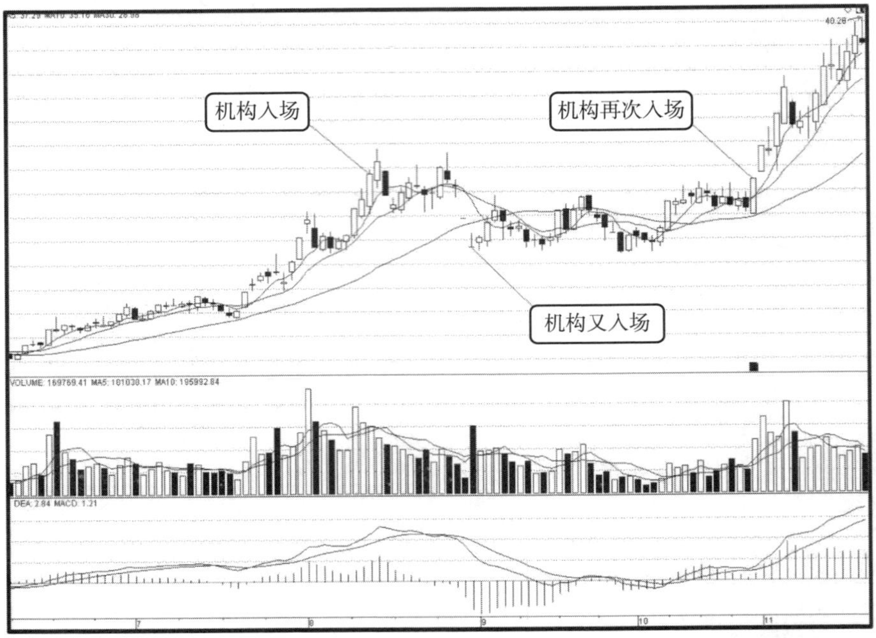

图 7-2 禾望电气（603063）日 K 线图

三、趋势行情

机构股容易形成趋势性走势，尤其在启动阶段，因为机构常规的入场是持续性的，而且机构之间喜欢相互抱团，其操作观念往往比较一致。所以，如果有一两家机构重点买入某一只股票，后续往往会有更多的资金开始看上它，这样很容易形成趋势性行情。

因此，在做强趋势个股的时候，判断机构股盘口也是一个很有价值的佐证因素，这一点平时大家注意得比较少。从这方面来说，就不希望机构席位在龙虎榜中出现，出现反而是坏事，因为会产生短线溢价，失去低吸买点。由此延伸出的交易模式就是，在早期发现强趋势股苗头，开始强趋势股低吸接力方法。

从涨停板角度来说，机构股容易出现趋势板，它是指受机构资金抱团推动的涨停板，这个涨停板一般会创出阶段新高，是机构资金共同看好提升其估值后抢筹的结果。一般来讲，机构类股票很少涨停，能够涨停一定是价值重估的时候，常常发生在并购重组后，或者业绩拐点处。通常，凡机构类资金推动大涨的股票，多数都属于趋势类股票，很少出现连板行情。除非进入牛市，机构股出现主升浪才容易出现连涨板，而最多连涨三板后，还会有调整走势出现。大多在一个涨停后机构股就会出现整理走势，无论是横向盘整，还是小幅回落调整，调整后再继续上涨。机构类股票非牛市主升浪阶段的趋势涨停板是不适合打板的，只适合潜伏或低吸，涨停后往往伴随调整出现。

图 7-3，太钢不锈（000825）：该股 2021 年 2—9 月的走势中，从日 K 线上看，每次涨停之后都是高潮，随后就是震荡整理走势。从分时上看，机构类股票沿分时均价线上涨，上涨速度较慢，分时走势稳健，充分换手后拉到涨停。

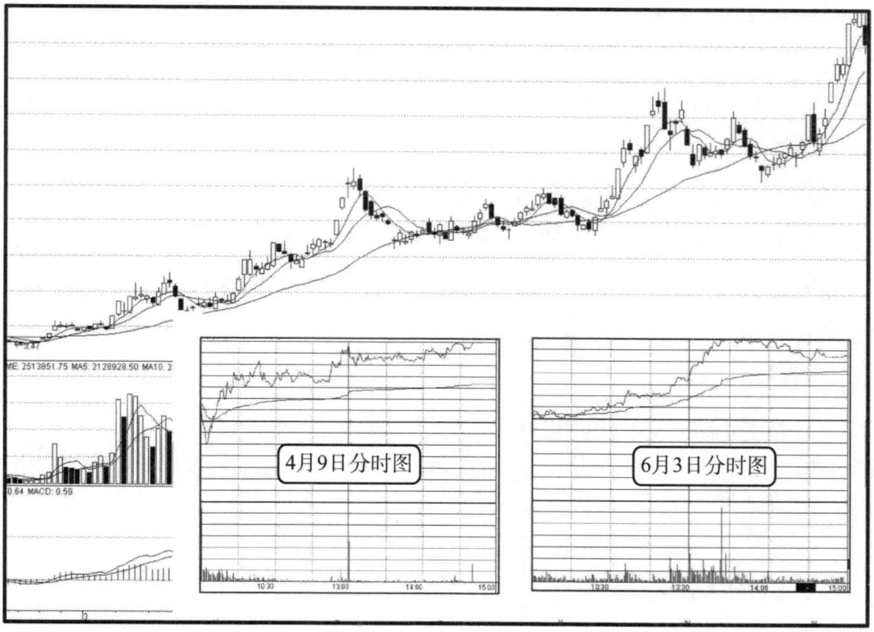

图 7-3 太钢不锈（000825）日 K 线和分时走势图

第二节 机构股的风格

一、机构股基本特征

当看好一个板块，但却无法确定该板块何时会成为风口时，最好的方法就是买入该板块中机构抱团最明显的那只股票。因为不管该板块能否成为风口，机构抱团最明显的股票股价就会不断创新高甚至历史新高，而当该板块成为风口时，机构抱团最明显的股票仰角就会从 45°上升为 60°，甚至更陡峭。

（1）确定性强。业绩中长期增长高度确定。如果没有确定性，大资金就没有兴趣抱团，对于大资金来说，确定性远比弹性更重要。弹性只有在确定性的基础上才有意义，离开确定性谈弹性，就没有任何意义。

（2）行业龙头。近几年的机构股，基本是行业龙头或细分行业龙头。A股投资最重要的是买对行业、买对风格，然后再从好的行业中选择行业龙头或细分龙头。买对了行业，意味着成功了80%；买错了行业，成功率不到20%。

（3）盈利能力强。大多是高毛利率、高净利率、高净资产收益率，有的毛利率、净利率不高，但净资产收益率高。高净资产收益率几乎是抱团股的普遍特征，部分净资产收益率低于10%的，也预期未来两三年净资产收益率将有大幅提升。

（4）高估值、低换手。便宜没好货，好货不便宜，机构股的估值，除了银行、化工等强周期性行业外，不管是市盈率，还是市净率普遍都偏高。而且，机构股大多从两三倍市净率启动，炒到10倍或更高的市净率。另外，机构股普遍都是低换手，日均换手率很少有超过5%的，抱团越明显的，换手率越低，筹码越稳定。

（5）机构持股比例高。前十大流通股股东基本都是清一色的机构，而且持股比率非常高。另外，有较高外资持仓比例的，也容易被大资金抱团，机构持股比例也往往比较大。

二、机构股基本逻辑

机构选股逻辑是什么？机构偏爱什么类型的股票？机构股和游资股不同，游资股偏爱小市值的纯概念的炒作，而机构股不一样，机构偏爱的股票往往有着明显的特征：业绩驱动、逻辑驱动、行业反转、业绩增长、景气度提升等。

1. 行业、题材

行业、题材这点非常重要，机构与游资炒概念、热点不同，机构参与时往往需要业绩逻辑驱动，喜欢做行业龙头，有着明确的行业领先身位，有行业或者个股未来的业绩增长预期。

机构选股最基础的逻辑就是，行业或者个股的未来经营业绩增速确定。这个增速通常指净利润，或者营收。所以，经营业绩长趋势向好，这是机构选股最经典的底层逻辑。

从近几年行业情况来看，机构参与的个股多为大消费、基建、医疗等行业，这些行业都是切切实实有利润的行业。所以，A 股行业、公司业绩有稳定增长的，通常会有机构扎堆入驻。比如，2021 年 4 月 9 日的美锦能源（000723），就是典型的氢能源产业的行业龙头，所以才会有机构买入。又如，华东医药（000963），进军医美新行业，开发的全新注射产品“少女针”，有独特的优势，需求极其旺盛，2021 年 2 月 9 日机构大买，之后继续加仓，结果产生一波持续上涨行情。

机构在选股的时候，有自己的一套标准，这就是 5 个核心：行业地位、企业利润复合增长率、净资产收益率、管理团队和公司研发水平、研究投入，从这 5 个方面去寻找行业的明星企业。

机构不感兴趣的是“黑五类”：绩差股、ST 股、小盘股、蹭题材、伪成长股。这些大多是游资或短庄炒作对象，一般机构不会参与。很多时候，这些股票盘中也会出现一些类似于机构股盘口的买单，但这种现象不一定是机构行为，有可能是大户或者其他投资者行为，不要轻易买入。

2. 研报数量

机构买股都是深入调研之后入场的，所以他们不会像游资那样，只买纯概念的炒作品种，结果游资撤离之后必然一地鸡毛。

既然是业绩非常好的行业、公司，肯定少不了券商的研报。所以，一些机构买入的个股，往往也是券商研报推荐的个股。比如光伏、水泥、5G、芯片、精装修、消费电子、生物医药，这些都是机构喜欢的行业，所以这些板块的个股涨停，出机构龙虎榜的概率很高。

鉴于很多读者并不一定熟悉资本市场的结构，这里补充说明一下。所谓卖方通常指券商或者第三方股票研究机构，他们做出研究报告，给出买卖建议。所谓买方通常指管账户管钱的，比如险资权益部、公募基金、券商自营资管等都叫买方。

一般来说，一只股票评级的券商研报数量越多，机构扎堆的数量越多，表示被机构看中的机会越大。那么，盘中博弈收盘后出机构龙虎榜的概率也就越大。相反，券商研报平时几乎从不提及的行业或个股，那么出机构龙虎榜的概率就很低，不是机构的选股目标，机构当然就不会买入。比如有些妖股涨得都非常凶猛，但机构也没有参与，因为不是他们理想的做法，除非是假机构。当然，有些研报评级少的个股，也有机构入驻的可能，但数量很少，可能性也低。比如，天山生物（300313）2020 年 8 月这波行情炒到那么高，研报评级中都没有一个机构推荐，那么这个时候机构就很少有买入，所以需要综合其他因素来判断是否有机构介入。

查看研报数量，有两个简易的获取方法：

第一个是东方财富数据中心里的“研究报告”，输入个股代码就可以查看是否有机构出研报。当一只股票经常有机构覆盖研报，那么表示它被机构看上，机构买入的概率就极大。

第二个同花顺软件里面也有，在相应的菜单栏中点击，就能够轻松获得机构研报信息。

通过这些交易软件的研报功能，可以及时获得信息，掌握哪些个股被研报所覆盖。如果手中的个股有很多机构研报覆盖，机构是座上宾，那么当股价涨停时，大概率就有机构龙虎榜。如果手中的个股平时没有机构研报覆盖，或者少得可怜，那么机构龙虎榜的概率自然低。

3. 盈利预测

行业与研报可以相互印证，在同花顺 F10 中有研报评级的相关“盈利预测”信息。一只股票，券商研报对他给出的盈利预测越高，表示被机构看中的可能性越大，那么盘中博弈机构买入的成功率也就越大。

盈利预测怎么看？从一些行业龙头个股来看，都有好多家机构做出了盈利预测，可以综合各家机构研报成果，得出客观的结论。

4. 市值偏大

机构采用的是逻辑估值法，所从事的行业很多也是当前有业绩逻辑驱动的行业。这些行业的估值往往较高，对应的上市公司的估值也较高，所以那些机构股普遍市值比较大，通常在百亿市值之上，而游资股与庄股就比较小了，市值在 30 亿~100 亿元不等。所以，大家看到的大盘股、超大盘股，基本上是机构股占主导，像贵州茅台这种自然不用说了，这是最典型的机构股。当然，并非所有机构股都是价值投资的做法，机构并非铁板一块，很多也做短线投机，需要具体问题具体来看。

三、机构股挖掘方法

1. 股东信息

一只股票有没有机构入驻，可以查看股东信息。在交易软件中直接看“主力持仓”部分，这里有机构数量显示。同花顺软件：主力持仓—机构数量。大智慧软件：股东研究—主力追踪。东方财富网：特色数据—主力数据、机构调研。其他普通交易软件都有相关股东信息可供参考。比如，贵州茅台2021年12月31日的机构数量达到1694家。有的个股机构数量很少，只有一两家，几乎跟没有机构一样。一般大家说的机构股，指的是机构扎堆的个股。

整体上看，机构数量差别较大。多的超过2000家，分布相当广泛，在医药、消费、军工等业绩比较好的领域。当然部分因为是次新股，机构总体上数量也较多，但持股数量较少。比如，2020年6月30日机构数量最多的是首都在线（300846），平均每家机构持股比例都非常少，这是因为新股配售制度的原因，跟贵州茅台有较大的区别。可见，这种类型的近端次新股，上市时盘子比较干净，没有主力资金控盘。

然后，把这些次新股剔除再分析，就是大家非常面熟的一批大白马股，俗称抱团股。这些大白马市值这么高，很大原因就是被机构买起来的。可见，A股市值与机构持股家数这两个指标呈现出正相关关系，机构增持得多了，市值就高；机构增持得少了，那么市值就低。

还可以通过反证法分析。对2022年3月31日机构数量少的个股进行分析，少的只有一两家，很容易看出来，都是一些业绩差的，这也说明了机构布局的核心原则导向就是业绩，业绩不好的个股，机构基本不进。或者，对这类个股机构毫无兴趣，已经入场的机构基本上也跑光了，剩下的可能就是母公司了。

可见，了解一只股票是否有机构，可以直接看主力持仓中的机构数量，数量越多肯定是机构扎堆越多。次新股因为制度原因，往往机构数量较多。除次新股外，个股的市值与机构数量呈现出正相关性，大市值白马股机构扎堆数量多，市值小的机构少，“黑五类”机构数量少。

机构参与的品种比较多样，覆盖各个领域，没有明显特征。但核心原则是业绩或者以业绩未来的增长预期为导向。所以，业绩、机构数量、个股市值这几项指标呈现强相关关系。

投资者应该关注哪一种机构股？可以看出，像大白马这类各个领域的绩优股基本上汇集了A股大量的投资机构。当然整体上，市值太大的机构股爆发力有限，再上一个台阶比较难，很多没有短线投机意义。研究机构趋势的意义在于发掘具有安全性（傍机构大腿、减少政策风险）、确定性、爆发力较强的短线投机模式。那么，从上面的结论来看，那些业绩好（或者转好）、机构数量多、个股市值适中的品种是非常值得关注的。

2. 历史龙虎榜

看历史机构龙虎榜。如果一只股票之前的龙虎榜显示经常有机构买入，那么机构股的可能性就比较大。从历史量化的回测来说，机构买入等于股票未来有溢价，比如太钢不锈（000825）2021 年 2—9 月的行情、钧达股份（002865）2021 年 7—2022 年 3 月的行情，都是龙虎榜机构多次买入的大牛股，股价翻了几倍。

可见，机构看中一个股票后，往往不会只有一次买入，他们看好的就是一个相对中长期的行为。所以，一旦某一只股票龙虎榜显示当天有机构买入之后，隔几天还会有再次买入行为，如果正好这个股是市场热门题材和在风口之下，那么机构连续出榜的概率就越大。

那么，怎么去查历史龙虎榜？东方财富网：数据中心—特色数据—龙虎榜单—机构买卖情况—机构席位买卖追踪，可以看近 10 日，近 30 日的机构龙虎榜。表明在 10 日内或 30 日内，该股有机构光顾过的，后期被持续光顾的概率就明显加大。

机构持股汇总多肯定好，如果个股历史每个季度都有机构身影，表明该股已经成为机构重点关注的对象，如果历史以来几乎没有机构持股，那么不建议按照这个方法博弈机构股。当然，从某些短线角度的其他战法来看，没有机构持股的个股未必就是不好，只是这里讲的是博弈机构龙虎榜的第二天溢价。

如果某只个股历史上没有或者很少有机构参与的时候，当天即便在分时看到有机构单，他出榜的概率也很低。所以，当根据盘口判断机构买入的时候，这些基本面的分析功课，是必须要在盘中及时进行求证的。

总体来说，如果是以季度为单位，可以参照季报以及其他数据，缺点是时间太长，对超短线操作意义不大。核心的机构动向靠的是核心圈子，这一点外部不可能知道；值得参照的是日内相关指标，比如资金流向、机构买卖每日统计等数据。

第三节　机构股盘口特征

机构的行为和目的与游资、散户不同，而且机构内部看法也不一致。机构的行为既有共通性，也有各自的独立性，这种情况就比较多，也比较复杂。

一、日线盘口

日 K 线大多走的是趋势行情。只不过机构布局的小盘股与大盘股的走势差异会比较大，形成的趋势结构差别也比较大。比如小盘股（小市值机构股是大家关注的主体，至于像茅台这种就不是短线品种），如果是超短线炸板之后容易直接走弱，但机构介入后一般不会马上走弱，而是走趋势行情（实际图形比较复杂）。

比如，2021 年的长川科技（300604）、和胜股份（002824）、英飞特（300582）等，这些都是机构小盘股的走势，盘面形式就是“超短+趋势”的合体，原因就是流通盘小，很多市值不到 100 亿元。逻辑上，A 股的核心大盘股都已经被其他机构占了，很多机构布局一些新的品种，某些朝阳行业、头部公司是一些机构布局的重点。

对于一些大盘股走势就不是这样了，比如茅台盘子比较大，趋势结构走的是小角度转大角度，然后再进入趋势疯狂浪（加速段）的模式，与流通盘有很大的关系，如果一开始就加速，是很难加起来的，因为人气不够，或者说蓄力不足。

机构股的日 K 线有以下特征：

（1）以盘升为主，运行温和，走势稳健，盘面独立。

（2）K 线小阴小阳为主，涨、跌幅大多为 3%~8%，很少出现涨、跌停现象。

（3）分时走势中，很少出现持续性的打压和急促的拉升。

（4）成交量适中，有不规则的间歇性放量。

（5）大多呈现波段上涨，一个小波段的涨幅为 30%~50%，经过蓄势调整后，出现新一波盘升走势。

（6）一旦进入调整，运行周期往往较长，少则几周，多则几个月，甚至一年以上。

需要特别强调的是，散户跟随机构股操作必须以中长线的思路入场，不为短期波动影响，做到不看不动，不闻不问，有极强的心理耐性。

二、分时盘口

1. 分时盘口特征

机构股分时盘口最大的特征就是锯齿波，根据机构拆单分批买入法，具体有以下几个特点。

（1）在盘升过程中，上上下下，震荡纠缠，小碎步慢慢上去，上下运动非常频繁，走势如心电图，股价重心不断慢慢向上抬高，最后上板封盘。

（2）机构股有很多种类型，每一种类型的行为原因不同。在涨停拉升过程中，大多是磨磨蹭蹭的走势，分时锯齿状特别多，这跟游资股不同。游资股经常采用直线快速顶板、大斜线拉升波等手法。

（3）机构股总体涨停的概率不高，分时走势平稳，让投资者有充分时间入场。在出现涨停之前封板很犹豫，封盘之后大多出现烂板，反复开封，直到最后才能封住涨停板。

2. “斜坡式+锯齿波”

这种分时呈现一定的角度向上推升，一般以 40 至 60 度角斜率上行，中间有明显起伏的锯齿波，成交量均衡，最后上板封盘或大阳线。

图 7-4，瑞联新材（688550）：2022 年 3 月 21 日的走势，股价以 45 度角稳步向上推升，中间呈锯齿波走势，当天收出大阳线。当天龙虎榜有 3 家机构入榜，共买入资金 13615. 54 万元，占比为 59. 88%。

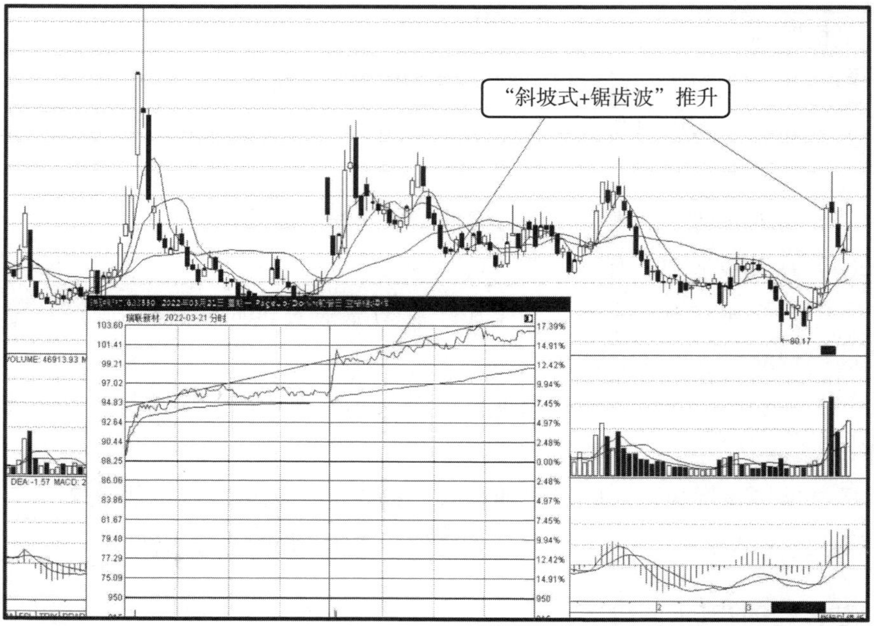

图 7-4　瑞联新材（688550）日 K 线和分时走势图

3. “横盘式+锯齿波”

这种分时模式是股价横盘整理一段时间，然后开始向上强势推升，成交量放大，最后股价上板封盘或接近最高价收盘。比如，兰卫医学（301060）2022 年 3 月 15 日的走势就是如此。

图 7-5，中钢国际（000928），2021 年 3 月 31 日的走势，开盘后股价小幅上冲，然后出现长时间的横盘震荡整理，经过充分换手后，下午出现强势推升走势，上板后反复开封，直到尾盘才封板。

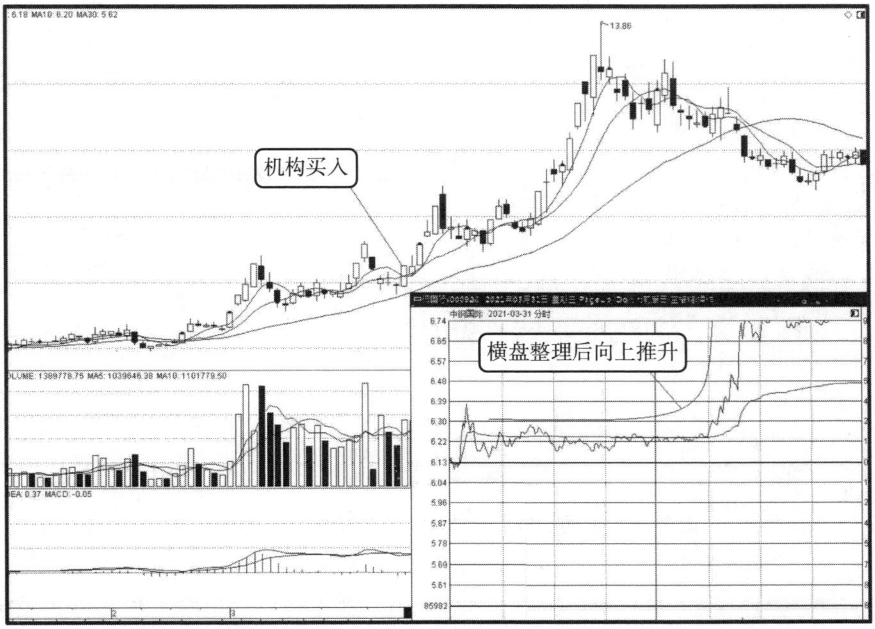

图 7-5 中钢国际（000928）日 K 线和分时走势图

4. “台阶式+锯齿波”

这种分时有明显的台阶结构，但无论是台阶拉升还是平台区盘整理，也都呈现锯齿波形式，成交量有起伏，推升放量，整理温和。

图 7-6，中钢国际（000928），2021 年 3 月 1 日的走势，股价小幅推高后，呈现长时间横盘运行，以台阶式上行，盘中换手积极，然后上板，但并非一次性封盘，而是反复开封，进一步释放浮动筹码，直到尾盘封板。4 月 7 日，机构又是大买，这就证明了有时候机构出榜后不止一天买入，可能会持续几天买入。也就是说，第一天是试水，后面继续加仓。

图 7-7，力芯微（688601）：2022 年 3 月 21 日的走势。股价缓缓推高，以台阶式上行，成交量张弛有序，不受大盘涨跌影响，盘中换手积极，然后成功扫板封盘。当天龙虎榜有 3 家机构入场，共买入资金 8402. 12 万元，占比为 13. 68%。

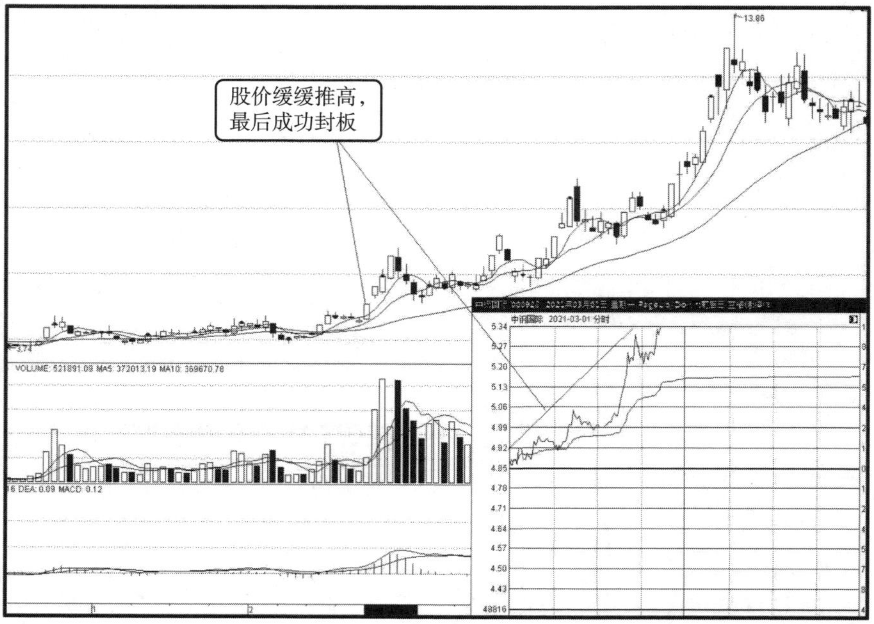

图 7-6　中钢国际（000928）日 K 线和分时走势图

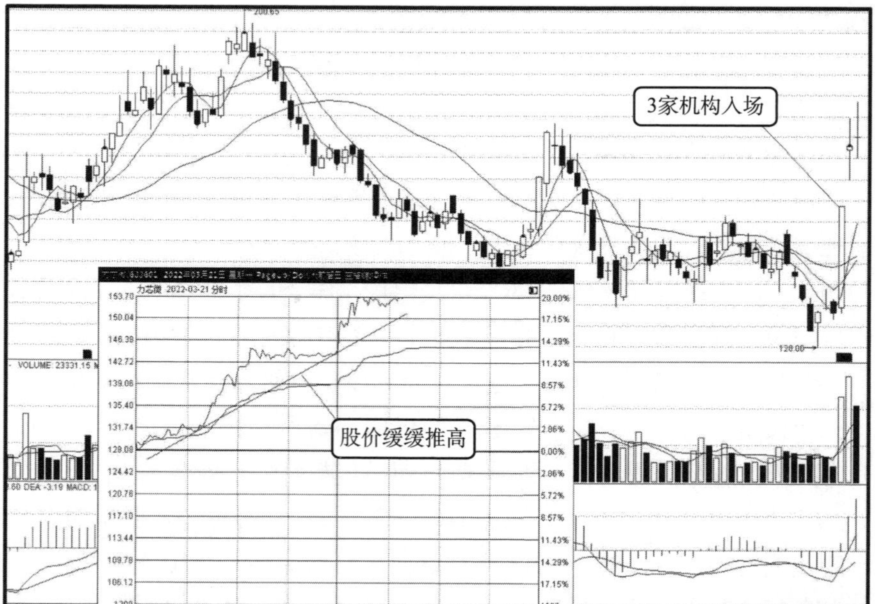

图 7-7　力芯微（688601）日 K 线和分时走势图

5. “拱形式+锯齿波”

这种分时盘口就是股价先小幅推升，然后小幅回落，最后快速上板，在拉升之前呈现锯齿波走势。

图 7-8，永辉超市（601933）：2022 年 3 月 14 日的走势，开盘后股价缓缓向上推高，然后出现小幅回落调整，呈现拱形锯齿波走势，尾盘强势拉涨停。当天龙虎榜有两家机构和沪股通大举买入，共 46673.03 万元，占比为 59.63%。这种盘口大多是机构与游资合力股，也就是前面一段是机构吃货盘口，后面一波则是游资封涨停板。

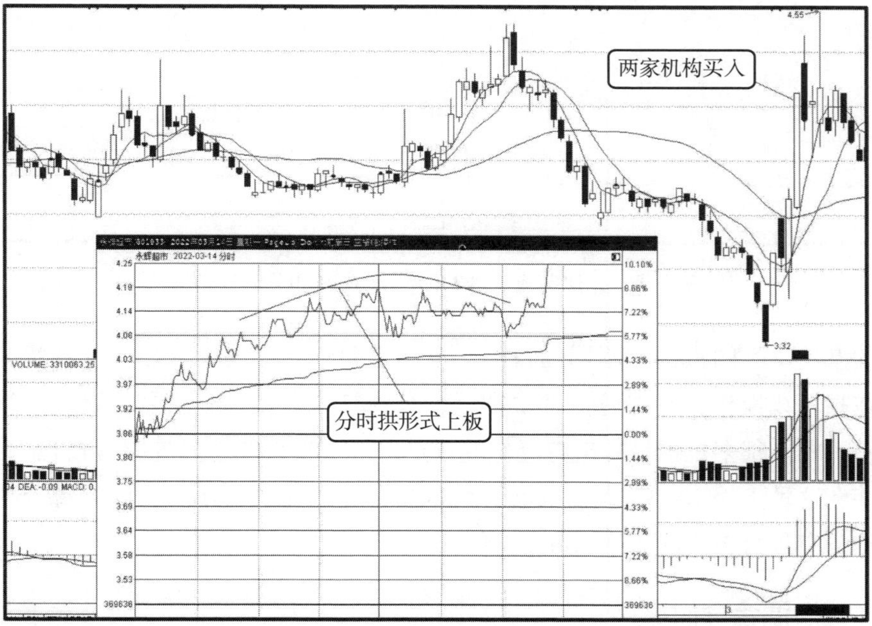

图 7-8　永辉超市（601933）日 K 线和分时走势图

6. “圆弧式+锯齿波”

这种分时盘口与拱形式相反，开盘后股价快速冲高回落，或直接震荡下探，然后形成圆弧形走势，最后上板封盘。

图 7-9，龙津药业（002750）：2022 年 3 月 21 日的走势，开盘后股价出现快速上拉，然后回落整理，盘口呈现圆弧形锯齿波走势，尾盘成功涨停。当天龙虎榜有两家机构入场，共买入资金 5897.91 万元，占比为 2.48%。

在实盘中，很多时候同样是机构股，有时候形成的是锯齿状，有时候是直接买到涨停，分时走势陡峭，差别很大。原因是多方面的，与机构的操盘

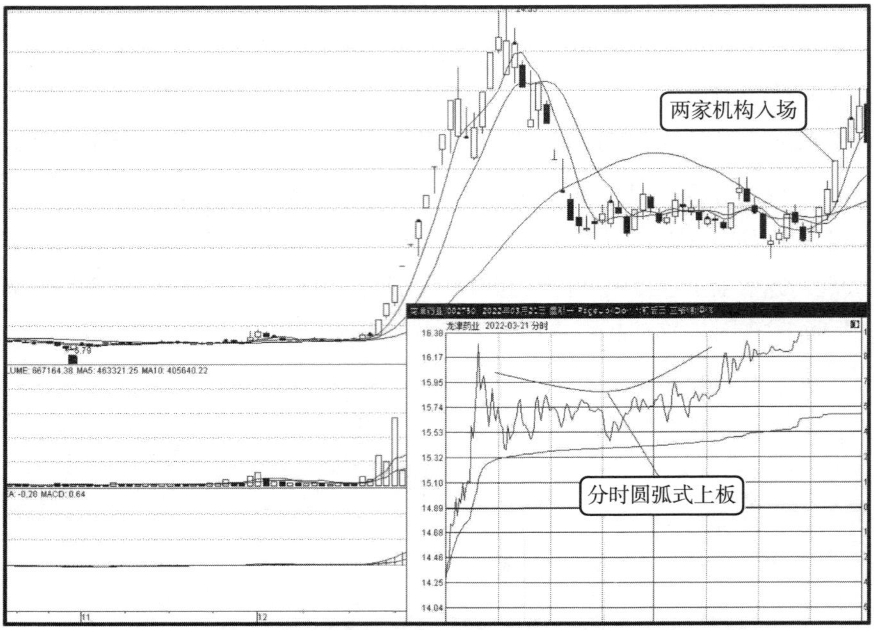

图 7-9　龙津药业（002750）日 K 线和分时走势图

目的有关。不同机构有不同的目的，有些不差钱，有些要求在低位拿货，就像在超短线操作，有些游资喜欢低吸，有些喜欢打板，有些喜欢点火，每个都不一样。很多机构呈现出游资化的特点，喜欢搏短线。另外跟价格也有关，像茅台这种 1 手 10 多万元的，盘口特征就跟小盘庄股差不多，因为每分钟成交的量有限（成交额很大）。

三、混合分时

认识机构股的其他方法，可用前几日分时比照（适用于比较复杂的情况），由于机构席位的溢价，很多游资、散户在看到机构吃货盘口时也一同买入，形成混合结构模式，从而也导致比较混乱的盘口现象。常见的有以下几种情形：

1. “机构+游资”

近年来，“机构+游资”混合股非常突出。由于整个市场低迷，参与资金缩水，资金往往向有价值的机构股集中，特别是在业绩披露期前后，机构股受到追捧，游资在一段时间内也跟着机构做，吃机构股的溢价。比如，2019 年年底消费电子的大龙头漫步者（002351）就是典型实例。当然，机构股的涨停不是短线打板者的主流模式，一般一年也就出现 1～2 只明星股，而游资连板小盘股则是无数。

机构和游资合力股的特征：

（1）首板日成交额在 1 亿元左右。

（2）首板时流通市值（不是总市值）在 40 亿元以下，最好在 20 亿元以下。

（3）多有超跌特征，启动价格离年线较远，一般至少有 3 个板到 5 个板的空间（年线实际上超跌股的预期目标）。

图 7-10，陕西黑猫（601015）：2021 年 1 月 19 日，龙虎榜显示的是机构与游资大幅买入，其中 2 家机构共买入 5602.43 万元，其他游资共买入 1196.98 万元。此后，1 月 20 日、22 日、2 月 1 日、3 日和 5 日也是机构与游资混炒。这种机构与游资混炒的盘口就很难通过分时判断出来，需要借助 K 线结构、盘面气势以及具体的成交明细，才能有所辨别。单纯从分时走势判断难度较大，但总体而言，机构与游资混炒的股票更像是游资盘口。

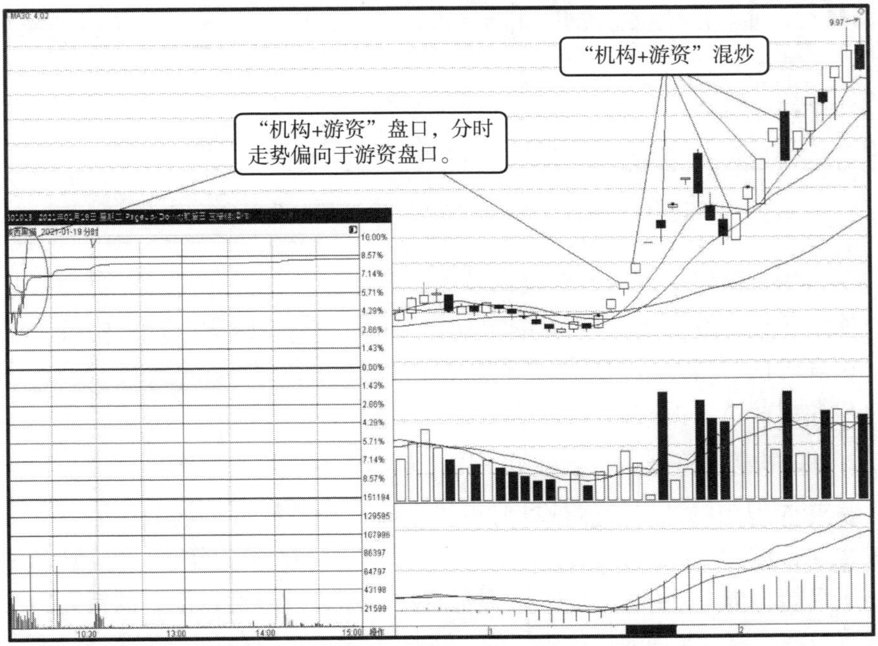

图 7-10 陕西黑猫（601015）日 K 线和分时走势图

图 7-11，海源复材（002529）：2021 年 8 月 20 日的分时盘口，前面量价平稳，波动不大，比较像机构盘口，尾盘部分出现放量急拉涨停，属于游资点火行为，这种盘口就比较容易判断，属于“机构+游资”分时盘口。通过龙

虎榜数据回报也可以得到验证，当日买四席位就是机构，买入 2717.77 万元。其实，在该股的整个上涨过程中，经常出现机构与游资混炒的分时盘口，龙虎榜中也同时现身。

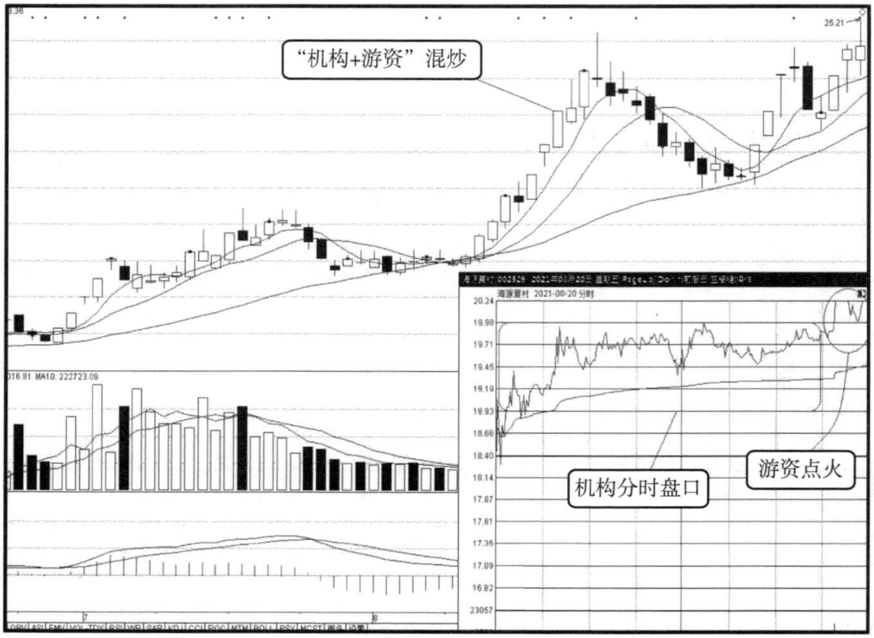

图 7-11　海源复材（002529）日 K 线和分时走势图

从行为上辨识，很多股票就比较容易清晰。一些机构与游资合力股，机构在底部拿货，游资在拉升封板，这样前期走势是机构盘口，后期是游资盘口。很多时候，因为机构买了某只股票，被发现后，于是游资封涨停，这样晚上出龙虎榜时封板资金也可以享受次日溢价。

2. 机构+散户

目前 A 股市场散户依然是重要主体，散户开户数量超过 1.3 亿户，资金规模也非常庞大。如果将散户力量集中起来，足以撼动大盘走势，但散户分散，不可能形成统一。由于散户力量的存在，加之散户实盘能力的提高，对机构股盘口的掌握，并博弈机构股溢价，因此市场也会出现机构与散户合力股。

图 7-12，（a）图是闽东电力（000993）：这是机构与散户的合力股。2021 年 9 月 28 日的走势，图中箭头所指的这种分时是机构股中不存在的，大多是机构与散户合力的结果。

（b）图是阳光电源（300274）：这是个机构股。2021 年 6 月 10 日从机构行为上来看，机构不急于拿筹码，若是往上扫单直接将价格打高，这对自己没有任何好处（封板意愿低），所以机构往往不抢筹码，讲究的是每天收集筹码，而且成本要低。

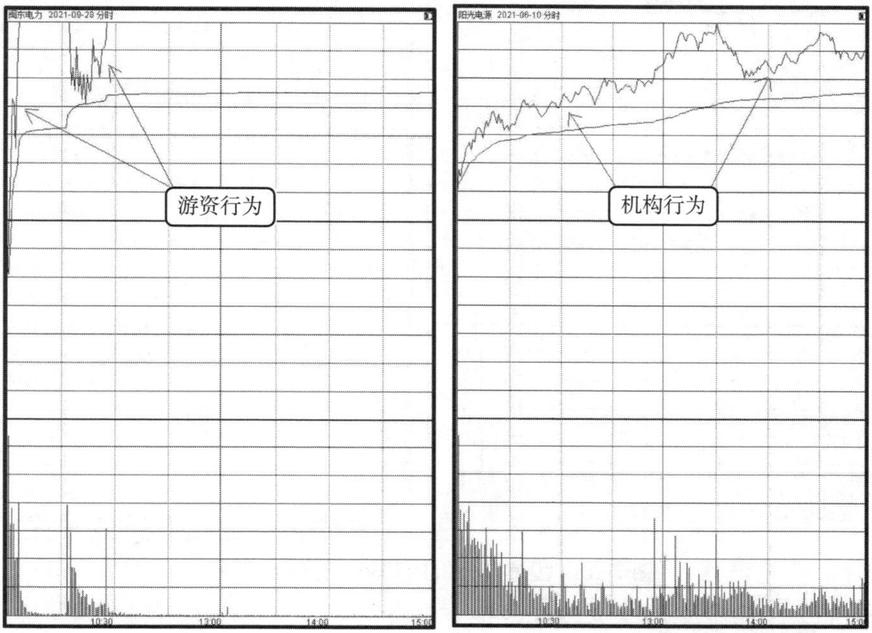

（a）　　　　（b）

图 7-12　闽东电力（000993）和阳光电源（300274）分时走势图

在 A 股市场中，不少散户喜欢追涨杀跌，更喜欢短线操作，对于低吸并不感兴趣。当看到盘中某只股票出现拉升时往往有一股迫不及待的冲劲，不惜追涨买入。

图 7-13，龙津药业（002750）：2022 年 3 月 18 日和 22 日的走势，两日分时盘口非常相似，开盘后处于上下震荡走势，尾盘在机构的引导下出现快速拉升。这是机构和散户合力的结果：在 18 日的龙虎榜中，买二和买三席位为机构席位，其他 3 个席位都是西藏拉萨“散户集中营”席位；在 22 日的龙虎榜中，买一和买三席位为机构席位，其他 3 个席位也都是西藏拉萨“散户集中营”席位。

3. 机构+庄股

图 7-14，济民药业（603222）：该股 2019 年全年走势呈现“机构+庄股”盘口特征。该股呈现盘升结构，K 线频繁出现上下影线，小阴小阳，或突现大阴大阳。量能基本稀疏，流动性缺乏。分时结构就更加典型，要么呈现心电图式的横盘震荡，要么盘中出现单笔大单瞬间拉升的做盘迹象。控盘迹象

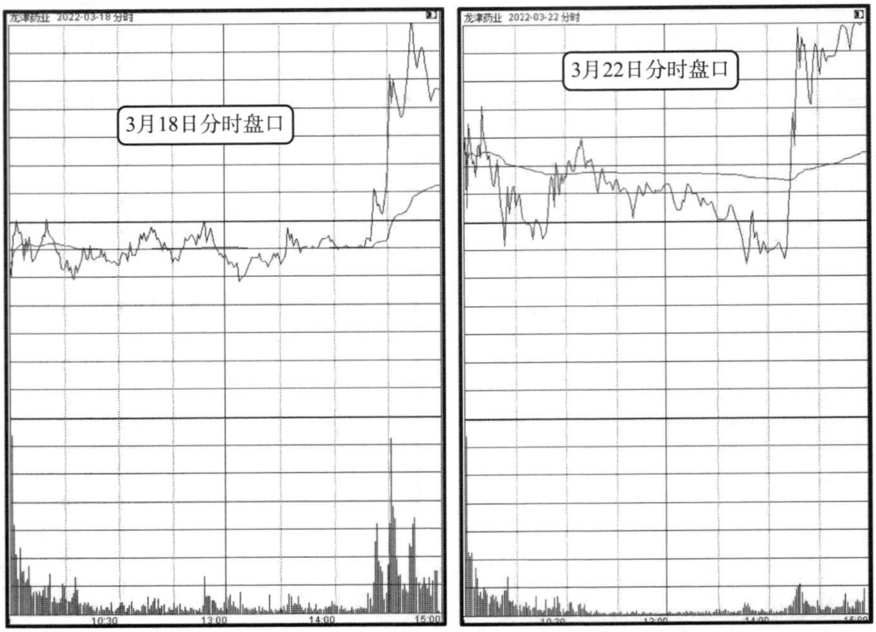

图 7-13 龙津药业（002750）分时走势图

明显，但做盘手法恶劣。

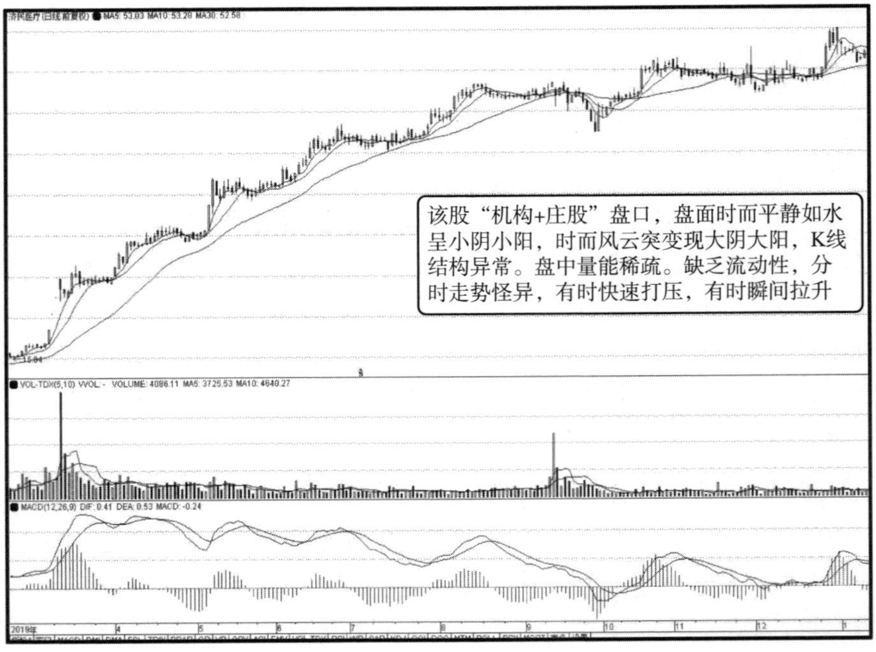

图 7-14 济民药业（603222）日 K 线图

对于这类个股要保持警惕，在其没有出现明显的启动走势前，不能轻易参与这类个股。但也不是说这种个股不能赚钱，一旦走势启动，趋势形成，表明庄股吸筹建仓完成，拉升的幅度将是巨大的。所以，一定要在趋势形成区关注，没有形成趋势之前，基本远离或者保持观望即可。

四、成交量特征

机构股盘口的成交量比较平稳，小盘游资的盘口往往差别比较大。原因就是机构没有必要去扫单，行为上没有这个方面动力。对游资、散户合力股来说，模式比较多样，有点火的，有打板的，所以在这些模式的关键位置会爆量，整体成交量分布不均匀。

图 7-15，台华新材（603055）：2021 年 9 月 6 日，盘口成交量波动非常小，量是平稳的，至于后面涨停时来了一个量柱，既有可能是机构买的，也有可能是有游资看到前面有机构吃货，想去蹭机构溢价而封的涨停（当天龙虎榜上可以看出到底是谁买的）。

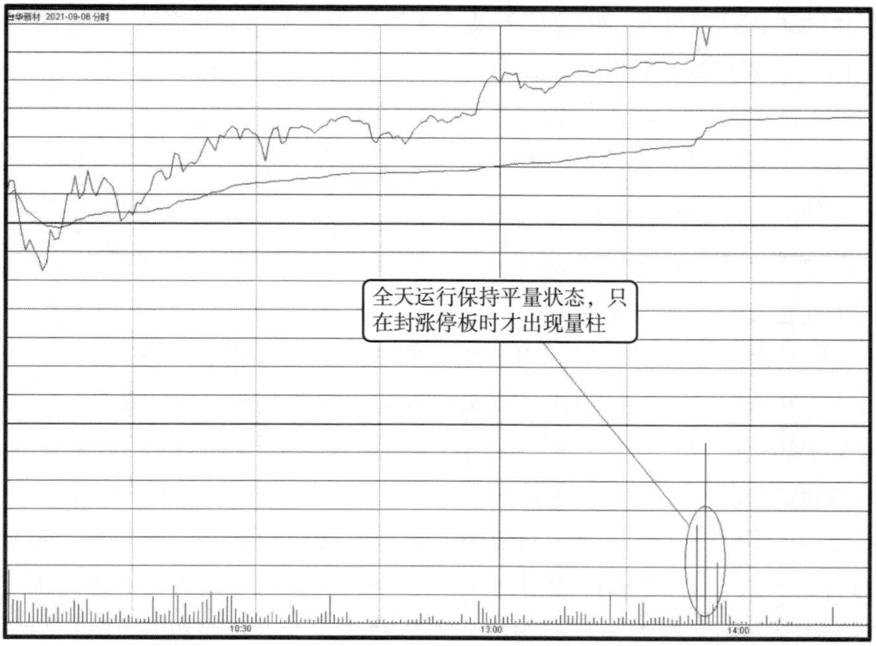

图 7-15　台华新材（603055）分时走势图

需要注意的是，这种均匀的成交量，并不是说全天都保持平量状态，因为有时候早盘是成交最密集的区间，只是说在这个成交区间内也相对均匀，有的个股虽然分几个小成交量峰，但筹码成交量峰相对自身来说是均匀的，而且全天也差不多，不可能完全像台华新材那样全天保持平量状态。

总之，机构股需要逻辑、盘口等各个方面相互印证，很多时候当前的盘口没有办法判断出来。如果当前的分时走势与成交量不好判断，可以通过确认前几日的分时特征来判断当下的特征，算是一种辅助的鉴别方法。

第四节　机构股盘口辨析

一、从盘口辨析机构买入

1. 机构盘口委托特点

观察盘口委托，对辨析机构股十分重要。一般来说，游资吃货以快、强为主，表现在盘口上多为急性单，机构由于自身资金体量的原因，一般以拆单为主，盘面呈现均单。至于机构拆单的规律，有些喜欢拆不同单，有些喜欢拆规律单，这跟操盘手的喜好有关。至于拆单的类型，通常有以下几种：

（1）单子呈现出连续性，而且有一定规律，可能是整数单。

（2）非整数，但单子相近，这是机械拆单方式的一种。

（3）几笔单子加起来是整数，这种没有明显的规律。

2. 机构常用的买入手法解析

盘口逐笔其实和分时上是对应的，所有的机构买入，往往都不是基金经理一个人在交易，加之标的太多，也顾不过来，所以，无论是公募还是私募，每个基金经理下面，都会配备相应的交易员，来执行基金经理发出的交易指令。机构买入时，基金经理告诉交易员在什么价格、买入多少筹码，交易员按照要求执行就行。

当列好当日交易计划，决定买入一只股票的时候，经常性的交易指令就是：每隔多少时间买入一笔。所以下面的交易员执行计划，可能每 5 分钟或 15 分钟，买入一笔相同的数量。而这样的平均交易的好处就是：最终的成交价格，就是差不多接近当日的均价，不会太高，也不会存在买不到，更不会存在只在涨停板拿货。

而游资点火后往往不会这样，他们没有这样的耐心和时间去一天分开无数笔买入一只股票，他们追求的是快速暴力和极致的效果，所以看好一只股票后，往往就是直线快速上板，都是对着涨停价格，一笔扫入。当然，这里需要注意幅度，如果涨幅在2%左右，游资用涨停价全部扫单，那样不行，交易所会发警告。

比如，吉宏股份（002803）的机构研报也很多，而且前段时间频繁现身机构龙虎榜。2020 年 7 月 23 日，频繁出现 50 手、100 手的买单，股价在 40 元左右，50 手相当于 20 万元，100 手是 40 万元，一连串的规律性买单，有钱又有耐心的，那只有机构了，游资大多不会这样做。

3. 买入盘口逐笔委托回溯分析

机构这样的操作方法和成交规律，只要大家认真盯盘，是很容易发现的。从 2021 年 4 月 9 日的美锦能源（000723）的委托逐笔，一笔笔看一下，可以明显地看到，逐笔委托里有很多的 100 手、200 手这样的间隔交易，由此也可以看出是出货还是吸货。

所以，机构买入从盘口逐笔上，明显的就是每隔一段时间，会有整数笔的交易。比如是 100 手、200 手、500 手、1000 手这样的买入。从金额上看，如果规律性单子每次都三五十万元，这样有效性就更高了。而典型游资扫货，经常都是 9999 手、10000 手这样对着涨停板直接买入的数量。

在挂单方面，如果买单挂出去后，见到抛压不撤，坚持等着吃抛单，然后再买下一笔。机构分明就是：我就要拿货，不撤单。这不是游资的风格，这一点也很重要。

4. 机构逐笔委托惯用的伎俩

从盘口单子来看，很多时候机构为了隐蔽，买股还会选择拆单买入，就是把整数位的单子，自动拆单成两个或者多个单子，比如，73 + 27 = 100，347+153=500。所以在逐笔委托看到连续的 73、27 等数字出现的时候，往往也是机构盘口。

当然，拆单的数字是电脑随机的，比如 59+41=100 和 117+383=500 这样。所以，当盘中经常看到一连串的相同的数字出现且他们想加一般是 100、200、500、1000 这样的整数的时候，这样大概率就是拆单买入，往往就是机构盘口。

图 7-16，捷佳伟创（300724），2020 年 1 月 7 日的分时走势，就有可能出现机构龙虎榜席位。果然，当天龙虎榜中的买四、买五是机构席位，分别买入 3982.57 万元（占比为 3.21%）、3973.77 万元（占比为 3.20%）。在逐笔委托中，就可以看到异常整齐的买入单。

在委托的单子中，大多是 200 手、300 手的单子持续出现。这是一只 50 多元的股票，200 手就要 100 万多元，连续输出这么多，一般散户也没有这个实力。而且更重要的是，这些200手的单子都是以成交为目的，都是成交后，才会挂下一个单子。

09:57:02	48.80	300	BC
09:57:18	50.18	200	B
09:57:51	50.33	300	B
09:58:00	50.50	200	B
09:58:07	50.49	200	B
09:58:14	49.98	275	BC
09:58:15	50.93	200	B
09:58:19	50.33	300	BC
09:58:23	49.92	200	BC
09:58:31		200	1B
09:58:40	50.50	200	B
09:59:58	50.26	200	S
10:00:08	50.18	200	S
10:00:50	50.00	200	B
10:01:02	50.00	200	B
10:02:33	49.80	200	S
10:06:40	49.40	200	B
10:07:24	49.45	200	B
10:09:53	49.50	200	B
10:10:27	49.79	200	B
10:11:26	49.75	200	B
10:11:42	49.75	200	B
10:12:17	49.81	200	B
10:12:25	49.75	200	BC
10:12:40	49.85	200	B
10:12:58	49.88	200	B
10:15:22	49.68	200	B
10:16:55	49.79	200	B

0:21:50	49.78	300	B
0:22:39	49.70	300	S
0:22:56	49.87	300	B
0:23:28	49.80	300	S
0:24:04	49.74	200	B
0:24:26	49.60	200	S
0:24:56	49.65	300	B
0:26:48	49.67	200	B
0:27:57	49.71	200	B
0:28:59	49.74	200	B
0:31:16	49.79	200	B
0:31:28	49.80	200	B
0:34:35	49.65	200	B
0:35:27	49.60	200	B
0:36:05	49.50	200	S
0:38:21	49.54	200	B
0:39:15	49.54	200	B
0:40:18	49.65	200	B
0:42:43	49.51	200	B
0:43:45	49.57	200	B
0:44:28	49.61	200	B
0:45:13	49.70	200	B
0:52:33	49.55	200	B
0:57:58	50.00	272	B
0:58:09	50.05	300	B
0:58:17	50.26	700	B
0:58:28	50.15	200	B
0:58:36	50.05	277	BC

图7-16　捷佳伟创（300724）分时成交明细

类似的实例很多，不一一列举了。其实原理很简单，机构的下单员，只是下单员，下单对他们来说，就是一份领着工资的工作，每天接到的下单指令是什么，就按照指令去做。比如，指令要求当天买入100万股，那么下单员就得下单，但不可能直接以集合竞价一万手顶在板上，要是真的这么干了，那么下单员也该辞退了。所以，基本就是分批下单，一般来说，下整数单是比较中规中矩的操作。

机构股是没有定式的，这里同样没有“一招鲜”。最好的办法，就是多下功夫多看盘面。在每天复盘的时候，看看当天那些出了机构的个股，然后把这个股的分时走势和逐笔委托或者成交明细，简单地看一遍。不求读懂，但求留个印象。

任何一种赚钱的方式，都是要反复地锤炼的。看别人写的东西，3 分钟看完，但消化需要一个过程，正所谓修行还得靠个人。

二、从 K 线辨析机构买入

如何通过盘口判断是否有机构买入？机构买法就是无所畏惧、不计成本、不管大盘走势。具体表现：

（1）如何从涨停时间来判断是机构股？游资股涨停的时间往往都是在早盘 10:30 之前就完成。但是，机构股的涨停不是，机构拉升的涨停，很少发生在早盘 10:30 之前，往往在午后甚至是尾盘。

所以，这样的涨停时间特征表明什么？表明盘中有足够的时间，让散户投资者来判断和验证，该股是否是机构买入，是否值得去博弈。

（2）如何从 K 线形态来判断是机构股？机构股往往从日线上走一波比较大的趋势，前面买入之后，大概率震荡几天后继续买入。比如，中钢国际（000928）、华东医药（000963）、哈三联（002900）、华菱钢铁（000932）等都是如此。

图 7-17，（a）图为南网能源（003035）：2020 年 3 月 8—19 日，连续 10

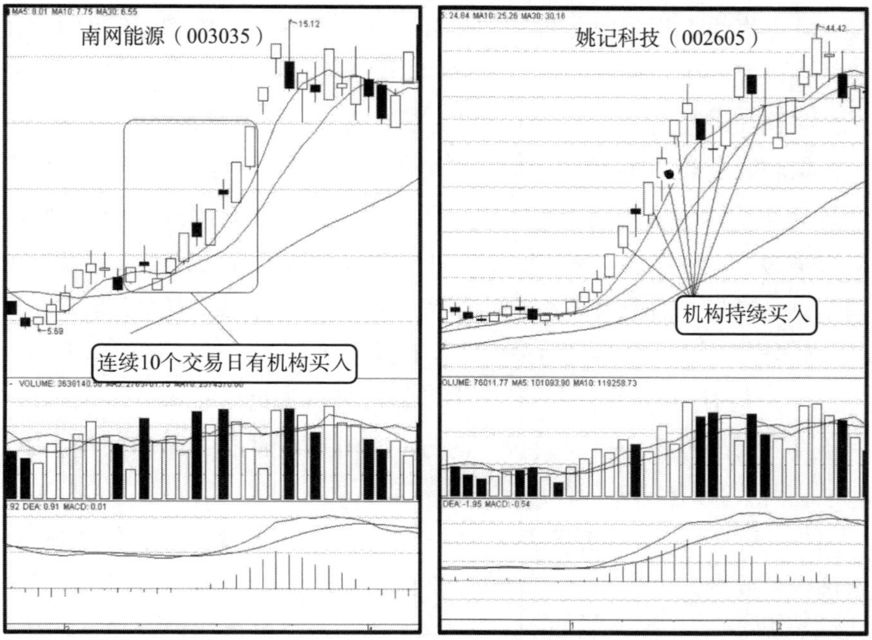

（a）　（b）

图 7-17　南网能源（003035）和姚记科技（002605）日 K 线图

个交易日每一天都有机构买入，表明机构持续看好，当然也有机构卖出。由于换手充分，股价出现一波较好的上涨行情。

（b）图为姚记科技（002605）：在 2020 年 1 月的行情中，先后 7 个交易日中有多家机构买入，股价出现强势上涨。

从大部分机构关注的个股 K 线形态看，总体类似于“超短+趋势”的结合，日 K 线形态上经常出现“放量大阳线+小阴小阳+大阳线”，这样的叠加走势，每天有换手买入的机会。从 K 线走势上也证明了机构股有一个绝对的优势：就是不会被砸盘。

机构股买入之后，哪怕遇到大盘不好，情绪很差，也不会直接砸盘，但是如果是游资股，一旦情绪走差，第二天竞价直接砸盘，或者当天尾盘天地板的风险很大。

三、从分时辨析机构买入

1. 分时辨析

如何从分时形态上判断是否有机构买入？分时形态有很多种，机构股分时图和游资分时图差别很大。典型的游资买入往往就是一波点火拉升，上板封盘，几乎直线上板。但是机构的拉升，并不是这样，机构分时给人的感受是不差钱，经常生拉硬拽，而且不在乎均线得失，给人感觉走势不流畅。而游资分时往往讲究美感，均价线得失非常重要，点火时经常 90 度上涨。

机构和游资买入的目的不同：游资买入是为了造势。游资拉升龙头股，涨停封盘为了创造情绪氛围，龙头堵死，获得溢价，跟风同样可以赚钱；机构买入是为了尽可能多吃货。所以，机构买入是基于对该股中长期走势看好，他们不只是隔夜，而是为了吃更多的货，所以没有快速封板的必要。

从分时形态上，机构股的最大特征有以下几点：

（1）机构股的分时特征，看上去不够流畅，锯齿状较多，不像游资股那样一条直线封涨停板。机构股拉升的分时往往比较曲折，不够流畅，中间大单打过之后，分时走势会有停滞现象。

图 7-18，（a）图为银星能源（000862）：2021 年 4 月 1 日的走势，开盘先是进行震荡整理，11 点过后直线拉涨停。

（b）图为凌钢股份（600231）：2021 年 4 月 7 日的走势，长时间维持震荡整理格局，尾盘直线拉涨停。这两只股票的分时走势为典型的游资股，拉升突然，不拖泥带水。

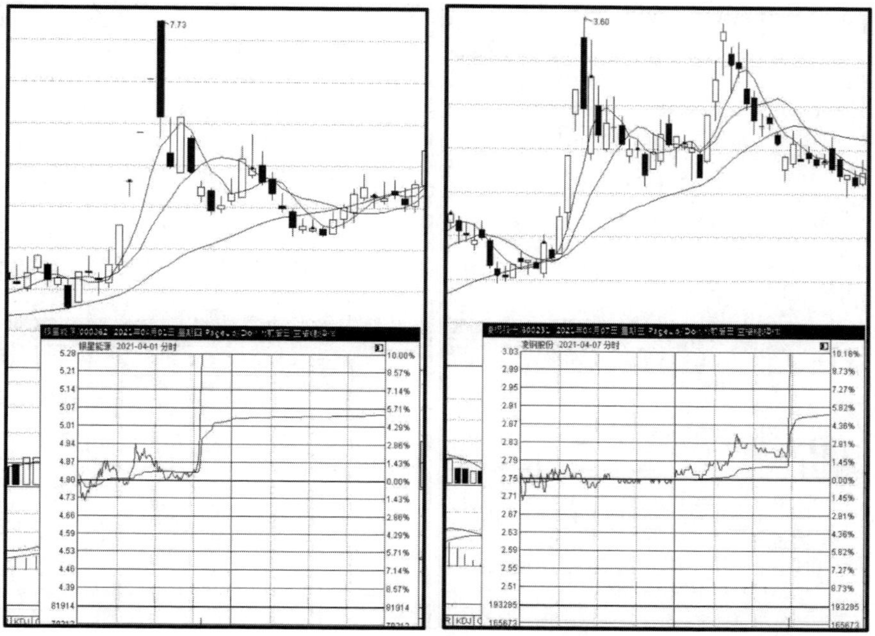

（a）　　　　　　　　　　　　（b）

图 7-18　银星能源（000862）和凌钢股份（600231）日 K 线和分时走势图

图 7-19，（a）图为乐歌股份（300729）：2020 年 8 月 4 日分时上涨的力度完全不是游资点火风格（点火分时普遍很陡），看着就是机构钱多硬是买到板上去的。

（b）图为亚光科技（300123）：2020 年 7 月 13 日的走势，这只股历史股性还不错，但这个分时走得太有节奏了，涨一点，调一下，再涨一点。如果是游资谁有那个耐心一点一点地买，一分一分地涨，来几笔大单就能直接上板。可见，机构股一般不会直接上板，角度没有那么锐利，给人生拉硬拽的感觉。

（2）第一波拉升距离涨停有比较明显的时间跨度。游资股是一气呵成没有拖拉，但是机构股分时往往看着有点别扭，在第一波拉升和涨停之前，往往会有明显的间隔。看着好像这个主力停止买入了，大家以为不会涨了，可是过了一会儿，股价又推高了。

图 7-20，（a）图为南网能源（003035）：2021 年 3 月 12 日的走势，每拉升一波后，都有明显的时间停顿。当前一波拉升后，似乎买入力量有点退潮的时候，拉升又开始了。

（b）图为深圳能源（000027）：2021 年 3 月 22 日的走势也是如此，机构盘口明显，股价缓缓推高，盘面一张一弛，午后封板。可见，机构股看似气

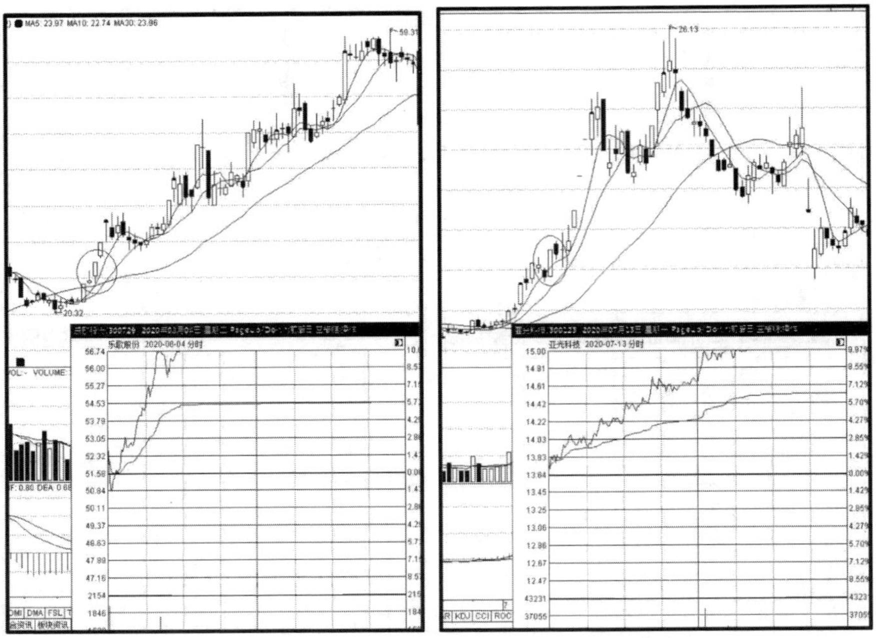

（a）　　（b）

图 7-19　乐歌股份（300729）和亚光科技（300123）日 K 线和分时走势图

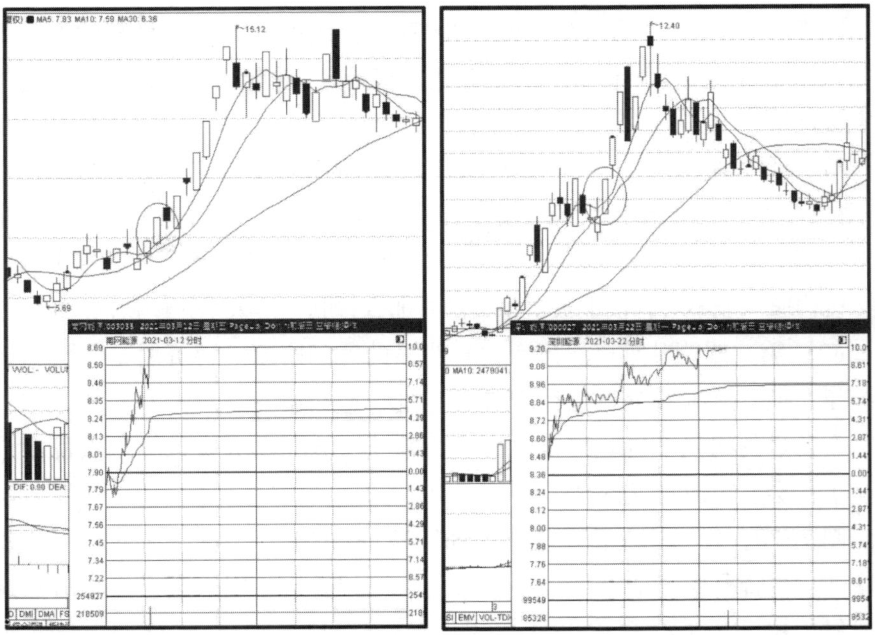

（a）　　（b）

图 7-20　南网能源（003035）和深圳能源（000027）日 K 线和分时走势图

势不足，实则柔中带刚，盘面富有美感。

（3）机构股不会迅速地封板，常在涨停板附近反复开封。因为机构股的宗旨是为了更多地收集筹码，所以机构不会迅速地封板，往往在涨停板上反复开封，或者离涨停板附近（卖一或卖二）挂出大卖单，吸引卖盘，然后慢悠悠地吃货、洗盘。

图 7-21，（a）图为中南建设（000961）：2022 年 3 月 22 日的分时走势，该股就是如此。从散户角度分析判断，在涨停板附近常有大卖单挂着，是不是出货？不是。其真实目的：就是要让大家以为在出货，让散户抛售筹码，这样慢慢地收集洗出来的筹码，次日股价又拉出一根大阳线。

（b）图为傲农生物（603363）：2022 年 1 月 4 日的分时走势，股价缓缓向上推高至涨停，但就是不封盘，给人的感觉就是主力出货。其实不然，恰恰有机构大举买入。虽然当天该股没有龙虎榜，但可以从第二天的龙虎榜得到反证，因为第二天有两家机构分别卖出 8565. 10 万元、2812. 71 万元，这两家机构大概率就是第一天（1 月 4 日）买入的。

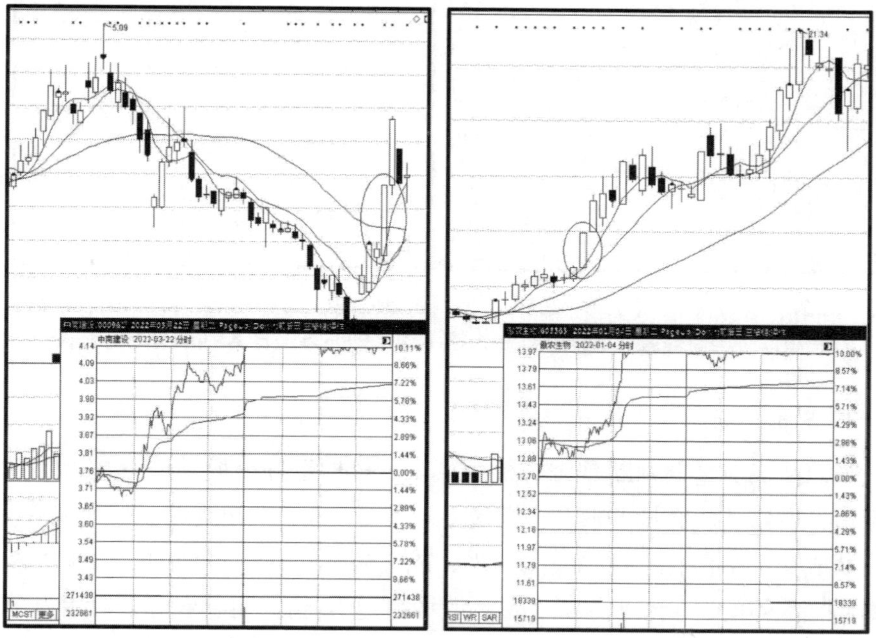

（a）　　（b）

图 7-21　中南建设（000961）和傲农生物（603363）日 K 线和分时走势图

（4）机构不怕耗费成本，坚持高位震荡吸货。通常机构实力强大，买入的时候看上去就是财大气粗的走势，所以即便是涨停板开了也不怕，反而继续吸货。所以，从分时上表现形式就是：在涨幅达到7%左右时继续买入，分时在高位震荡横盘吸货。

图7-22，（a）图为国新健康（000503）：2021年12月16日的走势，股价稳步向上走高，摸板后回落至7%左右震荡整理，然后上板封盘。

（b）图为太钢不锈（000825）：2021年4月9日的走势，股价拉高后维持在高位震荡吸货，尾盘上板封盘，之后股价强势盘升。

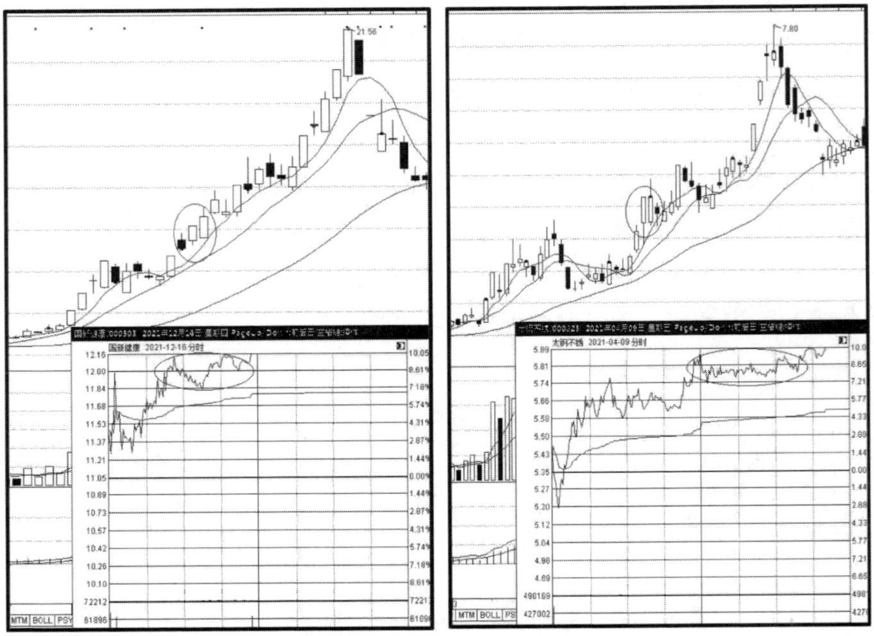

（a）　　　　　　　　　　　　　　　（b）

图7-22　国新健康（000503）和太钢不锈（000825）日K线和分时走势图

2. 量价辨析

如何从成交量上判断是否有机构买入？机构看好个股后，不是为了一天的行情，所以从成交量上来看，机构买入当天，往往会出现明显放量现象。

从成交量结构看，机构股点火少，成交量分布往往很均匀，属于不断收集筹码，涨停的爆量和平时成交量一般不超过10倍，而游资股分时没有节奏感，多数靠分时点火拿筹码，涨停瞬间往往是爆量，这和平时的量差距至少10倍多。

图7-23，（a）图为北摩高科（002985）：2020年8月5日，涨停板瞬间爆量1800手，平时最低成交也在200~300手，像是一步步推进买入，机构参

与的可能性很大。

（b）图为宝鼎科技（002552）：2020 年 8 月 7 日的分时，同样是涨停股，成交量最低时每分钟只有几十至几百手，涨停爆量瞬间 1.7 万手，这是谁干的？大概率是游资干的，他们拿筹码靠点火扫盘，而不是一点一点耐心地收集。

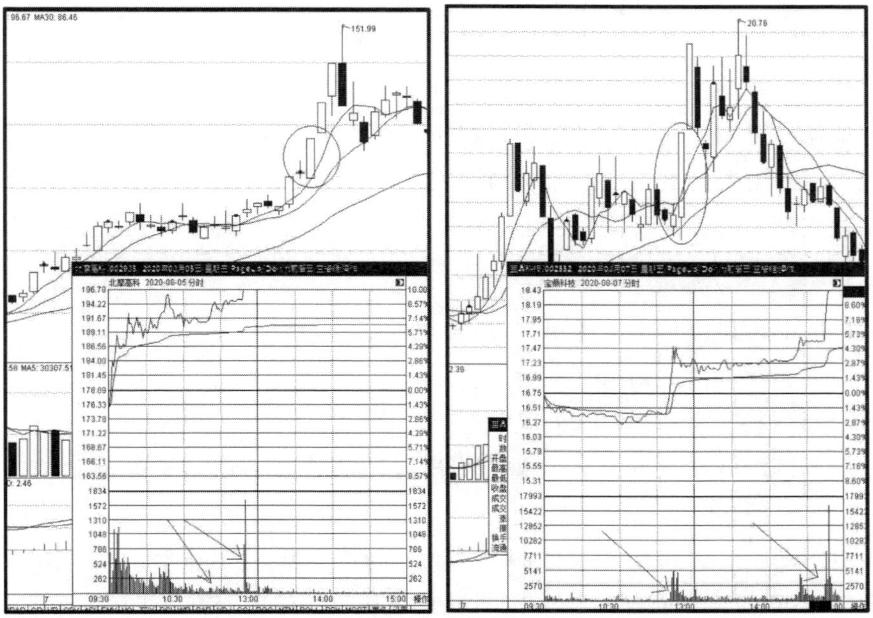

（a）　　　　　　　　　　　　（b）

图 7-23　北摩高科（002985）和宝鼎科技（002552）日 K 线和分时走势图

还有属于机构游资合力的情况。机构前期不断买入，待到高位时突然被游资点火封板，这类走势分时爆量比例会比平时大一些，大于 10 倍。但也仅限于人气股上，比如蓝思科技（300433）2019 年 9 月—2020 年 7 月的行情，领益智造（002600）2019 年 2 月—2020 年 2 月的行情等，每次都少不了机构参与，每次也都少不了游资捧场。

第五节　机构股龙虎榜

一、龙虎榜上榜条件

每天机构买入的股票很多，如果不上龙虎榜，那么短线资金就看不到，也就谈不上情绪溢价，所以能不能上龙虎榜，至关重要。

比如，2020年8月11日的保龄宝（002286），尾盘集合竞价涨3.2%，以为只是简简单单地抢筹，其实不然，是奔着上龙虎榜去的。果不其然，当晚保龄宝出3日龙虎榜，买三、买四都是机构席位，分别为2017.47万元、1562.53万元，这是机构席位大买现象。次日，该股在大盘下跌形势下逆势拉涨停。可以说，没有机构席位的背书，股价很难大涨也很难涨停，这就是机构席位的魅力。所以说，如果能提前发现机构买入并跟风买进，当出现机构龙虎榜后，就是让别人为你抬轿子。

如何计算一只股票会出机构龙虎榜？有两层意思：一是这只股票有机构买入；二是当天会出龙虎榜。这两层关系同等重要，缺一不可。一只股票是否上龙虎榜，就要看该股是否符合沪深交易所主板的龙虎榜上榜条件。

1. 龙虎榜上榜条件

（1）日涨跌幅偏离值达到7%的股票。

（2）日振幅值达到15%的股票。

（3）日换手率达到20%的股票。

（4）连续3个交易日内收盘价涨跌幅偏离值累计达到20%的个股（非ST）。

由于创业板从2020年8月24日开始实行注册制，股价每天的涨跌幅度由原来的±10%扩大到±20%。这样创业板的龙虎榜条件也跟着改了：

（1）当日收盘价涨跌幅达到±15%的各前5只股票。

（2）当日价格振幅达到30%的前5只股票。

（3）当日换手率达到30%的前5只股票。

（4）连续3个交易日内收盘价涨跌幅偏离值累计达到±30%的。

2. 交易所对龙虎榜的取舍

针对前3个条件，深交所取满足条件的前五只股票，上交所取满足条件的前3只股票。对于满足同等条件的股票，深交所按照成交额排序取前5只股票，上交所单纯按照数字取前3只股票。

此外，深交所还按照主板（000开头）、中小板（002开头）、创业板（300开头）以及科创板（688开头）进行细分，而上交所只有主板一说。所以每天的龙虎榜，上交所上榜股票始终没有深交所上得多。

再者，对于连续3个交易日内涨跌幅偏离值累计达到20%的非ST股，沪深两个交易所的要求一致，取所有符合条件的股票，上交所龙虎榜多的时候，大多是3日偏离值的股票，因为这类股票不取前几名，符合条件的股票都可以上龙虎榜。

3. 涨跌幅偏离值的计算

关于涨跌幅偏离值，分别有两层意思。符合第一个条件的，日涨跌幅偏离值达到7%的股票，一是要求当天股价涨跌幅超7%；二是要求偏离值超7%。符合第四个条件的，连续3个交易日内涨跌幅偏离值累计达到20%的股票（非ST），一是要求连续3日涨幅超20%；二是要求偏离值达到20%。

偏离值=个股当天涨跌幅-对应指数涨跌幅。这里的指数对应综指，不是成分指数。上交所对应上证指数，中小板和创业板没问题，深交所取深证综指不是深证成指。

每当指数大涨时，如指数涨幅超过3%，这样如果满足涨幅偏离值条件上榜，个股涨幅就得超过10%（7%+3%），这样的个股少之又少。所以，每次市场暴涨时两市龙虎榜数量都比较少，就是这个原因。

另外，计算3日涨幅偏离值时，不能单纯按照连续三天收盘涨幅叠加，应该从起始点开始计算。比如，三个涨停板后的总涨幅其实是33%，而不是30%（10%+10%+10%），单纯按照连续三天叠加计算会漏掉很多股票。

4. 结合实例分析

（1）日涨跌幅偏离值达到7%的股票。要点是个股涨幅要超过7%，其次还得超过个股涨幅和指数涨幅之和（如果指数为正）。所以，理论上只要指数涨幅不超过3%，每天的涨停板肯定属于龙虎榜覆盖群体，然后再根据各自交易所要求，取前3~5名或是按照成交额和涨跌幅分类。

比如，2020年8月10日阳光电源（300274）的分时走势，2020年8月10日先导智能（300450）的分时走势，2020年7月30日万年青（000789）的分时走势，这3只股票都涨停，偏离值的计算不用多说了，所属行业分别是光伏、锂电池、水泥。这些行业都是机构选择范围，所以这类股票的涨停，直觉上就有机构参与。而且，这3只股票都是标准的开盘一波流拉升，中间没有修整换手，这是利用资金优势连续吃货拉上去的，不是游资那种直线拉升手法。这类股票一般是在9:40前后才涨停，这种机构股封板很少有提前涨停，多数都在板上换手后再封死。

（2）日振幅值达到15%的股票。比如，晨化股份（300610）行业属于阻燃剂，2020年8月11日曾有2个机构席位介入，说明已经有机构看上了。

8月13日盘中拉升时，典型的拉升不回调“生拉硬拽”走势，而且，早盘平均每分钟成交1000手，涨停爆量时达1.2万手，两者之间差距并不大，符合机构盘口量价。

该股比较特殊，上龙虎榜的原因是振幅符合，既然振幅符合。假设尾盘涨停高点确定，那需要机构确定低点，所以这里面也有偶然，万一低位跌得不够怎么办？（晨化股份次日没给溢价，也是在这里提个醒，研究机构也是追求大概率操作方法，并不是说百分之百地赚）。

但换个角度，既然低位低点出来了，盘中拉升以及封板量价也都符合机构盘口特征，目测一下数据感觉会上龙虎榜，那么午后的炸板回封，是不是可以介入？

做机构股的回封，是算准大概率要出机构龙虎榜的一个常见的操作方法。比如，溢多利（300381），当天很弱的烂板，依然回封了，回封以后出机构龙虎榜，次日高开冲高，最高有9%溢价。

（3）连续3个交易日内涨跌幅偏离值累计达到20%的证券（非ST）。这类操作方法很常见，其盘口特征是第三天尾盘尤其最后一小时股价异常躁动。在不考虑指数上涨的情况下，需要三天涨幅超过20%，那么当前两天涨幅已经确定，第三天收盘务必收在固定点位，才能使逻辑成立。

比如，前面提到的保龄宝（002286）尾盘竞价上涨3.2%。注意，计算时不要单纯按照每天涨幅相加，那样只是估算，不准确，类似3个涨停板是33%不是30%。保龄宝连续三天实际涨幅是20.41%，但如果逐个相加计算，则是1.58%+10.02%+7.74%=19.34%。所以，不能单纯按照逐日涨幅累计，除非出现严重偏离，比如三天涨幅25%，就可以无视细小的误差。

在计算涨幅偏离值时，看完个股还得看对应指数。当时中小板指3日涨幅为负，所以只要3日涨幅超过20%就可以了。

再看一下该股当时的盘口委托。最后10秒钟有1万多手大单扫货，时间不能太早，因为过早把单子晒出来容易被里面资金发现，可能会遇到砸盘；也不能太晚，太晚了就容易导致不能成交。正好最后10秒钟，当盘口挂单出来后，里面的资金想要砸，恐怕已经来不及下单了，正合机构预期。这一切都是算计好的。

（4）还有几个不常见的，如日换手率达到20%，这种适合次新股，但次新股有没有机构这跟盘口关系并不大，而是跟基本面质地关系很大；还有更不常见的，ST股连3日涨偏累计12%，或连3日均与前5日均换手的比值达30倍且换手累计达20%，机构也几乎不利用这些规则上榜。所以这部分了解一下就行，多研究没必要。

二、上龙虎榜是关键

机构股是否上龙虎榜，在整个机构股分析中也很重要。大家知道机构席位溢价，机构当然也知道自身席位溢价，所以有些想让大家知道的，机构会主动让大家知道。这就涉及机构买入后，如果想让大家看见会刻意制造机会，让个股符合龙虎榜条件进而上榜，这样大家复盘就看见了。

图 7-24，山煤国际（600546）：2020 年 1 月 6 日，午后上板后出现严重烂板，尾盘勉强封盘，一直放量放到了收盘。结果，当天的龙虎榜中有 4 家机构共买入 10502.91 万元，之后是 2 个一字板。

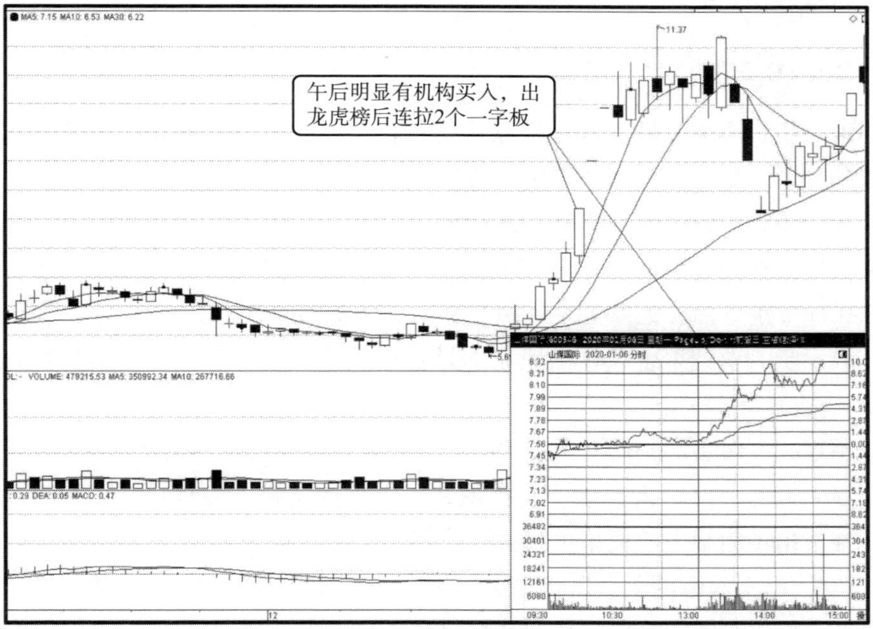

图 7-24　山煤国际（600546）日 K 线和分时走势图

很多时候盘口有疑似机构买入，但龙虎榜没有机构席位。比如，四通新材（300428）2020 年 1 月 8 日的走势就是如此。当天上板后出现烂板，修板资金买入太多，游资买入金额超过了机构，把机构挤出了龙虎榜，这样想吃机构席位的溢价也就没有了，次日股价出现大跌。

还有一些辅助办法，可以帮助大家判断是否有机构买入，那就是有没有研报推荐。如果一个公司，有多个卖方推荐，那么盘口上出现的机构买单，很有可能是真的。当然大家都清楚，很多时候在研报出来时，机构其实都已经买了不少，不过也还是有先出研报的。比如，市场炒 HIT 概念时，研报几个月前就在批量推荐了，推完之后也是一路下跌，之后又开始热起来了。

还有很多套利的办法，比如很多有机构买过的次新股，就看换手够不够20%，达到前5位置，如果够的话，可以在尾盘买点，然后看当天有没有机构龙虎榜，有的话第二天妥妥享受高开溢价。

当然，市场永远都不是一成不变的，每一种赚钱方式，只有一段时间内有效。逮着一种方式一直用到底的人，除非有跟自己招式非常匹配的心法，知道什么时候用，什么时候不用。比如，市场最盛行的妖股战法，这个是最暴利的战法。但是，什么时候用最好？一年到头天天都在用这个战法的投资者，基本赚不到钱。

三、统计龙虎榜步骤

第一步，交易软件上都有涨跌幅排行榜，在排行榜里面可调出不同市场的单独显示，如上证、深证、中小板、创业板和科技板。

第二步，把符合龙虎榜条件的个股（振幅、换手等）单独添加到一个自定义板块。切记，上交所单纯按照涨幅取前3名，深交所的同等条件按照成交额排序取前5名，连续3日的两个交易所都要上榜。

第三步，看到符合条件的股票，是打板还是低吸，这些就是具体操作方法了。

不过，有时会遇到两只股票PK最后一名，如深交所取前5，结果两只股票争夺第五名，此时需要做一些推演，如根据成交额、封板质量、题材地位等，推论出谁封板上榜概率更高。

图7-25，宏达电子（300726）：当时创业板指连跌三天，指数区间涨幅是负的，所以只需要个股的区间涨幅超过20%即可，该股2020年8月7日如果涨停，涨幅是25.82%，完全符合要求。当天是否涨停无所谓，只要收盘在6%以上就行（暂时不考虑前5名因素）。

在8月7日的分时走势中，分时稳健拉升，不是游资点火风格，涨停爆量1万手，平时也在一两千手，很像是机构，至于最后涨不涨停就不要紧了，反正都能上榜。

特别一提的是，前一天8月6日的情形，当天涨停爆量才4000手，早盘最低成交都在1000手，游资股不是这样的走势。当天很明显是机构买入，但为何不去封板？莫非机构不想让大家知道，其实不然，看似意外，实则无奈。当时由于深交所同条件的前5只股票中，前面4名已经确定，而且封板质量

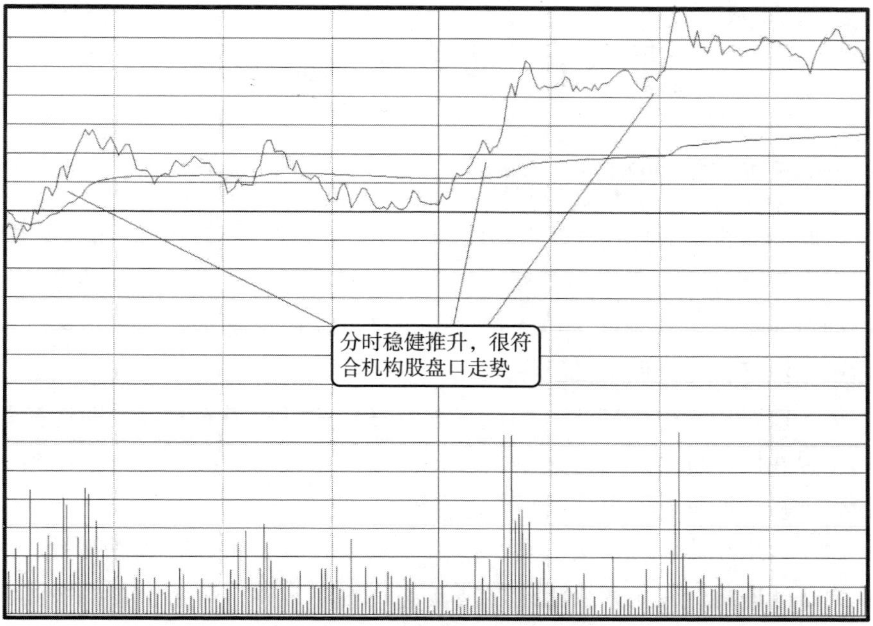

图 7-25　宏达电子（300726）分时走势图

很高，只有数字认证（300579）差一点，最后 30 分钟炸过板，但该股的优势是成交额远远超过宏达电子。

也就是说，只要数字认证能够封住涨停，任凭宏达电子再怎么放量，也很难在成交额上超越数字认证。在最后不到 30 分钟时间要放爆量 3 个亿是很难的，况且数字认证也在放量。

除非数字认证炸板失去资格，然而数字认证炸板后快速回封，比宏达电子还强势，宏达已然无力回天。于是，这就基本上宣告宏达电子再努力也只能是第六名，虽然有机构买入但和机构榜无缘了，这才有了宏达电子次日继续大涨，凭借 3 日优势上的机构龙虎榜。

8 月 7 日，早盘震荡，尾盘发力。很巧，正好符合连续 3 个交易日内，涨幅偏离值累计达 20%的上榜条件。买入五大席位全部是机构，共买入资金 36567. 87 万元。

这类个股一个最大的前提就是，这只股票当天一定要上龙虎榜，如果晚上不出龙虎榜，那么机构爆买也没有用。这也是很多个股，为什么盘中炸板尾盘还能回封，就是因为有人修板回封的原因。因为，这类股票封住了，晚上能出龙虎榜。要是有机构上榜，那么就有可能赚机构席位溢价的钱。

第六节　机构股买卖技巧

一、主做第一波机会

从时间看机构股操作方法有短线和中线，从弹性看有主升浪和非主升浪，从买点上看有低吸、追高和打板，从攻防角度看有主动跟随和被动等待，角度不同对应结果也就不同，但无论怎么定义，他们都绕不开图形走势，也就是做第一波好，还是做第二波好。

第一波是指与机构同步入场，在盘中发现有机构买入时，立即选择跟随入场，寻找博弈机会。第二波是指已知机构介入且第一波炒作已经结束，等待股价下跌或调整时，再评估是否还有短线跟随机会。

之所以出现第一波和第二波，是因为机构股炒作和普通游资题材炒作不一样，普通题材炒作的龙头出现二波属于小概率事件，然而这在机构股里却很常见。因为，机构资金做股票往往围绕建仓、调整、拉升等几个步骤展开，等待股价达到预期目标位时，才会考虑是否兑现，所以常常产生第二波行情。

图 7-26，海鸥住工（002084）：在 2020 年 5 月启动的行情中，龙虎榜最

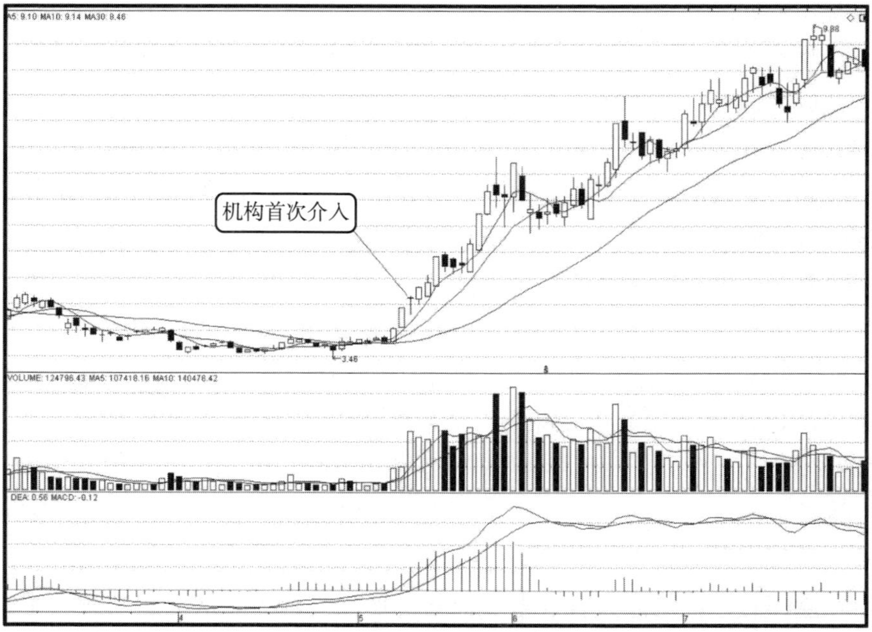

图 7-26　海鸥住工（002084）日 K 线图

先出现机构介入的是5月14日，有2家机构入场，股价沿着5日均线趋势运行，5月27日又有4家机构介入，2家机构退出。股价从6月1日开始调整，整理后又起了新一波行情。

当知道第一波机会后，该如何区分具体机会？结合龙虎榜情况，讲一下第一波主升浪的细致买点。

第一波是超短线中的主升浪操作方法，特征是股价不破5日强趋势均线（破线意味着结束），第二波是股价跌破强趋势线调整后再次启动的一波行情。

如果再把周期拉长，可能还会出现类似的“第一波、第二波”情形，这里定义的第一波，是机构正在介入的强趋势行情，第二波是强趋势结束后，经过调整后再次启动的行情。

这样，操作思路就非常清晰了，第一波适合做短线，第二波适合做中线。第一波低吸、追高、打板都能做，第二波更适合潜伏。第一波适合进攻，第二波适合防守。

二、第二波预期买入

对于第一波有机构介入的股票来说，调整后重新启动的第二波预期能不能买入？核心就是看个股逻辑有没有被证伪，如果个股炒产品涨价，需要跟踪产品价格动态，是继续上涨还是下跌，直接决定逻辑有无。从技术层面也有几个判断方法，锚定都是机构：

（1）第一波机构不断买入，证明有机构建仓。

（2）调整时成交量骤减，说明机构没有走。

（3）调整后跌到机构成本附近，预期机构会护盘。

图7-27，道道全（002852）：2020年7月8日出的是3日机构榜，应该是三天都有买入，这样机构成本大约在第二根阳线附近，调整时成交量明显下降，7月17日单根下影线回踩跌到前期成本附近，随即又开始第二波拉升，四天2板。

图7-28，洪都航空（600316）：2020年7月8日出的是3日机构榜，机构成本在第二根阳线附近，后期调整时成交量骤减，不过调整结束时的位置稍高一些，没有跌到机构成本线，7月17日就企稳回升。这和当时题材、大势环境有关，军工板块整体突然启动。

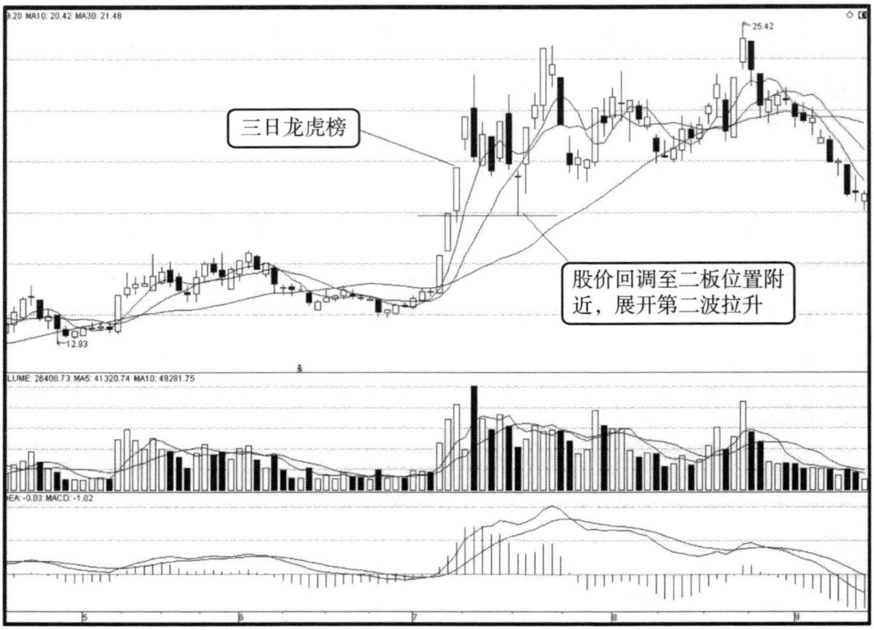

图 7-27　道道全（002852）日 K 线图

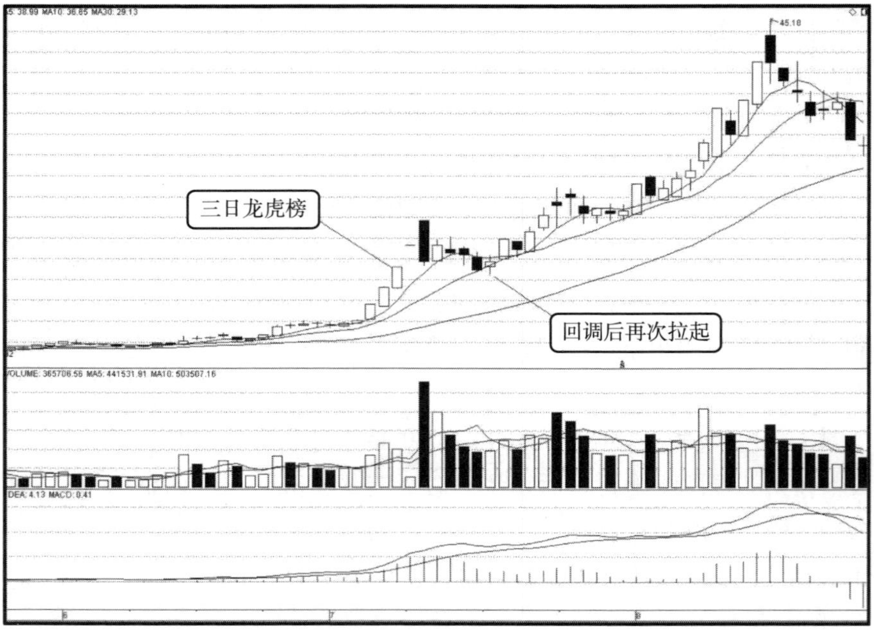

图 7-28　洪都航空（600316）日 K 线图

三、当天跟随机构买入

机构席位溢价在龙虎榜，当天机构上榜次日可以享受席位溢价，这是机构操作方法中最高级也是最容易赚钱的一种方法，难点在于如何发现有机构买入并判断出会上龙虎榜。而且，机构席位出现几家机构最好？通常，机构席位在龙虎榜出现3家以上，席位溢价能力最高，而且机构席位最好是占据龙虎榜买一位置，如果即使有两三家席位上榜，但并没有占据买一位置，这是不好的，说明机构买入数量不多。

还有就是机构席位买入多少比较合适？这个问题没有确定性量化答案，总之是宜多不宜少。假如一只股成交额10亿元，机构买入在1/10以上才会不错，买入太少会影响溢价。有些股票是3日龙虎榜，也可以按照成交额简单计算。

有些特殊情况，如个股成交额很低，机构确实买了但买得很少，比如只有区区几百万元，这类龙虎榜溢价也一般，机构买得太少，仓位不重，机构对股价偏袒之心不高。散户跟随机构股也是选队友，当然是选到有勇气有魄力的机构更好。

图7-29，中国海油（600938）：2022年4月21日上市后出现大幅震荡，

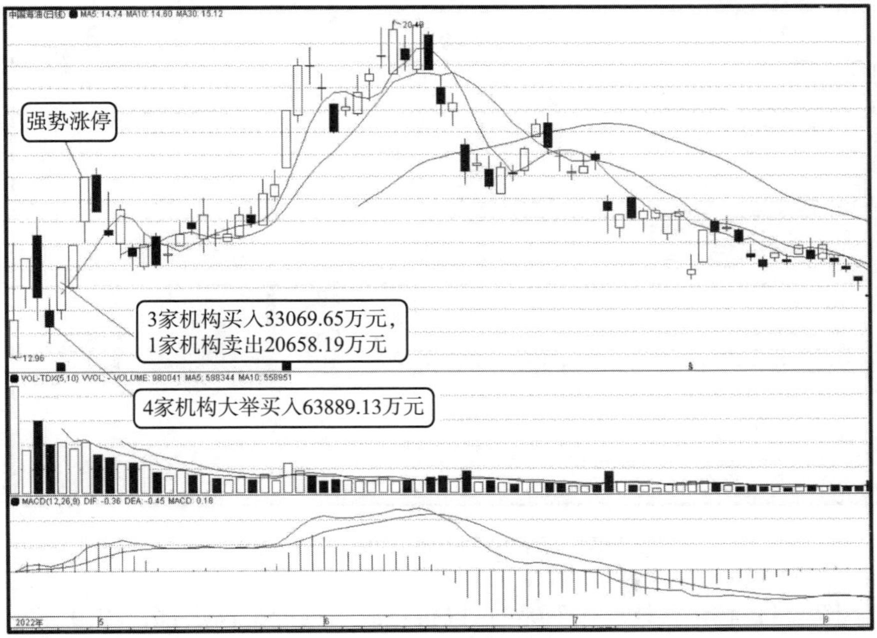

图7-29　中国海油（600938）日K线图

4月26日的龙虎榜显示，有4家机构大举买入63889.13万元。次日，3家机构再次买入33069.65万元，1家机构卖出20658.19万元，两天机构净买入76300.59万元。机构敢于大量买入，意味着短线有上攻动力。4月28日，股价低开高走收涨，第二天股价涨停，短线溢价丰厚。

四、多家机构买入或加仓

对比纯粹的超短线操作，机构股模式更容易赚钱。简单粗暴，而且很赚钱。重点是关注机构持续加仓或者多家机构集体现身的个股，投资者切入点看以下几个实例分析，应该能够看得懂。

图7-30，元隆雅图（002878）：2019年12月30日，有2家机构买入，但买入量不大，合计只有874.32万元。之后两天没有龙虎榜，但从2020年1月3日的龙虎榜看，有3家机构共卖出6328.89万元，这样反推前两天必定有机构入场。从1月3日开始连续四天有机构持续加仓买入，且买入量也较大，随后回落调整两天，股价再拉2个涨停。

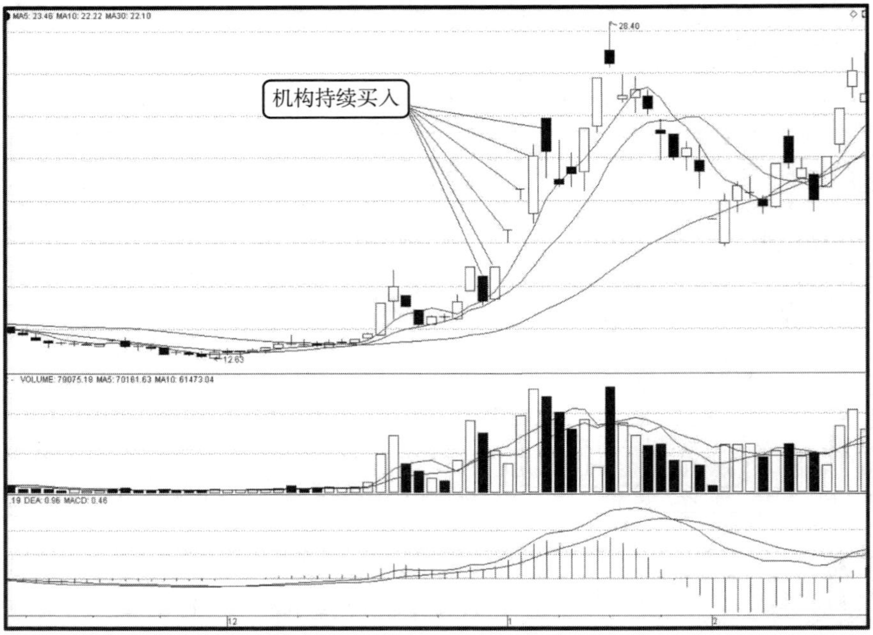

图7-30　元隆雅图（002878）日K线图

图7-31，姚记科技（002605）：股价见底后渐渐抬高底部，2020年1月出现加速势头，引起了机构和游资的关注。1月8日、10日和13日连续三天

多家机构持续买入，股价出现强势上涨。

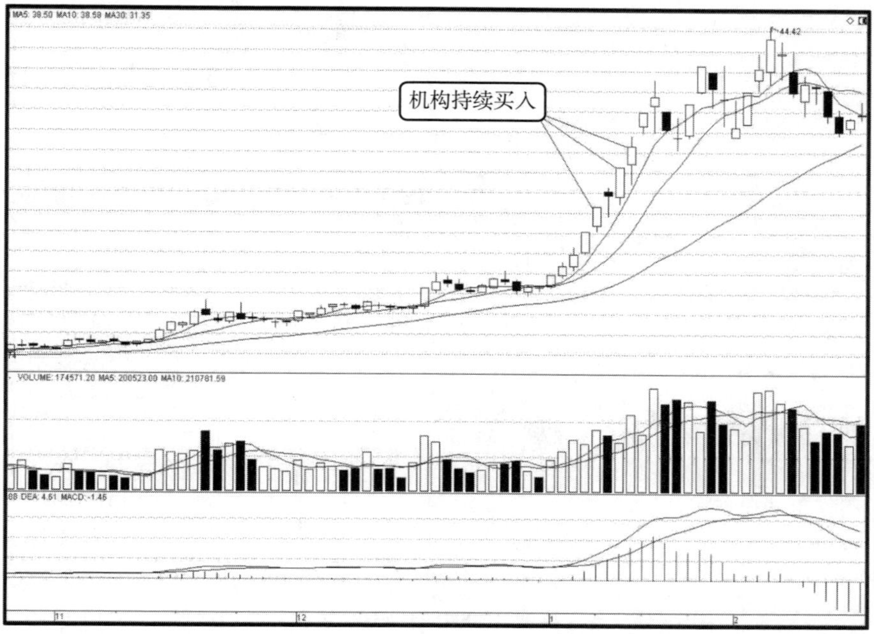

图 7-31　姚记科技（002605）日 K 线图

五、次日不创新低买入

当天出现机构龙虎榜后，次日去给机构抬轿子，由于机构榜大多是单日偏离值或者 3 日榜，所以在给机构抬轿子时，多数都是按照连板晋级来做的，里面细分还有半路和打板两种情况。

关键点在于，如果当天机构板质量很高（没有出现烂板），次日半路可以考虑集合竞价买入。如果机构板出现严重烂板，次日可以是盘中二次下跌不创新低时买入，这一点很重要。

图 7-32，全志科技（300458）：2020 年 7 月 22 日机构榜，有 3 家机构共买入 6675. 74 万元，但当天分时出现烂板，次日高开后并没有快速涨停，而是徘徊震荡很久，盘中买点可以考虑二度回调不创新低时买入。尾盘股价涨停，第二天仍有不错的溢价。

图 7-33，世茂股份（600823）：2020 年 8 月 24 日和 25 日机构榜，均有几家机构持续买入。25 日这天分时严重烂板，次日竞价被抢筹，股价高开 4. 87%，但这种烂板不必着急在竞价阶段抢筹，可以等待盘中低吸点位出现，

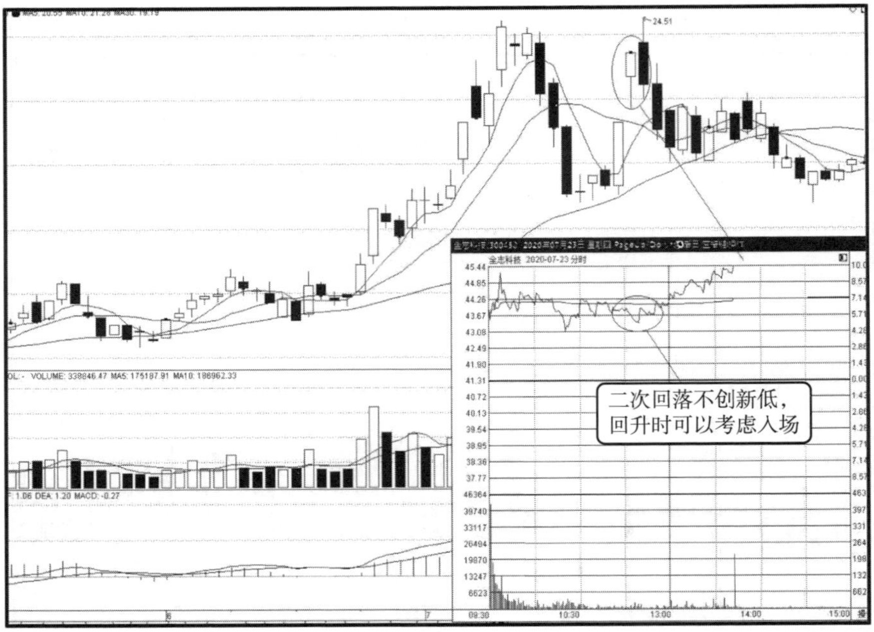

图 7-32　全志科技（300458）日 K 线和分时走势图

考虑回踩二次不破新低买入。尾盘股价涨停，第二天强势收涨 5.64%。

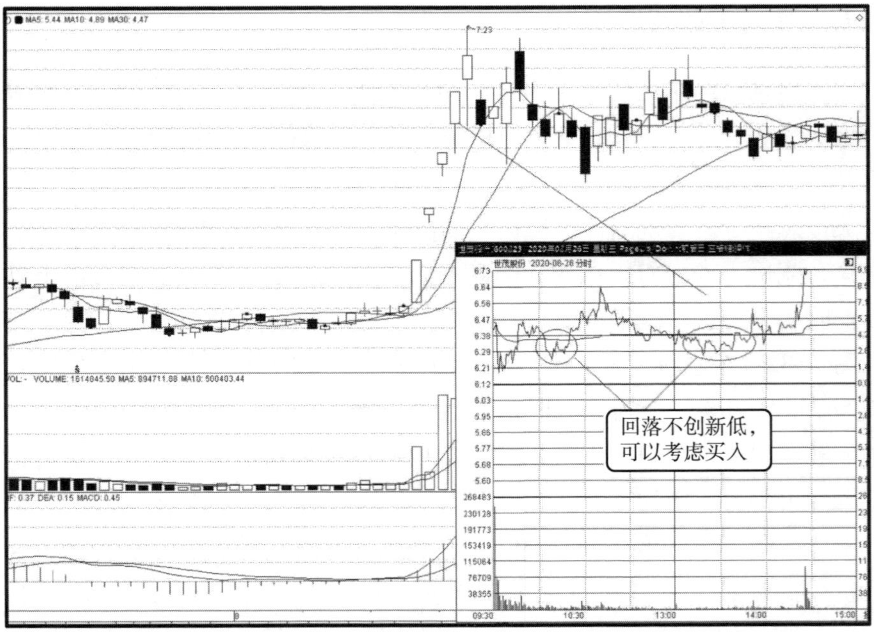

图 7-33　世茂股份（600823）日 K 线和分时走势图

六、机构股加速后低吸

机构榜出现后，很多时候股价出现缩量一字加速板，这时散户投资者一般买不到，想买入只能等一字开板，一般至少 3 个席位才会有这种效果。需要注意一个细节，但凡 3 家机构席位同时上涨，几乎都不是第一根长阳线（含涨停），有些是 3 日龙虎榜，有些日内偏离值 7%的，往往在涨停前股价都有明显上涨。

这种情况在深交所股票中经常出现，原因是第一个涨停往往很少爆量，没有爆量成交额也就不高，而深交所按照金额排榜，成交额不高则机构榜很难出现，只有当股价有明显波动后，成交量明显放大，才有资格上龙虎榜。也就是说，出现机构榜前股价已经明显上涨（20%以上），当出现机构榜后股价开始一字加速板（此时已经涨 30%），这个涨幅在机构股中已经没有合适的买点了。

由此得出结论，当机构股加速一字板后，开板第一次给出买入机会时，尽量不要在集合竞价买入，入场需要尽量考虑低吸，而且还是水下低吸，这类现象实例很多。

图 7-34，七彩化学（300758）：2020 年 7 月 29 日，为 3 日龙虎榜，有 4

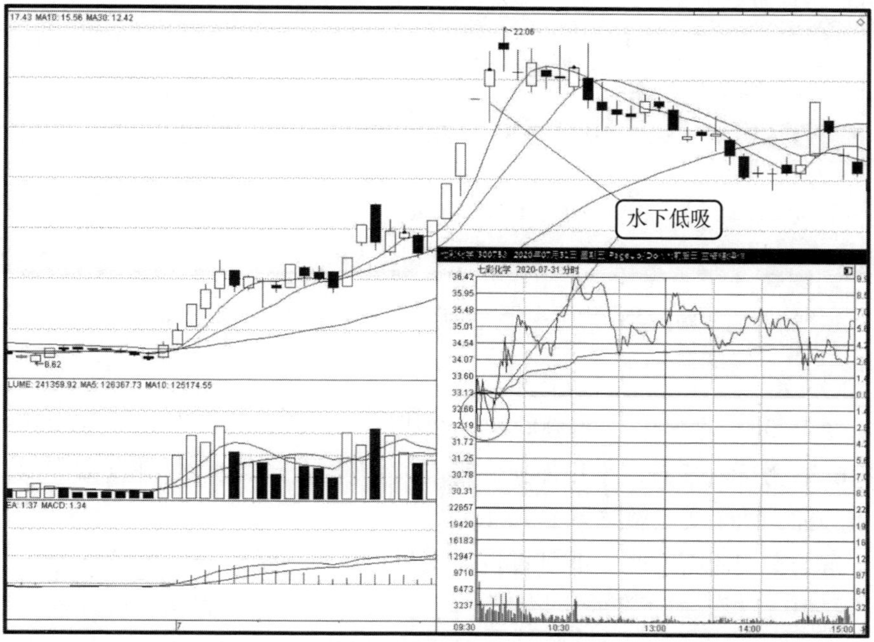

图 7-34　七彩化学（300758）日 K 线和分时走势图

家机构共买入 22994.81 万元，次日出现加速一字板。第三天竞价高开 2.71%，开盘后急跌近 5%，竞价买入和开盘后低吸买入相差 7%以上，开盘买入收盘只能赚两三个点，而如果开盘低吸已经赚了 10%以上。

图 7-35，海能实业（300787）：2020 年 8 月 18 日，有 3 家机构共买入 6818.54 万元，次日出现加速 T 字板。第三天市场情绪恐慌，竞价大幅低开 5.72%，开盘后低吸远远强于红盘追涨，如果追涨当天收盘会亏损，而绿盘（水下）低吸到收盘还能赚三五个点。

8 月 21 日，该股又出现一字加速板，次日当天竞价或开盘红盘买入，收盘已经浮亏五六个点，而低吸则能保持小赚两三个点，高低相差七八个点。

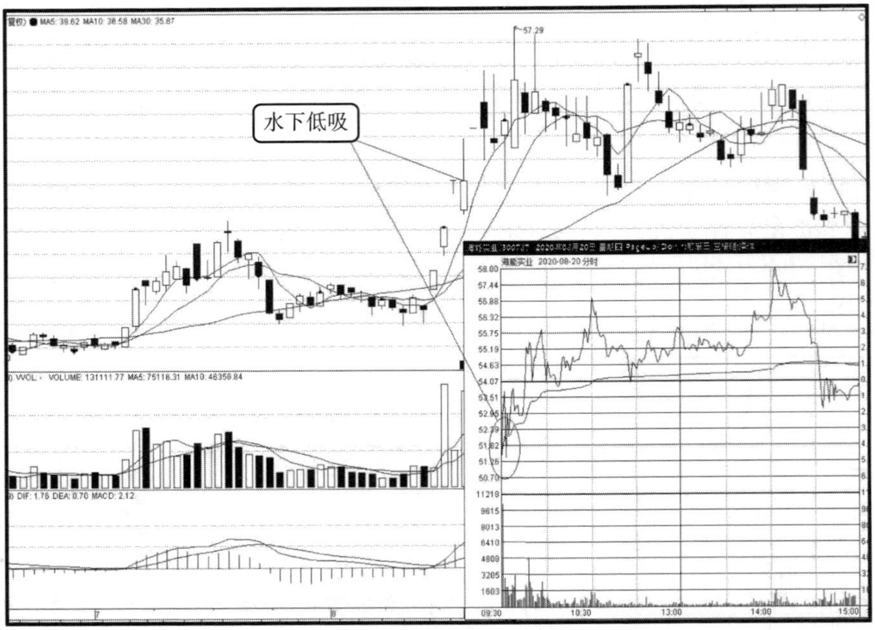

图 7-35　海能实业（300787）日 K 线和分时走势图

图 7-36，沈阳化工（000698）：2020 年 7 月 14 日，有 3 家机构共买入 15816.33 万元，次日一字板加速。第三天竞价高开 2.53%，开盘秒翻绿，仅仅 1 分钟，两个买点整整差了 10%。

这个实例侧面说明，不要盲目迷恋机构，也得结合当时的情景分析，该股已经 10 连板，成了当时市场不能承受之重了。所以，做机构股加速一字板后的第一次买入时，不要在集合竞价买入，要尽量考虑低吸，而且在水下低吸较好。

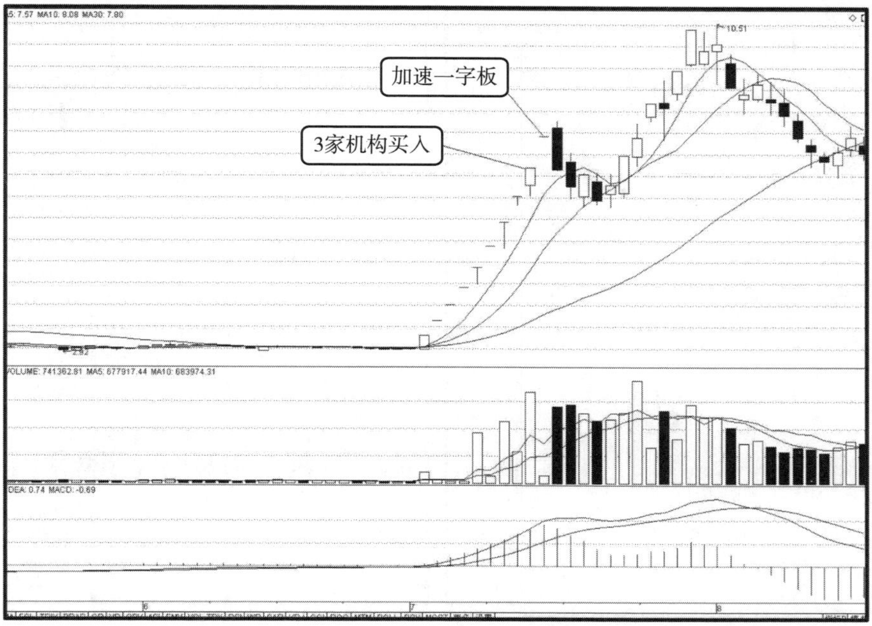

图 7-36　沈阳化工（000698）日 K 线图

七、机构股的滞后卖点

机构股走强趋势的特性是不轻易跌破趋势，而一旦跌破趋势也不轻易回头。机构股出榜前后都是沿着 5 日均线走强趋势，隔日卖点机会很多，最滞后的卖点就是收盘价跌破 5 日均线，如果跌破 5 日均线，短线务必及早撤退。

图 7-37，（a）图为粤水电（002060）：2022 年 3 月 28 日，股价 5 连板后低开 4.03%，盘中震荡走低，尾盘跌停收盘，这天却有 4 家机构共买入 18091.03 万元，3 月 30 日又有 2 家机构共买入 8597.70 万元，次日股价涨停。之后，高位震荡两个交易日，4 月 7 日低开低走，跌停收盘，股价跌破 5 日均线，此时应果断离场。

（b）图为洪都航空（300316）：该股也是如此，前期有多家机构持续介入，股价沿 5 日均线上行，2020 年 8 月 17 日股价冲高回落，趋势从上升转为震荡进而出现阴跌，跌破 5 日均线强趋势，超短线根本没法做，应及时离场观望。

上述实例遇到的难题，也正是做机构股第二波常见的难题。机构股或许真的会涨，但就是不知道什么时候涨，机构有耐心，而超短线投资者未必能熬得住，所以做机构股尽量还是做主升浪机会。

总之，做机构股重点是放在第一波主升浪，理想买点是同步机构上榜，

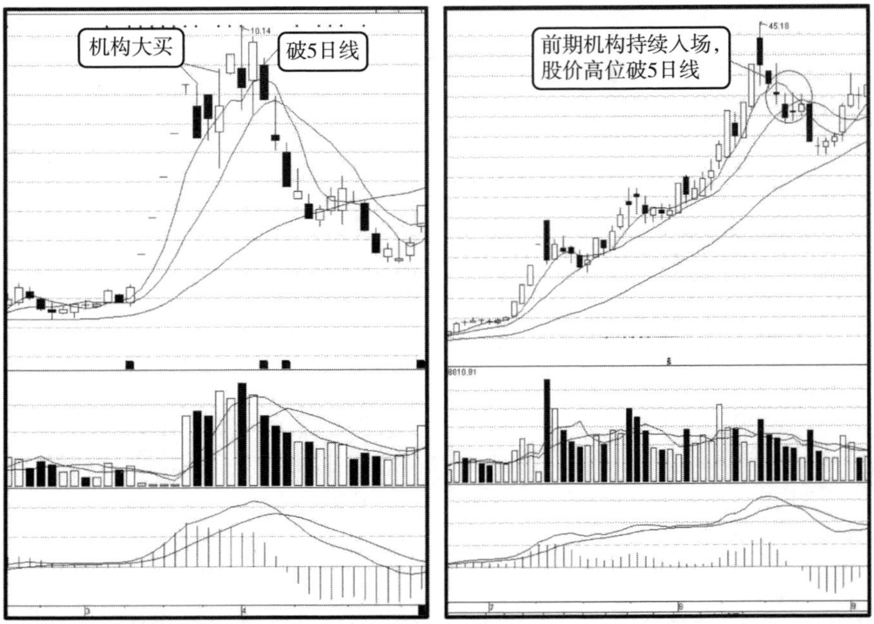

（a）　　　　　　　　　　　　（b）

图 7-37　粤水电（002060）和洪都航空（300316）日 K 线图

越早介入越好，如果晚一步滞后介入，机构股加速后务必谨慎竞价参与，想买入的话可以考虑绿盘尤其是水下低吸，纯“明牌”博弈比拼的是谁买在低点。

纯短线操作不建议做机构股第二波，因为做第二波需要耐心，至少有持股一周的打算。当然，如果在特殊时期做防守（担心大盘），倒是可以通过潜伏机构股第二波预期，这相当于知道机构底牌，性价比还是不错的。

第七节　机构股特别提示

一、机构股手法变迁

现在机构股赚钱主要靠机构买入加仓模式，所以重点研究机构榜出来后的盘口，看机构是不是在加仓，进而去跟随。理论上容易介入时机是前两次出机构龙虎榜，待到第三四次出机构榜时，个股普遍已经反包过两三次，再次上涨的概率和幅度都降低了，不参与也罢。

机构股主流操作方法也在整个市场风靡较长一段时间，但由于市场风格切换关系，机构股机会减少了，而且操作方法跟之前也有不同。之前机构爆买就加速，现在即使机构大买，走势也很委婉。

图 7-38，共创草坪（605099）：2020 年 10 月 9 日出现 T 字板，机构介入后，次日做加速，第三天可卖出，当天分时是平开震荡高走，开盘后作短暂的震荡整理，然后上板，烂板再回封，封盘有些勉强。而 10 月 15 日这天，分时上能明显感受到机构在加仓，加仓当天出龙虎榜后，次日开盘秒板加速能轻松赚 10%。同样是赚钱，明显后面第二次赚得更省心更容易。

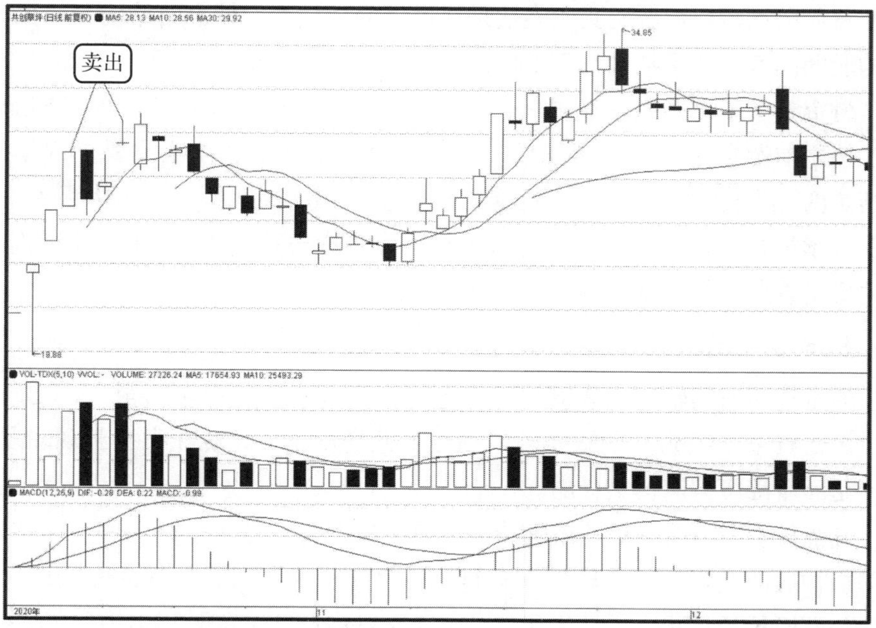

图 7-38　共创草坪（605099）日 K 线图

1. 内在原因

市场对机构的依赖尤为明显，机构继续买则涨，机构不买则转身就是滞涨或下跌。但是现在的机构股操作方法变了，之前单纯靠博弈加速吃个情绪溢价很难赚到钱。现在想赚钱就得靠对个股的逻辑理解，比如判断机构是否会加仓？为何会加仓？毕竟机构加仓就会涨，不买很容易下跌。

这就是需要大家思考的话题。目前正在流行的机构操作方法，就是如何确认机构买入后继续加仓？以及相应的交易机会？说明一下，这里加仓可以理解为后续又有机构席位买入，因为不知道是不是同一背后资金。既然都是机构席位，姑且先理解成加仓。

判断机构买入后是否会加仓，可以从逻辑上判断，比如个股质地、估值、机构看好，以及机构仓位是不是没买够。这种判断考验的不是看盘能力，而是信息的获取能力，以及盘口分析观察判断水平。作为普通投资者，只能从盘面角度寻找解决办法，重点是找到机构护盘（加仓）盘口，只要确认有加仓迹象，那大概率就是机构所为了。

2. 背后逻辑

由于机构与游资操作风格不一样，买股初衷也不相同，机构买股是看中股票背后的逻辑，而游资买股多数是在逻辑的基础上去博弈情绪溢价，比如，机构股的加速，几乎从来都不是机构自己做的，而大多是游资顶上去的。

游资看中了机构股的逻辑后，吃一个加速上涨的情绪溢价，而机构股没走加速之前游资是不愿意参加的。机构股真正加速前，往往需要机构爆买，尤其是两三家机构同时买入，这样游资追捧意愿才高。所以，机构买入后能不能继续加仓，就看个股是否走出一些符合游资心理的盘口，而我们观察护盘主要是看股价在下跌、跳水时的盘口动态。

3. 看盘重点

通常按照时间轴定义来观察，主要看开盘和盘中，而尾盘很少，之前出现过尾盘资金（机构）刻意拉升以满足上龙虎榜条件，现在很少出现。多数也不是靠着涨幅偏离值上榜的。

开盘就看是否有逆势非游资特征盘口，典型特征是快速跳水后急速拉升。因为机构股的逻辑一般比较特立独行，不符合市场风口，追逐的短线资金自然少，而股价开盘跳水后又快速拉升，除非机构自己有意愿“维护”，而游资却没那个好心。

图 7-39，奥海科技（002993）：2020 年 9 月 1 日，当时并非游资短线逻辑，前一天 2 板，次日突然转弱，典型的强转弱，开盘一波下跌 4%，最后竟然还能拉升到平盘。除了机构自己，游资开盘懒得这样做，基本是看热闹。

早盘下跌 4%后快速企稳，后面还是无奈回落了，但回落过程中每到下跌 4%时都会反弹，而且也不是弱势企稳，几乎碰一下就反弹，说明资金维护盘口意愿很强。既然不是游资风格，大概率就是机构，而机构维护是需要钱的，也说明机构有加仓行为。

游资喜欢做有确定性的锦上添花的事，机构自己买的股票要自己照顾着，所以，遇到机构股次日开盘跳水后又能急速拉升，多半是机构自己护盘所为。还有一些辅助条件，在盘中主要看一些关键性点位是否有护盘动作，每次跌

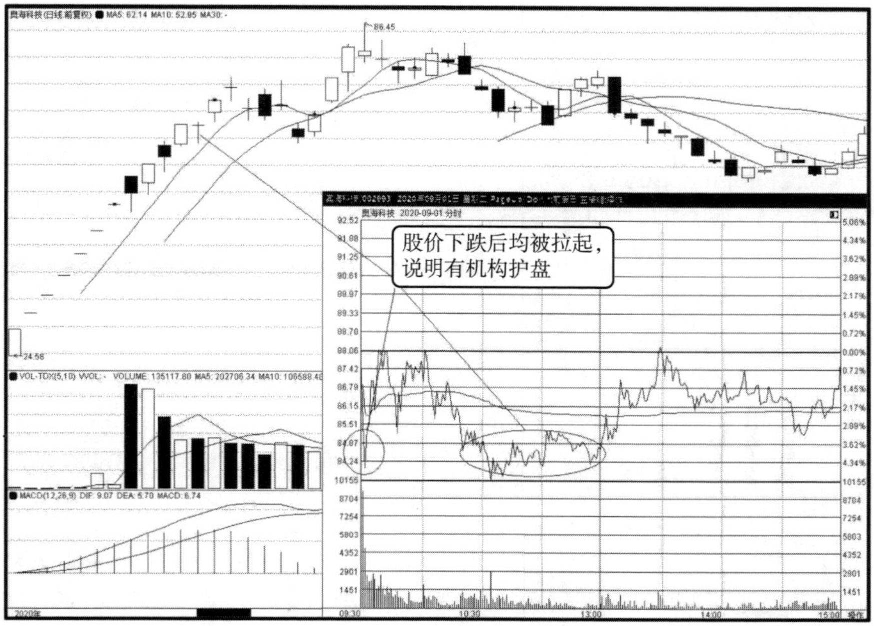

图 7-39　奥海科技（002993）日 K 线和分时走势图

到关键位置都会反弹不破位，如果所护盘点位距离机构预期成本不远，那么有效性会很高。

4. 实盘分析

图 7-40，共创草坪（605099）：提到该股时，必须得说一种盘面现象，机构短线介入一只股票后，如果个股随即大涨，尤其开盘直接大涨试图做加速，往往都不是机构所为而是游资干的，而机构买入后最近的调整若距离初始进场点位不远（15%内），机构可能会采取加仓动作，因为他们第一次买入未必能买得到足够筹码，在被游资抢高后机构要加仓只能趁着调整加仓，所以重点看个股调整时是否有相应盘口。

那么，该股机构是否加仓？就看 2020 年 10 月 14 日的走势，那天低开低走回跌近 10%，距离机构初始成本很近。但很遗憾，根据当天的分时走势，股价在下跌 8%附近出现盘整，反弹力度非常弱，这并不能确定是机构加仓盘口。

但是，当天直接出了龙虎榜。这个龙虎榜非常有意思，买一是机构席位，买入资金 3638.70 万元，买二、买三都是游资，分别买入 990.21 万元、942.26 万元，机构买入这么多也没有分席位，这说明底气很足。

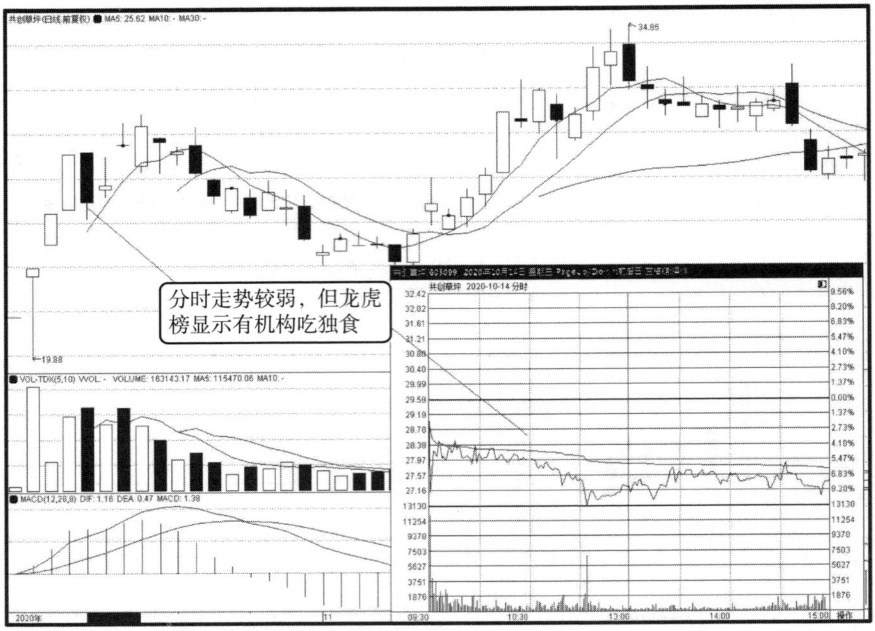

图 7-40　共创草坪（605099）日 K 线和分时走势图

如果机构想做给市场看的，一般不是这样的买入法，会将 3638.70 万元资金分拆到两个机构席位上，这样看起来要比现在好看得多，但机构没那么干，理由是可能还要买入或拉升。所以，第二天开盘要看是否有一些“异常”盘口，比如护盘动作之类的。

该股 10 月 15 日的走势有三处细节非常明显：

（1）高开回落跳水暴力拉升，不是说不能拉升，而是拉升幅度有些夸张。如果是纯游资和散户合力，当然是买得越低越好，开盘反弹可以理解，但没必要一波拉升到 5%，如此过渡原因不简单。

（2）继开盘回踩暴力拉升后，直接开启冲高，当时大盘非常弱还创新低，但不影响该股的走势，而且当时的分时拉升锯齿多。拉一波修一波再拉一波，这是机构常用的操作手法。

（3）当天股价基本上都是回踩到 28 元附近就企稳反弹，而且不是磨蹭反弹而是快速反弹。这种反弹要么个股足够被场内资金看好，合力所为，要么就是有资金刻意为之。考虑到第一天两大游资买入都在 900 万元以上，实在没有必要因此护盘，那是谁不言而喻。

综合以上考虑，当天盘后非常符合机构买入特征。果然，当天龙虎榜显示有 2 家机构席位加仓，分别是买一（5206.80 万元）和买三（1156.86 万元）席位，这才有了次日的直接加速走势。

当然，判断有机构买入的同时，也得看当天是否会出机构龙虎榜。该股倒是比较简单，不需要计算涨跌幅偏离值，只需要排序达到上交所个股的换手率，这点非常简单（上交所龙虎榜同一个条件只取前3名）。

图7-41，海能实业（300787）：前期龙虎榜有机构买入，结果买入后就开始加速，在第一次调整时，机构可能会采取加仓动作（第一次买得不够），于是重点看当天是否有机构盘口特征。

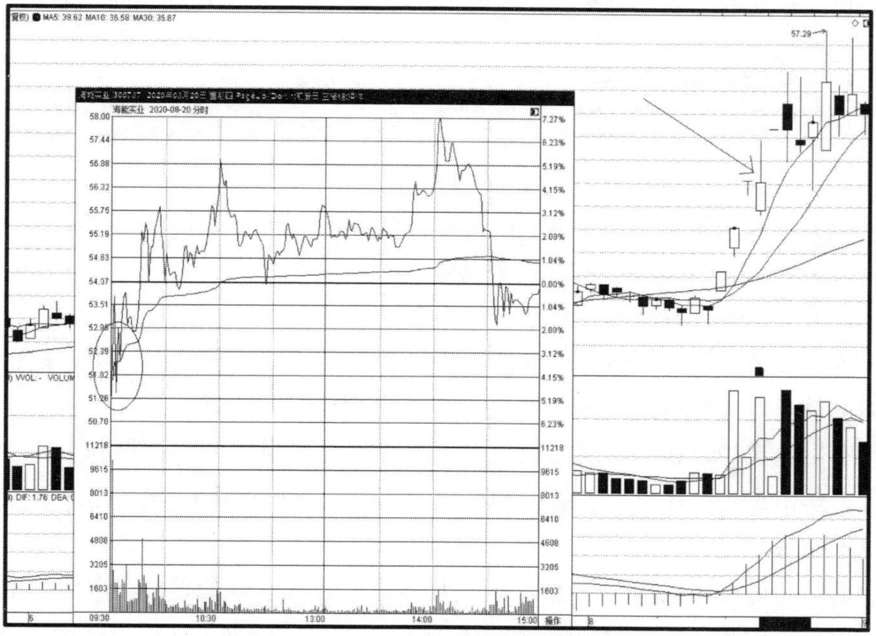

图7-41 海能实业（300787）日K线和分时走势图

2020年8月19日为T字板，有1家机构买入，资金2042.22万元，占比7.60%。次日竞价被下压至6%，结果开盘直线上涨翻红，跌下去后震荡反弹仅仅20分钟就翻红了。当天龙虎榜中除买四是游资外，其他4个席位都是机构，共买入5197.08万元，占比为10.48%。

总结一下，因为市场风格切换的关系，现在做机构股吃加速比较难了，对应买点也要进化到研究机构动态，现在机构股赚钱主要靠机构买入、加仓模式，所以重点是研究出机构榜后的盘口，看机构是不是在加仓，进而去跟随。

而且，虽然机构不断买入，但买入行为终有结束的一天，所以理论上容易介入的时机是前两次出机构龙虎榜，待到第三四次出机构榜时，个股普遍已经反包过两三次，再上涨概率和幅度都会降低，不参与也罢。

再者，这类股票的卖点，可以主动卖出，也可以被动卖出。所谓主动卖出，是指已经反包了两次后，就不容易再反包，应找机会逢高提前卖出；而被动卖出就是发现机构不再买入了，于是选择离场，最被动的卖点是股价跌破 5 日均线。

考虑到这类股票经常是沿着 5 日均线走趋势，正常情况下每天都在创新高，待到后期两三次龙虎榜后，如果哪天不能创新高，记得要及时离场。

二、机构股止损止盈

第一，买了没出机构榜怎么办？买入后没有当天出机构龙虎榜，一般有 3 种情况：

（1）机构有买入，但是该股当天不符合出龙虎榜的条件。

（2）机构没有买入，也没有龙虎榜。

（3）当天出了龙虎榜，但没有机构席位。

这 3 种情况需要具体分析该股的情况以及当天龙虎榜情况。买入机构股博弈的就是当天机构龙虎榜，既然没有出机构榜，就应知行合一。机构股如果没有出龙虎榜，那么短线溢价机会就不大，可以根据个股题材和盘面风口情况，卖出点选择在第二天盘中冲高位置出来。止损点设在破前一天 K 线最低价的位置。

第二，如愿出机构榜了怎么办？买入后如愿出机构龙虎榜，大概率不止买一天，机构基本是“趋势+短线”的结合。所以，如果买入的正好是盘面风口，那么就可以多拿几天，止盈位置没有限制，止损位置一般在破 10 日均线。

比如，华菱钢铁（000932）2021 年 2 月 22 日的走势，华东医药（000963）2021 年 2 月 9 日的分时走势，都可以持有一段时间，待股价出现趋势行情。

操作策略也可以结合趋势战法做止损止盈操作。比如，太钢不锈（000925）2021 年 4 月 9 日，就可以持股做波段行情。

三、机构股注意事项

以上通过涨停时间、日 K 线、成交量、分时、盘口逐笔这 5 个方面的内容，解读机构股盘口的特征。当然，这 5 个部分是叠加起来看，是贯穿一整天的看盘过程，不要分割来看。因为，交易是一个动态的全盘且辩证的过程，不是机械的，更不是刻舟求剑的照搬。需要全方面地去观察和研判，不能顾此失彼，见风是雨。炒股最忌讳的就是教条主义。所以以下几点需要注意：

（1）机构当天大买，大概率表示当天要涨停或者接近涨停。所以，不要看到有些股才涨两三个点，盘中出现几个整数买单，就断然是机构盘口，这样就不严谨了，对这种盘面必须作进一步观察。任何不以涨停为目的的拉升，都有诱多性。

（2）全盘观察，全面分析。不要着急买入，不要看到分时走势呈锯齿状，就认定为机构来了，其实人家只是一个庄股试盘、洗盘行为。

（3）宁可板上买，不应半路追。比如，2021 年 4 月 9 日太钢不锈（000825），可以在板上买入，最后成功封板。其实该股就是游资和机构的共同合力，因为游资也看出了机构在大买，一起封板，所以确认就是在最后涨停。好股票不用担心高买几个点，观察清楚，确定后再出手。

（4）博弈机构盘口买入，是为了出龙虎榜，还必须全盘考虑所有的条件因素，包括查看 F10 资料，历史龙虎榜是否有机构入驻过，盈利预测是否有机构做出过研判，再结合盘面所有的分时、逐笔、量能、K 线、个股等综合因素进行分析判断。

后 记

分时盘口千变万化，涨停个股千姿百态，投资者分析能力千差万别。书中内容很难一概全貌，也很难满足每一个投资者的要求，加之市场不断变化，以及受主力行为影响，有些盘面技术和分时现象不会也不可能事先被发现，只有在市场运行过程中，才逐渐地被人们发觉和认识，然后在即时的行情中做客观的分析。

一本《涨停盘口》的好书，囊括了涨停分时盘口的各种技术和常见现象，能够为广大投资者提供捕捉涨停板的操作方式和技巧，培养看透涨停分时盘口的敏锐眼光，多维度去思考涨停的盘口细节，让交易朝着正确的方向去操作。

俗话说“授人以鱼不如授人以渔”，一个好老师能传授给你一套好的方法，让你在浩瀚的股海中捕获更多的“鱼”。

但是，水无常形，股无定法，股价涨停分时盘口有一定的规律，但没有固定的运行模式，而且同样的涨停分时盘口，因不同的市况、不同的个股、不同的主力以及不同人的心理因素，其分析判断各不相同，实盘运行结果也不一样。也就是说，同样的涨停分时盘口，不一定走出相同的结果。有时候根据分时盘口分析买入后，可能股价会连续涨停，享受涨停板带来的无穷乐趣；有时候根据分时盘口入场后，却不慎落入了主力设下的诱多圈套，买到主力高位出货的涨停板，遭受严重亏损或被套。所以，任何技术和方法都不是绝对的，要活学妙用，结合盘面即时变化，及时做出科学的决策，才能在股市中取得好的战绩。

本书在编写过程中，得到社会各界人士的鼎力支持，使之有一个好的市场定位，并最终得以顺利完成。在此书付梓之际，首先，要感谢广大读者，正因为有了你们的支持，才有本书的市场生存之地；其次，要感谢同行们，在编写过程中参阅了你们大量有价值的资料，使本书内容更加贴近实际、更加实用。此外，还要感谢为本书出版作嫁衣的中国经济出版社的各位编辑、印刷、发行人员。感谢为本书出版做出贡献的一切有功之士。

由于股市瞬息万变，且本书内容也非常广泛。笔者虽竭尽全力，努力减少书中的错误，但百密一疏，书中难免有疏忽之处。敬请广大读者、同人不吝斧正，提出你的宝贵建议和意见，以便本书再版时改正并得到进一步提高。

愿本书为广大投资者在实盘操作中带来一点启示、创造一份财富。如是，我将深感欣慰。

麻道明

2023 年 5 月　于中国・深圳联合广场